BELICE
HONDURAS
NICARAGUA
Lago de Managua
EL SALVADOR
GUATEMALA
COSTA RICA
PANAMÁ

MAR CARIBE

Maracaibo
Barranquilla
Cartagena
Caracas
Lago de Maracaibo
San Cristóbal
Río Orinoco
VENEZUELA
Medellín
Río Magdalena
Bogotá
Cali
COLOMBIA

Georgetown
Paramaribo
GUAYANA
SURINAM
Cayena
Boa Vista
GUAYANA FRANCESA

OCÉANO ATLÁNTICO

ECUADOR

LAS GALÁPAGOS
Quito
ECUADOR
Guayaquil
Cuenca
Iquitos

Río Amazonas

A M A Z O N A S

PERÚ
LOS ANDES

BRASIL

Lima
Machu Picchu
Ayacucho
Cuzco
Lago Titicaca
BOLIVIA
La Paz
Santa Cruz
Sucre
Potosí

Brasilia

CHILE
LOS ANDES
PARAGUAY
Asunción
Río Paraná
São Paulo
Río de Janeiro

Iguazú

OCÉANO PACÍFICO

Río Uruguay
Córdoba
URUGUAY
Montevideo

Viña del Mar
Valparaíso
Santiago
Buenos Aires
Río de la Plata
Concepción
ARGENTINA
Bahía Blanca

OCÉANO ATLÁNTICO

Viedma

AMÉRICA DEL SUR

ISLAS MALVINAS (Br.)

Estrecho de Magallanes

| 0 | 200 | 400 | 600 | 800 | 1,000 MILLAS |

| 0 | 400 | 800 | 1,200 | 1,600 KILÓMETROS |

TIERRA DEL FUEGO

NIGERIA
ÁFRICA
CAMERÚN
Malabo
GUINEA ECUATORIAL
GABÓN
ÁFRICA
ECUADOR

| 0 | MILLAS | 500 |
| 0 | KILÓMETROS | 800 |

San Diego

Tijuana

Mexicali

Albuquerque

ESTADOS UNIDOS

30°

Nogales

Nogales

El Paso

Ciudad Juárez

Hermosillo

Baja
California

25°

Chihuahua

San Antonio

Río Bravo

Laredo

Nuevo Laredo

GOLFO DE MÉXICO

SIERRA

MÉXICO

Monterrey

Brownsville
Matamoros

Mazatlán

MADRE OCCIDENTAL

Aguascalientes

San Luis Potosí

20°

León

Tampico

Península
de Yucatá

Puerto
Vallarta

Guadalajara

México,
Distrito
Federal

Mérida

Cancún

Chichén
Itzá

Taxco

Veracruz

Bahía de
Campeche

Cuernavaca

Puebla

OCÉANO
PACÍFICO

Acapulco

Palenque

Belmopan

15°

Oaxaca

— BEL

Guatemala

Tegucig

MÉXICO,

GUATEMALA

San Salvador

10°

AMÉRICA CENTRAL

EL SALVADOR

Manag

Y EL CARIBE

5°

0   100   200   300   400   500 MILLAS

0   200   400   600   800 KILÓMETROS

110°

105°

100°

95°

90°

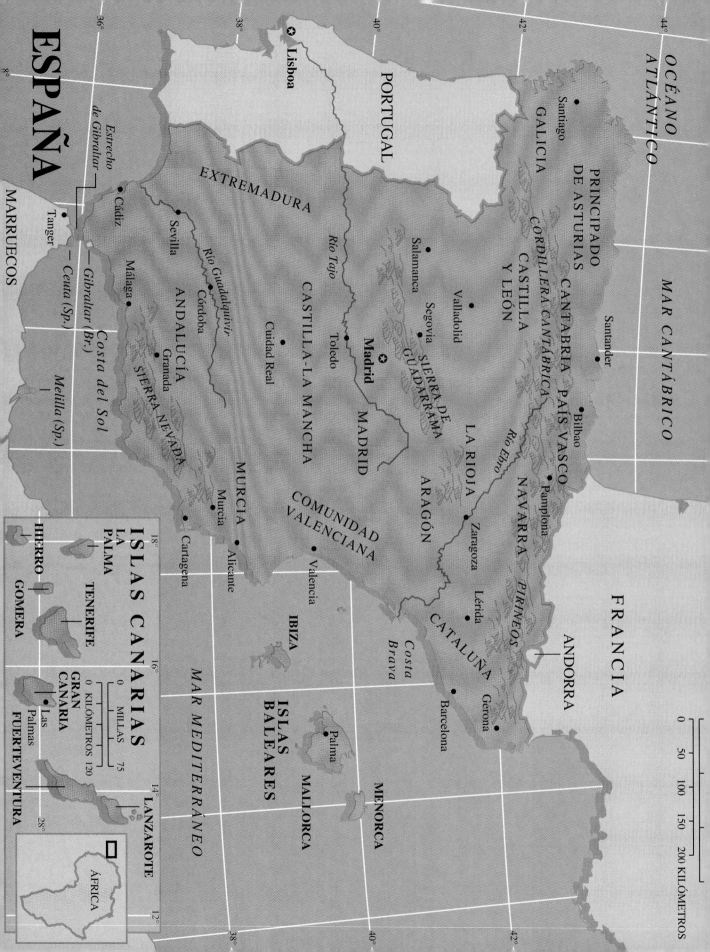

ESPAÑA

OCÉANO ATLÁNTICO

MAR CANTÁBRICO

FRANCIA

PORTUGAL

MARRUECOS

Estrecho de Gibraltar

Tanger

Ceuta (Sp.)

Gibraltar (Br.)

Costa del Sol

Melilla (Sp.)

GALICIA

Santiago

PRINCIPADO DE ASTURIAS

CANTABRIA

Santander

PAÍS VASCO

Bilbao

CORDILLERA CANTÁBRICA

CASTILLA Y LEÓN

Salamanca

Valladolid

Segovia

SIERRA DE GUADARRAMA

LA RIOJA

NAVARRA

Pamplona

Río Ebro

PIRINEOS

ANDORRA

Zaragoza

Lérida

ARAGÓN

CATALUÑA

Gerona

Barcelona

Costa Brava

Madrid

MADRID

EXTREMADURA

Río Tajo

Toledo

CASTILLA-LA MANCHA

Cuidad Real

COMUNIDAD VALENCIANA

Valencia

Lisboa

Cádiz

Sevilla

Málaga

ANDALUCÍA

Río Guadalquivir

Córdoba

Granada

SIERRA NEVADA

MURCIA

Murcia

Alicante

Cartagena

IBIZA

MAR MEDITERRÁNEO

ISLAS BALEARES

MALLORCA

MENORCA

Palma

ISLAS CANARIAS

HIERRO

GOMERA

LA PALMA

TENERIFE

GRAN CANARIA

Las Palmas

FUERTEVENTURA

LANZAROTE

0 MILLAS 75

0 KILÓMETROS 120

18°

16°

14°

12°

28°

ÁFRICA

0 50 100 150 200 KILÓMETROS

36°

38°

40°

42°

44°

8°

38°

40°

42°

¿HABLA español?

FIFTH EDITION

To Ray and Eddie;
John, Elizabeth and Laura;
Edward and Kathleen

❧ ❧ ❧

¿HABLA español?

FIFTH EDITION

TERESA MÉNDEZ-FAITH
St. Anselm College

MARY McVEY GILL

BEVERLY MAYNE KIENZLE
Harvard University

Holt, Rinehart and Winston
Harcourt Brace Jovanovich College Publishers
Fort Worth   Philadelphia   San Diego   New York   Orlando   Austin
San Antonio   Montreal   Toronto   London   Sydney   Tokyo

Publisher	**Holt, Rinehart and Winston**
	Harcourt Brace Jovanovich College Publishers
Acquisitions Editor	**Jim Harmon**
Developmental Editor	**Jeff Gilbreath**
Project Editor	**Katherine Vardy Lincoln**
Production Manager	**Debra A. Jenkin**
Art and Design Supervisor	**Burl Sloan**
Photo/Permissions Editor	**Shirley Webster**
Copyeditor	**Danielle Havens**
Illustrator	**Axelle Fortier**
Compositor	**TSI Graphics**

Library of Congress Cataloging-in-Publication Number: 92–073426

ISBN: 0–03–074997–2

Permissions Acknowledgments and Photo Credits in the back of the book.

Requests for permission to make copies of any part of the work should be mailed to: Permissions Department, Harcourt Brace Jovanovich, Publishers, Orlando, Florida 32887

Address for Editorial Correspondence: Harcourt Brace Jovanovich, College Publishers, 301 Commerce Street, Suite 3700, Fort Worth, Texas 76102

Address for Orders: Harcourt Brace Jovanovich, Publishers, 6277 Sea Harbor Drive, Orlando, FL 32887 /Tel: 1-800-782-4479, or 1-800-443-0001 (in Florida)

Printed in the United States of America

2 3 4 5 6 7 8 9 0 1 048 9 8 7 6 5 4 3 2 1

Prefacio _____

This fifth edition of **¿Habla español? An Introductory Course,** a widely used program for first-year college Spanish, has been carefully revised in response to a comprehensive survey of users and the advice and suggestions of reviewers. As in previous editions, it presents the basic grammar of Spanish, introduces the culture of the contemporary Hispanic world, and provides for the development of listening, speaking, reading, and writing skills with a range of communicative activities for the classroom.

ORGANIZATION

The fifth edition consists of a preliminary lesson and twenty chapters (two of which are optional, or for recognition only), with five illustrated readings. The preliminary lesson emphasizes introductions, practical classroom vocabulary, numbers 0–99, **hay, estar** and subject pronouns, negation, a discussion of cognates, and an overview of pronunciation. Each of the following twenty chapters focuses on a theme and a particular Hispanic country or one of the Hispanic communities of the United States and follows this sequence:

 1.   Objectives of study and some basic information about the country or geographical area covered begin the chapter.

 2.   An illustrated presentation of thematic vocabulary with exercises and activities follows.

 3.   Three to five grammar topics are each introduced by a dialogue, passage, or piece of realia showing the structure in a natural context. The dialogues or passages are translated through Chapter 8, but beginning with Chapter 9 they are glossed with English definitions of words not previously presented. Grammar explanations are clear, concise, and thoroughly illustrated with example sentences. A broad spectrum of activities follows, from controlled to open ended. Exercise instructions are in Spanish beginning with Chapter 11. Personalized questions, interviews, and small-group activities at the end of the sequence encourage students to internalize the structure and take a step toward genuine communication. Many of the activities lend themselves to pair or small-group work.

 4.   A long dialogue or **Viñeta cultural** presents further insight into Hispanic life. Exercises or activities follow. Cultural notes in English accompany the long dialogues and describe customs and points of interest. Many of the **Viñetas culturales** are accompanied by exercises that practice reading skills (skimming, scanning, and so on).

 5.   A section called **Para escuchar,** which is on tape, provides students with practice in listening comprehension. They can do this section on their own or in class; the tape accompanies the student textbook. Many types of listening exercises are included, such as listening for main ideas, making inferences, listening for specific information, and so on.

 6.   Language functions are integrated with the grammar syllabus in the optional **Funciones y práctica** and **Más funciones y actividades** sections. Each chapter contains one or more **Funciones y práctica** sections, each of which presents one or more functions in addition to an interactive exercise or activity. Examples include agreeing and disagreeing, expressing sympathy, and asking for and understanding directions. The final functions section of the chapter, **Más funciones y actividades,** presents one additional function and includes activities related to all of the functions of the chapter. Many of the exercises are interactive, such as pair or small group activities, including role plays.

7. An optional writing activity called **Para escribir** gives students extra writing practice.

8. A list of active vocabulary concludes the chapter. The list begins with cognates that have been introduced at least twice in the chapter; these words are not defined, as students are encouraged to recognize them. Other cognates may be used in the chapter, but if they are used only once they are not included in the active vocabulary list. Following the cognates section are verbs, thematic vocabulary, **Otras palabras y frases, Expresiones útiles** (which include those expressions from the functions sections that are practiced within the chapter), and, in some chapters, **Cognados falsos,** or false cognates.

The dialogues, passages, realia, example sentences, contextualized exercises, and communicative activities in a chapter all focus on the chapter's theme, country or region, and vocabulary, leading to a highly integrated language experience. Five optional **lecturas** survey cultural and historical topics spanning the entire Hispanic world.

At the back of the text are appendixes detailing Spanish rules of pronunciation, syllabication, accentuation, and capitalization; verb tables; a glossary of grammatical terms; Spanish-English and English-Spanish vocabularies; and an index to the grammar and functions of the text. Entries in the Spanish-English vocabulary include the number of the chapter where the word or expression first occurs (in the case of active vocabulary only).

CHANGES IN THE FIFTH EDITION

1. Many of the long dialogues have been replaced by a section called **Viñeta cultural.** These sections are generally narratives and are designed to provide variety to the students' experience with the language. They include letters, short pieces of literature, and interviews. Many of them are accompanied by exercises that focus on teaching reading skills, such as scanning, making inferences, guessing meaning from context, or getting main ideas.

2. A section called **Para escuchar** has been added. This is a taped section that practices the vocabulary and, in most cases, the functions of the chapter. The tape accompanies the textbook. **Para escuchar** exercises practice listening comprehension using natural, contextualized language. Answers to this section are included in the corresponding **Tapescript** section contained in the Instructor's Annotated Edition.

3. Many of the short dialogues that introduce grammar points have been rewritten or replaced to provide higher interest or more authentic language. They now include passages other than dialogues, such as short letters or notes, a weather report, as well as cartoons or other realia. This provides more variety of input, more authentic language, and more kinds of language experiences.

4. The notional-functional material has been broken up into segments and integrated into the chapter (although most of these are still optional sections that some teachers may choose not to present). There are one or more **Funciones y práctica** sections, each of which presents one or more functions plus an interactive exercise or activity. The final functions section, **Más funciones y actividades,** presents one additional function and includes activities related to all of the functions of the chapter.

5. Following the **Más funciones y actividades** section is a new activity called **Para escribir,** which features a writing exercise based on the theme and vocabulary of the chapter.

6. The number of **lecturas** has been decreased to five. They have been rewritten and updated as necessary.

7. The exercises have been revised to include new contextualized activities; some of the simpler drills and most translations have been eliminated.

8. Basic information about each of the countries or regions featured (capital, population, major cities, and so on) has been added to the chapter opener.

9. The explanation of **por** and **para** has been divided, so that the main uses are presented earlier in the text and the less common uses occur later.

10. All material has been updated as necessary.

11. A new design features new color photographs and many new illustrations.

ACKNOWLEDGMENTS

The authors would like to thank the following people from Holt, Rinehart and Winston for their help on this fifth edition: Jim Harmon for his advice in shaping the new edition; Jeff Gilbreath for his excellent editing and review of the manuscript, and Katherine Lincoln for so capably guiding the manuscript through production. Thanks also to the copyeditor, Danielle Havens, and to the artist, Axelle Fortier. We are grateful to Lourdes Jiménez for revising the testing program, to Cristina Cantú Díaz for procuring the permissions and preparing the index, to Christine Wilson for preparing the answers to the exercises, and to Joan Banna for her work on the end vocabulary. Thanks are also due to Yolanda Magaña, Kay Shanahan, Margaret Kienzle, Donald Musselman and Toni Mihok for their support. Finally, we would like to express our appreciation to the following reviewers, whose comments, both favorable and critical, were instrumental in the development of this edition:

Nancy Broughton, *Grand Valley State University;* Susan de Carvalho, *University of Kentucky;* Robert L. Davis, *University of Oregon;* Rosa Fernandez-Levin, *Grand Valley State University;* Thomas G. Fónte, *Golden West College and El Camino College;* Ed Gillespie-Duelos, *Cochise College;* José Ángel Mijìa, *City College of San Francisco;* Nelida Murgatroyd, *Morgan State University;* James Earl Norman, *Florida A M University;* Robert L. Sims, *Virginia Commonwealth University;* John A. Zahner, *Montclair State College.*

Índice general

PREFACIO

CAPÍTULO PRELIMINAR

¡BIENVENIDOS AL MUNDO HISPANO! 1

I. Las presentaciones 2
II. El mundo hispano 4
III. En clase: Expresiones útiles 6
IV. Los números 0–99; *hay;* La negación 9
V. *Estar* y los pronombres sujetos 10
FUNCIONES Y PRÁCTICA: Greetings/Useful Expressions 14

CAPÍTULO 1

LA FAMILIA 18

CULTURA: España 19
I. El presente de indicativo del verbo *ser* 21
II. El orden de las palabras y la entonación 23
FUNCIONES Y PRÁCTICA: Asking for Information 25
III. El presente de indicativo de los verbos terminados en *-ar* 26
FUNCIONES Y PRÁCTICA: Using the Telephone 29
IV. Género y número de sustantivos y artículos 30
V. Las contracciones *al* y *del* 33
DIÁLOGO: En Madrid, la capital de España 35
NOTAS CULTURALES 36
PARA ESCUCHAR 37
MÁS FUNCIONES Y ACTIVIDADES: Ending a Conversation 37
PARA ESCRIBIR 40

CAPÍTULO 2

DESCRIPCIONES 42

CULTURA: Argentina 43

I.   El presente de indicativo de los verbos terminados
en *-er* y en *-ir* 45

II. Las palabras interrogativas 48

III. Las preposiciones *a* y *de*; la *a* personal 52

IV. Los adjetivos y los números ordinales 56

FUNCIONES Y PRÁCTICA: Expressing Admiration 62

V.   *Ser* versus *estar* 63

FUNCIONES Y PRÁCTICA: Describing Location 66

DIÁLOGO: En Buenos Aires, el París de Sudamérica 67

NOTAS CULTURALES 69

PARA ESCUCHAR 69

MÁS FUNCIONES Y ACTIVIDADES: Making Descriptions 70

PARA ESCRIBIR 71

CAPÍTULO 3

ESTUDIOS UNIVERSITARIOS 74

CULTURA: México 75

I.   El presente de indicativo de *tener* 76

II. Expresiones idiomáticas con *tener* 78

FUNCIONES Y PRÁCTICA: Expressing Incomprehension 81

III. Los adjetivos y pronombres demostrativos 83

FUNCIONES Y PRÁCTICA: Asking and Giving Personal
Information 86

IV. El gerundio y el presente progresivo 86

V.   Los números cardinales 100 a 1.000.000 89

VIÑETA CULTURAL: México: El Museo Nacional de
Antropología 91

PARA ESCUCHAR 93

NOTAS CULTURALES 93

MÁS FUNCIONES Y ACTIVIDADES: Using numbers 93

PARA ESCRIBIR 95

CAPÍTULO 4 · **LAS ESTACIONES Y EL TIEMPO** · 97

CULTURA: Chile · 98

I. El presente de indicativo del verbo *haber*;
expresiones de tiempo · 100

II. El presente del verbo *ir: ir a* + infinitivo · 102

FUNCIONES Y PRÁCTICA: Making Small Talk · 104

III. Pronombres de complemento directo · 105

FUNCIONES Y PRÁCTICA: Expressing Gratitude · 108

IV. Las fechas · 109

DIÁLOGO: Chile, un país de inmigrantes · 110

NOTAS CULTURALES · 111

PARA ESCUCHAR · 112

MÁS FUNCIONES Y ACTIVIDADES: Giving a Warning · 113

PARA ESCRIBIR · 115

LECTURA I: · **EL MUNDO HISPÁNICO** · 117

CAPÍTULO 5 · **LA CIUDAD Y SUS PROBLEMAS** · 120

CULTURA: La comunidad hispana de Nueva York · 121

Ia. El presente de indicativo de los verbos con cambios en
la raíz *e—> ie*; el verbo *venir* · 123

Ib. *Telling Time (**Funciones y práctica**) · 127

II. Los adjetivos posesivos · 129

FUNCIONES Y PRÁCTICA: Expressing Sympathy · 131

III. Los pronombres de complemento indirecto · 133

DIÁLOGO: Los puertorriqueños de Nueva York · 135

NOTAS CULTURALES · 136

PARA ESCUCHAR · 137

MÁS FUNCIONES Y ACTIVIDADES: Expressing
Lack of Sympathy · 138

PARA ESCRIBIR · 139

*NOTE: Telling time, and Expressing Likes with **Gustar** and Similar Verbs are not optional **Funciones** sections.

CAPÍTULO 6

COMIDAS Y BEBIDAS 142

CULTURA: Mexican-American Communities of the
United States 142

I. El presente de indicativo de los verbos con cambios en
la raíz *o—>ue;* el verbo *jugar* 146

II. El presente de indicativo de los verbos con cambios de
raíz *e—>i; pedir* vs. *preguntar* 149

FUNCIONES Y PRÁCTICA: Ordering a Meal in a
Restaurant 152

III. Preposiciones; *Por* vs. *para;* Pronombres usados como
complemento de preposición 154

VIÑETA CULTURAL: La poesía méxico-americana 158

PARA ESCUCHAR 160

IV. *Expressing Likes with *Gustar* and Similar Verbs
(**Más funciones y práctica**) 161

PARA ESCRIBIR 163

CAPÍTULO 7

DIVERSIONES Y PASATIEMPOS 165

CULTURA: Colombia 166

I. El presente de verbos con formas irregulares en la
primera persona singular (*dar, ofrecer, oír, parecer,
poner, salir, traducir, traer* y *ver*) 168

II. *Saber* y *conocer* 171

FUNCIONES Y PRÁCTICA: Getting Someone's
Attention and Asking Directions 173

III. Construcciones con dos pronombres: De complemento indirecto y directo 174

IV. Los mandatos de *usted, ustedes* 177

VIÑETA CULTURAL: Pasatiempos para todos los gustos 180

PARA ESCUCHAR 182

MÁS FUNCIONES Y ACTIVIDADES: Understanding
Directions 182

PARA ESCRIBIR 183

*NOTE: Telling time, and Expressing Likes with **Gustar** and Similar Verbs are not optional **Funciones** sections.

CAPÍTULO 8

LA ROPA, LOS COLORES Y LA RUTINA DIARIA 185

CULTURA: Barcelona, España 186

I.   Verbos reflexivos 189

FUNCIONES Y PRÁCTICA: Making Descriptions 193

II.   Los mandatos de **tú** 194

III.   Los mandatos con pronombres complementos 197

IV.   El pretérito de los verbos regulares 200

VIÑETA CULTURAL: La arquitectura de Antoni Gaudí 205

PARA ESCUCHAR 206

MÁS FUNCIONES Y ACTIVIDADES: Expressing

Hesitation 207

PARA ESCRIBIR 207

LECTURA II: LA MÚSICA 210

CAPÍTULO 9

DEPORTES Y DEPORTISTAS 213

CULTURA: Miami y otras comunidades hispanas

en los Estados Unidos 214

I.   El pretérito de verbos con cambios en la raíz 216

FUNCIONES Y PRÁCTICA: Expressing Relief 219

II.   El pretérito de los verbos irregulares 220

III.   Conotaciones especiales del pretérito de *saber,*

conocer, querer y *poder* 224

VIÑETA CULTURAL: La presencia hispana en los

deportes de los Estados Unidos 226

PARA ESCUCHAR 228

PARA ESCRIBIR 230

MÁS FUNCIONES Y ACTIVIDADES: Expressing

Surprise and Anger 230

CAPÍTULO 10

LA SALUD Y EL CUERPO 232

CULTURA: El norte de España 233

I. Comparaciones de igualdad 235

FUNCIONES Y PRÁCTICA: Talking about health 237

II. Comparaciones de desigualdad y el superlativo 238

FUNCIONES Y PRÁCTICA: Making Comparisons 243

III. Expresiones de obligación 243

IV. Las palabras afirmativas y negativas 246

PARA ESCUCHAR 249

DIÁLOGO: Santiago de Compostela: Ciudad de peregrinaje 249

NOTAS CULTURALES 250

MÁS FUNCIONES Y ACTIVIDADES: Expressing Disbelief 251

PARA ESCRIBIR 275

CAPÍTULO 11

LAS NOTICIAS 254

CULTURA: América Central 255

I. El imperfecto 257

II. El imperfecto en contraste con el pretérito 261

FUNCIONES Y PRÁCTICA: Telling a Story and Giving the Speaker Encouragement 266

III. Los pronombres relativos *que* y *quien* 267

VIÑETA CULTURAL: Costa Rica—Conservando los bosques tropicales 269

PARA ESCUCHAR 269

MÁS FUNCIONES Y ACTIVIDADES: Using Polite Expressions 269

PARA ESCRIBIR 275

CAPÍTULO 12

VIAJES Y PASEOS 277

CULTURA: La península de Yucatán 278

I. El participio pasado usado como adjetivo 281

II. El presente perfecto y el pluscuamperfecto 284

FUNCIONES Y PRÁCTICA: Taking Public
Transportation · 288

III. Contraste entre los tiempos pasados · 289

IV. *Hacer* en expresiones de transcurso de tiempo · 292

DIÁLOGO: En la antigua capital azteca · 295

NOTAS CULTURALES · 296

PARA ESCUCHAR · 297

MÁS FUNCIONES Y ACTIVIDADES: Getting a
Hotel Room · 298

PARA ESCRIBIR · 300

LECTURA III: LAS FIESTAS · 302

CAPÍTULO 13 — ARTES Y LETRAS · 305

CULTURA: Madrid artístico y cultural · 306

I. El modo subjuntivo; *Ojalá, tal vez, quizá(s)* · 308

II. El presente de subjuntivo de los verbos regulares · 311

FUNCIONES Y PRÁCTICA: Making a Toast · 315

III. Formas subjuntivas irregulares · 316

IV. Mandatos de *nosotros,* de *vosotros* y de tercera
persona · 321

FUNCIONES Y PRÁCTICA: Extending Invitations · 321

DIÁLOGO: En el Museo del Prado · 326

PARA ESCUCHAR · 328

NOTAS CULTURALES · 328

MÁS FUNCIONES Y ACTIVIDADES: Accepting and
Declining Invitations · 329

PARA ESCRIBIR · 331

CAPÍTULO 14 — FIESTAS Y ANIVERSARIOS · 333

CULTURA: México · 334

I. El subjuntivo en las cláusulas sustantivas · 336

II. El uso del subjuntivo y del indicativo en expresiones
impersonales y en otras cláusulas sustantivas · 341

FUNCIONES Y PRÁCTICA: Expressing Disagreement · 344

III. adicionales de *por* y *para* 345

IV. Adverbios terminados en *-mente* 349

VIÑETA CULTURAL: Las fiestas mexicanas 351

PARA ESCUCHAR 352

MÁS FUNCIONES Y ACTIVIDADES: Expressing

Agreement 353

PARA ESCRIBIR 353

CAPÍTULO 15   # NOVIOS Y AMIGOS   355

CULTURA: Andalucía, región sur de España 356

I. El futuro 358

FUNCIONES Y PRÁCTICA: Stating Intentions 362

II. El condicional 363

FUNCIONES Y PRÁCTICA: Making Requests 367

III. La forma enfática de los adjetivos posesivos 368

FUNCIONES Y PRÁCTICA: Offering Assistance 370

IV. El recíproco 372

VIÑETA CULTURAL: Un breve diálogo de Marco

Denevi 374

PARA ESCUCHAR 376

MÁS FUNCIONES Y ACTIVIDADES: Expressing

Probability and Possibility 378

PARA ESCRIBIR 380

CAPÍTULO 16   # SENTIMIENTOS Y EMOCIONES   382

CULTURA: Paraguay 383

I. El subjuntivo en cláusulas adjetivales 385

II. El subjuntivo y las conjunciones adverbiales 388

FUNCIONES Y PRÁCTICA: Apologizing / Expressing

Forgiveness 392

III. Usos del infinitivo 393

VIÑETA CULTURAL: Una carta y dos canciones

paraguayas 397

PARA ESCUCHAR 401

MÁS FUNCIONES Y ACTIVIDADES: Giving Advice   402

PARA ESCRIBIR   403

LECTURA IV: ESPAÑA EN EL SIGLO VEINTE   405

CAPÍTULO 17   DE COMPRAS   407

CULTURA: Venezuela   408

I.   El imperfecto del subjuntivo   411

II. El imperfecto del subjuntivo en cláusulas con *sí*   416

FUNCIONES Y PRÁCTICA: Making a Purchase   419

III. Cambio de las conjunciones *y* en *e; o* en *u*   420

IV. Formas diminutivas   422

DIÁLOGO: Diferencias entre padres e hijos   424

NOTAS CULTURALES   426

PARA ESCUCHAR   426

MÁS FUNCIONES Y ACTIVIDADES: Expressing

Satisfaction and Dissatisfaction   427

PARA ESCRIBIR   429

CAPÍTULO 18   PROFESIONES Y OFICIOS   430

CULTURA: Perú   431

I.   Otros usos del progresivo   433

II. Usos adicionales del pronombre *se*   438

FUNCIONES Y PRÁCTICA: Expressing Doubt   441

III. Los adjetivos usados como sustantivos   442

IV. El futuro y el condicional perfectos   443

VIÑETA CULTURAL: Juventud—Entrevistas con

jóvenes peruanos, por Mariella Balbi   445

PARA ESCUCHAR   447

MÁS FUNCIONES Y ACTIVIDADES: Asking,

Granting, and Denying Permission   448

PARA ESCRIBIR   450

CAPÍTULO
SUPLEMENTARIO 1

EN CASA   452

CULTURA: Ecuador   453

I.   Usos adicionales del artículo definido   456

II. La supresión del artículo definido   459

III. El artículo neutro *lo*   462

FUNCIONES Y PRÁCTICA: Changing the Subject   464

IV. La voz pasiva   465

DIÁLOGO: Quito: La cuidad de la eterna primavera   468

NOTAS CULTURALES   469

PARA ESCUCHAR   470

MÁS FUNCIONES Y ACTIVIDADES: Expressing

Empathy   471

PARA ESCRIBIR   473

CAPÍTULO
SUPLEMENTARIO 2

COMUNICACIÓN Y RELACIONES HUMANAS   474

CULTURA: Los países hispanohablantes del Caribe   475

I.   El presente perfecto y el pluscuamperfecto del

subjuntivo   478

II. La sucesión de tiempos con el subjuntivo   482

III. Modos de decir *to get, to become*   485

VIÑETA CULTURAL: Una entrevista en La Habana   488

PARA ESCUCHAR   490

PARA ESCRIBIR   491

LECTURA V: HISPANOAMÉRICA EN EL SIGLO VEINTE   492

APÉNDICES   497

I.   Pronunciación: las vocales (*vowels*)   497

Pronunciación: los diptongos   497

	Pronunciación: las consonantes	497
	El enlace	499
	División en sílabas	499
II.	El uso de las letras mayúsculas	501
III.	Verbos	502

GLOSSARY OF GRAMMATICAL TERMS 520
VOCABULARIO ESPAÑOL–INGLÉS 525
INDEX OF GRAMMAR AND FUNCTIONS 548

¡BIENVENIDOS AL MUNDO HISPANO!

VOCABULARIO. In this preliminary chapter you will use expressions for basic communication and classroom interaction.

GRAMÁTICA. You will discuss and use:

- The cardinal numbers 0–99
- The verb **hay** (*to be*)
- Negation
- The verb **estar** (*there is, there are*)
- Subject pronouns

FUNCIONES

- Greetings and introductions
- Useful expressions

I. LAS PRESENTACIONES (*INTRODUCTIONS*)

Formal

—Buenos días. Me llamo Elvira García.
 ¿Cómo se llama usted, señorita?
—Me llamo Elena Ramírez.
—Mucho gusto, señorita.
—El gusto es mío, señora García.

Informal

—Hola. Me llamo Joaquín.
—Yo me llamo Francisca.
—Mucho gusto.
—Igualmente.

EJERCICIOS

A. Conversación 1. Practice the first (formal) conversation with your instructor, using real names. Listen carefully and imitate your instructor's pronunciation.

Note:

el señor   *man, Mr., Sir*
la señorita   *young lady, Miss*
la señora   *lady, Mrs., Ma'am* (There is no equivalent for "Ms.")
Buenos días.   *Good morning. Hello.*
Buenas tardes.   *Good afternoon*
Buenas noches.   *Good evening* (generally used after sundown).

B. Conversación 2. Work with a partner and practice the second (informal) conversation. Use your real names.

El alfabeto

a (a)	Ana, mamá	**n** (ene)	no, Nicaragua
b (be)	Bogotá, Bárbara	**ñ** (eñe)	señor, español
c (ce)	Cecilia, Carlos	**o** (o)	Oscar, Antonio
ch (che)	Chile, cha-cha-chá	**p** (pe)	Pablo, papá
d (de)	día, Eduardo	**q** (cu)	Quito, Enrique
e (e)	Elena, Teresa	**r** (ere)	Patricia, profesor
f (efe)	Francisco, elefante	**rr** (erre)	terrible, error*
g (ge)	Gerardo, amigo	**s** (ese)	Silvia, sí
h (hache)	Hugo, hotel	**t** (te)	Tomás, Vicente
i (i)	sí, Cristina	**u** (u)	Cuba, universal
j (jota)	Jorge, Jalisco	**v** (ve)	Víctor, Bolivia
k (ka)	kilógrama, kilómetro	**w** (doble ve)	Oswaldo, whisky
l (ele)	Lima, Manuela	**x** (equis)	exterior, texto
ll (elle)	llama, Sevilla	**y** (i griega)	Yolanda, y
m (eme)	Marta, Miguel	**z** (zeta)	Venezuela, plaza

The Spanish alphabet has four more letters than the English alphabet: **ch, ll, ñ,** and **rr.** In dictionaries and vocabulary lists, **ch** comes after **c, ll** after **l, ñ** after **n,** and **rr** after **r.** The letters **k** and **w** appear only in words borrowed from other languages. Listen to your instructor and try to imitate his or her pronunciation. Appendix I has detailed information about pronunciation, and there are pronunciation exercises in your laboratory manual.

*At the beginning of a word or after **l, n,** or **s,** the letter **r** sounds like **rr: Rosa, alrededor** (around), **Enrique, Israel.**

EJERCICIO

Me llamo... Practice spelling your first and last names in Spanish. Then work in pairs and write your partner's name as he or she spells it.

> **MODELO** **Me llamo Jane Meyer: jota–a–ene–e   eme–e–i griega–e–ere.**

• •

II. EL MUNDO HISPANO

Cuestionario _____

Just for fun, see if you can answer any of these questions about the Spanish-speaking world. Working with a partner or in groups, answer each question, even if you aren't sure of the answer.

1. What are the four most-spoken languages in the world today?
2. About how many Hispanics are there in the United States?
3. About how many newspapers and magazines are published in Spanish in the United States at this time?
4. Can you identify any of these areas of the Spanish-speaking world?

a.   b.   c.

d.   e.   f.

Identification of photos: a. Machu Picchu, Perú   b. Little Havana/(La pequeña Habana), Miami   c. the Alhambra in Granada, Spain   d. Panama Canal   e. the glaciers of Patagonia in Chile and Argentina   f. Lake Titicaca, on the border of Perú and Bolivia

5. Complete this map with the names of the Spanish-speaking countries that are missing. Write the names in the blanks.

Respuestas *(Answers)*

1. Mandarin, Hindi, English, Spanish (in that order).
2. According to the 1990 census, there were twenty million Hispanics in the United States, although some Hispanic groups say that this number is low because not all Hispanics were counted. The United States now has the fourth largest Spanish-speaking population in the world!
3. There are 145 Spanish-language and 30 bilingual (Spanish-English) newspapers and magazines published in the United States today. There are 200 radio and 50 TV stations with some Spanish news or other programming.
4. a. Machu Picchu, Peru, an abandoned Inca city. b. Little Havana **(la pequeña Habana),** Miami. c. the Alhambra, Granada, Spain—a Moorish style castle. d. Panama Canal. e. glaciars of Patagonia (southern Argentina/Chile). f. Lake Titicaca **(el lago Titicaca),** the largest lake in South America, located between Peru and Bolivia.
5. Missing are: Mexico (right below the United States), Panama (which joins Central and South America), Venezuela (northeast of Colombia), Bolivia (east of Peru and Chile), Argentina (east of Chile), and Cuba (the large island south of Florida).

EJERCICIOS

A. **La pronunciación.** Listen as your instructor pronounces the names of these countries in Spanish. Then answer the questions that follow.

Honduras	Argentina	Jamaica	España
las Antillas	Venezuela	México	Paraguay

1. What letter is silent in Spanish?
2. What English letter represents the sound of the Spanish **j**? The Spanish **ll**? The Spanish **z**?
3. What letter in Spanish sounds like **ny** in English?
4. Compare the words **Argentina** and **Paraguay.** What two sounds does **g** have in Spanish? (It has one sound before **a, o,** or **u** and another sound before **e** or **i.**)

B. **En español.** Go to a nearby library and ask about periodicals published in Spanish. Are there any local Spanish newspapers or magazines? If so, try to obtain a copy to take to class.

C. **En la radio o la televisión.** Is there any Spanish radio or TV programming available in your area? If so, try listening to the news or reading a newspaper in English; then watch or listen to the news in Spanish. You'll be amazed how much you can understand! You might want to continue to listen to the radio or watch TV as a way of acquiring vocabulary and improving your listening comprehension skills.

III. EN CLASE: EXPRESIONES ÚTILES

EL PROFESOR	Buenas tardes, estudiantes.
LA CLASE	Buenas tardes, profesor.
EL PROFESOR	Repitan, por favor: la ventana.
LA CLASE	La ventana.
EL PROFESOR	¿Qué es esto?
LA CLASE	Es la ventana.
EL PROFESOR	Y..., ¿qué es esto?
LA CLASE	Es el libro.
EL PROFESOR	¡Muy bien!
SUSAN	Perdón, profesor, ¿cómo se dice *wall* en español?
EL PROFESOR	¿Clase?
LA CLASE	Se dice «pared».
EL PROFESOR	¡Excelente!

EJERCICIOS

A. **¿Qué es esto?** (*What is this?*).   In Spanish, tell what each of the following items is.

MODELO **el escritorio**

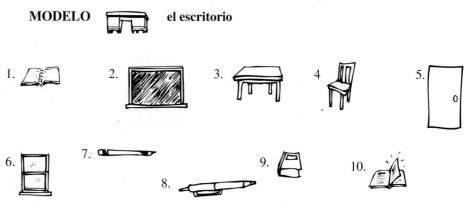

B. **Y... ¿qué es esto?** (*And . . . what is this?*).   Working in pairs, one classmate points out an object and the other answers.

MODELO   ESTUDIANTE 1   **¿Qué es esto?**
             ESTUDIANTE 2   **Es el libro.**
             ESTUDIANTE 1   **Y... ¿qué es esto?**
             ESTUDIANTE 2   **Es la silla.**

RECOGNIZING COGNATES

Cognates are words that are similar in spelling and meaning in two languages. Spanish and English share a very large number of cognates.

A. Sometimes the words are spelled identically in the two languages: **chocolate, final, capital, doctor, horrible, hospital.**

B. Sometimes the words differ only in minor or easily predictable ways.

   1. Except for **cc, rr, ll,** and **nn,** doubled consonants are never used in Spanish: **pasaporte** *passport,* **clase** *class,* **profesor** *professor.*
   2. No word in Spanish can begin with **s-** plus a consonant. English words that begin that way often have cognates beginning with **es-: especial** *special,* **español** *Spanish,* **estudiante** *student,* **estupendo** *stupendous, great.*
   3. The endings **-ción** and **-sión** in Spanish correspond to the English endings *-tion* or *-sion:* **imaginación, nación, televisión, negación.**
   4. The Spanish ending **-dad** usually corresponds to the English ending *-ty:* **actividad, realidad, universidad.**
   5. The Spanish endings **-ente** and **-ante** generally correspond to the English endings *-ent* and *-ant:* **presidente, restaurante, importante.**
   6. The Spanish ending **-mente** generally corresponds to the English ending *-ly:* **finalmente, rápidamente.**

C. Sometimes words in the two languages are spelled alike but have come to mean something very different. Such pairs are called *false cognates.*

asistir	*to attend (class, etc.)*
atender	*to assist, attend to (someone)*
éxito	*success*
suceso	*event, happening*

Despite the hazards posed by false cognates, the existence of so many cognates in Spanish and English is a great resource to the language learner. Look for cognates in every new sentence and text you encounter.

En clase (*In class*).   Each of the following classroom expressions in Spanish contains at least one cognate. You don't need to memorize these expressions, but you should be able to understand them when your instructor uses them. Match the Spanish expressions with their English equivalents.

1. Repitan, por favor.
2. No comprendo.
3. Contesten en español.
4. Abran el libro en la página 10.
5. Muy bien. Excelente.
6. Por ejemplo, ...
7. ¡Usen su imaginación!

a. I don't understand (comprehend).
b. Open your books to page 10.
c. Very good. Excellent.
d. Use your imagination!
e. Answer in Spanish.
f. Repeat, please.
g. For example, . . .

IV. LOS NÚMEROS 0–99; *HAY;* LA NEGACIÓN

A. Cardinal numbers 0–99

0 cero			
1 uno (un, una)	11 once	21 veintiuno(ún, una)	31 treinta y uno (un, una)
2 dos	12 doce	22 veintidós	32 treinta y dos
3 tres	13 trece	23 veintitrés	33 treinta y tres
4 cuatro	14 catorce	24 veinticuatro	*etc.*
5 cinco	15 quince	25 veinticinco	40 cuarenta
6 seis	16 dieciséis	26 veintiséis	50 cincuenta
7 siete	17 diecisiete	27 veintisiete	60 sesenta
8 ocho	18 dieciocho	28 veintiocho	70 setenta
9 nueve	19 diecinueve	29 veintinueve	80 ochenta
10 diez	20 veinte	30 treinta	90 noventa

1. Notice the accents in **dieciséis, veintidós, veintitrés,** and **veintiséis,** all of which end in **-s.** The compound **veintiún** also takes an accent.

2. Uno becomes **un** before a masculine noun and **una** before a feminine noun. (The concept of gender will be taken up in the next chapter; for the rest of this chapter, use **una** before words that end in **-a,** like **mesa** or **silla,** and use **un** before words that end in **-o** or **-or,** like **escritorio** or **profesor.** The form **uno** is used when counting: 0, 1, 2, 3, etc.)

B. Hay is the impersonal form of **haber;** it means *there is* or *there are* and can be used with singular or plural nouns. You will learn how to form plural nouns in the next chapter. For now, notice that nouns ending in vowels are made plural by adding **-s** and nouns ending in consonants are made plural by adding **-es.**

Hay treinta y una sillas en la sala de clase.	*There are thirty-one chairs in the classroom.*
Hay un hotel en la avenida Balboa.	*There is a hotel on Balboa Avenue.*
Hay veintiún profesores aquí.	*There are twenty-one teachers here.*

C. To make a sentence negative, place **no** before the verb.

No hay 31 días en septiembre; hay 30.	*There aren't 31 days in September; there are 30.*

EJERCICIOS

A. Cero, uno, dos, tres... Count to thirty, each student taking a turn. Then count to fifty by twos, by fives, and by tens.

B. Números y más *(more)* **números.** Read each of the following expressions.

1. 11 profesores
3. 52 señoras
5. 33 ventanas
7. 90 universidades
2. 80 libros
4. 1 restaurante
6. 45 estudiantes
8. 65 páginas

C. ¿Verdadero o falso? *(True or false?)* If the statement is true, say **verdadero.** If it is false, say **falso** and restate it, giving the correct answer.

MODELO   Hay tres estudiantes en la clase.
Falso. Hay veintiún estudiantes en la clase.

1. Hay cinco profesores en la clase.
2. Hay quince sillas en la clase.
3. Hay una pizarra en la pared.
4. Hay veinticuatro horas *(hours)* en un día.
5. Hay tres ventanas y cuatro puertas en la clase.

D. «Sumario». On the next page there is a table of contents from the Chilean magazine *Qué pasa.* Look it over and then answer the questions with a number in Spanish.

1. On what page is an article about a biography of the Beatles?
2. On what page is there an article about the political "rebellion" of the Mapuche Indians (who live in south Chile)?
3. What page has an article about the beer industry?
4. What page is the puzzle on?
5. Where is there an article about the political and religious apathy of Chilean youth **(jóvenes)**?

• •

V. *ESTAR* Y LOS PRONOMBRES SUJETOS

Un autobús en Toledo, España

SUMARIO

El grito de guerra de los mapuches: La rebelión indígena organizada para cobrar una cuenta de cinco siglos.

12

Los buenos muchachos: Llega a Chile la biografía más completa de los Beatles.

52

Platea indiferente: La apatía política y religiosa de los jóvenes.

21

El destape del mercado cervecero: Heinecken pone en jaque el monopolio de CCU.

38

La venganza de Zelia Cardoso: La ex ministra de economía de Brasil crea nuevo escándalo al publicar libros sobre sus amores con el ex ministro de justicia.

25

10	OJOS DE LA LLAVE	
18	PAIS	R. Nacional
		CUT
		H. Larraín
27	INTERNACIONAL	EE.UU.
29	ANTENA	
30	SOCIEDAD	Trajes de baño
		Intérpretes
38	GENTE	
42	NEGOCIOS	Construcción
		Citicorp
		Publicidad
		Náutica
50	APUNTES	
56	CULTURA	Cine
57	CORREO	
58	PUZZLE	

En un autobús

SR. HERNÁNDEZ	Hola, María. ¿Cómo *estás?*
MARÍA	Más o menos, señor Hernández, gracias.
SR. HERNÁNDEZ	¿Y qué tal la familia...? ¿*Están* todos bien?
MARÍA	Sí, todos *están* muy bien. Y *ustedes,* ¿cómo *están?*
SR. HERNÁNDEZ	*Nosotros* también *estamos* bien, gracias.
MARÍA	¡Qué suerte! Adiós, señor Hernández.
SR. HERNÁNDEZ	Adiós, María.

---

1. ¿Cómo está María? Y la familia de María, ¿está bien?   2. ¿Están María y el señor Hernández en la clase de español? ¿Y usted?   3. ¿Cómo está la familia del señor Hernández?   4. ¿Cómo está usted ahora? ¿Y la familia de usted?

On a bus.   MR. HERNÁNDEZ: Hi, María. How are you? MARÍA: So-so (*literally,* "More or less"), Mr. Hernández. Thank you. MR. HERNÁNDEZ: And how's the family doing . . . ? Is everybody OK? MARÍA: Yes, everybody is very well. And how are all of you? MR. HERNÁNDEZ: We are also fine, thanks. MARÍA: Great! (*literally,* "What luck!") Good-bye, Mr. Hernández. MR. HERNÁNDEZ: Good-bye, María.

• •

A. **Estar** *(to be)* is an infinitive verb form. It is conjugated by removing the **-ar** ending and adding other endings to the **est-** stem.

estar to be				
Singular			**Plural**	
yo*	**estoy** *I am*	nosotros(as)	**estamos** *we are*
tú	**estás** *you are*	vosotros(as)	**estáis** *you are*
él	*he is*	ellos	
ella	**está** *she is*	ellas	**están** *they are*
usted	*you are*	ustedes	*you are*

B. Subject pronouns are used far less frequently in Spanish than in English, since in Spanish the verb endings indicate the subject of the sentence. Subject pronouns are used in Spanish mainly to avoid confusion or for emphasis.

Estoy bien.	*I'm fine.* (statement of fact)
Yo estoy bien.	***I'm*** *fine.* (emphatic)
Él está aquí. (Ella está aquí.)	***He*** *is here.* (***She*** *is here.*) (clarification)

C. There are several ways to say *you* in Spanish. The familiar singular form, **tú,** is used in speaking to friends, young children, and family members. It corresponds roughly to "first-name basis" in English. Students usually address each other with the **tú** form. The **usted** form is used in more formal situations, such as with older people, people you do not know, or people in authority. Students usually address their teacher with the **usted** form. If you are in a situation where you are unsure which form to use, it is usually better to use the **usted** form unless the native speaker requests otherwise.

D. In most parts of Spain the plural of **tú** is **vosotros** (masculine) and **vosotras** (feminine). In Latin America, **ustedes** is used as the plural of both **tú** and **usted.**

E. **Usted** and **ustedes** are frequently abbreviated in written Spanish as **Ud.** and **Uds.** or **Vd.** and **Vds.**

¿Ud. está con Manuel?	*You are with Manuel?*
¿Vds. están bien?	*You (pl.) are fine?*

F. The subject pronouns **él, ella, nosotros, nosotras, vosotros, vosotras, ellos,** and **ellas** show gender, either masculine or feminine. In speaking about two or more males, or a mixture of males and females, the masculine forms **nosotros, vosotros,** and **ellos** are used. The feminine forms **nosotras, vosotras,** and **ellas** are used only to refer to two or more females.

Ellos (Juan y José) están en Madrid.	*They (Juan and José) are in Madrid.*
Ellos (Juan y María) están en clase.	*They (Juan and María) are in class.*
Ellas (Rita y Teresa) están en México.	*They (Rita and Teresa) are in Mexico.*
Nosotros (Elena, Ricardo y yo) estamos en casa.	*We (Elena, Ricardo, and I) are at home.*

EJERCICIOS

A. Los pronombres *(Pronouns).*   Read each of the following phrases and then provide the corresponding subject pronouns.

MODELOS   Sara y Pepe   **ellos**
tú y Marta   **ustedes** (or **vosotros[as],** in Spain)

1. Carlos
2. Carmen y Beatriz
3. Elena y yo
4. Víctor y el señor Gómez
5. Amalia, Alicia, Ana y Arturo
6. tú y Marta
7. tú y yo
8. la señorita Alfonsín

B. La señora Ramos. Mrs. Ramos always likes to know where everyone is and how they are. With a classmate, alternate answering her questions in the affirmative and use subject pronouns, as in the example.

MODELO   ¿Eva está en Guatemala?
Sí, ella está en Guatemala.

1. ¿Susana y Jorge están en Madrid?
2. ¿Pedro está en Los Ángeles?
3. ¿Alberto y Elena están aquí?
4. ¿Usted y Ricardo están bien?
5. ¿Eva y Luisa están con Marta?
6. ¿Tú y Alicia están bien?
7. ¿La señora López está en Barcelona?
8. ¿Ustedes están en casa?

---

*Notice that **yo,** the first-person singular subject pronoun, is not capitalized.

C. ¿Dónde está(n)...? Work with a partner. Look back at the photos on page 4. Using the cues given and the word **¿dónde?** *(where?)*, ask and answer questions. Take turns.

> **MODELO** ESTUDIANTE 1 **¿Dónde está el canal?**
> ESTUDIANTE 2 **Está en Panamá. ¿Dónde están las *(ruins)*?**
> ESTUDIANTE 1 **Están en Perú.**

1. Machu, Picchu
2. las tiendas *(stores)*
3. el lago Titicaca
4. los glaciares
5. la Alhambra
6. la pequeña Habana

FUNCIONES *y práctica*

Greetings

In this preliminary chapter you have seen examples of some important language functions: greetings, introductions, and useful expressions. Below you'll find some additional information and activities related to these functions.

1. With a friend or in an informal situation:

Hola, Miguel, ¿Cómo estás?	*Hi, Miguel. How are you?*
Hola. ¿Qué tal?	*Hi. How's it going?*

¿Qué tal? has many uses and meanings. Basically, it just means *How are things?* But combined with other words, it has other meanings; for instance, **¿Qué tal la familia?** *How is the family?*

2. With a stranger or in a more formal situation:

Buenos días. ¿Cómo está usted?	*Good morning (Good day). How are you?*
Me llamo... ¿Cómo se llama usted?	*My name is . . . What is your name?*
Buenas tardes.	*Good afternoon.* (until about sunset)
Buenas noches.	*Good night.* (after sunset; used mainly upon retiring)

3. You meet another student or your roommate for the first time:

Hola. Me llamo...	*Hi. My name is . . .*

And what do you say in response to the question **¿Cómo está(s)?** Here are some possible answers.

Muy bien, gracias.	*Very well, thanks.*
No muy bien.	*Not too well.*
Bien.	*Good.*
Más o menos.	*So-so.* (literally, "More or less.")
Mal.	*Bad.*

When meeting someone for the first time, you can say:

Mucho gusto.   *Glad to meet you.*

There are several ways to respond to this. Any of the following answers would be appropriate:

Igualmente.	*Likewise. (Glad to meet you too.)*
Encantado(a).*	*I am delighted (to meet you).*
El gusto es mío.	*The pleasure is mine.*

Useful Expressions

The following are useful expressions that will come in handy in various situations.

—Adiós. *Good-bye.*
—Hasta luego.
   See you later.

—Por favor. *Please.*
—Tengo una pregunta.
   I have a question.

—Con permiso.
   Excuse me.
—Cómo no. *Certainly.*

—Perdón. *Sorry;*
   I beg your pardon.

—No comprendo.
   I don't understand.

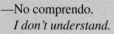

—¡Felicitaciones!
   Congratulations!
—Gracias. *Thanks.*

—Muchas gracias. *Thanks very much.*

—De nada. *You're welcome.*

---

*A man says **"Encantado."** A woman says **"Encantada."**

Práctica _____

A. **Respuestas** *(Answers).* What replies might you give to the following statements or questions?

MODELO ¡Hola, Teresa! ¿Qué tal?
Muy bien, gracias, Susana. ¿Y tú?

1. Adiós.
2. Muchas gracias.
3. Mucho gusto.
4. ¡Hola!
5. ¿Cómo se llama el profesor (la profesora)?
6. Buenos días.
7. ¡Felicitaciones!
8. Hasta luego.

 B. **Mini-dramas.** With a partner, create short conversations for the following situations.

1. You are meeting someone for the first time. Greet the person and introduce yourself in Spanish. Ask his or her name and, when he or she answers, say, "Glad to meet you." He or she will reply that the pleasure is his or hers.
2. You meet a friend on the street. Say hello and ask how things are going. Your friend responds, "So-so." You ask, "How's the family?" He or she replies that they are well. Both of you say good-bye.

VOCABULARIO ACTIVO

Cognados Cognates

la clase*	el, la estudiante	el hospital	el profesor, la profesora
el doctor, la doctora	excelente	la imaginación	el restaurante
el ejemplo	falso	el modelo	la televisión
el ejercicio	la familia	el número	la universidad
especial	hispano	el pasaporte	

La sala de clase	The classroom	la mesa	table
		la página	page
		el papel	paper
el bolígrafo	ballpoint pen	la pared	wall
el capítulo	chapter	la pizarra	chalkboard
el cuaderno	notebook, workbook	la pregunta	question
el escritorio	desk	la puerta	door
el español	Spanish	la respuesta	answer
el inglés	English	la silla	chair
el lápiz	pencil	la tiza	chalk
el libro	book	la ventana	window

*In the vocabulary lists in this text, definite articles (**el, la, los, las**) are given with all nouns to indicate gender.

Otras palabras y frases	Other words and phrases
el amigo, la amiga	*friend*
aquí (*or* acá)	*here*
la casa	*house, home*
en casa	* at home*
¿Cómo se dice…?	*How do you say . . . ?*
con	*with*
el día	*day*
¿Dónde?	*Where?*
en	*in; on; at*
estar	*to be*
estar bien (mal, más o menos)	*to be well (unwell, so-so)*
hay	*there is, there are*
el mundo	*world*
muy	*very*
no	*no, not*
la peseta	*monetary unit of Spain*
¿Qué es esto?	*What is this?*
el señor	*man, gentleman, Mr., Sir*
la señora	*woman, lady, Mrs., Ma'am*
la señorita	*young lady, Miss*
sí	*yes*
un, una	*a, an; one*
verdadero	*true*
y	*and*

Expresiones útiles	Useful Expressions
Adiós.	*Good-bye.*
Bien.	*Well, OK.*
Muy bien.	*Very well.*
Bienvenido.	*Welcome.*
Buenas noches.	*Good evening.*
Buenas tardes.	*Good afternoon.*
Buenos días.	*Good morning. Hello.*
¿Cómo está(s)?	*How are you?*
¿Cómo se llama usted?	*What is your name?*
El gusto es mío.	*The pleasure is mine.*
Hola.	*Hello. Hi.*
Igualmente.	*Likewise.*
Me llamo…	*My name is . . .*
(Muchas) gracias.	*Thanks (a lot).*
Mucho gusto.	*Glad to meet you.*
No comprendo.	*I don't understand.*
Perdón.	*Pardon me.*
Por favor.	*Please.*
¿Qué tal?	*How are you doing? How is it going?*
¿Qué tal la familia?	*How is the family?*

Don't forget: Cardinal numbers 0–99, page 9
Subject pronouns, pages 10–13

CAPÍTULO uno

LA FAMILIA

VOCABULARIO. In this chapter you will talk about family relationships.

GRAMÁTICA. You will discuss and use:

- The present tense of **ser**, a second verb corresponding to *to be*
- Correct word order and intonation in Spanish sentences
- The present tense of regular verbs that end in **-ar**
- The gender and number of nouns and articles
- The contractions **al** and **del**

CULTURA. This chapter focuses on Spain.

FUNCIONES

- Asking for information
- Using the telephone
- Ending a conversation

ESPAÑA

Capital: Madrid
Población: aproximadamente 39.000.000 de habitantes
Ciudades principales: Madrid, Barcelona, Valencia, Sevilla, Bilbao, Malaga
Moneda: peseta

"¿Sabia Ud. que... ?" *(Did you know that)* Spain is the most mountainous country in Europe after Switzerland, and Madrid is the highest capital in Europe. Although Toledo was Spain's first capital, Madrid became Spain's capital in 1561.

LA FAMILIA DE JUAN

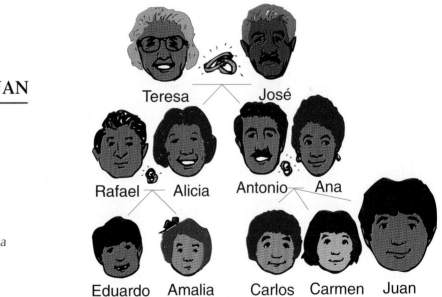

Las personas

hombre	*man*
mujer	*woman*
niño	*boy*
niña	*girl*
papá	*dad, papa*
mamá	*mom, momma*
parientes	*relatives*

Teresa y José

esposos	*spouses* (esposo *husband*, esposa *wife*)
padres	*parents* (padre *father*, madre *mother*)
abuelos	*grandparents* (abuelo *grandfather*, abuela *grandmother*)
suegros	*mother- and father-in-law* (suegro *father-in-law*, suegra *mother-in-law*)

Ana y Rafael

| cuñados | sister- and brother-in-law (cuñado *brother-in-law*, cuñada *sister-in-law*) |
| tíos | aunt and uncle (tío *uncle*, tía *aunt*) |

Juan y Amalia

hijos	children (hijo *son*, hija *daughter*)
nietos	grandchildren (nieto *grandson*, nieta *granddaughter*)
sobrinos	nephews and nieces (sobrino *nephew*, sobrina *niece*)
hermanos	brothers and sisters (hermano *brother*, hermana *sister*)
primos	cousins (primo *male cousin*, prima *female cousin*)

A. Los parientes. Supply the correct answer.

MODELO ¿La esposa de Rafael? **Alicia**

1. ¿Los hijos de Rafael y Alicia?
2. ¿Los primos de Carlos?
3. ¿Los abuelos de Amalia?
4. ¿La hermana de Juan?

B. El árbol genealógico *(The family tree).* Look at Juan's family tree and explain who each person is by choosing the correct term from the list.

MODELO hermana, hija, madre, tía
Alicia es *(is)* la hermana de Antonio y la tía de Carmen.

Mujeres y niñas: abuela, esposa, hermana, hija, madre, prima, tía

1. Carmen es la _____ de Juan y la _____ de Ana y Antonio.
2. Teresa es la _____ de Alicia y la _____ de Carlos.
3. Ana es la _____ de Eduardo y la _____ de Antonio.
4. Amalia es la _____ de Rafael y la _____ de Juan.

Hombres y niños: abuelo, esposo, hermano, hijo, padre, primo, tío

5. José es el _____ de Antonio y Alicia y el _____ de Carlos y Carmen.
6. Antonio es el _____ de Teresa y el _____ de Amalia.
7. Juan es el _____ de Carmen y Carlos y el _____ de Eduardo y Amalia.
8. Rafael es el _____ de Alicia y el _____ de Eduardo.

 Mi *(my)* árbol genealógico. Draw your own family tree with the vocabulary you have just learned and then explain to a classmate who each person is.

Preguntas

1. Ana y Antonio son *(are)* los padres de Juan. ¿Cómo se llama el padre de Amalia? ¿y la madre?   2. Teresa es la esposa de José. ¿Cómo se llama el esposo de Alicia?   3. ¿Cómo se llaman los primos de Carmen?   4. Eduardo y Amalia son los hijos de Rafael y Alicia. ¿Cómo se llaman los hijos de Ana y Antonio?   5. Ana y Antonio son los tíos de Eduardo y Amalia. ¿Cómo se llaman los tíos de Carlos, Carmen y Juan?

. . . .

I. EL PRESENTE DE INDICATIVO DEL VERBO *SER*

Un café en la Plaza Mayor, Madrid

En un café, en Madrid

PEDRITO	¡Buenos días y bienvenidos a Madrid! Ustedes no *son* de aquí…, ¿verdad?
SR. LARKIN	No, la doctora Silva y yo *somos* de los Estados Unidos. Yo *soy* de Tejas.
PEDRITO	Usted habla muy bien el español.
SR. LARKIN	Gracias, *eres* muy amable.
PEDRITO	Y usted, doctora Silva, ¿*es* también de Tejas?
DRA. SILVA	No, *soy* de Nevada, Pedrito.
PEDRITO	¡Ah! ¡Tejas y Nevada!… ¡Dos estados con nombres en español! ¡Por eso ustedes hablan bien el español!

1. Pedrito, el señor Larkin y la doctora Silva están en Madrid, ¿no?   2. El señor Larkin no es de Madrid, ¿verdad?   3. ¿Habla español el señor Larkin? ¿Y la doctora Silva?   4. La doctora Silva es de Nevada, ¿no? Y Pedrito, ¿es de Nevada también?   5. Según (*according to*) Pedrito, ¿por qué hablan bien el español el señor Larkin y la doctora Silva?

In a café in Madrid.   PEDRITO: Hello and welcome to Madrid! You are not from here . . . , right? MR. LARKIN: No, Dr. Silva and I are from the United States. I'm from Texas. PEDRITO: You speak Spanish very well. MR. LARKIN: Thanks, you're very kind. PEDRITO: And you, Dr. Silva, are you also from Texas? DR. SILVA: No, I'm from Nevada, Pedrito. PEDRITO: Ah! Texas and Nevada . . . Two states with names in Spanish! That's why you speak Spanish well!

• •

Ser, another verb meaning *to be,* is highly irregular; its forms should be memorized. (The differences between **ser** and **estar** will be discussed in Chapter 2.)

ser	to be		
yo	**soy**	nosotros(as)	**somos**
tú	**eres**	vosotros(as)	**sois**
usted, él, ella	**es**	ustedes, ellos(as)	**son**

Soy yo.	*It's I.*
Tú eres muy amable.	*You're very kind.*
Susana es la hermana de Camilo.	*Susana is Camilo's sister.*
Nosotros no somos de España.	*We are not from Spain.*
Él es italiano.	*He is (an) Italian.*

EJERCICIOS

A. ¡A que eres de Chile! (*I'll bet you're from Chile!*).   Señor Rodríguez, the hotel concierge, is an expert at guessing regional accents. Every time he hears someone speak, he guesses where the speaker is from. Make statements as he would, following the model.

   MODELO   José/España **José es de España, ¿no?**

   1. el doctor Parodi/Argentina
   2. los señores García/Cuba
   3. Teresa/Paraguay
   4. usted/Puerto Rico
   5. los amigos de Susana/Chile
   6. ustedes/México

B. ¿Quién soy? (*Who am I?*).   Tell a group of three or four classmates several things about yourself.

   MODELOS   **Soy Sandy. Soy estudiante de español. Soy de California. ¿Y tú?**

   Soy Ricardo. No soy de aquí. Soy de Montreal. También soy estudiante de español. ¿Y tú?

II. EL ORDEN DE LAS PALABRAS Y LA ENTONACIÓN

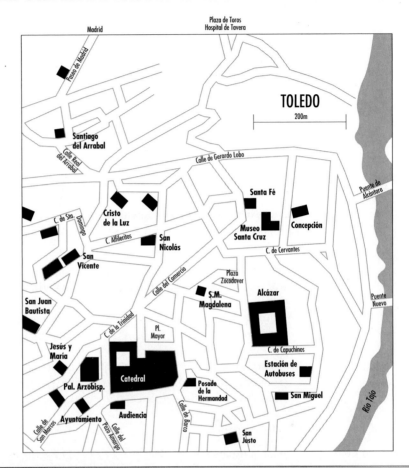

En un teléfono en la Plaza Mayor de Toledo

LUISA Dígame.

CAMILO Hola, ¿está Pablo en casa?

LUISA No…, pero ¿quién habla?

CAMILO Habla Camilo.

LUISA ¿Camilo Espínola, el amigo argentino?

CAMILO Sí, soy Camilo. Y usted es Ana, ¿verdad?

LUISA No, no soy Ana. Me llamo Luisa.

CAMILO ¡Ah, la hermana de Pablo! Mucho gusto, Luisa.

LUISA Igualmente, Camilo. Pablo está en el Museo Santa Cruz, con Ana. ¿Y usted?

CAMILO Estoy en la Plaza Mayor con Susie, una amiga de Tejas.

LUISA ¡Entonces ustedes no están muy lejos de Ana y Pablo!

CAMILO ¡Es verdad! Y el Museo Santa Cruz es un museo interesante para Susie. Gracias por la información, Luisa, y ¡hasta luego!

LUISA Hasta pronto, Camilo.

1. ¿Está Pablo en casa?   2. Camilo es mexicano, ¿no?   3. ¿Está Camilo con Luisa?
4. ¿Pablo está en el Museo Santa Cruz, ¿no?   5. Camilo está en la Plaza Mayor con
Susie, ¿verdad?

On a telephone in the Plaza Mayor in Toledo.   LUISA : Hello. CAMILO: Hello, is Pablo home? LUISA:
No . . . , but who is this? CAMILO: This is Camilo speaking. LUISA: Camilo Espínola, the Argentinean
friend? CAMILO: Yes, I'm Camilo. And you're Ana, right? LUISA: No, I'm not Ana. My name is Luisa.
CAMILO: Ah, Pablo's sister! Glad to meet you, Luisa. LUISA: Likewise, Camilo. Pablo is at the Santa
Cruz Museum, with Ana. And you? CAMILO: I'm in the Plaza Mayor with Susie, a friend from Texas.
LUISA: Then you're not very far from Ana and Pablo! CAMILO: That's true! And the Santa Cruz Museum
is an interesting museum for Susie. Thanks for the information, Luisa, and see you later! LUISA: See you
soon, Camilo.

• •

Changes in the order of words within a sentence, changes in sentence intonation, and the
addition of particles and tags to the sentence can all affect sentence meaning.

A. As seen in the previous chapter, a common way to make a Spanish sentence negative is to place the word **no** in front of the verb.

Mamá está aquí.	*Mom is here.*
Papá no está aquí.	*Dad isn't here.*

B. *Yes/no* questions are questions that can be answered with a simple **sí** or **no.** A simple way to pose such questions is to make a statement but with the voice rising toward the end of the sentence.

Habla español.	*You speak Spanish.*
¿Habla español?	*Do you speak Spanish?*
Artemio y Luisa están aquí.	*Artemio and Luisa are here.*
¿Artemio y Luisa están aquí?	*Artemio and Luisa are here?*

Another way to ask *yes/no* questions is to put the subject after the verb. If the subject
is a noun, it sometimes goes at the end of the question.

¿Es Madrid la capital de España?	*Is Madrid the capital of Spain?*
¿Se llama Luis el primo de María?	*Is Luis the name of Maria's cousin?*

In negative questions the word **no** precedes the verb.

¿Alfonso no está en Toledo?	
¿No está Alfonso en Toledo?	*Isn't Alfonso in Toledo?*
¿No está en Toledo Alfonso?	

C. A statement can be made into a question by adding a "confirmation tag" at the
end to ask a person to confirm or deny the information just stated. Three common

tags in Spanish are **¿de acuerdo?, ¿verdad?,** and **¿no?** (The tag **¿no?** is never used after a negative sentence.)

Los estudiantes están aquí, ¿no? — *The students are here, aren't they?*
Pablo no está en casa hoy, ¿verdad? — *Pablo is not home today, is he?*
Abran los libros, ¿de acuerdo? — *Open your books, OK?*

Notice that **¿de acuerdo?** is used when some kind of action is proposed.

EJERCICIO

¿Cómo? *(What?)* You can't believe that you heard correctly. Ask questions in at least three ways to obtain confirmation of the information.

MODELO — El profesor se llama Antonio García.
¿El profesor se llama Antonio García?
El profesor se llama Antonio García, ¿no? (¿verdad?)
¿Se llama Antonio García el profesor?
¿Se llama el profesor Antonio García?

1. Papá está en casa.
2. Ellos son doctores.
3. El señor no se llama Raúl López.
4. Valencia está en España.

FUNCIONES *y práctica*

Asking for Information

Here are some examples of an important language function: asking for information. Study the expressions below and do the practice exercise that follows. More **funciones** will be found later in the chapter, and activities using all the **funciones** are included at the end of the chapter.

To ask for information, you can use confirmation tags or interrogative words, as you have seen in this chapter.

Confirmation tags:

¿de acuerdo?   ¿verdad?   ¿no?

Remember that **¿no?** is not used after a negative sentence and that **¿de acuerdo?** is used when some kind of action is proposed. In Spanish, just as in English, these tags can be used when you simply want to confirm an answer (that you think you know) or when you do not know the answer to your question. Remember too that the most common way of asking *yes/no* questions is to invert the normal order of subject and verb:

¿Es usted profesor de literatura?
¿Son ustedes estudiantes de español?

So far you have learned **¿cómo?** *(how?)* and **¿qué?** *(what?),* two frequently used interrogative words:

¿Qué es esto?
¿Cómo se llama usted?
¿Cómo se dice *pencil* en español?

You will learn more interrogative words in the next chapter.

Práctica

Capitales.   To practice using confirmation tags, study the maps of South America, Spain, Mexico, and Central America at the front of your book. Work with a classmate and take turns using confirmation tags to form sentences identifying various capital cities (correctly or incorrectly).

MODELO	ESTUDIANTE 1	**Madrid es la capital de España, ¿no?**
	ESTUDIANTE 2	**Sí, Madrid es la capital de España.**
	ESTUDIANTE 1	**San José es la capital de México, ¿verdad?**
	ESTUDIANTE 2	**No, San José no es la capital de México. Es la capital de Costa Rica.**

III. EL PRESENTE DE INDICATIVO DE LOS VERBOS TERMINADOS EN -AR

Estudiantes de la Universidad de Madrid

Un mensaje telefónico grabado (*recorded*) de Teresa para Mario, un primo italiano

¡Hola Mario! Habla Teresa. ¿Cómo estás? Yo estoy bien, pero muy ocupada. Estoy en una clase de sociología interesante pero difícil. *Trabajo* mucho y *necesito* ayuda. *Deseo* viajar a Italia en diciembre y *necesito* información. Ahora *estudiamos* la familia italiana y *busco* libros sobre Italia. Además, en enero dos profesores excelentes *enseñan* una clase de cultura italiana. Tú *visitas* España en noviembre...¿verdad? *Deseo* la información para noviembre, si es posible. Nos vemos pronto.

1. ¿Cómo está Teresa? 2. ¿Cómo es la clase de sociología? 3. ¿Trabaja mucho Teresa? 4. ¿Desea viajar a Italia Teresa? ¿Viaja ella en diciembre? 5. ¿Desea ella estudiar cultura italiana en enero? 6. ¿Desea ella la información para noviembre? 7. Y usted, ¿desea viajar a Italia también? (¿a España? ¿a México? ¿a...?)

A recorded phone message from Teresa to Mario, an Italian cousin. Hi, Mario! This is Teresa. How are you? I'm fine, but very busy. I'm in an interesting but difficult sociology class. I'm working a lot and I need help. I want to travel to Italy in December and I need information. We are studying the Italian family now and I'm looking for books about Italy. In addition, two excellent professors are teaching a class on Italian culture in January. You're visiting Spain in November, aren't you? I want the information by November, if it's possible. We'll see each other soon.

• •

A. Spanish infinitives all end in **-ar, -er,** or **-ir. Hablar** *(to speak)* is a regular **-ar** verb— all its forms follow a regular pattern. To produce the present-tense forms of **hablar** or any other regular **-ar** verb, drop the infinitive ending **-ar** and add the present-tense endings **-o, -as, -a, -amos, -áis,** and **-an.**

hablar *to speak, to talk*			
yo	*hablo*	nosotros(as)	**hablamos**
tú	*hablas*	vosotros(as)	*habláis*
usted, él, ella	*habla*	**ustedes, ellos(as)**	*hablan*

B. Other common regular **-ar** verbs are:

bailar	*to dance*	mirar	*to look at, to watch*
buscar	*to look for*	necesitar	*to need*
contestar	*to answer*	pasar	*to pass; to spend (time)*
desear	*to want*	preguntar	*to ask*
enseñar	*to teach, to show*	regresar	*to return*
estudiar	*to study*	tomar	*to take, to drink*
llamar	*to call*	trabajar	*to work*
llegar	*to arrive*	viajar	*to travel*
llevar	*to carry, to take*	visitar	*to visit*

Anahí pregunta: «¿Quién habla?»
Graciela y Miguel desean estudiar
  español.
Llegamos a casa mañana.

Anahí asks, "Who's speaking?"
Graciela and Miguel wish to study
  Spanish.
We are arriving home tomorrow.

C. The present tense in Spanish corresponds to several structures in English.

Tomo café.

> I drink coffee.
> I do drink coffee.
> I'm drinking coffee.

¿Estudias italiano?

> Do you study Italian?
> Are you studying Italian?

D. Present-tense verbs usually describe actions as if they were happening in the present time. But the present tense may also be used to imply that an action will take place in the immediate future.

Lola lleva el libro ahora.
Estudian con nosotros.

> Lola's taking (will take) the book now.
> They're studying (will study) with us.

EJERCICIOS

A.   Nosotros dos.   Francisco frequently forgets to include his twin brother Alejandro in his plans, but Alejandro always corrects Francisco's statements to include himself. Take the part of Alejandro and correct Francisco's statements by changing from the **yo** to the **nosotros** form.

> **MODELO**   Llevo los libros a la universidad.
> **Llevamos los libros a la universidad.**

1. Necesito un cuaderno.
2. Busco la clase de español.
3. Contesto las preguntas de la profesora.
4. Estudio la cultura de España.
5. Pregunto «¿Qué tal la familia?».
6. Regreso a casa ahora.

B.   Conversaciones breves.   Work with a classmate and take turns answering and asking questions to have short conversations. Follow the model and add your own ideas whenever possible.

> **MODELO**   tomar café (no, té–*tea*)
> ESTUDIANTE 1 **¿Tomas café?**
> ESTUDIANTE 2 **No, no tomo café. Tomo té.**

1. estudiar inglés (no, italiano)
2. necesitar un lápiz (no, bolígrafo)
3. mirar «Los Simpson» en la televisión (no, «Veinticuatro horas»)
4. bailar mucho (no, poco)
5. visitar San Francisco (no, Nueva York)

C.   En acción.   Describe to a classmate what the following people are doing.

> **MODELO**

> El profesor y los estudiantes...
> **El profesor enseña y los estudiantes trabajan en la clase.**

1. La estudiante...

2. Los señores García...

3. Roberto...

4. Él...

5. Los amigos...

6. El niño...

FUNCIONES *y práctica*

Using the Telephone

Here are some examples of an important language function: using the telephone. Study the expressions below and do the practice exercise that follows.

In the conversation at the beginning of Section II, Luisa answers the telephone by saying **Dígame,** (*literally,* "Tell me.") In Mexico and Central America, however, people are likely to say **Bueno,** and in some areas you may hear **Aló** or **Hola.** Notice that Luisa asks who is calling by saying **¿Quién habla?,** but she might also ask **¿De parte de quién?** (*On behalf of whom?*). With either question, you may say **Habla** and then your name—for example, **Habla Luis** (*This is Luis—literally, "Luis speaking"*).

Práctica

Mini-drama.   Working with a classmate, create a telephone conversation for the following situation.

You call up your friend Silvia. Her mother, Mrs. García, answers the phone. She asks who is calling. You tell her your name, and she tells you that Silvia is not home right now but that she is returning home soon. You ask how Silvia is, and she says that she is fine. You tell Mrs. García that you are arriving tomorrow and she says that you'll see each other soon.

IV. GÉNERO Y NÚMERO DE SUSTANTIVOS Y ARTÍCULOS

AEROPUERTO INTERNACIONAL MADRID-BARAJAS

En el aeropuerto

AGENTE Buenos días. *Los pasaportes,* por favor.
RAMÓN *Un momento...* aquí están.
ISABEL Ramón, ¿Dónde está *la cámara? ¿Y los regalos* para *las hijas* de Juan?
RAMÓN ¡Dios mío! *La cámara* está en *el avión...* ¡y *los regalos* también están allí!

1. ¿Necesita los pasaportes el agente?   2. ¿Lleva los pasaportes Ramón?   3. ¿Qué busca Isabel?   4. ¿Está la cámara en el avión? ¿y los regalos...?   5. Isabel y Ramón, ¿están en el avión o en el aeropuerto?

At the airport.   AGENT: Good morning. Passports, please. RAMÓN: Just a moment . . . here they are.
ISABEL: Ramón, where are the camera and the presents for Juan's daughters? RAMÓN: Good grief! The camera is on the plane . . . and the gifts are also there!

A. In Spanish all nouns are either masculine or feminine. Articles in Spanish are also either masculine or feminine, to reflect the gender of the noun they modify. The definite article has four forms:

	Singular	*Plural*
Masculine	**el** regalo *the gift*	**los** regalos *the gifts*
Feminine	**la** cámara *the camera*	**las** cámaras *the cameras*

B. The indefinite article in Spanish also has four forms:

	Singular		Plural	
Masculine	**un** primo	*a cousin*	**unos** primos	*some (a few) cousins*
Feminine	**una** familia	*a family*	**unas** familias	*some (a few) families*

Notice that **unos (unas)** can mean *some* or *a few*.

C. Most Spanish nouns ending in **-o** in the singular are masculine. Most nouns ending in **-a** in the singular are feminine.

el aeropuerto	*the airport*	la farmacia	*the drugstore, pharmacy*
el abuelo	*the grandfather*	la abuela	*the grandmother*

Two common exceptions are **el día** *(the day)* and **la mano** *(the hand)*.

D. Most nouns ending in **-ma, -pa,** or **-ta** that have a cognate in English are masculine. (These words are of Greek origin.)

el drama	el planeta	el problema	el sistema
el mapa	el poeta	el programa	el tema

E. With nouns that do not end in **-o** or **-a** in the singular, it can be helpful to learn the definite article when you learn the noun. Notice that most nouns ending in **-dad** and **-ión** are feminine. (**El avión** is an exception.)

el hotel	*the hotel*	la verdad	*the truth*
el inglés	*English*	la región	*the region*
el viaje	*the trip*	la ciudad	*the city*
		la capital	*capital (city)*

F. The gender of many nouns that refer to people can be changed by changing the noun ending and the article.

el primo	*the (male) cousin*	la prima	*the (female) cousin*
el señor	*the man*	la señora	*the woman, lady*
un amigo	*a (male) friend*	una amiga	*a (female) friend*

However, for some nouns the ending does not change, and so the gender of the person the noun refers to is shown by the gender of the article.

un turista	*a (male) tourist*	una turista	*a (female) tourist*
un artista	*a (male) artist*	una artista	*a (female) artist*
un agente	*a (male) agent*	una agente	*a (female) agent*

G. The plural of most nouns ending in a vowel is formed by adding **-s: libro, libros; mesa, mesas; viaje, viajes.** The plural of most nouns ending in a consonant is formed by adding **-es: hotel, hoteles; ciudad, ciudades; región, regiones.*** A **final z** must be changed to **c** before adding **-es: lápiz, lápices.** The masculine plural of nouns referring to people may include both genders.

el niño	*the boy*
el señor González	*Mr. González*
el tío	*the uncle*
los niños	*the boys* or *the boys and girls*
los señores González	*Mr. and Mrs. González*
los tíos	*the uncles* or *the aunt(s) and uncle(s)*

H. The definite article is used with titles such as **señor, señora, señorita, doctor(a),** or **profesor(a)** when you are talking or asking about an individual, but it is not used with the terms of respect, **don** and **doña.**

Un artista habla con el señor Martínez.	*An artist is talking to Mr. Martínez.*
El doctor García necesita unas semanas de vacaciones.	*Dr. García needs a few weeks of vacation.*
Doña Isabel no está aquí.	*Doña Isabel is not here.*

The definite article is not used with titles when you are speaking to the person directly.

Buenos días, señor Martínez.	*Good day, Mr. Martínez.*
¿Cómo está usted, doctor García?	*How are you, Dr. García?*

EJERCICIOS

A. ¿Qué necesitan? Marta and the Garcías have a list of things they need. Tell what they need, following the model.

> **MODELO** silla
> **Marta necesita una silla. Los García necesitan unas sillas.**

1.	cuaderno	5.	libro
2.	lápiz	6.	mesa
3.	bolígrafo	7.	cámara
4.	papel	8.	semana de vacaciones

B. Formación de frases. Make up sentences using the following words. Provide the definite articles, as in the model.

> **MODELO** abuelo de Pablo / hablar / con / señorita González
> **El abuelo de Pablo habla con la señorita González.**

1. niño / buscar / regalo
2. doctor / viajar / a / ciudad
3. mamá de Ana / llevar / pasaportes

---

*Notice that there is no accent mark on **regiones,** since the emphasis falls naturally on the next-to-the-last syllable.

4. tú / estudiar / capítulos
5. nosotros / mirar / pizarra
6. primo de Juan / llegar / a / capital / pronto
7. turistas / estar / en / hotel

 C. Preguntas y respuestas *(Questions and answers).* With a classmate, create questions and answers by replacing the nouns with the clues suggested.

MODELO   ESTUDIANTE 1   **¿Están aquí los turistas?**
             ESTUDIANTE 2   **No, los turistas están en la ciudad.**

ESTUDIANTE 1

1. pasaportes
2. aviones
3. estudiantes
4. profesores
5. agentes

ESTUDIANTE 2

hotel
aeropuerto
clase
universidad
museo

MODELO   ESTUDIANTE 1   **¿Buscas un lápiz?**
             ESTUDIANTE 2   **No, busco un bolígrafo.**

ESTUDIANTE 1

1. farmacia
2. cuaderno
3. regalo
4. papel
5. teléfono

ESTUDIANTE 2

hotel
libro
cámara
pizarra
restaurante

V. LAS CONTRACCIONES *AL* Y *DEL*

RESTAURANTE
R I O

Toledo

En una plaza de Toledo

UN TURISTA   Por favor, señor, ¿dónde está el restaurante «El Río»? ¿Está cerca
o lejos de aquí?
UN SEÑOR   Está muy cerca. Es un restaurante muy bueno. Mire, está allí a la
izquierda, *al* lado *del* banco.

1. ¿Busca un hotel el turista?   2. ¿Está cerca el restaurante?   3. ¿Está al lado del
banco o al lado del hotel?

At Plaza de la Universidad, in Barcelona.   A TOURIST: Excuse me, sir. Where is the "El Río" restaurant? Is it near or far from here? A GENTLEMAN: It's very near. It's a very good restaurant. Look, it's
there on the left, beside the bank.

● ●

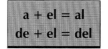

a + el = al
de + el = del

The definite article **el** contracts with **a** to form **al** and with **de** to form **del.** The other articles do not contract.

Los señores Méndez llegan al teatro (a la ciudad, a los Estados Unidos).
Mr. and Mrs. Méndez arrive at the theater (at the city, in the United States).

Estamos lejos del museo (de la universidad, de los hoteles).
We're far from the museum (from the university, from the hotels).

El hotel está a la derecha de la farmacia (del hospital, del restaurante).
The hotel is to the right of the pharmacy (of the hospital, of the restaurant).

EJERCICIO

Una lección de geografía.   Look at the map of Spain at the front of the book.
Then react to the following statements with **verdadero** or **falso.** If the statement
is false, correct it.

1. Pamplona está al norte del Río Ebro.
2. Madrid está al sur del Estrecho de Gibraltar.
3. Sevilla está lejos del Río Guadalquivir.
4. Valencia está cerca del Mar Mediterráneo.
5. Zaragoza está al este de la ciudad de Lérida.

NORTE

OESTE   ESTE

SUR

Entrevista ―――――――――――――――――――――――――

Work with a classmate and take turns asking and answering the following questions.

1. ¿Deseas viajar a la ciudad de México? ¿al Perú? ¿a Europa?   2. ¿Llevas tú un pasaporte cuando viajas al Canadá? ¿a la Argentina? ¿a Tejas? ¿a Nueva York?   3. En la clase de español, ¿estás cerca o lejos de la puerta? ¿Quién está a tu *(your)* derecha? ¿y a tu izquierda?   4. ¿Está la universidad lejos o cerca del aeropuerto? ¿de un restaurante argentino (mexicano, italiano)?

EN MADRID, LA CAPITAL DE ESPAÑA

La Puerta del Sol

Janet and her cousin Susan have just arrived in Madrid from **los Estados Unidos.** *They are in* **La Puerta del Sol,** *an important square in the heart of the old part of the city.*

En Madrid, la capital de España

JANET   Perdón, señor, deseamos visitar el Museo del Prado. ¿Qué autobús°
tomamos?

SR. RUIZ   Pero hoy es lunes..., y los lunes° todos° los museos están cerrados°.
Muchos lugares° turísticos están cerrados los lunes.

autobús *bus*   **los lunes** *on Mondays*   **todos** *all*   **cerrados** *closed*   **lugares** *places*

SUSAN	¡Qué lástima!°
SR. RUIZ	¿Por qué no caminan° por° el centro de la ciudad?
SUSAN	Necesitamos un mapa de Madrid. Señor, perdone..., ¿hay una librería° aquí cerca?
SR. RUIZ	Sí. Hay una muy buena en la Calle Mayor.
JANET	Necesitamos comprar° unos libros..., un diccionario...¡y el mapa!
SR. RUIZ	Yo también necesito comprar dos o tres libros. Los cursos de la universidad comienzan el lunes.
SUSAN	¿Es usted estudiante de la universidad de Madrid?
SR. RUIZ	No, señorita, yo no soy estudiante; soy profesor de la universidad de Salamanca.
JANET	¿Y qué enseña usted en la universidad, señor...?
SR. RUIZ	Manuel Ruiz, a sus órdenes°, señoritas. Enseño filosofía.
JANET	¡Ah! Mucho gusto. Me llamo Janet y ella es mi prima Susan.
SUSAN	¡Hola! Mucho gusto...
SR. RUIZ	El gusto es mío, señoritas. Pues..., ¿caminamos a la librería ahora?
JANET Y SUSAN	Bueno, de acuerdo°.
SR. RUIZ	Vale, vamos...°

¡Qué lástima! *What a pity!* **caminan** *walk* **por** *through* **librería** *bookstore*
comprar *to buy* **a sus...** *at your service* **Bueno...** *Well, OK* **Vale...** *OK, let's go*

Preguntas

1. ¿Qué museo desean visitar Janet y Susan? 2. ¿Están cerrados los museos? 3. ¿Qué necesitan comprar Janet y Susan? ¿y el señor Ruíz? 4. ¿Trabaja en Madrid el señor Ruíz? ¿En qué universidad trabaja? ¿Qué enseña?

Notas Culturales

1. **El Museo del Prado** is an art museum in Madrid that houses the world's richest and most comprehensive collection of Spanish painting. The most important works of Velázquez are there, as well as major works by El Greco and Goya. The Prado also contains an impressive selection of other schools of European painting, especially Italian and Flemish art.

2. **La Calle Mayor** is one of the several main streets of Madrid that converge at the **Puerta del Sol,** the heart of Madrid and location of the central metro station.

3. **La Universidad de Salamanca,** located in the city of Salamanca in western Spain, is one of Spain's leading universities. From its founding in 1218 until the end of the sixteenth century, the university was a leading center of learning in Europe, ranking with the universities of Paris and Oxford.

PARA ESCUCHAR

¿Usted o tú...?   Listen to the segments of conversations on your tape and then match and write the number of each conversation under the appropriate illustration. Determine whether the speakers are addressing each other in a formal or informal manner and write **usted** for formal or **tú** for informal.

MÁS FUNCIONES *y actividades*

Ending a Conversation

In this chapter you have seen examples of some important language functions: asking for information and using the telephone. Below you will find additional expressions and activities related to the functions.

Here are some examples of an important language function: ending a conversation. Study the expressions below and do the practice exercises that follow. Activities using all the **funciones** presented in this chapter are included at the end of the chapter.

Adiós.	*Good-bye.*
Hasta luego.	*See you later.*

Hasta pronto.	*See you soon.*
Bueno, nos vemos.	*Well, I'll be seeing you (literally, "Well, we'll see each other").*
Hasta mañana.	*See you tomorrow.*
Feliz fin de semana.	*Have a good weekend (literally, "Happy end of the week.")*

There are other ways to say *good-bye,* but the above are the most common. In the southern part of South America, where there has been a lot of Italian influence, people often just say **¡Chau!**

Actividades

A. Adiós.   Study the following situations where you would want to end a conversation. Which expression(s) would be appropriate for each?

1. You see your friend Pablo on campus. He lives in your dorm. You chat for a few minutes and then say goodbye before you go to class.
2. You ask your professor a question after class and then say goodbye until tomorrow's class.
3. You meet a visiting lecturer, congratulate her on her presentation, and then say goodbye.
4. You call a friend to say that you've been delayed, but that you'll arrive at his house soon. Before you hang up, you say . . .
5. On Friday, you say goodbye to your classmate Ana. You'll see her again on Monday.

B. ¿Qué dicen? *(What are they saying?)*   Tell what the people in the following drawings are probably saying.

C. El metro. You are a tourist in Madrid and you need to verify that you are interpreting the Metro map correctly. Study the map to determine on which of the ten Metro lines each of the following stations is located (**línea** 1, 2, 3, etc.). Then use confirmation tags to form questions.

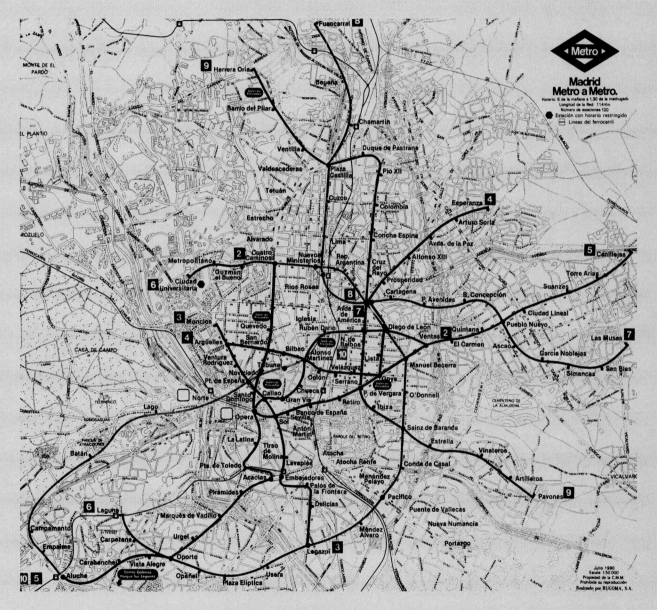

MODELO   Ciudad Universitaria
Ciudad Universitaria está en la línea 1, ¿no?

1. Colombia
2. Metropolitano
3. Esperanza
4. Torre Arias
6. Las Musas
7. Estrella

D. Mini-drama. In small groups, create a conversation for the following situation.

You and a friend are in a café in Madrid. You talk for a while, then your friend suggests visiting the **Museo del Prado.** You ask someone who is sitting at a table next to you if the museum is near or far from there. He/she answers, "It is very far and it is probably closed (**probablemente está cerrado**) today." "What a pity!" (**«¡Qué lástima!»**), you reply. Then you thank him/her for the information. As an alternative, your friend suggests, "What if (**«¿Qué tal si…?»**) we visit the city of Toledo today?" You say, "OK, but we need a car (**«un auto»**). We'll take Uncle Jorge's car . . ." Your friend answers "OK," and you both leave the café.

PARA ESCRIBIR

Use the vocabulary and expressions learned in this chapter to tell about your family, including as many relatives as possible. Work out of class on your own, or in class with a friend. If the exercise is done in class, each of you should write your description separately. Next take turns reading your compositions aloud to each other. Ask and answer questions and clarify any problems. Prepare a final draft (in class or at home, according to your instructor's preference). Use a format similar to the one below.

Mi familia

Mi madre (padre, hermano(-a), etc.) se llama…
Es de…
Habla… (inglés, francés, italiano,…).
Ahora está en…
Él/ella… (trabaja en casa, enseña, viaja mucho,…)
Estudia…
Desea… (estudiar español, viajar a España,…)

VOCABULARIO ACTIVO

Cognados

el aeropuerto	la cámara	el hotel	la persona
el, la agente	la capital	la información	la plaza
argentino	la cultura	interesante	el teatro
el, la artista	diciembre	italiano	el teléfono
el banco	en general	el mapa	el, la turista
el café	la farmacia	el museo	

Verbos

		desear	to want, to wish
		enseñar	to teach; to show
bailar	to dance	estudiar	to study
buscar (qu)	to look for	hablar	to talk; to speak
contestar	to answer	llamar	to call

Verbos

llegar (gu)	*to arrive*
llevar	*to carry; to take (along); to wear*
mirar	*to look (at); to watch*
necesitar	*to need*
pasar	*to pass; to spend (time)*
preguntar	*to ask*
regresar	*to return, to go back*
ser	*to be*
tomar	*to take; to drink*
trabajar	*to work*
viajar	*to travel*
visitar	*to visit*

La familia

la abuela	*grandmother*
el abuelo	*grandfather*
la esposa	*wife*
el esposo	*husband*
la hermana	*sister*
el hermano	*brother*
la hija	*daughter*
el hijo	*son*
la madre	*mother*
la mamá	*mom, momma*
la niña	*girl, child*
el niño	*boy, child*
el padre	*father*
los padres	*parents; fathers*
el papá	*dad, papa*
los parientes	*relatives*
el primo, la prima	*cousin*
los señores	*Mr. and Mrs.*
la tía	*aunt*
el tío	*uncle*

Otras palabras y frases

a	*to*
ahora	*now*
a la derecha	*to the right*
a la izquierda	*to the left*
al (a + el)	*to the; at the*
al lado (de)	*next (to), beside*
allí (*or* allá)	*there*
el avión	*airplane*
Bueno	*Good; OK; Well*

cerca (de)	*near (to), nearby*
la ciudad	*city*
de	*of; from; about; made of*
del (de + el)	*from the; of the*
difícil	*difficult*
don, doña	*terms of respect used with first names*
los Estados Unidos	*United States*
el este	*east*
el hombre	*man*
hoy	*today*
lejos (de)	*far (from)*
mañana	*tomorrow*
mi (s)	*my*
mucho	*a lot, (very) much; many, a lot of*
la mujer	*woman*
el norte	*north*
o	*or*
el oeste	*west*
pero	*but*
pronto	*soon*
¿qué?	*what?*
el regalo	*gift*
la semana	*week*
el sur	*south*
también	*also*

Expresiones útiles

Bueno, nos vemos.	*Well, I'll be seeing you (literally, "Well, we'll see each other").*
Dígame	*Hello (literally, "speak to me.")*
¿De acuerdo?	*OK? Do you agree?*
Hasta luego.	*See you later.*
Hasta mañana.	*See you tomorrow.*
Hasta pronto.	*See you soon.*
¿Quién habla?	*Hello. Who is this?*
¿No?	*Right? True?*
¿Verdad?	*Right? True?*

Don't forget: Definite and indefinite articles, pages 30–32.

Vista de Buenos Aires, Argentina

CAPÍTULO dos

DESCRIPCIONES

VOCABULARIO. In this chapter you will
describe people, places, and things.

GRAMÁTICA. You will discuss and use:

- The present tense of regular **-er** and **-ir** verbs
- Interrogative words
- The prepositions **a** and **de,** and the personal **a**
- Adjectives and ordinal numbers
- **ser** versus **estar**—when to use each verb

CULTURA. This chapter focuses on Argentina.

FUNCIONES

- Expressing admiration
- Describing location
- Making descriptions (1)

ARGENTINA

Capital: Buenos Aires
Poblacion: aproximadamente 31.948.000 de habitantes
Ciudades principales: Buenos Aires, Córdoba, Rosario, Mendoza
Moneda: peso

¿Sabía Ud. que... ?: Buenos Aires was the first Latin American city to revolt against Spanish rule (1810). It has the oldest subway system (called "el subterráneo") in South America (built in 1913).

Esteban es... argentino, sociable, sensible (*sensitive*).
Está en un restaurante con Pedro, Luis y Alicia.

Maricruz es... joven (*young*), idealista, optimista.
Está en (la) clase. Está contenta.
Los estudiantes están contentos también.

Marta es... realista, responsable, inteligente, simpática (*nice*).
Está en la universidad.

El museo es... importante, grande (*large*), interesante.
Está en la ciudad.

Antónimos (*Antonyms*).   Give the opposite of each word.

1. realista
2. insociable
3. irresponsable
4. pesimista
5. aburrido (*boring*)

6. pequeño (*small*)
7. insensible
8. descontento
9. estúpido
10. viejo (*old*)

Preguntas

1. ¿Es optimista Esteban? ¿Maricruz? ¿Marta?   2. ¿Es sociable Marta? ¿Maricruz? ¿Esteban?   3. ¿Están contentos los estudiantes? ¿Está contenta Maricruz?   4. ¿Está Maricruz en (la) clase o en un restaurante?   5. ¿Es usted optimista o pesimista? ¿idealista o realista? ¿responsable o irresponsable?   6. ¿Están ustedes en (la) clase?   7. ¿Está la universidad Cornell en una ciudad grande o pequeña? ¿y Harvard? ¿y la universidad de ustedes?   8. ¿Cómo es el profesor o la profesora de la clase de español? (*What is he or she like?*)   9. ¿Cómo son los estudiantes? (¿inteligentes y responsables? ¿jóvenes o viejos? ¿sociables o insociables?)   10. ¿Qué adjetivo(s) asocia usted (*do you associate*) con Michael Jackson? ¿con Madonna? ¿con Julia Roberts? ¿con Johnny Carson? ¿con Whoopi Goldberg?   11. ¿Qué personas asocia usted con estos (*these*) adjetivos: descortés, idealista, popular, pesimista, intelectual?

I. EL PRESENTE DE INDICATIVO DE LOS VERBOS TERMINADOS EN *-ER* Y EN *-IR*

Luisa y Juan estudian en la biblioteca.

En la biblioteca de la Universidad Nacional, en Buenos Aires

JUAN   *Lees* y *escribes* mucho, Luisa. ¿Qué *lees* ahora?

LUISA   *Leo* un libro de filosofía y tomo notas porque *debo* escribir una composición.

JUAN   ¿Cómo? No *comprendo*. *Vivimos* en el siglo veinte. *Debes* leer libros prácticos, aprender ciencias de computación, por ejemplo...

LUISA   Pero Juan, también *debemos* estudiar filosofía. En la filosofía *descubrimos* «la verdad en la vida y la vida en la verdad».

---

1. ¿Lee mucho Luisa? ¿Qué lee ahora?   2. ¿Qué escribe Luisa ahora?   3. ¿Qué cree Juan que ella debe leer?   4. Según (*According to*) Luisa , ¿qué descubrimos en la filosofía?   5. ¿Está Ud. de acuerdo (*Do you agree*) con Juan? ¿y con Luisa? ¿Qué cree usted?

In the library at the National University, in Buenos Aires.   JUAN: You're reading and writing a lot, Luisa. What are you reading now? LUISA: I'm reading a philosophy book and taking notes because I must write a composition. JUAN: What? I don't understand. We're living in the twentieth century. You ought to read practical books, learn computer science, for example . . . .LUISA: But Juan, we must also study philosophy. In philosophy we discover "the truth in life and life in the truth." (*This is a well-known phrase of the Spanish philosopher Miguel de Unamuno.*)

• •

A. To form the present tense of a regular verb whose infinitive ends in **-er,** drop the infinitive ending **-er** and add the endings **-o, -es, -e, -emos, -éis,** and **-en.**

comer	*to eat*		
yo	*como*	nosotros(-as)	**comemos**
tú	*comes*	vosotros(-as)	**coméis**
usted, él, ella	*come*	**ustedes, ellos, ellas**	*comen*

¿Qué comes tú? Yo como unos sándwiches.	*What are you eating? I'm eating some sandwiches.*
Marcelo come muchos sándwiches.	*Marcelo eats a lot of sandwiches.*

The four bold faced forms are stressed on the stem syllable **co-;** the other two forms are stressed on an ending syllable **(-me[mos], -méis).**

B. Here are some other regular **-er** verbs.

aprender	*to learn*	deber	*to owe; should, ought to* (+ infinitive)
comprender	*to understand*	leer	*to read*

correr	to run	responder	to respond
creer (que)	to think or believe (that)	vender	to sell

Laura y yo creemos que la clase es aburrida.

Laura and I think the class is boring.

Debo leer un libro de filosofía hoy pero no está en la biblioteca.

I should read a philosophy book today, but it's not in the library.

Venden libros en español y en francés en la librería del centro.

They sell books in Spanish and in French in the downtown bookstore.

C. To form the present tense of a regular verb whose infinitive ends in **-ir,** drop the infinitive ending **-ir** and add the endings **-o, -es, -e, -imos, -ís,** and **-en.**

vivir *to live*			
yo	*vivo*	nosotros(-as)	**vivimos**
tú	*vives*	vosotros(-as)	**vivís**
usted, él, ella	*vive*	**ustedes, ellos, ellas**	*viven*

¿Viven ustedes en la calle Defensa?   *Do you live on Defensa Street?*
No, vivimos en la calle Balcarce.   *No, we live on Balcarce Street.*

The **-ir** verb endings are the same as the **-er** verb endings except in the **nosotros** and **vosotros** forms, the two forms stressed on a syllable that includes the conjugation ending.

D. Other common regular **-ir** verbs are:

abrir	*to open*	describir	*to describe*	escribir	*to write*
decidir	*to decide*	descubrir	*to discover*	recibir	*to receive, get*

¿Abres la ventana?   *Are you opening the window?*
Escribe un libro. Describe Buenos Aires.   *She's writing a book. It describes Buenos Aires.*
Escribimos cartas a la familia.   *We write letters to the family.*

EJERCICIOS

A. Actividades.   Professor Benítez describes the activities of students in her class, but she always forgets a few people. Correct her, following the model.

> **MODELO**   Adela escribe muchos ejercicios. (Roberto y Juan)
> **Roberto y Juan también escriben muchos ejercicios.**

1. Rolando aprende francés. (yo, Mario y yo, Elena, ellas)
2. Ustedes escriben dos páginas. (nosotros, ellos, yo, Luis)
3. Tú abres la ventana. (los otros estudiantes, yo, Ramón, nosotros)

B. En acción.   Tell what these people are doing.

1. Las mujeres...

2. El señor García...

3. Juana...

4. Los estudiantes...

5. El niño...

6. La estudiante...

Entrevista

Ask a classmate the following questions and report the information back to the class.

1. En general, ¿lees mucho?   2. ¿Lees ahora un libro interesante? ¿Cómo se llama?
3. ¿Aprendes mucho en la clase de español?   4. ¿Debes estudiar mucho?   5. ¿Comprendes el libro de español? ¿de filosofía? ¿de inglés?   6. ¿Recibes muchas cartas?
7. ¿Escribes muchas cartas? ¿Qué describes en las cartas?   8. ¿Vives cerca o lejos de la universidad? ¿cerca o lejos del correo?   9. ¿Comes en casa o en la cafetería de la universidad?

II. LAS PALABRAS INTERROGATIVAS

En la biblioteca de la Universidad de Buenos Aires

PEDRO	¿*Por qué* miras el mapa de Argentina, Cindy?
CINDY	Porque deseo viajar a...
PEDRO	¿*Adónde* deseas viajar?
CINDY	Pues... a Bariloche, con Sofía, una amiga italiana. Pero... creo que está muy lejos, ¿no...?
PEDRO	En realidad, no. ¿*Cuándo* viajan ustedes?
CINDY	Hoy... o mañana.
PEDRO	¿Y *cómo* viajan? ¿En avión?
CINDY	Sí, en avión.
PEDRO	Entonces, en dos horas y cinco minutos están en Bariloche. ¡Feliz viaje!
CINDY	¡Gracias y hasta muy pronto! ¡Chau, Pedrito!

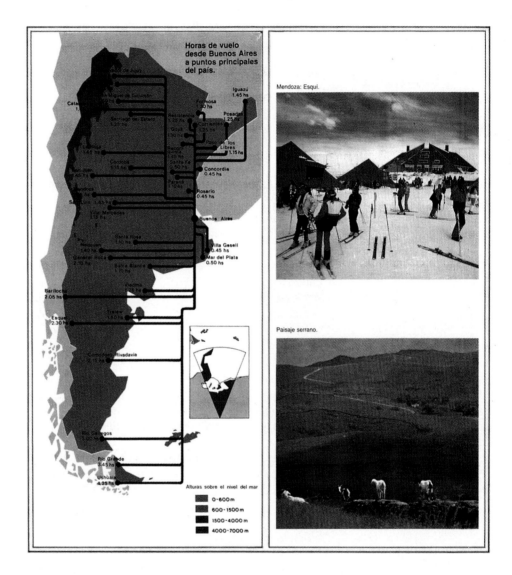

Horas de vuelo desde Buenos Aires a puntos principales del país.

Mendoza: Esquí.

Paisaje serrano.

Alturas sobre el nivel del mar

0-600 m
600-1500 m
1500-4000 m
4000-7000 m

1. ¿Qué mira Cindy? ¿Por qué?   2. ¿Con quién viaja Cindy?   3. ¿Adónde viajan ellas?   4. ¿Viajan ellas pronto? ¿Cuándo?   5. ¿En cuántas horas o minutos llegan a Bariloche?   6. ¿Cómo viajan Cindy y Sofía?

In the library at the University of Buenos Aires.   PEDRO: Why are you looking at the map of Argentina, Cindy? CINDY: Because I want to travel to . . . PEDRO: Where do you want to travel? CINDY: Well . . . to Bariloche, with Sofía, an Italian friend. But . . . I think it's very far away, right . . . ? PEDRO: Not really. When are you traveling? CINDY: Today . . . or tomorrow. PEDRO: And how are you traveling? By plane? CINDY: Yes, by plane. PEDRO: Then, in two hours and five minutes you'll be in Bariloche. Have a nice trip! CINDY: Thanks and I'll see you soon! Bye, Pedrito!

A. Information questions, unlike the *yes/no* questions discussed in Chapter 1, invite the listener to respond with specific information. Such questions usually begin with a question word. Some common question words are:

¿adónde?	*(to) where?*	¿dónde?	*where?*
¿cómo?	*how?*	¿por qué?	*why?*
¿cuál? ¿cuáles?	*which?*	¿qué?	*what?*
¿cuándo?	*when?*	¿quién? ¿quiénes?	*who?*
¿cuánto(-a,-os,-as)?	*how much? how many?*		

Notice that question words always have a written accent.

B. The question word is usually followed directly by a verb. The speaker's voice falls at the end of the question.

¿Cómo regresas a Buenos Aires?	*How are you returning to Buenos Aires?*
¿Cuándo llegas a Córdoba?	*When do you arrive in Córdoba?*
¿Dónde está Iguazú?	*Where is Iguazú?*
¿Por qué viajas a los Andes?	*Why are you traveling to the Andes?*
¿Quién debe hablar ahora?	*Who ought to speak now?*

C. ¿Por qué?, meaning *why?*, is written as two words. Contrast it with **porque,** meaning *because,* written as one word and with no accent mark.

¿Por qué no regresas a Mendoza?	*Why don't you return to Mendoza?*
Porque trabajo aquí en Buenos Aires.	*Because I work here in Buenos Aires.*

D. ¿Dónde? asks about the location of a person, place, or thing. The word combines with the preposition **a** to ask where someone or something is going: **¿adónde?;** and is used with **de** to ask where someone or something is coming from: **¿de dónde?**

¿Adónde viaja Sofía?	*Where's Sofía traveling to?*
¿De dónde regresan ellos?	*Where are they returning from?*

E. ¿Quién(es)?, like other pronouns, is often used with prepositions.

¿A quién llamas?	*Who are you calling?*
¿Con quién(es) estudias?	*With whom are you studying?*
¿De quién es el libro?	*Whose book is it?*

F. ¿Qué? and **¿cuál(es)?** mean *what?* or *which?*

1. ¿Qué?, the word most often used, has just one form. It asks for a definition, an identification, or an explanation. **¿Qué?** usually means *what?*

¿Qué es esto? Es una computadora.	*What is this? It's a computer.*
¿Qué es la filosofía? Pues, no estoy seguro.	*What is philosophy? Well, I'm not sure.*
¿Qué ciudad deseas visitar? Bariloche.	*What city do you want to visit? Bariloche.*

2. ¿Cuál(es)? is used when the questioner asks for a selection from a list of posibilities. **¿Cuál(es)?** usually means *which?*

¿Cuál es el avión a Mendoza?	*Which is the plane to Mendoza?*
¿Cuáles llegan mañana?	*Which ones arrive tomorrow?*

G. ¿Cuánto(-a,-os,-as)? *(how much, how many?),* used as an adjective and as a pronoun, agrees in gender and number with the noun it describes or to which it refers.

¿Cuántos libros hay?	*How many books are there?*
¿Cuántas (computadoras) venden?	*How many (computers) are they selling?*

H. Words like **donde** *(where),* **cuando** *(when),* and **como** *(like, as)* are often used as adverbial conjunctions, in which case no accent is written.

Donde vives hay muchos museos, ¿verdad?	*There are a lot of museums where you live, right?*
Siempre están allí cuando llego.	*They're always there when I arrive.*
Juan es estudiante, pero habla como profesor.	*Juan is a student, but he speaks like a professor.*

But when such words reflect an embedded question, they are regarded as question words, and an accent is written on them to identify them as such.

Preguntan ⎰ dónde hay un restaurante italiano.
⎨ cómo se dice *book* en español.
⎱ cuándo llegamos allí.

They're asking ⎰ *where there is an Italian restaurant.*
⎨ *how "book" is said in Spanish.*
⎱ *when we arrive there.*

EJERCICIO

Una pregunta. Using the question word indicated, ask questions to elicit the answers shown on pages 51 and 52.

> **MODELO** ¿Qué?
> Pablo busca el mapa.
> **¿Qué busca Pablo?**

1. **¿Con quién? ¿Con quiénes?**
   a. Pedro habla con Cindy.
   b. Cindy está con Sofía.
   c. El profesor trabaja con los estudiantes.
2. **¿Quién? ¿Quiénes?**
   a. Sofía y Teresa visitan Mar del Plata.
   b. Teresa desea visitar Tucumán.
   c. Clara y Pedro están en Buenos Aires.

3. **¿Dónde? ¿Adónde?**
   a. La catedral está lejos de la escuela.
   b. María y Elena viajan al sur.
   c. El restaurante está cerca de la plaza.
4. **¿Cuándo? ¿Cómo?**
   a. Pedro regresa mañana a la universidad.
   b. Cindy y Sofía viajan en avión.
   c. La amiga de Cindy se llama Sofía.
5. **¿Por qué?**
   a. Carmen no está aquí porque está en Rosario.
   b. Cindy mira el mapa porque desea viajar.
   c. Pedro busca un cuaderno porque necesita estudiar.
6. **¿Cuánto (-a,-os,-as)?**
   a. Teresa desea visitar cinco plazas interesantes.
   b. Hay quince estudiantes en la clase de Pedro.
   c. Hay seis ciudades importantes en el norte de Argentina.

Entrevista _____

Ask a classmate the following questions. Then report the information to the class.

1. ¿Adónde deseas viajar: a la Argentina o al Perú?   2. ¿Deseas viajar en avión? ¿Por qué?   3. ¿Qué ciudad deseas visitar: San Francisco o Los Ángeles?   4. ¿Qué estudias? (¿matemáticas? ¿francés? ¿inglés? ¿filosofía?)   5. ¿Dónde estudias: en la biblioteca o en casa?   6. ¿Cuándo necesitas estudiar: hoy o mañana?

III. LAS PREPOSICIONES *A* Y *DE*; LA *A* PERSONAL

En el apartamento de Juan, en Buenos Aires

La familia de Juan,
Buenos Aires

Buenos Aires, 30 *de* junio

Querida Pam:

Aquí mando una foto *de* la familia *de* Maricruz, hermana *de* Teresa, y *de* los otros dos hermanos que viven aquí en Buenos Aires. Tú debes escribir *a* las hijas *de* Maricruz porque las dos, Inés y Anahí, esperan carta ¡y fotos! *de* «la tía Pamela». En la foto están, sentados, *de* izquierda *a* derecha: Inés, Juan y Anahí; y parados, también *de* izquierda *a* derecha: Epifanio, Maricruz y Alejandro, el esposo *de* Maricruz. Si necesitas otras cosas *de* aquí, ¿por qué no llamas *a* Epifanio la semana próxima? ¡Ah! Él y Juan viajan *a* Nueva York en veinticinco días. Como tú vives allí, creo que debes esperar *a* los hermanos *de* Teresa en el aeropuerto, ¿no? Llegan el 25, por la mañana, en el vuelo 71 de Aerolíneas Argentinas. Yo regreso dos días después.

Hasta muy pronto y cariñosamente,

Roberto

1. ¿Qué recibe Pam de Roberto?   2. ¿Qué relación hay entre *(between)* Maricruz, Juan y Epifanio? ¿y entre ellos y Teresa?   3. Según Roberto, ¿a quién o a quiénes debe escribir Pam? ¿Por qué?   4. En la foto, ¿quién está a la derecha de Juan? ¿Y a la izquierda de él? ¿A la derecha de Maricruz? ¿Y a la izquierda de ella?   5. ¿A quién debe llamar Pam si necesita más cosas de Buenos Aires?   6. ¿Cuándo llegan a Nueva York los hermanos de Teresa? ¿Y cuándo regresa Roberto?   7. ¿Por qué cree Roberto que Pamela debe esperar a Juan y a Epifanio en el aeropuerto?   8. ¿Está usted de acuerdo con Roberto o cree que Juan y Epifanio deben tomar un taxi en el aeropuerto? ¿Por qué?   9. Si unos amigos deciden visitar la ciudad donde usted vive, ¿adónde cree usted que debe llevar a los amigos? ¿Por qué o para qué?

Buenos Aires, June 30. *In Juan's apartment, in Buenos Aires.* Dear Pam, Here I'm sending a photo of the family of Maricruz, Teresa's sister, and of the other two brothers who live here in Buenos Aires. You should write to Maricruz's daughters because the two of them, Inés and Anahí, are expecting a letter –and photos– from their "aunt Pamela." In the photo, seated from left to right, are Inés, Juan, and Anahí; and standing, also from left to right, Epifanio, Maricruz, and Alejandro, Maricruz's husband. If you need other things from here, why don't you call Epifanio next week? Oh! He and Juan are traveling to New York in twenty-five days. Since you live there, I think you should wait for Teresa's brothers at the airport, okay? They'll be arriving on the 25th, in the morning on flight 71 on Aerolíneas Argentinas. I'm returning two days later. See you very soon, and fondly, *Roberto*

• •

A. A and **de.** Generally, **a** means *to,* and **de** means *from* or *of.*

Ella viaja a Bariloche. — *She's traveling to Bariloche.*
Regresan de Córdoba. — *They're returning from Córdoba.*

Other English equivalents are possible in specific contexts. Sometimes no equivalent word at all is used in English.

La hermana de Benigno está aquí. — *Benigno's sister is here.*
Carmen está de vacaciones. — *Carmen is on vacation.*

1. Use **en,** not **a,** to mean *at* when expressing location.

Ellos están en casa. — *They are at home.*
Nosotros estamos en el restaurante. — *We are at the restaurant.*

2. De is used to indicate possession (like an apostrophe in English), place of origin, and material out of which something is made.

Usted es de la Argentina, ¿verdad? — *You're from Argentina, right?*
El libro es de la profesora, ¿no? — *The book is the professor's , isn't it?*
El cuaderno es de papel. — *The notebook is made of paper.*

3. De is used as part of certain prepositions.

La catedral está cerca del correo. — *The cathedral is near the post office.*
Los apartamentos no están lejos de la plaza. — *The apartments are not far from the plaza.*
El hospital está enfrente de la escuela. — *The hospital is opposite (in front of) the school.*

4. Remember that when **a** or **de** precedes the definite article **el,** the preposition and the article contract: **al, del. A** and **de** do not contract with the other articles: **la, los , las.** There are no other contractions in Spanish.

Germán llega al museo. — *Germán arrives at the museum.*
Adelita viaja a la ciudad. — *Adelita travels to the city.*
Hay un restaurante dentro del hotel. — *There's a restaurant inside the hotel.*
La avenida está lejos de la universidad. — *The avenue is far from the university.*

5. A and **de** do not contract with the **El** that is capitalized as part of a name, or with the pronoun **él.**

Enrique viaja al Perú.* — *Enrique travels to Peru.*
Enriqueta viaja a El Salvador.† — *Enriqueta travels to El Salvador.*
Son de él. — *They're his.*

---

*The **el** in **el Perú** is not capitalized and is sometimes omitted altogether.
†The **El** in **El Salvador** is captialized; it is never omitted.

B. The personal **a.**

El señor mira *a* la señorita.

El señor mira los precios.

Elena busca *al* niño.

Elena busca el Hotel Nacional en el mapa.

1. In the sentence *I see Jim, Jim* is the direct object. In spanish, direct objects that refer to specific, known persons must be preceded by **a.** This is called the personal **a.**

Nacha llama a un amigo.	*Nacha calls a friend.*
La tía Pilar visita a los Navarro.	*Aunt Pilar is visiting the Navarros.*
But: Roberto mira la pizarra.	*Roberto is looking at the chalkboard.* (The direct object is a thing: no **a**)

2. The personal **a** is generally omitted after the verb **tener** *(to have).**

Tengo una hermana.	*I have a sister.*

***Tener** *(to have)* will be introduced in Chapter 3.

EJERCICIOS

A. **¿*A* o *de?*** Create sentences adding words as necessary.

> **MODELO** Es el lápiz… (la profesora). **Es el lápiz de la profesora.**
> Buscan… (el doctor). **Buscan al doctor.**

1. Es la computadora… (la señora, el profesor, los primos de Raúl,
   el laboratorio de lenguas, las amigas de Armando).
2. Miro… (las amigas, el señor, los libros, los estudiantes, Carmen,
   el restaurante, el niño).
3. El restaurante está lejos… (el teatro, la catedral, los museos, el hospital).
4. Miguel vive cerca… (la universidad, los teatros, el centro, las librerías).

B. **Un detective.** Alfonso is an amateur detective. Tell what (or whom) he's looking for, using the cues.

> **MODELO** el hotel / los turistas
> **Alfonso busca el hotel y también busca a los turistas.**

1. la casa de Luis/Luis
2. el pasaporte/unos regalos
3. las cámaras/las primas
4. los estudiantes/el profesor Ruíz

Entrevista

Ask a classmate the following questions and report the information back to the class.

1. ¿Visitas a unos amigos hoy? ¿al (a la) profesor(a) de español?   2. ¿Llamas mucho a los amigos? ¿a un(a) amigo(-a) en particular? ¿A quién deseas llamar hoy? ¿mañana?   3. ¿Miras televisión? ¿Miras a veces *(sometimes)* al presidente en la televisión?   4. Cuando estás de vacaciones, ¿qué visitas? (¿museos? ¿teatros? ¿otras ciudades?) ¿A quién(es) visitas? (¿a amigos? ¿a la familia? ¿a otras personas?)

IV. LOS ADJETIVOS Y LOS NÚMEROS ORDINALES

El Congreso, Buenos Aires

En la Avenida 9 de Julio, una avenida importante de Buenos Aires

ISABEL ¡Hola, Clara! ¿Qué tal? ¿Estás *contenta* en el hotel?

CLARA Sí, y también estoy muy *cómoda*. Mi habitación está en el *décimo* piso… y ¡hay una vista muy *linda* de la ciudad!

ISABEL ¡Qué suerte! Las *primeras* impresiones son muy *importantes*. Creo que es tu *primer* viaje a Buenos Aires, ¿no?

CLARA Sí, pero es la *tercera* visita de Robert.

ISABEL ¿Robert? ¿Tu amigo *norteamericano*?

CLARA Sí… Él y yo buscamos un *buen* restaurante *argentino*.

ISABEL Pues, cerca del Congreso está La Casa *Argentina*. Es un restaurante *agradable* y los precios no son *altos*.

CLARA ¿Preparan comida *típica* allí?

ISABEL Sí, preparan *muchos* platos *excelentes* y también hay allí vinos *argentinos* que son *deliciosos*.

CLARA ¿Es *grande* el restaurante?

ISABEL No, es *pequeño* pero muy *cómodo*… ¡y *romántico*!

1. ¿Está contenta Clara en el hotel?   2. ¿También visita Buenos Aires un amigo de Clara?   3. ¿Dónde está La Casa Argentina? ¿Son altos los precios allí?   4. ¿Qué preparan en el restaurante?   5. ¿Es La Casa Argentina un restaurante grande? ¿Cómo es?

On Avenida 9 de Julio, an important avenue in Buenos Aires. ISABEL: Hi, Clara! How's everything? Are you happy in the hotel? CLARA: Yes, and I'm very comfortable, too. My room is on the tenth floor . . . and there's a pretty view of the city! ISABEL: How lucky! First impressions are always important. I think this is your first trip to Buenos Aires, isn't it? CLARA: Yes, but it's Robert's third visit. ISABEL: Robert? Your North American friend? CLARA: Yes. He and I are looking for a good Argentine restaurant. ISABEL: Well, near the Congress is The Argentine House. It's a pleasant restaurant and the prices are not high. CLARA: Do they prepare typical food there? ISABEL: Yes, they prepare many excellent dishes and there are also Argentine wines there that are delicious. CLARA: Is the restaurant large? ISABEL: No, it's small, but very comfortable . . . and romantic!

● ●

A. Agreement of adjectives

1. In Spanish, adjectives must agree in number and in gender with the nouns they modify. The most common singular endings for adjectives are **-o** *(masculine)* and **-a** *(feminine)*.

un doctor simpático	*a nice doctor*
una doctora simpática	*a nice doctor*
un estudiante argentino	*an Argentine student*
una estudiante argentina	*an Argentine student*
un vino delicioso	*a delicious wine*
una comida deliciosa	*a delicious meal*

2. Adjectives of nationality that end in consonants, and adjectives that end in **-dor,** are made feminine by adding **-a.**

un turista inglés*	*an English tourist*
una turista inglesa	*an English tourist*
un chico trabajador	*a hardworking guy*
una chica trabajadora	*a hardworking girl*
un muchacho alemán	*a German boy*
una muchacha alemana	*a German girl*

3. With very few exceptions, adjectives that don't end in **-o(-a)** or **-dor** have the same forms in the masculine and the feminine.

un examen difícil	*a difficult exam*
una pregunta difícil	*a difficult question*
el señor optimista	*the optimistic gentleman*
la señora optimista	*the optimistic lady*
un restaurante agradable	*a pleasant restaurant*
una persona agradable	*a pleasant person*

4. To form the plural of an adjective that ends in a vowel, add **-s.** To form the plural of an adjective that ends in a consonant, add **-es.**

las ciudades grandes	*the big cities*
los turistas corteses	*the polite tourists*
unas preguntas fáciles	*some easy questions*

B. Position of adjectives

1. Most adjectives are descriptive—that is, they specify size, shape, color, type, nationality, and so forth. Descriptive adjectives usually follow the nouns they modify.

un hombre hispano	*a Hispanic man*
una persona pesimista	*a pessimistic person*
unos señores amables	*some nice gentlemen*
unos niños descorteses	*some impolite children*

2. However, adjectives that specify quantity usually precede the nouns they modify.

dos páginas	*two pages*
muchos regalos	*many presents*

3. **Bueno(-a)** and **malo(-a)** may be placed before or after a noun.

una buena comida	*a good meal*	una mala clase	*a bad class*
una comida buena		una clase mala	

---

*Remember that the written accent on the last syllable of the masculine form will not be necessary after you change the adjective to the feminine. Note also that adjectives of nationality are not capitalized.

C. Shortening of adjectives

1. Before a masculine singular noun, **bueno** is shortened to **buen** and **malo** to **mal.**

un buen restaurante	*a good restaurant*
un mal día	*a bad day*

2. Grande becomes **gran** before a singular noun of either gender; it normally means *great* when it precedes a noun and *large* when it follows a noun.

un gran libro	*a great book*
un libro grande	*a big book*
una gran ciudad	*a great city*
una ciudad grande	*a large city*

EJERCICIOS

A. Las invitadas (*The guests*). Ana's friends are giving her a surprise party (for females only). Who will be the guests? Follow the model to find out.

> **MODELO** una prima (bueno y trabajador)
> **una prima buena y trabajadora**

1. una estudiante (español)
2. una muchacha (argentino)
3. una mujer (hispano típico)
4. una chica (inteligente y responsable)
5. una doctora (amable y simpático)
6. una tía (idealista y agradable)

B. Una familia interesante. The Padillas are an interesting and unusual family. None of the children takes after the parents. In fact, they are the exact opposites! Tell what each of them is like, following the models.

> **MODELOS** El señor Padilla es sociable.
> **Los hijos son insociables.**
>
> La señora Padilla es cortés.
> **Las hijas son descorteses.**

1. El señor Padilla es sensible.
2. La señora Padilla es idealista.
3. El señor Padilla es viejo.
4. La señora Padilla es interesante.
5. El señor Padilla es optimista.
6. La señora Padilla es pequeña.

C. El amigo (La amiga) ideal. According to you, what is the ideal friend like? Describe him/her to a classmate and then have a classmate describe him/her to you. Refer to the **Vocabulario activo** for help.

Preguntas

1. ¿Viaja usted mucho? ¿Adónde viaja cuando está de vacaciones? ¿Viaja con otros(-as) chicos(-as)? 2. ¿Hay buenos restaurantes argentinos aquí? ¿mexicanos? ¿italianos? ¿españoles? ¿Dónde? ¿Son altos los precios allí? 3. ¿Cómo es la comida de la cafetería de la universidad? ¿buena o mala? ¿horrible o deliciosa? 4. ¿Cómo son los estudiantes de la universidad? ¿inteligentes? ¿responsables? ¿buenos? ¿malos? ¿trabajadores? ¿simpáticos? 5. ¿Cómo es la clase de español? ¿fácil o difícil? ¿interesante o aburrida? ¿grande o pequeña?

D. Ordinal numbers

1. The ordinal numbers *first* to *tenth* in Spanish are:

primero	*first*	**sexto**	*sixth*
segundo	*second*	**séptimo**	*seventh*
tercero	*third*	**octavo**	*eighth*
cuarto	*fourth*	**noveno**	*ninth*
quinto	*fifth*	**décimo**	*tenth*

2. Ordinal numbers are used to order or place in sequence and agree in number and gender with the nouns they modify. They are usually placed before the noun.*

Voy a viajar en segunda clase.	*I'm going to travel second class.*
Los primeros días de octubre son muy bonitos.	*The first days of October are very pretty.*
Es la décima pregunta.	*It's the tenth question.*

3. The final **-o** of **primero** and **tercero** is dropped before a masculine singular noun.

Estudio para el tercer examen del semestre.	*I'm studying for the third exam of the semester.*
Es el primer auto que venden.	*It's the first car they're selling.*

But before feminine and plural nouns, the ending is not dropped.

Ella es la tercera estudiante en llegar.	*She is the third student to arrive.*

4. For ordinal numbers higher than *tenth,* the cardinal numbers are normally substituted. They follow the noun.

Vivimos en la Avenida Once.	*We live on Eleventh Avenue.*
Vivimos en la Calle 34.	*We live on 34th Street.*
Estamos en el siglo veinte.	*We're in the twentieth century.*

EJERCICIOS

A. El profesor distraído (*The absent-minded professor*).   Professor Rodríguez is absent-minded and asks the class many simple questions. Answer his questions, following the model.

> **MODELO**   ¿Es hoy el primer día de clase o el segundo? (2º)
> **Hoy es el segundo día de clase.**

---

*Ordinal numbers are abbreviated by writing the ending as a superscript after a number: **el 4⁰ libro, la 3ª clase, los 1ᵒˢ días, el 1ᵉʳ examen.**

1. ¿En qué avenida está la librería de la universidad? (5ª, 9ª, 1ª, 7ª, 2ª)
2. ¿Qué capítulo estudiamos hoy? (1^0, 8^0, 4^0, 3^0, 10^0)
3. ¿En qué siglo vivimos? (19, 20, 21)

B. ¿En qué piso están? Tell a classmate where these people are, according to the drawing.

     MODELO ¿Está Roberto en la planta baja *(ground floor)*?
                No, él escribe ejercicios en el octavo piso.

1. ¿Dónde trabaja el señor Pérez?
2. ¿En qué piso vive Rosa?
3. El doctor Echeverría, ¿está con Rosa?
4. La abuela y el niño, ¿comen en el quinto piso?
5. Rafael está enfermo. ¡Pobre! ¿A qué piso hay que subir *(go up)* para ver a Rafael?
6. Y los hijos del señor Espinosa, ¿dónde estudian?
7. Tres turistas italianos buscan un apartamento…, ¿en qué piso?
8. ¿En qué piso dan clases de lambada?

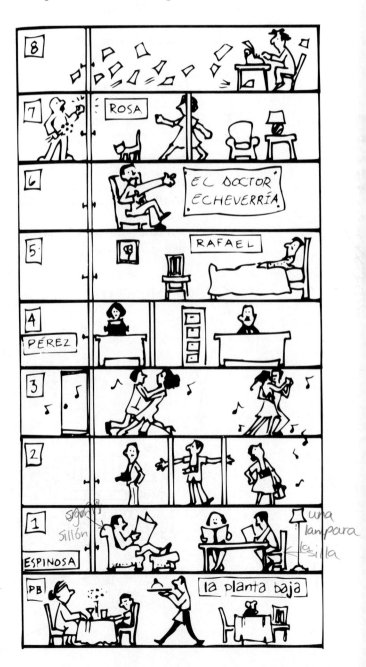

FUNCIONES *y práctica*

Expressing Admiration

A common way to express admiration is with an exclamation containing an adjective. To form exclamations, you can use the expression **¡Qué…!** + *adjective*. The adjective should agree in gender and number with the noun it describes.

¡Qué interesante! (el libro)	*How interesting!* (describing the book)
¡Qué lindas! (las niñas)	*How pretty!* (describing the girls)

You can also use **¡Qué…!** + *noun,* **¡Qué…!** + *adjective* + *noun,* or **¡Qué…!** + *noun* + **más** + *adjective.*

¡Qué suerte!	*How lucky!*
¡Qué linda casa!	*What a pretty house!*
¡Qué chicos más trabajadores!	*What hardworking young people!*

Práctica

Descripciones. Use **¡Qué…** + *adjective!,* **¡Qué…** + *noun!* **¡Qué…** + *adjective* + *noun!* or **¡Qué…** + *noun* + **más** + *adjective!* to describe these pictures. You may want to choose from these adjectives: **alto, bajo** *(short),* **grande, pequeño, elegante, interesante, difícil, viejo, joven.** For other possibilities, refer to the **Vocabulario activo** in this chapter.

MODELO

¡Qué corteses!
¡Qué pasajeros (más) corteses!

los pasajeros

el hotel

el libro

la mujer, el hombre

el examen   los autobuses   el regalo

V. SER VS. ESTAR

La Plaza de Mayo, Buenos Aires

En la Calle Florida, una calle elegante en el centro de Buenos Aires

ROBERTO Por favor, señor. ¿Dónde *está* la catedral?

DARÍO *Está* en la Plaza de Mayo.

ROBERTO ¿*Es* una iglesia antigua?

DARÍO Sí, *es* antigua…, pero no muy antigua. No *es* de estilo colonial. Usted no *es* de aquí, ¿verdad?

ROBERTO No, *soy* turista. *Estoy* con unos amigos. *Somos* de Córdoba. *Estamos* perdidos.

DARÍO Pues, la catedral no *está* lejos. *Es* fácil llegar allí. *Es* muy linda y *está* cerca de un parque grande.

ROBERTO Muchas gracias, señor.

DARÍO De nada, señor. Adiós.

---

1. ¿Dónde está Roberto?   2. ¿Está la catedral en la Calle Florida?   3. ¿Cómo es la catedral?   4. ¿Quién es Roberto? ¿Con quiénes está él?   5. ¿De dónde son Roberto y los amigos de él?

On Calle Florida, an elegant street in the center of Buenos Aires. ROBERTO: Please, sir, where is the cathedral? DARÍO: It's in the Plaza de Mayo. ROBERTO: Is it an old church? DARÍO: Yes, it's old…, but not very old. It's not in the colonial style. You're not from here, are you? ROBERTO: No, I'm a tourist. I'm with some friends. We're from Córdoba. We're lost. DARÍO: Well, the cathedral is not far away. It's easy to get there. It's very pretty and it's near a large park. ROBERTO: Thank you very much, sir. DARÍO: You're welcome, sir. Good-bye.

• •

A. Ser and **estar** both mean *to be*. **Ser** is used:

1. To link the subject to a noun (or to an adjective used as a noun).

Silvia es italiana.	*Silvia is (an) Italian.*
Somos turistas.	*We are tourists.*
José Luis no es comunista.	*José Luis is not a communist.*
El señor García es profesor.*	*Mr. García is a professor.*

2. With **de** to indicate place or origin, what something is made of, or possession—who owns it.

Soy de Argentina.	*I'm from Argentina.*
La silla es de madera.	*The chair is made of wood.*
El cuaderno es de Ricardo.	*The notebook is Ricardo's.*

---

*When **ser** links the subject to a singular noun (or adjective used as a noun) indicating profession, nationality, religion, or political affiliation, the indefinite article is not used unless the noun is modified by an adjective or adjective phrase.

3. To indicate where an event takes place.

El concierto es en el Teatro Colón.	*The concert is at the Teatro Colón.*
La fiesta es en el hotel.	*The party is at the hotel.*

4. With equations or arithmetic.

Dos más dos son cuatro.	*Two plus two are four.*
Ocho menos siete es uno.	*Eight minus seven is one.*

5. With adjectives to express qualities or characteristics that are considered normal for the subject.

Teresa es alta.	*Teresa is tall.*
Los argentinos son amables.	*Argentines are nice.*

B. Estar is used:

1. To indicate location or position.

Estamos enfrente de la biblioteca.	*We are in front of the library.*
La oficina de correos está a la izquierda, ¿verdad?	*The post office is on the left, isn't it?*
No, está a la derecha.	*No, it's on the right.*

2. With adjectives to indicate the condition of a person or thing at a particular time, often the result of a change.

¿Cómo estás? Estoy bien, gracias.	*How are you? I'm fine, thank you.*
¿Por qué estás triste, Adela?	*Why are you sad, Adela?*
No estoy aburrido en la clase de español.	*I'm not bored in Spanish class.*

 EJERCICIOS

A. Clarificación.   You are not sure what you heard. In pairs, ask and answer questions on this and the following page, following the models.

MODELOS   ¿Los viajes? ¿interesantes?
ESTUDIANTE 1   **¿Son interesantes los viajes?**
ESTUDIANTE 2   **Sí, los viajes son interesantes.**

¿Tomás? ¿en clase?
ESTUDIANTE 1   **¿Está Tomás en clase?**
ESTUDIANTE 2   **Sí, Tomás está en clase.**

1. ¿Los López? ¿de vacaciones?
2. ¿La universidad? ¿grande?
3. ¿Los abuelos? ¿bien?

4. ¿Nosotros? ¿estudiantes?
5. ¿Yo? ¿de Nueva York?
6. ¿El (La) estudiante? ¿perdido(-a)?
7. ¿El libro? ¿de papel especial?
8. ¿Tú? ¿aburrido(-a) hoy?
9. ¿El concierto? ¿Teatro Nacional?

B. Las vacaciones de mis padres.   Complete the following paragraph using the appropriate forms of **ser** and **estar.**

Ahora yo (1) _____ en la clase de español. Pepito (2) _____ en casa porque no (3) _____bien. Él y yo (4) _____ hermanos pero no (5) _____ con mamá y papá ahora. Ellos (6) _____ en Buenos Aires. Ellos (7) _____ en un hotel grande. Mamá (8) _____ muy contenta allí. La ciudad (9) _____ bonita y el hotel (10) _____ de estilo colonial. Se llama Hotel Continental y (11) _____ cerca de la oficina de correos. Papá y mamá (12) _____ de vacaciones. No (13) _____ aburridos en Buenos Aires. (14) _____ unas vacaciones interesantes, ¿verdad?

Preguntas

1. ¿Es usted argentino(-a)? ¿norteamericano(-a)?   2. ¿De dónde es usted?   3. ¿Cómo es usted? ¿bueno(-a)? ¿inteligente? ¿amable? ¿sensible?   4. ¿Dónde está la universidad? ¿cerca o lejos de la ciudad?   5. ¿Cómo está usted hoy? ¿y la familia?   6. ¿Está lindo el día?   7. ¿Son trabajadores los profesores y los estudiantes aquí?   8. ¿Cuál es el capítulo que estudiamos ahora: el primero o el segundo?   9. ¿Cuántas personas hay en la clase? ¿Cuántas están aquí hoy?   10. ¿Dónde están los estudiantes que no están aquí? ¿en casa? ¿en un concierto? ¿en la cafetería?

FUNCIONES y práctica

Describing Location

Here are some prepositions of place or position that you have seen so far in this book. These prepositions are used in an important language function: describing location. Study the expressions below and do the practice exercise that follows.

a la derecha	on, to the right
a la izquierda	on, to the left
al lado de	beside, next to
cerca de	near
dentro de	inside, within
detrás de	behind
enfrente de	in front of, opposite
lejos de	far from

Práctica

En la Avenida Santa Fe.   Describe the picture using prepositions. Include answers to the following questions.

El doctor habla con el conductor (driver) del autobus. ¿Quién está más cerca de ellos: el policía (the policeman) o la señora? ¿Está el doctor a la izquierda o a la derecha del auto? ¿Quién está detrás del auto: la señora o el conductor? ¿Dónde están los pasajeros? ¿Y el conductor?

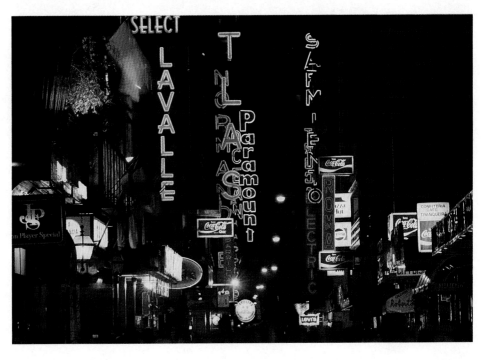

EN
BUENOS
AIRES,
EL PARÍS
DE
SUDAMÉRICA

La Avenida Lavalle, en el centro de Buenos Aires

En un autobús°. Los señores Brinsdon son turistas ingleses y están de vacaciones en Buenos Aires. Buscan el Museo de Historia Natural.[1]

SEÑOR BRINSDON	¡Dios mío!° Hoy el tráfico está horrible…
SEÑORA BRINSDON	Es el precio del progreso. Pero los porteños[2] son amables y la ciudad es bonita, ¿no?
SEÑOR BRINSDON	Sí, pero es muy grande. Estamos perdidos… ¿Cómo llegamos al museo?
SEÑORA BRINSDON	¿Por qué no preguntamos?
SEÑOR BRINSDON	Buena idea. *(Habla con una pasajera°)* Por favor… ¿Dónde está el Museo de Historia Natural?
LA PASAJERA	Está lejos. Ustedes no son de aquí, ¿verdad?
SEÑORA BRINSDON	No, somos ingleses.
LA PASAJERA	¡Ah!, son de Inglaterra°. Pues… bienvenidos° al París de Sudamérica. ¿Por qué desean visitar el museo?
SEÑORA BRINSDON	Para ver las exposiciones sobre° los animales[3] típicos del país°, sobre la cultura de los indios y sobre…
LA PASAJERA	Un momento, por favor. Me llamo Alicia Discotto[4] y soy agente de viajes°. Por casualidad° estamos enfrente de la Agencia de Viajes Discotto. ¿Por qué no bajamos?°
SEÑOR BRINSDON	¿Para visitar el museo?
LA PASAJERA	No. Pero es posible organizar una visita a una estancia° moderna, ver° a los gauchos[5] y…
SEÑORA BRINSDON	Gracias, señora. Otro día° quizás°. Hoy deseamos visitar el famoso Museo de Historia Natural.
LA PASAJERA	Bueno, adiós… ¡Y buena suerte°!

La señora Discotto baja del autobús. Los señores Brinsdon no bajan.

SEÑORA BRINSDON	Todavía° estamos perdidos. ¿Por qué no preguntas…?
SEÑOR BRINSDON	Buena idea. *(A un pasajero)* Por favor . . . ¿dónde está el Museo de Historia Natural?
EL PASAJERO	Está lejos. Ustedes no son de aquí, ¿verdad?…

autobús *bus*   **¡Dios mío!** *Good heavens!*   **pasajera** *passenger*   **Inglaterra** *England*   **bienvenidos** *welcome*   **sobre** *on*   **país** *country*   **agente de viajes** *travel agent*   **Por casualidad** *By chance*   **bajamos** *to get down; get off (a bus)*   **estancia** *ranch*   **ver** *to see*   **Otro día** *Another day*   **quizás** *perhaps*   **¡buena suerte!** *good luck!*   **Todavía** *still*

• •

Preguntas ————————————————————————

1. ¿Dónde están los señores Brinsdon?   2. ¿De dónde son ellos?   3. ¿Qué buscan?   4. ¿Cómo se llama la pasajera?   5. ¿Qué museo desean visitar los señores Brinsdon? ¿Por qué?   6. ¿Llegan al museo los señores Brinsdon?   7. ¿Visita usted museos con frecuencia (*frequently*)?

Notas Culturales

1. The **Museo de Historia Natural,** known also as the **Museo de la Plata,** is in the city of La Plata, about 40 miles from Buenos Aires. It is a famous museum of natural history, science, anthropology, and ethnology.

2. **Porteño** (*literally,* port dweller) is the usual term for someone who lives in Buenos Aires, Argentina's capital and main port on the **Río de la Plata. Porteños** call their city the "Paris of South America."

3. Because of the variety of its terrain, Argentina has a number of unusual animals, like the **jaguar;** the **cóndor,** the largest bird of flight; and the **carpincho,** the largest living rodent, which sometimes attains a weight of 100 pounds and in some parts of South America is hunted by natives for food.

4. If you think the name Discotto sounds more Italian than Spanish, you are correct. A large number of Argentineans are of Italian descent. The British, French, and Germans have also contributed to Argentina's population. Many Europeans settled in Argentina during the country's economic expansion during the second half of the nineteenth century.

5. The **gaucho,** or Argentine cowboy, is now more a legendary figure than a real one. In the early 1800s thousands of these men led a nomadic life on the **pampas** *(dry grasslands),* living off the wild herds of cattle and horses that had descended from those of the Spanish conquistadors. The word is also used for the descendants of the original **gauchos** who now work as ranchhands on the large **estancias** *(Argentine ranches)* and preserve some of the old traditions.

PARA ESCUCHAR

A. Dos presentaciones. Jenny, a student from the United States, is planning to spend the summer in Buenos Aires. She will stay with the Gambarinis, whose daughter Beatriz and herself have sent each other cassettes describing themselves. Listen to the descriptions.

B. Para completar. Listen to the descriptions again and complete the sentences in your textbook

Beatriz

1. Beatriz vive con   a) sus padres.   b) su hermana.   c) unos ingleses.

2. Ella estudia inglés en   a) una escuela secundaria.   b) un instituto cultural.   c) casa.

3. Beatriz habla español y también   a) francés.   b) italiano.   c) alemán.

4. Los padres de Beatriz son de Buenos Aires pero los abuelos son de   a) Italia.   b) Estados Unidos.   c) Canadá.

5. Beatriz es alta y practica   a) el piano.   b) deportes.   c) el violín.

6. Los padres de Beatriz creen que ella es   a) inteligente.   b) yanqui.   c) difícil.

7. Según los amigos de Beatriz, ella es   a) fea.   b) simpática.   c) responsable.

Jenny

1. Jenny estudia en   a) Manchester, NH.   b) Boston.   c) Montreal.
2. La familia de Jenny vive en   a) Manchester, NH.   b) Boston.   c) Montreal.
3. La mamá de Jenny es de París y el papá es de   a) Montreal.   b) Buenos Aires.   c) París.
4. Ella viaja mucho para visitar a   a) los abuelos.   b) los amigos.   c) su papá.
5. Ella cree que es una persona   a) idealista.   b) tonta.   c) realista.
6. Los padres y amigos de Jenny creen que ella es   a) tonta.   b) elegante.   c) práctica.
7. Según la profesora de español de Jenny, ella es   a) trabajadora.   b) bonita.   c) argentina.

MÁS FUNCIONES *y actividades*

In this chapter you have seen examples of some important language functions: expressing admiration and describing location. Below you'll find some additional information and activities related to the functions.

Making descriptions

You've seen how to use adjectives with both **ser** and **estar.** Consult the **Vocabulario activo** for a complete list of adjectives from this chapter.

Actividades

A. Una foto.   *(A photo.)*   For this activity, bring to class 1-2 photo (s) of your family or friends (preferably taken at a birthday or graduation party, or at some other celebration). In pairs, take turns describing your photo (s) to each other. For example: **Aquí estamos en mi fiesta de graduación. Mamá está a la izquierda de papá y yo estoy con Kittie, la gata** *(cat)* **de mi hermana Anita. Anita no está en esta foto pero ¡está aquí…!** (and shows the second photo he/she brought), etc. Then, if time allows, each student should describe to the class who is who in one of his/her partner's photos.

B. En la plaza.   Describe the picture, using prepositions and answering the question, **¿Dónde está?,** for the following things.

MODELO   la escuela
     La escuela está cerca de los Apartamentos Gloria.

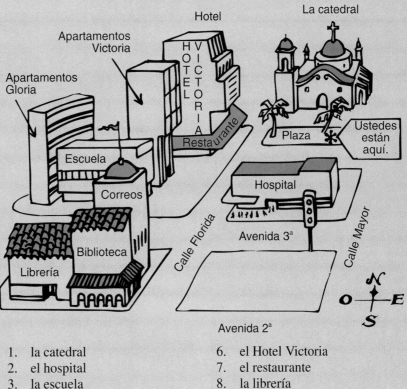

1. la catedral
2. el hospital
3. la escuela
4. la oficina de correos
5. los Apartamentos Victoria
6. el Hotel Victoria
7. el restaurante
8. la librería
9. la biblioteca
10. ustedes (*Where are you?*)

C. Mini-drama. Role-play the following situation.

You and a friend are on a bus in Buenos Aires. "What a pretty city!" your friend says. You ask a passenger where the **Teatro Colón** is and if it is far. The passenger replies, "No, it's nearby." You have a short conversation with the passenger, who asks who you are, where you are from, and so forth. The passenger compliments you on your Spanish, and you say, "Thank you, you're very nice." "The **Teatro Colón** is there on the left," says the passenger. You say good-bye and get off the bus.

PARA ESCRIBIR

Poema. In small groups write a short poem about someone you know (or something you like, such as a favorite book, a pet or similar topic). Use the following guidelines if you wish.

Line 1:	Subject(s)	La profesora Valdés
Line 2:	two adjectives that describe the subject(s)	simpática, inteligente
Line 3:	a place you associate with the subject(s)	en la clase
Line 4:	a descriptive phrase	de español
Line 5:	other adjectives	amable y cortés

VOCABULARIO ACTIVO

Cognados

el apartamento	contento	idealista	norteamericano	realista
la cafetería	delicioso	importante	optimista	responsable
la catedral	elegante	insociable	la persona	el restaurante
colonial	el estilo	intelectual	pesimista	el sándwich
la composición	estúpido	inteligente	popular	sociable
la computadora	la filosofía	irresponsable	práctico	típico
concierto	la foto(grafía)	el minuto		

Verbos

abrir	to open
aprender	to learn
comer	to eat
comprender	to understand, comprehend
correr	to run
creer (que)	to believe, think (that)
deber	ought to, should, must + infinitive
decidir	to decide
describir	to describe
descubrir	to discover
escribir	to write
leer	te read
recibir	to receive
responder	to answer, respond
vender	to sell
vivir	to live

Adjetivos

aburrido	bored, boring
agradable	pleasant
alto	high; tall
amable	kind, nice, pleasant
antiguo	old
bonito	pretty
bueno	good
cómodo	comfortable
cortés	polite
descortés	impolite
fácil	easy
feliz	happy
francés	French
grande	large; great

insensible	insensitive
joven	young
lindo	pretty
malo	bad
pequeño	small
perdido	lost
sensible	sensitive
simpático	nice
trabajador	hardworking
triste	sad
viejo	old

Otras palabras y frases

la avenida	avenue
la biblioteca	library
la calle	street
la carta	letter
el centro	downtown; center
la comida	food; meal
el correo (la oficina de correos)	post office
la chica	girl
el chico	boy
la escuela	school
estar de acuerdo	to agree, to be in agreement (with)
estar de vacaciones	to be on vacation
la habitación	room
la hora	hour
la librería	bookstore
la muchacha	girl
el muchacho	boy
el piso	floor
el plato	plate; dish
porque	because
el precio	price

Otras palabras y frases

Pues…	*Well . . .*
la realidad	*reality*
Según (Ana, José, etcétera)	*According to (Ana, José, etc.)*
el siglo	*century*
la vida	*life*
el vino	*wine*

Expresiones útiles

dentro (de)	*inside, within*
detrás (de)	*behind*
enfrente (de)	*in front of, opposite*

Don't forget: Interrogative words, pages 48–51
Ordinal numbers, page 60

La biblioteca de la UNAM, Ciudad de México

CAPÍTULO
tres

ESTUDIOS UNIVERSITARIOS

VOCABULARIO. In this chapter you will talk about university studies.

GRAMÁTICA. You will discuss and use:

- The present tense of **tener**
- Idiomatic expressions with **tener**
- Demonstrative adjectives and pronouns
- The present participle and the present progressive tense
- Cardinal numbers from 100 to 1,000,000 and their multiples

CULTURA. This chapter focuses on Mexico.

FUNCIONES

- Expressing incomprehension
- Giving personal information
- Using numbers

MEXICO

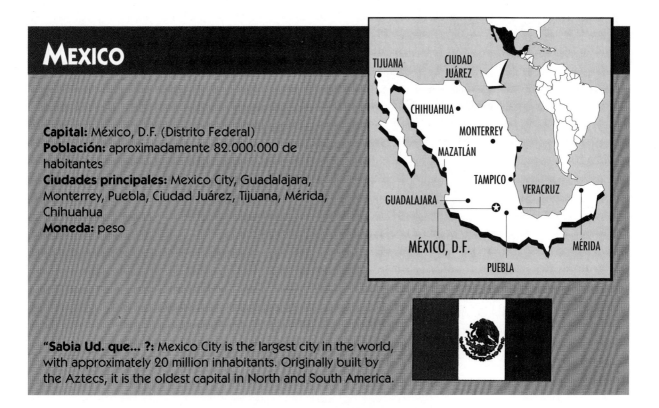

Capital: México, D.F. (Distrito Federal)
Población: aproximadamente 82.000.000 de habitantes
Ciudades principales: Mexico City, Guadalajara, Monterrey, Puebla, Ciudad Juárez, Tijuana, Mérida, Chihuahua
Moneda: peso

"Sabia Ud. que... ?: Mexico City is the largest city in the world, with approximately 20 million inhabitants. Originally built by the Aztecs, it is the oldest capital in North and South America.

En la librería universitaria. In the university bookstore, students from the Universidad Nacional Autónoma de México (UNAM) are looking for books. Say what field each is studying.

> **MODELO** Consuelo busca libros sobre *(about)* las civilizaciones de Sudamérica.
> **Consuelo estudia antropología.**

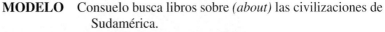

1. Lola busca libros con muchas ecuaciones ($24x + 6y = 150$).
2. Sofía busca libros de Cervantes y de Shakespeare.
3. Chepa busca libros de Freud.
4. Maruja busca libros sobre los gobiernos *(governments)* de Sudamérica.
5. Manuel busca libros sobre la estructura del átomo.
6. Rosalía busca libros sobre los animales y las plantas.

Entrevista ─────────────────────────────────

Work with a classmate and take turns using these questions to interview each other about your studies.

1. ¿Qué estudias?   2. ¿Crees que la química (la física, el español, la historia, la medicina) es aburrida(-o) o interesante? ¿Es fácil o difícil?   3. ¿Qué debes estudiar si deseas ser doctor(-a)? (¿ingeniero[-a]? ¿biólogo[-a]? ¿psicólogo[-a]?)   4. Ahora muchas personas estudian ciencias de computación, ¿verdad? ¿Y tú también estudias ciencias de computación?   5. ¿Deseas estudiar las civilizaciones de México? (¿la civilización española? ¿la historia de Sudamérica?)   6. ¿Lees libros de ciencias? (¿de ciencias naturales? ¿de literatura? ¿de música? ¿de matemáticas? ¿de sociología? ¿de ingeniería? ¿de ciencias políticas?)

● ●

I. EL PRESENTE DE INDICATIVO DE *TENER*

Un «árbol de la vida»,
México, D.F.

En un apartamento cerca de la UNAM

BÁRBARA ¿Tienes libros sobre la artesanía indígena… o sobre la artesanía folklórica tradicional? Necesito escribir una composición sobre los «árboles de la vida» de Metepec y no tengo mucha información aquí.

DORA Pues, el típico árbol de la vida tiene muchas figuras inspiradas en la naturaleza: personas, flores, animales…, con decoraciones de muchos colores. Pero hay versiones diferentes de árboles de la vida; con características muy variadas.

BÁRBARA Gracias, Dora, pero necesito leer y aprender más si deseo escribir una buena composición.

DORA Entonces, ¿por qué no visitamos el Museo Nacional de Antropología? Tenemos tiempo, ¿no?

BÁRBARA ¡Claro! ¡Buena idea! Tenemos toda la tarde para visitar el museo.

1. ¿Qué necesita escribir Bárbara? 2. ¿Tiene ella mucha información? 3. ¿Cómo es el típico árbol de la vida? 4. ¿Hay versiones diferentes de árboles de la vida? 5. ¿Qué museo desean visitar Dora y Bárbara?

In an apartment near UNAM (National University of Mexico). BÁRBARA: Do you have any books about native artesanry, . . . or about traditional folkloric artesanry? I need to write a composition about the "Trees of Life" from Metepec and I don't have much information here. DORA: Well, the typical Tree of Life has many figures that have their inspiration in nature: people, flowers, animals . . . , with decorations in many colors. But there are different versions of Trees of Life with very varied characteristics. BÁRBARA: Thanks, Dora, but I need to read and learn more if I want to write a good composition. DORA: Well, why don't we visit the National Museum of Anthropology? We have time, don't we? BÁRBARA: Of course! Good idea! We have the whole afternoon to visit the museum.

• •

The verb **tener** is irregular.

tener to have	
tengo	tenemos
tienes	tenéis
tiene	tienen

Notice that the **yo** form ends in **-go.** The three forms stressed on the stem change their stem vowel from **e** to **ie**.

No tengo mucho tiempo.   *I don't have much time.*
¿Tenemos tiempo de comer?   *Do we have time to eat?*
¿Qué tienes allí?   *What do you have there?*
Arnaldo tiene dos compañeros de cuarto.   *Arnaldo has two roommates.*

Tengo que hablar
I have to talk.

EJERCICIOS

Una charla *(A chat).* Complete the dialogue with the correct forms of **tener.**

DELIA   Ernesto, ¿(1) ——————— (tú) tiempo de visitar al tío Pedro?

ERNESTO   Sí, mamá. (2) ——————— tiempo. Y Conchita y yo (3) ———————
              un libro para él.

DELIA   Pero Conchita (4) ——————— un examen hoy, ¿no?

ERNESTO   ¡Sí! Además, creo que ella (5) ——————— otros planes. El pro-
              blema es que necesito unos pesos. ¿(6) ——————— (tú) unos pesos
              para el taxi?

Entrevista _____

Ask a classmate the following questions. Then rephrase his or her answer and share a
few of the answers with your whole class.

> **MODELO**   ESTUDIANTE 1   ¿Tienes exámenes hoy?
>
>   ESTUDIANTE 2   **Sí, tengo dos exámenes hoy.**
>
>   ESTUDIANTE 1   **Clara tiene dos exámenes hoy.**

¿Tienes…?
1. planes interesantes para mañana
2. mucho tiempo hoy para estudiar
3. una fiesta mañana
4. una clase de literatura (filosofía, etcétera)
5. amigos hispanos (argentinos, italianos, simpáticos, etcétera)
6. un(a) compañero(-a) de cuarto simpático(-a)

Preguntas _____

1. ¿Tiene la universidad una biblioteca buena?   2. ¿Tienen programas en español aquí
en la televisión?   3. ¿Tenemos muchos estudiantes trabajadores en la clase? ¿en esta
universidad?   4. ¿Tiene usted una familia grande o pequeña? ¿Cuántos hermanos tiene
usted?   5. ¿Tiene usted muchos libros? ¿y muchos libros de español?

• •

II. EXPRESIONES IDIOMATICÁS CON *TENER*

> **En casa de la familia Lorenzo en Veracruz. Carlos, un estudiante mexicano, y
> John, un estudiante norteamericano, hablan con la señora Lorenzo.**
>
> **CARLOS**   Mamá, *tenemos ganas de* viajar a la playa.
>
> **SRA. LORENZO**   ¿Cómo? ¿A la playa? Pero tú y John *tienen que* estudiar, ¿no?
>   Y también *tienen que* comer pronto.
>
> **CARLOS**   Pero no *tenemos hambre.* Y hoy yo no *tengo que* trabajar
>   mucho para las clases de mañana.
>
> **JOHN**   Además, *tenemos calor.* Dicen que las playas de Veracruz son
>   muy agradables.
>
> **SRA. LORENZO**   Pues, muchachos, yo *tengo sueño.* Uds. viajan a la playa y yo
>   descanso, ¿de acuerdo?

La playa de Viña del Mar, Chile

1. ¿Adónde tienen ganas de viajar Carlos y John?   2. ¿Por qué no desean comer?   3. ¿Tiene que estudiar mucho Carlos para las clases de mañana?   4. ¿Tiene calor John?   5. ¿Qué problema tiene la señora Lorenzo?

At the home of the Lorenzo family in Veracruz. Carlos, a Mexican student, and John, an Amnerican student, are talking with Mrs. Lorenzo. CARLOS: Mom, we feel like traveling to the beach. SEÑORA LORENZO: What? To the beach? But you and John have to study, don't you? And you also have to eat soon. CARLOS: But we're not hungry. And today I don't have to study much for tomorrow's classes. JOHN: Besides, we're hot. They say that the beaches in Veracruz are very pleasant. SEÑORA LORENZO: Well, boys, I'm sleepy. You travel to the beach and I'll rest. OK?

• •

A. Many expressions in Spanish use the verb **tener.** For example:

tener... años	*to be . . . years old*
tener ganas de + *infinitive*	*to feel like (doing something)*
tener prisa	*to be in a hurry*
tener que + *infinitive*	*to have to (do something)*

¿Cuántos años tiene Marisa?	*How old is Marisa?*
Marisa tiene 29 años.	*Marisa is 29.*
Tengo ganas de visitar Puebla.	*I feel like going to Puebla.*
Cuando estamos de vacaciones, no tenemos prisa.	*When we're on vacation, we're not in a hurry.*
Tienes que trabajar.	*You've got to work.*

B. The construction **tener** + *noun* often corresponds to English *to be* + *adjective*.

tener		to be	
	X años		X years old
	calor		warm, hot
	celos		jealous
	cuidado		careful
	exito		successful
	frío		cold
	hambre		hungry
	miedo		afraid
	razón		right (**no tener razón =** to be wrong, mistaken)
	sed		thirsty
	sueño		sleepy
	suerte		lucky

Tenemos calor. Viajamos a la playa.   *We're warm. We are traveling to the beach.*

Cristóbal no tiene miedo de viajar en avión.   *Cristóbal isn't afraid to travel by plane.*

El Sr. Padilla no tiene razón.   *Mr. Padilla is mistaken.*

C. In other instances **tener** is equivalent to *to have,* but note that the indefinite article is not used in Spanish in these cases.

tener dolor de cabeza   *to have a headache*
tener dolor de estómago   *to have a stomachache*
tener fiebre   *to have a fever*

D. To express ideas similar to English *very,* a form of the adjective **mucho,** agreeing with the noun, is used with **tener.** Notice that **calor** and **dolor** are masculine nouns, and **fiebre, hambre, razón, sed,** and **suerte** are feminine.

José María tiene muchos años.   *José Maria is very old.*
Tengo muchas ganas de ir.   *I feel very much like going.*
Cuando Ramón tiene mucho calor, bebe muchos refrescos.   *When Ramón is very warm, he drinks lots of cold drinks.*
Marcos tiene mucha fiebre.   *Marcos has a high fever.*

EJERCICIOS

A. **Fuera de control** *(Out of control).* Professor Galdós feels that his students are doing exactly as they please today. Work with a classmate and take turns playing the roles of professor Galdós and his students. When you answer the questions for his students, use an expression with **tener.**

> **MODELO**   ESTUDIANTE 1   ¿Por qué abres la ventana, Miguel?
> ESTUDIANTE 2   **Porque tengo calor.**

1. ¿Por qué comes ahora, Susana?
2. ¿Por qué tomas aspirinas, Edgar?
3. ¿Por qué toman Coca-Cola, Marta y Roberto?
4. ¿Por qué no estudian ustedes?
5. ¿Por qué cree Jorge que Guadalajara es la capital de México?

B. En acción. Describe the following pictures, using a **tener** expression for each.

MODELO   **El señor Gutiérrez tiene prisa.**

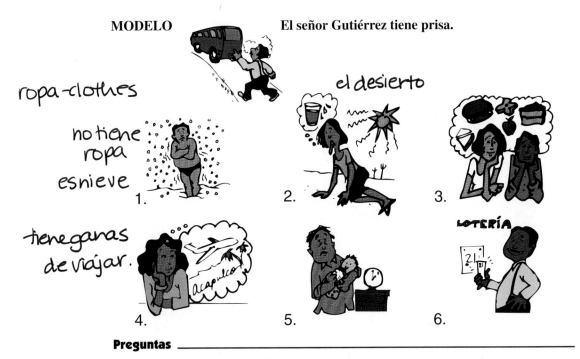

Preguntas

1. ¿Tiene usted frío hoy? ¿calor?   2. ¿Tiene usted hambre? ¿sed?   3. ¿Cuántos años tiene usted?   4. «Nueva York es la capital de los Estados Unidos.» ¿Tengo razón o no? ¿Cómo se llama la capital de los Estados Unidos?   5. ¿Tiene ganas de viajar? ¿Adónde? ¿Por qué?   6. En general, ¿qué desea beber cuando tiene sed? ¿Coca-Cola? ¿agua (water)?   7. ¿Tiene usted cuidado cuando cruza una avenida o una calle? 8. En general, ¿tiene usted miedo de viajar en avión? ¿de recibir una F en español? (¿en física? ¿en historia? ¿en química?)   9. En general, ¿tiene usted sueño en la clase de español (¿de biología? ¿de inglés? ¿de matemáticas?)

FUNCIONES *y práctica*

Expressing Incomprehension

Here are some examples of an important language function: expressing incomprehension. Study the expressions below and do the practice exercise that follows. Even in your native language, you probably find that you frequently have to stop someone who is speaking and ask him or her to clarify or explain something, repeat part of a sentence, slow down, and so on. In a foreign language, it's even more important to learn how to stop a speaker and ask for clarification. Here are some ways to express that you just aren't following and need some help.

¿Cómo?	What?	¿Perdón?	Pardon me?
¿Mande?	What?(Mexico)		
No comprendo.	I don't understand	¿Qué?	What?(very informal)

¿Cómo? is used to ask the speaker to repeat; **¿Qué?** will usually elicit a specific answer to the question *What?* If you want the speaker to repeat, you can say:

Otra vez, por favor.   *Again, please.*   Repita, por favor.   *Repeat please.*

If you want him or her to slow down, you can say:

Más despacio, por favor.   *Slower, please.*

If you miss part of a statement or question, you can use a question word to ask just for the part you missed.

¿Pero dónde (cuándo, por qué, etcétera)…?

When you have a general idea of what the speaker is saying but just want to confirm that you understand, you may want to use the confirmation tags: **¿(no es) verdad?** and **¿no?**

María estudia química, ¿verdad?

Práctica _____

Un momento, por favor. You don't understand what someone is saying to you when you hear the following sentences. Interrrupt the speaker and ask for clarification. Work with a classmate and take turns playing the roles of the speaker and the person asking for clarification. Ask your instructor for help with pronunciation.

> **MODELO**   ESTUDIANTE 1   El avión de Caracas llega en tres horas.
> ESTUDIANTE 2   **¿Cómo? ¿Cuándo llega el avión?**

1. Roberto estudia ciencias sociales y matemáticas en la universidad de Salamanca.
2. La señora Otavalo vive en Chiquinquirá, pero ahora está en Bucaramanga.
3. El señor Montenegro tiene sesenta y seis años. La señora Montenegro tiene sesenta y dos años. Ellos tienen una fiesta mañana.
4. El número de teléfono del señor Barrios es: 62-84-51.

ESTE near

ESE far

AQUEL farther. *if three places.*

If only two places, ese + aquel are interchangeable.

III. LOS ADJETIVOS Y PRONOMBRES DEMOSTRATIVOS

When using these as pronouns must have accent. When adjectives → no accent

El Estadio Olímpico de la UNAM

El profesor Movitz de la Universidad de Michigan visita la Universidad Nacional Autónoma de México.

PROFESOR MOVITZ   Y *aquel* edificio, ¿qué es?

PROFESORA LÓPEZ   ¿*Aquél* que tiene el mural estupendo? Es el estadio de *esta* universidad. *Ese* mural es de Diego Rivera.

PROFESOR MOVITZ   ¡Ah, sí! El famoso pintor mexicano. En Michigan tenemos un mural interesante de Rivera. Está en el Museo Metropolitano de Arte de Detroit.

PROFESORA LÓPEZ   ¡Sí, tiene razón! Pero creo que después de *estas* dos horas en la UNAM, ¡usted debe tener mucha sed! ¿Tiene ganas de tomar un refresco, un té o un café?

PROFESOR MOVITZ   Pues…, ¡*ésa* es una buena idea!

PROFESORA LÓPEZ   En *aquella* cafetería que está al lado de la librería tienen una gran variedad de refrescos…

PROFESOR MOVITZ   Entonces, ¿por qué no caminamos en *esa* dirección?

1. ¿Qué edificio mira el profesor Movitz?   2. ¿Quién es Diego Rivera?   3. ¿Tiene sed el profesor Movitz?   4. ¿Tiene la cafetería muchos refrescos?

Professor Movitz of the University of Michigan is visiting the National Autonomous University of Mexico.
PROFESSOR MOVITZ: And that building, what is it? PROFESSOR LOPEZ: That one over there that has the great (stupendous) mural…? It's the stadium of this university. That mural (a mural done in mosaics) is by Diego Rivera. PROFESSOR MOVITZ: Oh, yes! The famous Mexican painter. We have an interesting mural by Rivera in Michigan. It's in the Metropolitan Art Museum in Detroit. PROFESSOR LOPEZ: Yes, you're right. But I think that after these two hours in UNAM, you must be very thirsty. Do you feel like having a cold drink, some tea, or coffee? PROFESSOR MOVITZ: Well . . . . , that's a good idea! PROFESSOR LOPEZ: In that cafeteria next to the bookstore they have a large variety of cold drinks . . . PROFESSOR MOVITZ: Well, why don't we walk in that direction?

• •

A. Demonstrative adjectives

1. Demonstrative adjectives are used to point out a particular person or object. They precede the nouns they modify and agree with them in gender and number.

Demonstrative Adjectives			
	Singular		**Plural**
Masculine	este	*this*	estos	*these*
Feminine	esta		estas	
Masculine	ese	*that*	esos	*those*
Feminine	esa		esas	
Masculine	aquel	*that (over there)*	aquellos	*those (over there)*
Feminine	aquella		aquellas	

¿Comes en esta cafetería?	*Do you eat in this cafeteria?*
Este edificio es muy alto.	*This building is very high.*
Esas señoritas son mexicanas.	*Those young ladies are Mexican.*
Llevo aquel diccionario, por favor.	*I'll take that dictionary (over there), please.*
Aquella estudiante no es hispana.	*That student (over there) isn't Hispanic.*

2. Both **ese** and **aquel** correspond to *that* in English. **Ese** may be used in most contexts. **Aquel,** which refers to something far away (in distance or time) from both the speaker and the listener, is used less frequently in Spanish America than in Spain.

B. Demonstrative pronouns

1. Demonstrative pronouns in Spanish have the same form as demonstrative adjectives, except that the pronouns have written accents. They agree in gender and number with the noun they replace.

¿Éstos? Son calendarios.	*These? They're calendars.*
¿Ése? Es un estudiante mexicano.	*That one? He's a Mexican student.*
¿Aquéllas? Son amigas de Carmen.	*Those? They're friends of Carmen.*

2. A demonstrative pronoun is used when the noun is not present.

	Adjective	**Noun**		**Pronoun**
Busco	este	libro.	Busco	éste.
I'm looking for	*this*	*book.*	*I'm looking for*	*this one.*

3. Spanish also has three neuter pronouns that refer to statements, ideas, or something that has not yet been identified: **esto** *this,* **eso** *that,* and—in Spain—**aquello** *that* (distant). They have no plural forms and do not take a written accent.

¿Qué aprendemos de todo esto?	*What do we learn from all this?*
¿Qué es esto? Es un calendario.	*What's this? It's a calendar.*
Todo aquello tiene lugar lejos de aquí.	*All that takes place far from here.*

EJERCICIOS

A. **Preguntas y respuestas.**   Work with a classmate taking turns answering each question with one word. Follow the model, pointing to the object as you respond.

MODELO   ¿Cuál es el libro de usted? **Éste.**

1. ¿Cuáles son los papeles de la profesora (del profesor)?
2. ¿Cuáles son los libros de español que usamos este semestre?
3. ¿Cuál(es) es(son) la(s) pizarra(s) de la clase?
4. ¿Cuál es la silla de usted?
5. ¿Cuál es el escritorio de la profesora (del profesor)?

B. **¿Cómo son ellos?**   Using adjectives from the list given below or others you know, describe your classmates. Use demonstrative adjectives and pronouns to indicate whom you are describing.

alto, bajo, simpático, inteligente, feliz, joven, viejo, responsable, sensible, trabajador, triste, bonito

MODELOS   **Ese señor es bajo pero esta señorita es alta.**
Esos señores son trabajadores.

Preguntas

1. ¿Cómo es esta ciudad?   2. ¿Hay un hotel bueno en esta ciudad? ¿Cómo se llama?
3. ¿Es moderno ese hotel?   4. ¿Hay un hospital en esta ciudad? ¿Cómo se llama? ¿Cómo es ese hospital?   5. ¿Hay otras universidades en esta ciudad? ¿Hay muchas? ¿Cómo se llaman?   6. Y esta universidad, ¿es grande o pequeña?   7. ¿Hay restaurantes estupendos en esta ciudad? ¿Cómo se llaman? ¿Son altos los precios en esos restaurantes?   8. ¿Escribe usted muchas composiciones este semestre?

FUNCIONES *y práctica*

Asking And Giving Personal Information

Here are some examples of an important language function: asking and giving personal information. Study the expressions below and do the practice exercise that follows.

¿Cómo te llamas?	*What's your name?*
Me llamo…	*My name is . . .*
¿Dónde vives?	*Where do you live?*
Vivo cerca de aquí con una familia mexicana.	*I live near here with a Mexican family*
¿Eres estudiante?	*Are you a student?*
Sí, soy estudiante.	*Yes, I'm a student.*
¿Qué estudias?	*What are you studying?*
Estudio ciencias sociales.	*I'm studying social sciences.*
¿Cuál es tu dirección?	*What's your address?*
Avenida (Calle, Paseo, etcétera)…, 25.	*25th . . . Avenue (Street, Boulevard).*
¿Cuál es tu número de teléfono?	*What's your telephone number?*
Mi número de teléfono es 5-48-36-60.	*My telephone number is 548-3660.*

 Entrevista _____

Now work with a classmate and take turns interviewing each other. Base your questions and answers on the **funciones** above.

patenta – licencle#

IV. EL GERUNDIO Y EL PRESENTE PROGRESIVO

Gloria y Manuel hablan por teléfono.

GLORIA Tengo dolor de cabeza porque *estoy estudiando* para un examen de ciencias de computación, pero no *estoy aprendiendo* mucho. ¡Esto es muy aburrido, Manuel! ¿No tienes ganas de visitar las pirámides de Teotihuacán?

MANUEL Pues, en este momento, toda la familia *está comiendo* y *mirando* un partido de fútbol en televisión.

GLORIA Pero, ¡una visita a Teotihuacán es más interesante! ¿Qué aprendes *mirando* un partido de fútbol…? En las pirámides tienes toda una lección de historia.

MANUEL Tienes razón, Gloria. Ahora mismo paso por allí.

Las pirámides de Teotihuacán, cerca de México, D.F.

1. ¿Qué está estudiando Gloria?   2. ¿Cómo está?   3. ¿Qué tiene ganas de visitar?
4. ¿Qué está mirando la familia de Manuel?   5. ¿Aprende Manuel mirando un partido de fútbol?

Gloria speaks to Manuel on the telephone. GLORIA: I have a headache because I'm studying for a computer science exam, but I'm not learning much. This is very boring, Manuel! Don't you feel like visiting the pyramids at Teotihuacán? MANUEL: Well right now (at this moment), the whole family is eating and watching a soccer match on television. GLORIA: But a visit to Teotihuacán is more interesting. What do you learn by watching a soccer match . . . ? You have a whole history lesson in the pyramids. MANUEL: You're right, Gloria. I'm going by there right now.

● ●

A. Present participles and gerunds in English end in *-ing*. In Spanish, they are formed by adding **-ando** to the infinitive stem of **-ar** verbs and **-iendo** to the infinitive stem of most **-er** and **-ir** verbs. When the stem ends in a vowel, the present participle or gerund takes the ending **-yendo** instead of **-iendo.** For **ir,** the form is **yendo,** though it is very rarely used. (For example, **Voy al parque.** *I'm going to the park.*)

habla ➡ hablando		*speaking*
comer ➡ comiendo		*eating*
vivir ➡ viviendo		*living*
leer ➡ leyendo		*reading*

Aprendemos mucho escuchando
al (a la) profesor(a).

We learn a lot by listening to the professor.

B. A present participle is combined with a present-tense form of **estar** to form the present progressive. The present progressive is used to emphasize that an action is going on at the moment.

Ahora mismo estoy comiendo.	*I'm eating right now.*
Este año la familia Wong está viviendo en Cuernavaca.	*This year the Wong family is living in Cuernavaca.*

C. In Spanish the present progressive is used much less frequently than in English. The simple present tense in Spanish is used to describe ongoing actions and can be translated with an English progressive form.

¿Qué escribes en estos días?	*What are you writing these days?*
Escribo un libro sobre el calendario azteca.	*I'm writing a book on the Aztec calendar.*

The present progressive emphasizes the immediacy of an action and the fact that it is occurring at that very moment.

Ahora estoy trabajando en el segundo capítulo del libro.	Now I'm working on the second chapter of the book.
En este momento mis hermanas están llegando a México.	*Right now my sisters are arriving in Mexico.*

EJERCICIO

Hablando de México.   Work with a classmate and take turns saying what is going on at the present time in Mexico. Follow the model.

MODELO   ESTUDIANTE 1   México progresa mucho, ¿no?
            ESTUDIANTE 2   **Sí, en este momento, México está progresando mucho.**

1. Los amigos de Juan viven en la capital, ¿no?
2. Elena Poniatowska escribe un libro, ¿no?
3. Muchos estudiantes viajan a Cuernavaca, ¿verdad?
4. Venden muchas cosas bonitas, ¿no?
5. Muchos turistas visitan el Museo Nacional de Arqueología, ¿verdad?
6. Los mexicanos comen en restaurantes buenos, ¿verdad?
7. Descubren otras ruinas arqueológicas, ¿no?

Preguntas

1. ¿Está usted estudiando ahora?   2. ¿Están mirando televisión los amigos?   3. ¿Está usted comiendo en este momento? ¿pensando? ¿contestando preguntas? ¿abriendo regalos?   4. ¿Aprenden ustedes mucho escuchando la radio? ¿escuchando al profesor o a la profesora de español? ¿mirando televisión? ¿leyendo un libro de historia? ¿escribiendo composiciones? ¿estudiando para los exámenes?

V. LOS NÚMEROS CARDINALES 100 A 1.000.000

Perfumería

SHAMPOO ACONDICIONADOR PROTEIN PLUS 470 ML. DE $9,665 A	**$ 7,950**
DESODORANTE AEROSOL VERLANDE BOTE 150 GRS. DE $10,070 A	**$ 8,300**
TALCO MEXSANA BOTE 320 GRS. DE $9,220 A	**$ 6,650**
CREMA LIQUIDA NIVEA MILK 250 ML. A SOLO	**$ 4,650**

En la perfumería de un supermercado de Mérida

JUANITA Buenas tardes, señorita. ¿Tienen desodorantes para mujeres?

SRTA. CASTRO Sí, tenemos este desodorante en aerosol en oferta.

JUANITA ¿Y cuánto cuesta?

SRTA. CASTRO El precio de oferta es *ocho mil trescientos* pesos.

JUANITA También necesito un champú bueno.

SRTA. CASTRO Pues..., este champú acondicionador es excelente. Sólo cuesta *siete mil novecientos cincuenta* pesos. . .

JUANITA Está bien... Llevo los dos. ¿Cuánto es todo?

SRTA. CASTRO Son *dieciséis mil doscientos cincuenta* pesos. (Juanita paga...) Muchas gracias y hasta luego.

---

1. ¿Cuál es el precio del desodorante aerosol?   2. ¿Está en oferta?   3. ¿Cuál es el precio regular?   4. ¿Cuánto cuesta el champú acondicionador?   5. ¿Cuál es el precio de las dos cosas?   6. ¿Cuánto cuesta el talco Mexsana? ¿Y la crema Nivea?

In the cosmetic department of a supermarket in Mérida. JUANITA: Good afternoon, Miss. Do you have deodorants for women? SRTA CASTRO: Yes, we have this aerosol deodorant on sale. JUANITA: And how much is it?(lit., does it cost?) SRTA. CASTRO: The sale price is eight thousand three hundred pesos. JUANITA: I also need a good shampoo. SRTA. CASTRO: Well . . . , this shampoo with conditioner is excellent. It costs only seven thousand nine hundred fifty pesos. JUANITA: OK, I'll take both. How much is the total? SRTA. CASTRO: It's sixteen thousand two hundred fifty pesos. (Juanita pays . . .) Thank you and see you later.

100 cien(to)	200 doscientos(-as)	900 novecientos(-as)
101 ciento uno(-a)	201 doscientos uno(-a)	1000 mil
102 ciento dos	300 trescientos(-as)	1001 mil uno(-a)
111 ciento once	400 cuatrocientos(-as)	1010 mil diez
120 ciento veinte	500 quinientos(-as)	1100 mil cien(to)
121 ciento veintiuno(-a)	600 seiscientos(-as)	1101 mil ciento uno(-a)
130 ciento treinta	700 setecientos(-as)	1200 mil doscientos(-as)
131 ciento trienta y uno(-a)	800 ochocientos(-as)	1.000.000 un millón (de)

A. Cien is used before a number larger than itself **(mil** and **millón),** before a noun, and in counting **(noventa y nueve, cien, ciento uno...). Ciento** is used before a smaller number. It does not have a feminine singular form.

ciento nueve calles	*109 streets*
ciento cincuenta niñas	*150 girls*
cien mil habitantes	*100,000 inhabitants*

B. The hundreds from 200 to 900 do agree in gender with the nouns they modify.

doscientos ocho niños	*208 boys*
setecientas cuatro niñas	*704 girls*

C. Uno becomes **un** before a masculine noun, **una** before a feminine noun.

trescientas una escuelas	*301 schools*
ciento ochenta y un libros	*181 books*

D. The word **y** is used between tens and units but not between hundreds and tens or between hundreds and units.

treinta y uno	*31*
ciento veinte	*120*
ciento uno	*101*

E. Mil is used to express the number 1,000.

mil novecientos ochenta y nueve	*1989*
dos mil uno	*2001*
cuarenta mil treinta y tres	*40,033*
doscientos mil cuatrocientos veintiuno	*200,421*

But: miles de estudiantes   *thousands of students*

F. Un millón (*one million*) is followed by **de** before a noun. The plural is **millones.**

Ella desea ganar un millón de dólares.	*She wants to win one million dollars.*
Ahora él tiene tres millones de pesos.	*Now he has three million pesos.*

G. In writing numerals and decimals, Spanish and English follow opposite practices in the use of the period and the comma.

Spanish	English
1.000.000	1,000,000
13,6	13.6

EJERCICIO

¿Cuál es la dirección?   Express in Spanish the addresses listed below.

1. Paseo de la Reforma 305
2. Mariano Escobedo 700
3. Londres 104
4. Vázquez de Mella 525
5. Campos Eliseos 218
6. Calzada Tlalpan 2043
7. Hamburgo 123
8. Providencia 726
9. Avenida Cien Metros 1119
10. Insurgentes Sur 445

Preguntas

1. ¿Más o menos *(more or less)* cuántas personas viven en esta ciudad?   2. ¿Cuántos estudiantes hay en esta universidad? ¿en esta clase?   3. ¿Qué precio tiene un Mercedes Benz?   4. ¿Más o menos cuántas personas viven en la ciudad de Nueva York? ¿en California?   5. ¿Aproximadamente *(Approximately)* cuánto gana *(earns)* un profesor o una profesora?   6. Si hay 3000 pesos en un dólar, ¿cuántos pesos hay en $10? ¿en $100? 7. ¿Cuántos son quinientos y quinientos cinco?   8. ¿Cuánto cuesta una casa pequeña en esta ciudad?

MÉXICO: EL MUSEO NACIONAL DE ANTROPOLOGÍA

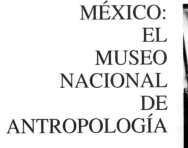

La Piedra del Sol está en el Museo Nacional de Antropología de la capital mexicana.

Catalina, una estudiante de antropología, le escribe una carta a Raquel, una amiga de la universidad.

Querida Raquel:

Estoy en la Ciudad de México para estudiar antropología. Aquí hay varios° museos impresionantes° y es posible aprender mucho sobre las civilizaciones indígenas° del pasado.° Las fotos que te envío° con esta carta son: 1) de la famosa Piedra del Sol°, el calendario azteca; y 2) del Museo Nacional de Antropología°, mi museo favorito. El Museo Nacional de Antropología es una maravilla°. Muchos antropólogos y estudiantes de antropología vienen aquí sólo° para visitar este museo. Siempre hay programas variados de conferencias° y películas° sobre la cultura y el arte indígenas. Es posible pasar° todo el día en el museo porque hay una excelente librería y también una cafetería muy linda. La semana próxima° espero visitar Teotihuacán°, la antigua° ciudad indígena donde está la famosa Pirámide del Sol. Prometo enviarte° una postal° después de mi visita.

   Ahora deseo recibir noticias° de los amigos y de tus clases… ¿Cómo están Susana, Guillermo, Carolyn y mi profesora favorita de español? México realmente es un lugar° ideal para estudiantes de antropología como yo y estoy muy contenta de estar aquí. Espero carta tuya° muy pronto.

Con cariño,

Catalina

varios *several*   **impresionantes** *impressive*   **indígenas** *native, indigenous*   **el pasado** *the past*   **te envío** *I'm sending you*   **Piedra del Sol** *Stone of the Sun*   **mi** *my*   **una maravilla** *a marvel, wonder*   **sólo** *only…*   **conferencias** *lectures*   **películas** *films*   **pasar** *spend*   **la semana próxima** *next week*   **antigua** *ancient*   **Prometo enviarte** I *promise to send you*   **una postal** *a postcard*   **noticias** *news*   **lugar** *place*   **Espero carta tuya** I *hope for a letter from you*   **Con cariño** *Affectionately, fondly*

Preguntas

1. ¿Dónde está Catalina? ¿Por qué?   2. ¿Qué es posible aprender en México?   3. ¿Cuántas fotos envía Catalina? ¿De qué son las fotos?   4. ¿Quiénes vienen a México para visitar el Museo Nacional de Antropología? ¿Por qué?   5. ¿Es posible pasar todo el día en el museo? ¿Por qué?   6. ¿Qué espera visitar Catalina la semana próxima?   7. ¿Qué es Teotihuacán? ¿Qué edificio famoso está allí?   8. ¿Desea usted visitar México? ¿Qué lugares desea visitar? ¿Teotihuacán? ¿la Ciudad de México? ¿las playas de Veracruz?

Actividades.   Working in small groups, do one or both of the following activities.

1. Imagine that Catalina's letter is a response to an earlier letter from Raquel. Compose the letter that Raquel might have sent to Catalina. What questions would she have asked?
2. Imagine a telephone conversation where Catalina would be communicating the information in the letter to Raquel. Compose and act out a dialogue including Raquel's questions and Catalina's answers.

Notas Culturales

1. The Aztec calendar stone, or **Piedra del Sol,** (*literally,* Stone of the Sun) is a gigantic carved stone from the sixteenth century. The Aztec year consisted of eighteen months, each with twenty days. Five extra days, considered unlucky and dangerous, followed. During this time, the Aztecs stayed close to home and behaved cautiously for fear that an accident would set a bad pattern for the entire year ahead.

2. The National Museum of Anthropology in Mexico City is an immense building with a huge suspended roof and central patio. It houses exhibits from all over the world, but most contain artifacts from the many Indian peoples that have successively inhabited various regions of Mexico.

3. **Teotihuacán,** which means "city of gods" or "where men become gods," dates from the first century A.D. Located 33 miles north of Mexico City, it covers eight square miles and contained dwelling places, plazas, temples, and palaces of priests and nobles. The Pyramid of the Moon, at the north end, and the great Pyramid of the Sun, at the east end, are its most impressive features.

PARA ESCUCHAR

A. En la librería. Teresa is shopping in Mexico City for presents to bring home to the United States. She notices some attractive calendars in a bookstore window and goes in to inquire about the prices. Listen to the conversation. What does Teresa buy?

_____ 1.$31.500 a. el calendario con una foto grande del calendario azteca
_____ 2.$25.500 b. el calendario con fotos del Museo de Antropología
_____ 3.$30.600 c. un calendario con fotos de las pirámides de Teotihuacan

B. ¿Y el total? Listen to the conversation again. What is the total amount that Teresa pays?

MÁS FUNCIONES *y actividades*

Using Numbers

In this chapter you have seen examples of some important language functions: expressing incomprehension, and asking and giving personal information. Below you will find additional activities related to the functions.

¿Cuánto es...? ¿Cuánto cuesta(n)?　　*How much is . . . ? How much does it (do they) cost?*

¿Cuánto cuesta esa computadora?　　*How much is that computer?*

¿Cuánto cuestan esos libros de historia azteca?	*How much do those books on Aztec history cost?*
Este cuesta 9.500 pesos.	*This one cost 9,500 pesos.*
Ese cuesta 10.000 pesos.	*That one costs 10,000 pesos.*
En total, cuestan 19.500 pesos.	*They cost a total of 19,500 pesos.*

Telephone numbers, especially the last four, are often expressed in pairs.

¿Cuál es el numero de teléfono del Hotel Continental?	*What is the telephone number of the Continental Hotel?*
Es 5-18-07-00.	*It's 5-18-07-00.*
¿Cuál es su número de teléfono?	*What is your telephone number?*
Es 5-63-60-66.	*It's 5-63-60-66.*
Necesito cambiar un cheque de viajeros de 50 dólares.	*I need to change a $50 traveler's check.*
¿Cuál es el numero de su pasaporte?	*What is the number of your passport?*
Es 060027583.	*It's 060027583.*
¿Cuántos años tiene Ud.?	*How old are you?*
Tengo veintidós años.	*I am twenty-two years old.*
¿Qué distancia hay entre…?	*What's the distance between . . . ?*
¿Cuántos kilómetros hay entre…?	*How many kilometers are there between . . . ?*

 Actividades _____

A. ¿Cuánto cuesta?   You are calling **Infotur (Información turística)** in Monterrey to ask the fare for the bus trip from Monterrey to various destinations. Work with a classmate and take turns playing the roles of the caller and the Infotur representative.

MODELO   Querétaro ($46.200)

> ESTUDIANTE 1   **¿Cuánto cuesta el viaje de Monterrey a Querétaro?**
> ESTUDIANTE 2   **Cuesta cuarenta y seis mil doscientos pesos.**

1. Nuevo Laredo ($18.599)
2. San Luis Potosí ($33.725)
3. Chihuahua ($54.000)
4. Guadalajara ($51.000)
5. México ($62.800)
6. Zacatecas ($29.950)

B. Mini-dramas.   Role-play the following situations.

1. You are in the Porrúa Bookstore in Mexico City. You want to buy a book on Aztec history. You ask the price. The sales clerk answers: 33,600 pesos. You say that you need to change a $20 traveler's check. She asks you three questions: 1. the telephone number of your hotel; 2. your room number; and 3. your passport number. You answer the questions. She says thank you, and cashes the check. You say thank you and good-bye.
2. You're at the doctor's office. The doctor asks how old you are. You reply. She asks you why you are there, and you reply that you have a headache and that you're sleepy. She tells you that you don't have a fever; but that you should take two aspirins and call tomorrow.

3. You are waiting for a bus in Mexico City and a nice person about your age smiles at you. You look at each other for a while and then begin to talk. You ask what her (his) name is, if she (he) is a student, what she (he) is studying. You discover that you are both studying anthropology. You ask what her (his) telephone number is and what her (his) address is. You plan to visit the National Museum of Anthropology together tomorrow and you say you will call her (him) tonight to decide when to arrive at the museum.

PARA ESCRIBIR

Compose a letter to a Mexican pen-pal describing your college or university. Include information about yourself and what you are studying. Ask the pen-pal questions about himself (herself) and his (her) program of studies. For some guidelines, consult the section in this chapter on giving personal information.

VOCABULARIO ACTIVO

Cognados

la aspirina	el desodorante	famoso	el programa
azteca	diferente	indígena	progresar
el calendario	la distancia	moderno	el semestre
la característica	el dólar	el momento	el talco
el champú	el estadio	el mural	la versión
la civilización	el examen	la música	
el color	en general	la pirámide	
la decoración	estupendo	el plan	

Verbos y expresiones con *tener*

beber	to drink
cruzar	to cross, go across
tener	to have
tener X años	to be X years old
tener calor	to be warm, hot
tener cuidado	to be careful
tener dolor de cabeza	to have a headache
tener dolor de estómago	to have a stomachache
tener fiebre	to have a fever
tener frío	to be cold
tener ganas (de + *infinitive*)	to want to, feel like (doing something)
tener hambre	to be hungry
tener miedo	to be afraid
tener prisa	to be in a hurry
tener que + *infinitive*	to have to (do something)
tener razón	to be right
tener sed	to be thirsty
tener sueño	to be sleepy
tener suerte	to be lucky

Estudios universitarios *(University studies)*

la antropología	anthropology
la arqueología	arqueology

Estudios universitarios *(University studies)*

la arquitectura	*arquitecture*
la biología	*biology*
la ciencia	*science*
las ciencias de computación	*computer science*
las ciencias naturales	*natural sciences*
las ciencias políticas	*political science*
las ciencias sociales	*social science*
la física	*physics*
la historia	*history*
la ingeniería	*engineering*
la literatura	*literature*
las matemáticas	*mathematics*
la medicina	*medicine*
la psicología	*psychology*
la química	*chemisty*
la sociología	*sociology*

Otras palabras y frases

además	*in addition, and, plus*
ahora mismo	*right now*
el año	*year*
el árbol de la vida	*tree of life*
bajo	*short*
el café	*coffee*
caro	*expensive*
cien(to)	*(one) hundred*
el (la) compañero(-a) de cuarto	*roommate*
la cosa	*thing*
cuando	*when (conjunction)*
el edificio	*building*
el (la) ingeniero(-a)	*engineer*
en oferta	*on sale*
la fiesta	*party*

más o menos	*more or less*
menos	*less*
mil	*(one) thousand*
el millón	*million*
para	*for, in order to*
el partido de fútbol	*soccer game*
la perfumería	*cosmetics department*
el peso	*monetary unit of Mexico*
la playa	*beach*
el pintor	*painter*
el (la) psicólogo(-a)	*psychologist*
por ejemplo	*for example*
el refresco	*soft drink; refreshment*
la semana próxima	*next week*
el té	*tea*
el tiempo	*time*
todo	*(a) whole, (an) entire*

Expresiones útiles

¿Cómo?	*What? Pardon me.*
¿Cuánto cuesta?	*How much does it (do they) cost?*

Cognado falso

la conferencia	*lecture; sometimes "conference"*

Don't forget: Demonstrative adjectives and pronouns, pages 83–85
Cardinal numbers from 100 to 1,000,000, pages 89–91

El Pico de Osorno en los Andes chilenos

CAPÍTULO cuatro

LAS ESTACIONES Y EL TIEMPO

VOCABULARIO. In this chapter you will talk about the weather, the seasons, and the calendar.

GRAMÁTICA. You will discuss and use:

- The present tense of **hacer,** a verb with the general meaning of *to make* or *to do,* and weather expressions using this verb and others.

- The present tense of **ir** *(to go)* and the **ir a** + *infinitive* construction, which corresponds to *to be going to (do something)*

- Direct object pronouns

- The days of the week and dates

CULTURA. The chapter focuses on Chile.

FUNCIONES

- Making small talk
- Expressing gratitude
- Giving a warning

CHILE

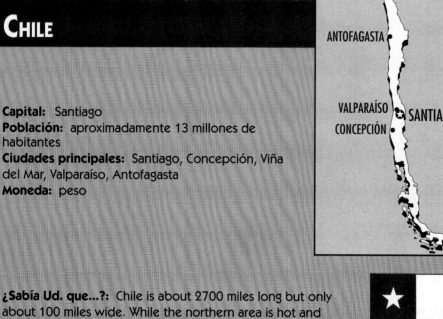

Capital: Santiago

Población: aproximadamente 13 millones de habitantes

Ciudades principales: Santiago, Concepción, Viña del Mar, Valparaíso, Antofagasta

Moneda: peso

¿Sabía Ud. que...?: Chile is about 2700 miles long but only about 100 miles wide. While the northern area is hot and desert-like, the southern area is covered with icy glaciars.

¿QUÉ TIEMPO HACE HOY?

Hace (muy) buen tiempo.

Hace (muy) mal tiempo. Llueve (mucho).*

Hace (mucho) frío. Nieva en las montañas.* Hay (mucha) nieve.

Hace (mucho) calor y (mucho) sol en la playa.

Hace (mucho) viento.

Está nublado (Hay nubes).

*****Nieva** and **llueve** are forms of verbs that will be discussed in detail in Chapters 5 and 6.

Hay niebla.

Hace fresco.

Preguntas

Create questions to which the following would be possible answers.

> **MODELO**   Hace mucho calor hoy.
> **¿Qué tiempo hace hoy?**
> *o*   **¿Hace mucho calor hoy?**

1. Hace buen tiempo aquí.
2. Hace mucho frío en el sur de Chile.
3. Hace calor al norte, cerca de la playa (cerca del mar).
4. Hace viento cerca del mar.
5. Siempre llueve (*It always rains*) en el sur.

LAS ESTACIONES DEL AÑO*

el invierno

la primavera

el verano

el otoño

En muchos países tropicales, hay dos estaciones: la estación de lluvias y la estación seca.

In many tropical countries, there are two seasons: the rainy season and the dry season.

LOS MESES DEL AÑO†

enero	abril	julio	octubre
febrero	mayo	agosto	noviembre
marzo	junio	septiembre	diciembre

---

*The seasons are reversed in the southern hemisphere, so that when it is winter in North America it is summer in countries like Chile and Argentina.
†Note that seasons and months are not capitalized in Spanish.

¿Verdadero o falso? Si es falso, ¿por qué?

1. Aquí hace frío en el verano. 2. Ahora hace buen tiempo en Alaska. 3. En mayo aquí estamos en verano. 4. En el invierno hay mucha niebla aquí. 5. Aquí siempre llueve en el otoño. 6. Ahora hace frío en Chile. 7. Aquí no nieva en el invierno. 8. Hace calor en Siberia.

Preguntas

1. ¿Hace frío hoy? ¿calor? 2. ¿Hace frío en la clase? ¿calor? 3. ¿Qué tiempo hace aquí en el invierno? ¿en la primavera? 4. ¿Qué tiempo hace en los Andes? ¿en el Sáhara? 5. ¿En qué estación hace mucho sol aquí? ¿mucho viento? 6. ¿En qué meses hace frío? ¿calor? 7. ¿Cuáles son los meses de verano aquí? 8. Según usted, ¿qué mes del año es muy lindo? ¿Qué mes es terrible? ¿Por qué? 9. ¿En qué estación estamos ahora? 10. ¿En qué meses llueve aquí? ¿Y cuándo nieva?

• •

I. EL PRESENTE DE INDICATIVO DEL VERBO *HACER;* EXPRESIONES DE TIEMPO

¿Qué tiempo hace en el puerto de Valparaíso, Chile?

REPORTERO: Y ahora, el tiempo. Aquí en la capital, *hace calor,* con una temperatura máxima de 28 grados y una mínima de 18. Tiempo para Valparaíso: *nublado,* con *niebla local.* Temperaturas extremas: 22 grados máxima y 17 mínima. En la cordillera central, *hace fresco,* con una máxima probable de 20 grados. En la Isla de Pascua, *hace sol,* con una máxima de 33 grados. Península Antártica, *frío*—una máxima de 10 grados, *con posibilidad de lluvia.* Y, ahora, señores, Silvia Parada, con un reportaje especial sobre la destrucción de la capa de ozono. ¿Silvia?

1. ¿Qué tiempo hace en Santiago? ¿Cuál es la temperatura máxima probable? ¿la mínima probable?   2. ¿Qué tiempo hace en Valparaíso? ¿en la cordillera central (las montañas)?   3. ¿Dónde hace mucho sol? ¿Dónde hay posibilidad de lluvia?   4. ¿Sobre qué problema va a hablar Silvia Parada? (Los chilenos leen y hablan mucho sobro este problema.)

REPORTER And now, the weather. Here in the capital, it's warm, with a high (maximum temperature) of 28 degrees (centigrade) and a low (minimum) of 18. Weather for Valparaíso: cloudy, with local fog. Highs and lows: 22 degrees the high and 17 the low. In the central mountain chain, it's cool, with a probable high of 20 degrees. On Easter Island, it's sunny, with a high of 33 degrees. Antarctic Peninsula, cold—a high of 10 degrees, with a chance (possibility) of rain. And now, folks, Silvia Parada, with a special report on the destruction of the ozone layer. Silvia?

• •

A. Hacer is regular in the present tense except for the **yo** form, **hago.**

hacer *to do, to make*	
hago	hacemos
haces	hacéis
hace	hacen

Hago un viaje en tren todos los veranos.	I take a trip by train every summer.
¿Haces la maleta? Cuidado con el regalo para Esteban.	Are you packing your suitcase? Be careful with the present for Esteban.
¿Qué hacen ustedes en el invierno? Esquiamos en las montañas.	What do you do in the winter? We ski in the mountains.
Ramón hace ejercicios y Anita estudia la lección de alemán.	Ramón is doing exercises and Anita is studying the German lesson.

Notice the idioms **hacer un viaje, hacer la maleta,** and **hacer ejercicios.**

B. The third-person singular form **hace** is used with certain nouns to make statements about the weather.

Siempre hace buen tiempo en la primavera.	It's always nice weather in the spring.
Hace sol en el campo pero hace fresco en la playa.	It's sunny in the country but it's cool at the beach.

Note that **caliente** is used to mean *hot* when not referring to weather or to people (or animals):

hot (spicy) - picante

La comida está caliente.   *The food is hot.*

C. Because **frío, viento, calor,** and **sol** are nouns, the word **mucho** (not **muy**) is used to express *very.*

Hace mucho frío (viento, calor, sol).   *It's very cold (windy, warm, sunny).*

D. Here are some weather expressions that do not use **hace** (as you saw on pages 98–99).

Hay niebla y nubes en la costa.	*There are fog and clouds on the coast.*
Está nublado.	*It's cloudy.*
Nieva y llueve de vez en cuando aquí.	*It snows and rains from time to time here.*

EJERCICIO

Complete the conversation with the appropriate forms of **hacer.**

HUGO   ¿Qué (1) _____ (tú), Tomás?

TOMÁS   (2) _____ la maleta. Viajo con Edmundo al sur. (Nosotros) (3) _____ un viaje por la isla Chiloé con Cruceros Skorpios. (4) (Ellos) _____ excursiones <u>todos</u> los sábados (*every Saturday*).

HUGO   ¿(5) _____ buen tiempo en el sur ahora?

TOMÁS   Creo que (6) _____ un poco frío. Pero el viaje debe ser estupendo.

Entrevista

Work with a partner. Take turns asking and answering questions.

1. ¿Haces muchos viajes? ¿Adónde?   2. ¿Haces viajes en tren? ¿en avión? ¿en auto? ¿en barco (*boat*)?   3. Cuando haces la maleta, ¿llevas muchas cosas? ¿Por qué?

• •

II. EL PRESENTE DEL VERBO *IR; IR A* + INFINITIVO

La playa de Viña del Mar, Chile

En una calle de Concepción: Un reportero habla con la gente

EL REPORTERO   *¿Va a ir* usted de vacaciones este verano, señor?

RAMÓN   Sí, *voy* a Viña del Mar. *Voy a pasar* las vacaciones en la playa.

EL REPORTERO   ¿Y usted, señora?

GLORIA   *Voy* a Santiago con una amiga. *Vamos a ir* de compras.

EL REPORTERO   ¿Y tú, niño? ¿*Vas a ir* de vacaciones este verano?

PEDRITO   Sí, señor. *Voy a ir* a las montañas con la familia. *Vamos a ir* de campamento.

1. ¿Adónde va Ramón de vacaciones?   2. ¿Qué va a hacer Gloria?   3. ¿Adónde va la familia de Pedrito?

On a street in Concepción: A reporter is talking to people. REPORTER: Are you going to go on vacation this summer, sir? RAMÓN: Yes, I'm going to Viña del Mar. I'm going to spend my vacation at the beach. REPORTER: And you, ma'am? GLORIA: I'm going to Santiago with a friend. We're going to go shopping. REPORTER: And you, little boy? Are you going to go on vacation this summer? PEDRITO: Yes, sir. I'm going to the mountains with my family. We're going to go camping.

• •

Estudio en la universidad.

A. The verb **ir** is irregular in the present tense.

ir	to go
voy	vamos
vas	vais
va	van

B. Like other verbs of motion, **ir** is usually followed by the preposition **a** before a destination.

Todo el mundo va a la playa hoy.   *Everyone is going to the beach today.*

C. The verb **ir** is also followed by the preposition **a** before an infinitive. The **ir a** + *infinitive* construction expresses an action or event that is going to take place in the near future.

Voy a pasar otra semana en el campo.   *I'm going to spend another week in the country.*

Van a ser unas vacaciones excelentes.   *It's going to be an excellent vacation.*

D. Vamos a + *infinitive* can mean *we're going to do something* or *let's do something.*

Vamos a visitar Valparaíso.   *Let's visit Valparaíso. (We're going to visit Valparaíso.)*

E. The expression **ir de compras** means *to go shopping.* To go on vacation is **ir de vacaciones. Ir de campamento** is *to go camping.*

Vamos de compras mañana, ¿de acuerdo?   *Let's go shopping tomorrow, okay?*

¿Adónde van de vacaciones?   *Where are you going on vacation?*

Vamos de campamento en las montañas.   *We're going camping in the mountains.*

EJERCICIOS

A. ¿Adónde vamos? Everyone is leaving for vacation. Say what they are doing by completing the sentences with the correct form of **ir.**

1. Felipe y Manuel —————— a Viña del Mar y —————— a leer muchos libros.
2. Yo —————— a visitar a los abuelos y —————— a pasar unos días en la playa.
3. Tú —————— a ir al campo y allí —————— a visitar a unos tíos.
4. Sara —————— a hacer un viaje y —————— a ir de campamento en las montañas.

B. Encuesta (Survey). Interview six to eight classmates. Ask them how they are going to spend their vacations. Take notes about their answers.

MODELO   ESTUDIANTE 1   **Jason, ¿cómo vas a pasar las vacaciones?**
           ESTUDIANTE 2   **Voy a trabajar (asistir a clases/esquiar...).**

FUNCIONES *y práctica*

Making Small Talk

Here are some examples of an important language function: making small talk. Study the expressions below and do the practice exercise that follows.

A: ¡Huy! ¡Qué *frío*!   tiempo más feo *(ugly)* / calor
B. Sí, y *hay mucha niebla*.   está muy nublado / hace mucho viento
A: ¿Cree que vamos a tener *nieve*? lluvia *(rain)* / un verano seco
B: Es posible.

Here are some expressions unrelated to the weather that can be used to open conversations.

¿Qué estudias tú?	*What are you studying?*
¡Qué coincidencia! ¿Usted también va a Santiago (estudia biología, es de los Estados Unidos, etcétera)?	*What a coincidence! You're (formal) also going to Santiago (studying biology, from the United States, and so on)?*

Práctica ————————————————————————————

Mini-drama. Work with a partner. Pretend that you don't know each other and that you meet outside while standing in line for tickets to a school event. Make small talk about the weather and school.

III. PRONOMBRES DE COMPLEMENTO DIRECTO

Un bordado chileno

De compras en Santiago de Chile

MÓNICA   Este bordado es muy lindo.

GUILLERMO Sí, estoy de acuerdo. Representa las cuatro estaciones. ¿*Lo* vas a llevar?

MÓNICA   Creo que sí. Pero, ¿*me* esperas un momento? Voy a mirar un poco más.

GUILLERMO De acuerdo. *Te* espero allí en el patio.

1. ¿Qué hacen Mónica y Guillermo?   2. ¿Qué representa el bordado?   3. ¿Qué va a hacer Mónica?   4. Según su opinión, ¿es bonito el bordado?

Shopping in Santiago de Chile. MÓNICA: This embroidery is very beautiful. GUILLERMO: Yes, I agree. It represents the four seasons. Are you going to get (take) it? MÓNICA: I think so. But will you wait for me a minute? I'm going to look a little more. GUILLERMO: Okay. I'll wait for you there on the patio.

A. In Chapter 2 you saw that the direct object in a sentence indicates the person or thing that receives the action of the verb directly. In the sentence *I see Jim, Jim* is the direct object. A direct object pronoun is a pronoun that replaces a direct object noun. In the sentence *I see him, him* is the direct object pronoun.

Direct Object Pronouns	
Singular	*Plural*
me *me*	**nos** *us*
te *you* (**tú**)	**os** *you* (**vosotros, vosotras**)
lo *him, it, you* (**usted**)	**los** *them, you* (**ustedes**)
la *her, it, you* (**usted**)	**las** *them, you* (**ustedes**)

B. Lo and **la** are the direct object pronouns that correspond to the subject pronouns **él, ella,** and **usted. Lo** is used to refer to a person or thing of masculine gender, and **la** is used to refer to a person or thing of feminine gender. **Lo** is also used to refer to actions or situations.*

¿El cuaderno? No lo tengo.	*The notebook? I don't have it.*
¿La otra lección? La leemos ahora.	*The other lesson? We are reading it now.*
¡No lo creo!	*I don't believe it!*

C. Los and **las** are the direct object pronouns that correspond to the subject pronouns **ellos, ellas,** and **ustedes. Los** is used to refer to people or things of masculine gender, and **las** is used to refer to people or things of feminine gender. **Los** is also used to refer to groups of mixed gender.

¿Esos museos? Los voy a visitar mañana.	*Those museums? I'm going to visit them tomorrow.*
¿Las maletas? Las llevamos con nosotros.	*The suitcases? We're taking them with us.*
¿Esa radio y ese televisor? Los vendemos.	*That radio and that television set? We're selling them.*

D. Use **te** as an object when speaking to someone you address as **tú.** Use **lo** when speaking to a man, and **la** when speaking to a woman, whom you address as **usted. Os, los,** and **las** are comparable forms for the plural.

Te llamo mañana, Carlota.	*I'll call you tomorrow, Carlota.*
Adiós, señorita. La llamo mañana.	*Good-bye, miss. I'll call you tomorrow.*

E. Direct object pronouns are placed directly before a conjugated verb.†

¿Me esperas?	*Will you wait for me?*
¿La bicicleta? José no la tiene.	*The bicycle? José doesn't have it.*
Nos miran ahora.	*They're looking at us now.*

F. Direct object pronouns are placed after an infinitive and are attached to it.

Es imposible describirlos.	*It's impossible to describe them.*
Tienen que buscarlo.	*They have to look for it.*

However, if the infinitive is part of a larger verb construction, the direct object pronoun can either be attached to the infinitive, as above, or placed in front of the entire verb construction. In spoken Spanish, the latter position is more common. For practical purposes, both structures convey the same meaning.

---

*In Spain, speakers frequently use **le** and **les** to refer to a man or men and **lo** and **los** when the direct object is a thing or idea. This distinction is not normally made in Latin America. Depending on one's background, one may say **Le veo** or **Lo veo:** both mean *I see him.*
†A conjugated verb form is one with an ending that indicates tense, person, and number. The infinitive form and participles are nonconjugated forms.

¿El programa de televisión? Lo voy a mirar ahora. (Voy a mirarlo ahora.)	*The television program? I'm going to watch it now.*
¿La otra ventana? La tenemos que abrir. (Tenemos que abrirla.)	*The other window? We have to open it.*

G. Direct object pronouns can either precede a construction with the present progressive or follow the present participle and be attached to it.

¿El programa? Estoy mirándolo ahora. Lo estoy mirando ahora.	*The program? I'm watching it now.*

Note that an accent is required over the present participle when a pronoun is attached: **mirándolo.** This preserves the stressed syllable of the participle.

EJERCICIOS

A. ¿Qué lleva? It's early February and you are going to Central Chile. What will you take with you? Answer using direct object pronouns.

> **MODELOS** la cámara   el abrigo *(winter coat)*
> **Sí, la llevo.**   **No, no lo llevo.**

1. el diccionario de español
2. la computadora
3. el traje de baño *(bathing suit)*
4. la mochila *(knapsack, backpack)*
5. los esquíes *(skis)*
6. la radio

B. ¿No lo ves? You are having trouble seeing the things your friend is pointing out. Work with a partner. Ask questions and answer them in the negative, using direct object pronouns.

> **MODELO** ESTUDIANTE 1 **¿Ves esa radio?**
> ESTUDIANTE 2 **No, no la veo.**

1. ¿esa bicicleta?
2. ¿esos regalos?
3. ¿esa librería?
4. ¿ese televisor?
5. ¿esas nubes?
6. ¿esos edificios?

Now ask and answer questions using names of classroom objects.

> **MODELOS** ESTUDIANTE 1 **¿Ves la pizarra?**
> ESTUDIANTE 2 **Sí, la veo. ¿Ves el cuaderno de Jennifer?**
> ESTUDIANTE 1 **Sí, lo veo.**

C. Otro día. Practice saying good-bye to people in your class (including your instructor). Tell them you will see them or call them at a later time.

> **MODELOS** **Adiós Anne y Christine. Las veo el viernes.**
> **Adiós, Mike. Te llamo mañana.**

Entrevista

Work with a partner. Take turns asking and answering questions. Use direct object pronouns in the answers when possible.

> **MODELO**   ¿Deseas ver el programa "Murphy Brown"?
> **Sí, lo deseo ver.** *o* **No, no lo deseo ver.**

1. ¿Necesitas un auto? ¿Por qué lo necesitas? (¿Para ir a la universidad? ¿Para ir de compras? ¿Para ir al cine?)   2. ¿Tienes una bicicleta? ¿Adónde la llevas?   3. ¿Tienes un televisor? ¿Qué programas miras? ¿Cuándo los miras?   4. ¿Compras café en la cafetería? ¿Comes la comida de allí?   5. ¿Llamas mucho a los amigos? ¿Los visitas?

FUNCIONES *y práctica*

Expressing Gratitude

Here are some examples of an important language function: expressing gratitude. Study the expressions below and do the practice exercise that follows.

A: ¡Qué lindo! *Muchas gracias.*   Gracias./Mil gracias./Muy agradecida.
B: *De nada*.   No hay de qué. *(It's nothing. You're welcome.)*

Muy agradecida is used by a woman; a man would say **Muy agradecido.** This expression is rather formal and means *I'm very grateful.* or *Much obliged.*

Práctica

Un «regalo».   Work with a partner. One student gives the other a "present" (something in the classroom—a backpack, book, etc.). The second student makes a comment about it and thanks the first student. The latter acknowledges the thank you.

• •

IV. LAS FECHAS

Skim the following column from the Chilean magazine **Conozca más** and answer the questions. You don't need to understand every word. Note: **nuestro** *our*, **nombre** *name*, **guerra** *war*, **mensajero** *messenger*, **oración** *prayer*.

Días

¿Por qué los días de la semana se llaman lunes, martes...?

Víctor Vargas

Lunes, *o día de la Luna, es el primer día de la semana y está dedicado a nuestro satélite, al que los romanos llamaban Diana.* Marte *es el cuar-*to planeta del sistema solar y recibió su nombre del dios de la guerra. A él está dedicado el segundo día de la semana, mar-tes. Miércoles signi-fica exactamente «día de Mercurio» men-sajero de los dioses. Jueves es una abre-viación de las pa-labras latinas Jovis dies, que en español significa «día de Jove» o Júpiter (el planeta más grande del sis-tema solar). Viernes equivale a Veneris dies, palabras lati-nas que signifi-can «día de Venus». Sábado significa en hebreo «descanso» y estaba dedicado a la oración. Los paganos consagraron este día a Saturno (de ahí Sat-urday). En cuanto al domingo, los prime-ros cristianos lo lla-maron «Dominica», de dominicus, «día del Señor». De ahí procede la palabra española «domingo».

1. ¿Cuál es el primer día de la semana, el día de la luna *(moon)*?   2. ¿Cuál es el tercer día?   3. ¿Cuál es el «día de Jove»? ¿el «día de Venus»?   4. ¿Qué significa *sábado* en hebreo *(Hebrew)*? ¿Hay un cognado de la palabra *sábado* en inglés?   5. ¿Cuál es el «día del Señor» *(Lord)*?

• •

A. Notice that the days of the week in Spanish are all masculine and are not capital-ized. The definite article is always used with the days of the week and dates as an equivalent of *on,* when *on* could be used in English.

Vamos a la playa el domingo.	*We're going to the beach (on) Sunday.*
Elena llega el quince de mayo.	*Elena is arriving (on) May 15th.*
No estudio los sábados.	*I don't study on Saturdays.*

B. The definite article is omitted when the day of the week follows a form of the verb **ser.**

Hoy es jueves.	*Today is Thursday.*

C. Cardinal numbers (**dos, tres, cuatro**) are used to express dates, with one excep-tion: **el primero** (*the first*).

¿Qué fecha es hoy? Es el dos de abril.	*What's today's date? It's the second of April.*
¿Cuándo es el cumpleaños de Martín? Es el primero de octubre.	*When is Martín's birthday? It's the first of October.*

D. The plurals of **sábado** and **domingo** are formed by adding **-s: los sábados, los domingos.** The plurals of the other days are formed simply with the use of the plural article **los.**

La gente va al campo los domingos.   *People go to the country on Sundays.*
Estoy en la universidad los martes y   *I'm at the university on Tuesdays*
    los jueves.   *and Thursdays.*

E. When the year is given, **de** is used between the month and the year.

el 31 de diciembre de 1999   *the thirty-first of December, 1999*

EJERCICIO

¿Cuándo es? With a classmate, test each other's memory for dates.

> MODELO   el Día de San Valentín
> ESTUDIANTE 1   **¿Cuándo es (Cuál es la fecha de)
> el Día de San Valentín?**
> ESTUDIANTE 2   **Es el catorce de febrero.**

1.   el Día de Año Nuevo (*New Year's Day*)
2.   el Día de la Independencia de Estados Unidos
3.   la Navidad (*Christmas*)
4.   el cumpleaños de Abraham Lincoln
5.   el Día de la Raza (*Columbus Day*)

Preguntas

1. ¿Qué día es hoy? 2. En general, ¿cuáles son los días en que no hay clase? 3. ¿Qué día hay exámenes en la clase? 4. ¿Cuál es la fecha favorita de usted? 5. ¿Cuándo es el cumpleaños de usted?

CHILE, UN PAÍS DE INMIGRANTES

El centro de Santiago, Chile

Jessica, una estudiante de Canadá, pasa las vacaciones de verano en Santiago. Visita a unos amigos chilenos. Van en auto.

JESSICA	¡Huy!° Tengo mucho frío. ¿Siempre hace frío en Santiago?
GABRIELA	No, no siempre. Pero hoy es el primero de julio. Estamos en invierno. ¿Qué tiempo hace ahora en Vancouver?
JESSICA	En Vancouver hace calor. Los domingos todo el mundo va a la playa.
ANDRÉS	¡Qué gracioso!° En Chile vamos a la playa en diciembre, enero y febrero.
JESSICA	En esos meses tenemos mucha nieve en Canadá. ¿Y ahora esquían ustedes aquí?
GABRIELA	Sí, porque es invierno, Jessica.
JESSICA	¡Dios mío! Aquí hacen todo al revés.°
ANDRÉS	Aquí somos normales; ustedes hacen todo al revés.
GABRIELA	Creo que vamos a tener lluvia. ¿Por qué no vamos a tomar once?[1]
JESSICA	¿Once qué?
GABRIELA	Ah, no me comprendes... Es una expresión chilena, Jessica. Tomar té°, pues. Vamos a la Alameda, una avenida que está en el centro.
ANDRÉS	En realidad° se llama Avenida O'Higgins, en honor del héroe° nacional de Chile.[2]
JESSICA	O'Higgins...No lo creo. ¿No es de Irlanda?
GABRIELA	¡Qué va!° En Chile hay gente de origen inglés, español, alemán... Es un país de inmigrantes, como° Canadá.

¡Huy! *Wow!*   **¡Qué gracioso!** *How funny!*   **al revés** *backwards, reversed*   **el té** *tea*   **En realidad** *in reality*   **en honor del héroe** *in honor of the hero*   **¡Qué va!** *Oh, come on!*   **como** *like, as*

Preguntas

1. ¿Dónde pasa Jessica las vacaciones de verano? 2. ¿Qué tiempo hace en Santiago? ¿Es verano allí? 3. ¿Qué tiempo hace en Vancouver? 4. ¿Cuándo van a la playa en Chile? 5. ¿Qué es la Alameda? ¿Cómo se llama en realidad? 6. ¿Quién es Bernardo O'Higgins? 7. ¿Es Chile un país de inmigrantes? ¿y Canadá?

Notas Culturales

1. Chileans and many other Latin Americans pause in the late afternoon for a **merienda,** a snack usually including biscuits and jam, cookies, or pastry accompanied by tea, coffee, or a soft drink. In most countries, at about four or five in the afternoon, people say that it's time to **tomar el té.** In Chile and Argentina, however, one frequently hears the expression **tomar once.** This is said to have derived from a euphemism used by gentlemen in colonial times when they would leave the ladies with their teapots and go out to have a brandy **(aguardiente).** To avoid offending the ladies, the gentlemen would refer to the beverage by the number of letters in the word, eleven.

2. Bernardo O'Higgins is the hero of Chile's war of independence against Spain (1814–1818). His mother was Chilean, his father an Irishman who moved to Spain and was later appointed viceroy of Peru by the Spanish government. (This was a most unusual case in socially rigid, colonial Spanish America.) A brilliant and daring general during the war, O'Higgins served afterwards as the first leader of the government of Chile.

PARA ESCUCHAR

A. Situaciones. Listen to the three conversations, which involve small talk between strangers. Match the numbers (1, 2, and 3) with the pictures. Write the number of the conversation in the box to the left of the appropriate picture.

B. La respuesta apropiada. You will hear the first line of each conversation again. Choose an appropriate response.

1. a. No viajo en autobús.
   b. A Valparaíso. Voy a visitar a la familia.
   c. Mañana voy a Santiago.

2. a. Soy estudiante.
   b. ¡Qué va! Es muy bonita la universidad.
   c. Sí, estoy en la clase del profesor Ortega.

3. a. Sí, hace sol.
   b. Sí, hace fresco.
   c. No, tengo calor.

C. **El tiempo.** Listen to the weather report. Match the type of weather to the city or place.

1. _____ Santiago
2. _____ Viña del Mar
3. _____ Punta Arenas
4. _____ Isla de Pascua

a.   b.   c.   d.

MÁS FUNCIONES *y actividades*

In this chapter, you have seen examples of some important language functions: making small talk and expressing gratitude. Below you'll find some additional expressions and activities related to the functions.

Giving a Warning

¡Cuidado! La comida está caliente.

¡Cuidado! means *Be careful!* **¡Espere!** is an **usted** form meaning *Wait!* **¡Mire!** (*Look!*) is also used to give a warning.

ACTIVIDADES

A. **Mini-drama.** Role-play the following situation.

You are waiting for a bus. A person your age is also waiting. You both make small talk about the weather. A car comes by close to the curb. "Watch out!" you say, as water splashes onto the curb. He or she thanks you. You ask where he or she is going and he or she responds, "The museum on O'Higgins Avenue." "What a coincidence!" you say. You are going to the museum also. "The bus is coming (arriving)," says your new friend, and you both get on.

EL TIEMPO

FUENTE: DIRECCION
METEOROLOGICA DE CHILE

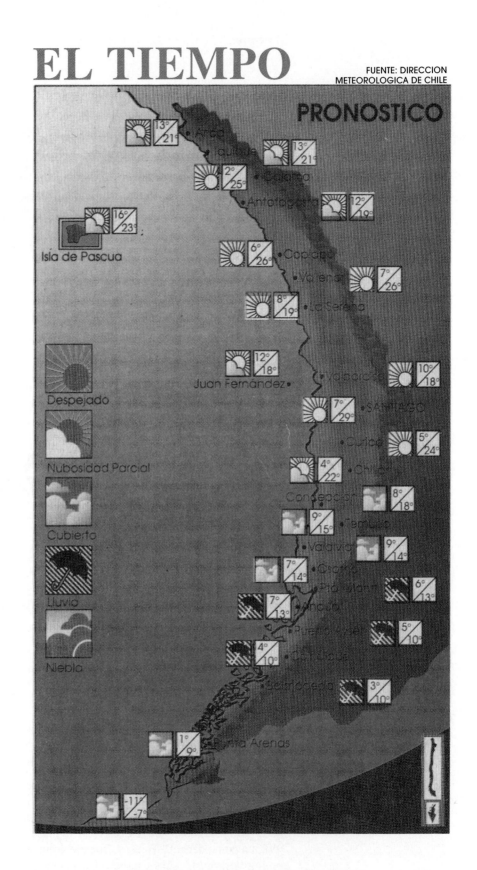

PRONOSTICO

Arica 13°/21°

Iquique 13°/21°

Calama 2°/25°

Antofagasta 12°/19°

Copiapó 6°/26°

Vallenar 7°/26°

La Serena 8°/19°

Isla de Pascua 16°/23°

Juan Fernández 12°/18°

Valparaíso 10°/18°

SANTIAGO 7°/29°

Curicó 5°/24°

Chillán 4°/22°

Concepción 8°/18°

Temuco 9°/15°

Valdivia 9°/14°

Osorno 7°/14°

Pto. Montt 6°/13°

Ancud 7°/13°

Puerto Aysén 5°/10°

Coyhaique 4°/10°

Balmaceda 3°/10°

Punta Arenas 1°/9°

-11°/-7°

Despejado

Nubosidad Parcial

Cubierto

Lluvia

Niebla

B. El tiempo. The weather map on page 114 is from the Chilean newspaper *El mercurio*, October 19, in the spring. Chile is so long that the map has to be distorted somewhat to fit. Temperatures are in Centigrade. Take turns asking and answering questions about it. NOTE: **despejado** = *clear*, **cubierto** = *cloudy (literally, "covered")*.

MODELO	ESTUDIANTE 1	**¿Qué tiempo hace en Concepción?**
	ESTUDIANTE 2	**Está muy nublado. ¿Cuál es la temperatura mínima en Vallenar?**
	ESTUDIANTE 1	**Siete grados. Hace sol (Está despejado).**

PARA ESCRIBIR

Write a letter to a Spanish-speaking friend who is planning to visit your area. Tell him or her what the weather is like at different times of the year. Follow this form:

_____ (*la fecha*)

Querido(-a) (*Dear*) _____:

Aquí en _____ (*lugar*) ahora _____

_____ (*descripción del tiempo*). En _____ (*una estación*) _____.

En _____.

Cuando hace mejor (*best*) tiempo aquí es en _____ (*mes*) ,

porque _____.

¡Ojalá que puedas venir a vernos! (*I hope that you can come to see us!*)

Con cariño (*Affectionately*),

_____

VOCABULARIO ACTIVO

Cognados

el auto	chileno	el, la inmigrante	el reportero, la reportera
la bicicleta	favorito	posible	terrible
la coincidencia	imposible	el problema	el tren
la costa	la independencia	la radio	tropical

Verbos

comprar	to buy	hacer la maleta	to pack one's suitcase
esperar	to hope; to wait (for)	hacer un viaje	to take a trip
esquiar	to ski	¿Qué tiempo hace?	What's the weather like?
hacer	to do; to make	ir	to go
hacer buen (mal) tiempo	to be good (bad) weather	ir de campamento	to go camping
		ir de compras	to go shopping
hacer calor (frío, fresco, viento, sol)	to be hot (cold, cool, windy, sunny)	ir de vacaciones	to go on vacation

Las estaciones y el tiempo

la estación	*season* (also, *station*)
la fecha	*date*
el invierno	*winter*
Llueve.	*It's raining.*
la lluvia	*rain*
el mes	*month*
la niebla	*fog*
Hay niebla.	*It's foggy.*
Nieva.	*It's snowing.*
la nieve	*snow*
la nube	*cloud*
Hay nubes.	*It's cloudy.*
nublado	*cloudy*
estar nublado	*to be cloudy*
el otoño	*fall, autumn*
la primavera	*spring*
el sol	*sun*
el tiempo	*weather; time*
el verano	*summer*
el viento	*wind*

Otras palabras y frases

alemán	*German*
caliente	*hot (not used for weather or people)*
el campamento	*camp*
ir de campamento	*to go camping*
el campo	*country* (as opposed to city)
el cumpleaños	*birthday*
de vez en cuando	*from time to time*
(el) Dios	*God*
la gente	*people*
la lección	*lesson*

la maleta	*suitcase*
el mar	*sea*
la mochila	*knapsack, backpack*
la montaña	*mountain*
el mundo	*world*
todo el mundo	*everyone*
otro	*other, another*
el país	*country, nation*
realmente	*really*
seco	*dry*
siempre	*always*
sólo	*only (adv.)*
el televisor	*television set*
la verdad	*truth*
¿Verdad?	*Right? True?*

Expresiones útiles

¡Cuidado!	*Be careful!*
De nada.	*You're welcome.*
¡Espere!	*Wait!*
Mil gracias.	*Thanks very much. (literally, "A thousand thanks.")*
¡Mire!	*Look!*
Muchas gracias.	*Thanks very much.*
Muy agradecido (-a).	*I'm very grateful. Much obliged.*
No hay de qué.	*It's nothing.*

Don't forget: Months of the year, page 99
Direct object pronouns, page 105
Days of the week, page 109

El mundo hispánico

¿Desea usted hablar español y pasar unas semanas estupendas? Bueno, un viaje a tierras° hispánicas es una idea excelente. Siempre° es posible viajar con la imaginación, ¿no...? lands, countries

Primero llegamos a México, al sur de los Estados Unidos. En el centro hay una meseta° donde está la capital, Ciudad de México, una ciudad grande, moderna, con plateau

Ciudad de México, capital del país

muchos parques° y museos. En los pueblos° hallamos° tradiciones antiguas°, comidas regionales deliciosas ¡y mucha hospitalidad! parks/towns/ we find / ancient

¿Visitamos ahora el Caribe°? En tres de las islas° del Caribe la gente° habla español: los cubanos en Cuba, los puertorriqueños en Puerto Rico y los dominicanos en la República Dominicana. The Caribbean islands/people

San Juan, Puerto Rico

Al sur de México está América Central. Es una región tropical con muchas montañas y volcanes activos. En seis de las pequeñas repúblicas (Guatemala, El Salvador, Honduras, Nicaragua, Costa Rica y Panamá), la gente habla español. En Belice hablan inglés.

Llegamos luego° a los nueve países° hispanos de América del Sur: al norte, Venezuela, Colombia y (el) Ecuador; en el centro, (el) Perú, Bolivia y (el) Paraguay; y al sur, Chile, (la) Argentina y (el) Uruguay. (El) Brasil y las Guayanas no son países hispanos.

La Plaza de Mayo, plaza colonial de Buenos Aires, Argentina

Sudamérica (América del Sur) es un mundo de contrastes geográficos donde es posible visitar ruinas de civilizaciones muy antiguas y también ciudades muy modernas y cosmopólitas.

Finalmente, cruzamos° el Océano Atlántico y llegamos a España°, un país de regiones muy diferentes. En la costa del Mediterráneo, el clima° es ideal. La capital, Madrid, está en la meseta central donde las temperaturas son extremas. Andalucía, al sur, es famosa por sus° ciudades históricas y su música.

Y ahora, ¿cuál de los países del mundo hispánico desea visitar usted?

Un pueblo típico de Andalucía, España

then/countries

we cross/Spain
climate

por... for its

Preguntas ———————————————————————————

1. ¿Cómo es la capital de México? ¿Qué hallamos en los pueblos?   2. ¿Cuáles son las tres islas del Caribe donde la gente habla español?   3. ¿Cuántas repúblicas hispanas forman América Central?   4. En América del Sur, ¿qué países hispanos están al norte? ¿en el centro? ¿y al sur?   5. ¿Qué países de América del Sur no son hispanos?   6. ¿Qué es posible visitar en Sudamérica?   7. ¿Por qué es famosa Andalucía?

A.   Breve repaso de geografía (*Brief geography review*). Complete the following sentences by circling the correct words or phrases. If you don't know the answers, a glance at the maps at the front of the book will provide them.

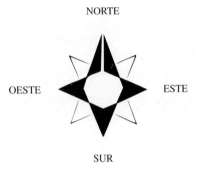

NORTE

OESTE   ESTE

SUR

1.   La ciudad de Madrid está: a. en el norte de España   b. en el centro de España   c. en el sur de España
2.   Los Pirineos separan a España de: a. África   b. Portugal   c. Francia
3.   En España la ciudad de Granada está en Andalucía, famosa por la música flamenca (*gypsy music*). Una ciudad que está cerca es: a. Montevideo   b. Sevilla   c. San José.
4.   El estrecho (*strait*) de Gibraltar separa a España de: a. África   b. Portugal   c. Francia
5.   La península de Yucatán está en: a. Chile   b. España   c. México.
6.   La capital de Bolivia es: a. La Paz   b. Asunción   c. Quito.
7.   Dos islas del Caribe son: a. Cuba y Belice   b. Cuba y Puerto Rico   c. El Salvador y República Dominicana.
8.   La capital de Puerto Rico es: a. Managua   b. Jalapa   c. San Juan.
9.   La ciudad de Tegucigalpa está en: a. México   b. Perú   c. Honduras.
10.   Los Andes están: a. en el oeste de Sudamérica   b. en el centro de Sudamérica.
11.   Argentina está al este de: a. Uruguay   b. Paraguay   c. Chile
12.   Los dos países sin (*without*) comunicación directa con el Atlántico o el Pacífico son: a. Paraguay y Uruguay   b. Ecuador y Bolivia   c. Bolivia y Paraguay.

B.   Un pequeño examen geográfico. With one or more classmates, quiz each other on the geography of the Hispanic world. For example, you could use questions like: **¿Cuál es la capital de…?, ¿En qué país está…?**, etc.

La comunidad hispana celebra el Día de Puerto Rico en Nueva York.

CAPÍTULO
cinco

LA CIUDAD Y SUS PROBLEMAS

VOCABULARIO. In this chapter you will talk about life in big cities.

GRAMÁTICA. You will discuss and use:

- The present tense of verbs that change their stem vowel from **e** to **ie** when stressed on the stem and of **venir**(*to come*), which has a **yo** form (**vengo**) like that of **tener** (**tengo**)

- Telling time. (See **Funciones y actividades,** pp. 127–129)

- Possessive adjectives corresponding to *her, your, my,* etc.

- Indirect object pronouns

CULTURA. This chapter focuses on the Hispanic community of metropolitan New York.

FUNCIONES

- Telling time

- Expressing sympathy

- Expressing lack of sympathy

THE HISPANIC COMMUNITY OF NEW YORK CITY

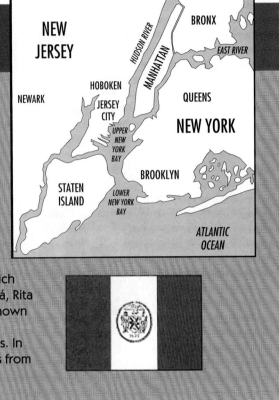

Population: New York City is about one-fourth Hispanic, with two million Hispanic residents. Puerto Ricans are most numerous, followed closely by Dominicans, Colombians, Ecuadorians, and Cubans. Mexicans are also represented in large numbers.

History: Since 1898, all Puerto Ricans have had United States citizenship. After World War II, there was a large influx of Puerto Ricans to Spanish Harlem **(El Barrio),** and by 1970, the Hispanic community in New York was well over one million.

¿Sabía Ud. que...? Puerto Rican poetry, painting, sculpture, and music derive from a rich heritage in which Spanish, Indian, and African traditions merge. Raúl Juliá, Rita Moreno, Chita Rivera, and Héctor Elizondo are well-known actors of Puerto Rican descent. The Museo del Barrio represents a distinguished group of Puerto Rican artists. In addition, there are many talented Puerto Rican writers from New York.

PROBLEMAS DE HOY

la contaminación
(del aire, del agua)*

la pobreza *(poverty),*
el hambre

la inflación

---

*The article **la** becomes **el** before feminine nouns beginning with a stressed **a** or **ha: el agua** *(water).* (No change occurs with a modifying adjective or the plural: **El agua está buena, las aguas.**) This book lists such nouns with an *f:* **el agua** *f.*

el metro

el autobús

el (la) criminal, el
crimen, el robo

el policía, la mujer policía*

el tráfico

la discriminación contra
(against) las mujeres,
las minorías

el desempleo *(unemployment)*,
la huelga *(strike)*, las personas
sin *(without)* trabajo

la basura

---

*__la policía__ = *police (force)*

Problemas urbanos de Nueva York.   New Yorkers face many urban problems. For each citizen listed on the left, tell which problem listed on the right might seem the most urgent to him or her. Follow the model.

> **MODELO   Una mujer policía cree que el crimen es un problema urgente.**

una mujer que trabaja en una oficina	el desempleo
	la contaminación del aire
una mujer policía	la discriminación contra
una madre de seis hijos	las mujeres
una persona sin trabajo	el robo
un señor con mucho dinero (*money*)	el crimen
	el tráfico
una persona que vive lejos del lugar (*place*) donde trabaja	la inflación
un doctor	

Preguntas

1. ¿Vive usted en una ciudad grande o pequeña? ¿en una casa o en un apartamento?
2. ¿En qué calle o avenida vive usted?   3. ¿Qué problemas urbanos tienen donde usted vive?   4. En general, ¿qué problemas hay en las grandes ciudades?   5. Según usted, ¿cuál es el problema más importante de Estados Unidos?

• •
I. EL PRESENTE DE INDICATIVO DE LOS VERBOS CON CAMBIO EN LA RAÍZ *E* → *IE*; EL VERBO *VENIR*

Un cine bilingüe en Nueva York

En un cine de Nueva York

MARGARITA	En esta ciudad hay muchos cines, pero yo *vengo* aquí todos los viernes.
ANA	Sí, ¡qué suerte vivir cerca de un buen cine! Y tiene películas en español. ... Tengo sed. Margarita, ¿*quieres* una Coca-Cola, un café o...?
MARGARITA	Una Coca-Cola, por favor. ¿Y tú?
ANA	Yo *prefiero* café. ¿*Quieres* esperar aquí?
MARGARITA	*Prefiero* entrar.

Ellas entran.

MARGARITA	Ana, la película *empieza*. Pero estas señoras hablan y hablan.
ANA	Perdón, señora. ¡Es imposible *entender*!
LA SEÑORA	¿Cómo? ¿Usted no *entiende*? Pero, ¡caramba! ¡Ésta es una conversación privada!

1. ¿Dónde están Ana y Margarita?   2. ¿Qué quiere Margarita: un café o una Coca-Cola?   3. ¿Qué prefiere Ana?   4. ¿Por qué no entienden la película Ana y Margarita?   5. ¿Cómo es la conversación de las señoras?   6. ¿Qué tipo de películas prefiere usted: las cómicas o las dramáticas? ¿Por qué?

At a movie theater in New York. MARGARITA: There are a lot of movie theaters in this city, but I come here every Friday. ANA: Yes, how lucky to live near a good theater! And it has movies in Spanish. . . . I'm thirsty. Margarita, do you want a Coca-Cola, coffee, or . . . ? MARGARITA: A Coca-Cola, please. And you? ANA: I prefer coffee. Do you want to wait here? MARGARITA: I prefer to go in. *(They go in.)* MARGARITA: Ana, the film is beginning. But these ladies are talking and talking. ANA: Excuse me, ma'am. It's impossible to hear (understand). THE WOMAN: What? You can't hear? But, good grief! This is a private conversation!

• •

A. Certain verbs in Spanish are known as stem-changing verbs. These verbs have regular endings, but show a change in the stem when the stem is stressed. In the following verbs, the **e** of the stem is changed to **ie** in the four forms within the familiar shoe pattern.

pensar *to think*		**entender** *to understand, hear*		**preferir** *to prefer*	
pienso	pensamos	**entiendo**	entendemos	**prefiero**	preferimos
piensas	pensáis	**entiendes**	entendéis	**prefieres**	preferís
piensa	**piensan**	**entiende**	**entienden**	**prefiere**	**prefieren**

B. Here are some other **e** to **ie** stem-changing verbs. Verbs of this type are shown in vocabulary lists with the marker **(ie): cerrar (ie).**

cerrar	*to close*
comenzar (a)	*to begin (to)*
empezar (a)	*to begin (to)*
mentir	*to lie*
nevar	*to snow*
perder	*to lose; to waste*
querer	*to want; to love*
recomendar	*to recommend*
sentir	*to feel*

Comienza ⎫ a trabajar temprano. Empieza ⎭	*He (She) begins working early.*
Felipe quiere entrar en el parque.	*Felipe wants to go into the park.*
¡Qué barbaridad! Siempre pierden dinero y también pierden el tiempo.	*Good grief! They always lose money and they also waste time.*
Elena no miente.	*Elena's not lying (doesn't lie).*
¡Qué lástima! Cierran varias tiendas puertorriqueñas en Queens.	*What a shame! They're closing several Puerto Rican stores in Queens.*
Si nieva allí hoy…	*If it's showing there today. . .*

Sentir is often used with **lo** to mean *to be sorry.*

Lo sentimos, señora. Eso debe ser terrible.	*We're sorry, ma'am. That must be terrible.*

Pensar followed by **de** means *to think of* in the sense of *to have an opinion of* someone or something.

¿Qué piensas del puesto?	*What do you think about the job (position)? (What is your opinion?)*

Pensar followed by **en** means *to think of* or *about.*

Pienso en ella de vez en cuando.	*I think about her from time to time.*

Pensar followed directly by an infinitive means *to intend* or *plan* to do something.

Pienso ayudar a ese niño pobre.	*I plan to help that poor child.*

C. *Venir* has three of the four usual **e → ie** stem changes plus an irregular *yo* form like that of *tener.*

venir	*to come*
vengo	venimos
vienes	venís
viene	**vienen**

¿Vienen los señores Suárez hoy?	*Are Mr. and Mrs. Suárez coming today?*

EJERCICIOS

A. En Nueva York.   Complete the following conversation with the correct forms of the verbs in parentheses.

DON CARLOS   La tía Marta y yo (1) _____ (querer) regresar a Puerto Rico. Nosotros (2) _____ (pensar) viajar en noviembre.

PEPE   Pero. . . ¡qué lástima! Mamá (3) _____ (venir) en diciembre. Ella (4) _____ (pensar) pasar aquí las fiestas. ¿No (5) _____ (preferir) esperar ustedes?

DON CARLOS   No, Pepe, nosotros (6) _____ (cerrar) la tienda el primero. (7) _____ (Empezar) a hacer las maletas.

PEPE   Pero, tío, (yo) no (8) _____ (entender). ¿Por qué no (9) _____ (cerrar) (ustedes) la tienda después de *(after)* Año Nuevo?

DON CARLOS   Es que aquí (10) _____ (nevar) y hace mucho frío en el invierno. Nosotros (11) _____ (preferir) pasar el invierno en Puerto Rico.

B. ¿Pensar *de* o pensar *en?*   Complete the sentences using **de** or **en** as appropriate.

1. Papá siempre piensa _____ los problemas de la oficina.
2. ¿Qué piensas _____ la esposa de Bernardo?
3. ¿Piensas a veces _____ la gente que vive en la calle?
4. Ustedes no piensan eso _____ la abogada, ¿verdad?

Entrevista

Ask a classmate questions using the following cues and ideas of your own. Make a general statement to the class telling some of your classmate's answers.

MODELO   preferir vivir aquí o en Nueva York
ESTUDIANTE 1   **¿Prefieres vivir aquí o en Nueva York?**
ESTUDIANTE 2   **Prefiero vivir aquí.**

1. preferir vivir en una ciudad grande o en una región rural (¿Por qué?)
2. querer vivir en San Francisco (¿Los Ángeles? ¿Madrid? ¿Tokío? ¿París?)
3. pensar que hay mucha discriminación contra las mujeres (¿contra las minorías? ¿contra los jóvenes?)
4. preferir ir a la universidad en autobús, metro, tren, auto o bicicleta
5. perder mucho tiempo en el tráfico
6. pensar estudiar esta noche (¿mirar televisión? ¿ir al cine? ¿visitar a amigos?)

Preguntas

1. ¿Entiende usted español? ¿francés? ¿alemán? ¿italiano? ¿japonés?   2. ¿Tiene usted muchas oportunidades de hablar español? ¿de escuchar español? ¿Dónde?   3. ¿Quiere mirar películas en español en esta clase?   4. ¿Viene usted a clase mañana?   5. ¿Piensa tomar otra clase de español?   6. ¿Empieza usted a sentir hambre ahora?

FUNCIONES *y práctica*

Telling Time

Here are some examples of an important language function: telling time. Study the expressions below and do the practice exercises that follow.

¿Qué hora es?

el reloj →

Es la una y diez.

Es la una y cuarto (y quince).

Es la una y media (y treinta).

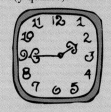

Son las dos menos veinte.

Son las dos menos cuarto.

Son las dos en punto *(on the dot)*.

de la mañana

de la tarde

de la noche

¿A qué hora?

¿A qué hora llega el avión?

Llega a las diez y cuarto de la mañana.

A. Notice that from the half hour to the hour, minutes are usually subtracted from the next hour in Spanish.

La clase termina a las cuatro menos diez.   *The class ends at three-fifty.*

B. To identify a time as A.M., use **de la mañana.** To identify a time as P.M., from noon to sunset, use **de la tarde,** and for later hours, **de la noche.**

¡Ay, Dios mío! Ramón llega al aeropuerto a las tres de la mañana.   *Oh, my goodness! Ramón is arriving at the airport at 3:00 A.M.*

Tengo una clase de ciencias políticas a las cuatro de la tarde.   *I have a political science class at 4:00 P. M.*

En San Juan vamos al cine a las diez de la noche.   *In San Juan we go to the movies at 10:00 P.M.*

C. To say that something happened in or during the morning, afternoon, or night, use **por la mañana, tarde,** or **noche.**

Trabajamos por la mañana.   *We work in the morning.*

Por la tarde ella estudia.   *During the afternoon she studies.*

No comemos mucho por la noche.   *We don't eat a lot at night (in the evening).*

Práctica _____

A. **¿Qué hora es?** Look at the five clocks **(relojes)** below and tell the time in Spanish.

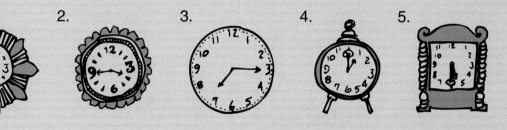

1.   2.   3.   4.   5.

B. **"TV al día".** Study the following TV schedule from the New York newspaper *El diario/La prensa.* Answer the following questions.

TV al día

VIERNES NOCHE OCTUBRE 4								
	7:00	7:30	8:00	8:30	9:00	9:30	10:00	10:30
PROGRAMACION EN ESPAÑOL								
41	Alcanzar una Estrella II		En Carne Propia	Amor de Nadie	Dona Beija / Dona Bella		El Show de Paul Rodriguez	
47	Manuela		Los Años Perdidos		Pelicula: *"Furia de Ladrones"* Miguel Angel Rodriguez.			Ocurrio Asi
GALA	(6:30) Andale	T.V. 0	Yo No Creo En Los Hombres		Milagro y Magia		Picara Sonadora	

1. ¿A qué hora presentan «Los años perdidos» (*"The Forgotten Years"*)? ¿«Milagro y magia» (*"Miracle and Magic"*)? ¿«Ocurrió así» (*"That's How It Happened"*)?

2. ¿En qué canal presentan ‹‹Manuela››? ¿‹‹Doña Bella››?
3. ¿Qué programa presentan a las ocho en el canal Gala? ¿a las 10 en el canal 41?
4. ¿A qué hora presentan una película? ¿A qué hora termina la película?
5. ¿Cuáles son los programas favoritos de usted? ¿A qué hora los presentan?

Entrevista ───────────────────────────────────────

1. ¿Tienes un reloj? ¿Qué hora es ahora?   2. ¿A qué hora empieza la clase de español? ¿Llegas tarde (*late*) o temprano? ¿a la hora exacta? ¿A qué hora termina la clase?   3. ¿A qué hora regresas a casa?   4. Por la noche, ¿a qué hora empiezas a estudiar?

• •

II. LOS ADJETIVOS POSESIVOS

Según la ilustración, ¿cuáles son los problemas principales de nuestras ciudades? ¿Qué otros problemas hay?

que... *which urges you to do everything possible to bring harmony, peace, and order*
Medio Oriente *Middle East*   **pandillas** *gangs*

• •

mi, mis	*my*	nuestro(-a, -os, -as)	*our*
tu, tus	*your*	vuestro(-a, -os, -as)	*your*
su, sus	*your, his, her*	su, sus	*your, their*

A. Possessive adjectives are placed in front of the nouns they modify (the items possessed) and agree with them in number and gender. They do not agree with the possessor.

Mis hermanas tienen pocas oportunidades de trabajo.*	*My sisters have few job opportunities.*
¿Tu esposa cambia de empleo?	*Is your wife changing jobs?*
Entonces, ¿cuál es su apellido?	*Then (Well), what's his (her, your, their) last name?*
Nuestra oficina está cerca del banco.	*Our office is near the bank.*
Nuestros trenes siempre llegan a tiempo.	*Our trains always arrive on time.*

B. Because **su** and **sus** have several potential meanings (*his, her, your, their*), sometimes for the sake of clarity it is better to use the following construction to show possession:

definite article + noun + **de** $\begin{cases} \textbf{él} \\ \textbf{ella} \\ \textbf{usted} \\ \textbf{ellos} \\ \textbf{ellas} \\ \textbf{ustedes} \end{cases}$

Su madre está enferma.
La madre de ella está enferma. $\bigg\}$ *Her mother is sick.*

EJERCICIOS

A. Hablando con el profesor.   Complete the conversation with the appropriate possessive adjectives.

SR. MORALES   ¿Cuándo va a terminar la huelga, profesor?

PROFESOR   Mañana quizás (*perhaps*)... , pero (1) _____ (*our*) problemas no terminan: mucho trabajo, poco salario, clases de cuarenta niños, etcétera.

SR. MORALES   ¡Qué barbaridad! Pues... ¿y cómo va (2) _____ (*my*) hijo Ricardo en (3) _____ (*his*) estudios?

---

*Poco can mean *little* or *few*.

PROFESOR   Pues, no muy bien. Por ejemplo (*For example*), su composición de ayer (*yesterday*), sobre (*about*) los aztecas y los conquistadores, no tiene mucha información.

SR. MORALES   Comprendo, pero es (4) _____ (*my*) culpa (*fault*). En (5) _____ (*our*) casa hablamos poco de fútbol.

B. **¿De quién es?**   Make sentences using names of your classmates and the following items or others that you think of: **carta, reloj, mochila, calendario, examen, libro, escritorio, lápiz.**

MODELOS   **Es el dinero de María. Es su dinero.**
Son los cuadernos de Pablo. Son sus cuadernos.

Entrevista

Work with a partner, taking turns asking and answering questions.

1. ¿Cuál es tu ciudad favorita? ¿Por qué? ¿Tiene problemas tu ciudad favorita?   2. ¿Cuál es la ciudad favorita de tus padres? ¿Por qué? ¿Dónde viven?   3. ¿Cuántas personas hay en tu familia?   4. ¿Cómo se llaman tus hermanos?   5. ¿Dónde trabaja tu padre? ¿Cambia mucho de trabajo? ¿Trabaja tu madre?   6. ¿Qué piensas de nuestra clase?   7. ¿Cuál es tu clase más difícil? ¿Y tu clase más fácil? ¿Por qué?

FUNCIONES *y práctica*

Expressing Sympathy

Here are some examples of an important language function: expressing sympathy. Study the expressions below and do the practice exercises that follow.

A: Tengo un problema, Ana.
B: ¿Qué es?
A: Mi mamá está muy enferma. Está en el hospital.
B: *¡Qué lástima!*   ¡Ay, Dios mío (*my Lord, my goodness*)! / ¡Ay, Dios santo (*holy Lord*)! / ¡Pobrecita (*Poor thing*)!*

A: Necesita una operación, pero no tenemos el dinero necesario.
B: *¡Qué problema!*   ¡Caramba! (*Good grief!*) / Lo siento mucho.

*Note that **pobrecita** agrees with **mamá**.

Práctica

A. ¡Ay, bendito! The following poem, by Tato Laviera, is a cavalcade of expressions used for complaining or consoling in Spanish. Cognates or words presented in earlier chapters are not glossed. Read the poem and answer the questions.

ay bendito
Tato Laviera

oh, oh. ¡ay virgen!	*oh, sí, ¡hombre!*
fíjese°, oiga°, fíjese.	*oiga, así somos*
ay, bendito°.	*tan° buenos, ¿verdad?*
pero, ¿qué se puede hacer°?	*bendito.*
nada°, ¿verdad?	*¡ay, madre!*
ave maría.	*¡ay, Dios mío!*
ah, sí. ah, sí, es así°.	*¡ay, Dios santo!*
pues, oiga,	*¡me da una pena°!*
si es la verdad.	*ay, si la vida es así, oiga.*
pero, ¿qué se puede hacer?	*pero, ¿qué se puede hacer?*
nada, ¿verdad?	*nada, ¿verdad?*
fíjese, oiga, fíjese.	*fíjese, oiga, fíjese.*
mire°, mire.	*oiga, fíjese.*

Glosses:
- just imagine, look/listen — *fíjese*
- *oiga* — look/listen
- **ay...** Dear Lord
- **¿qué...?** what can you do?
- nothing — *nada*
- **es...** that's how it is
- **ime...!** literally, "it gives me pain, sorrow"
- so — *tan*
- look — *mire*

1. What expressions do you find that come from religious concepts or beliefs?
2. Many Spanish speakers would find this poem amusing because it catalogs expressions they have heard their own relatives say over and over. What expressions do English speakers use that are similar in purpose and meaning?
3. Tato Laviera is of the "Nuyorican" generation. It has been said, "The Nuyorican is harsh, cool, determined, high-powered; the Puerto Rican is suave, warm, hesitant, apologetic.*" What attitude does the poet portray in **"¡Ay, bendito!"**—determination or fatalism? What group do you think he is portraying in this poem—the Nuyorican or the Puerto Rican?

B. ¡Qué problema!   Work with a partner. Tell your partner about a problem, choosing from those that follow or using your own ideas. (You might need to ask your instructor for help in stating the problem.) Your partner expresses sympathy. Then change roles.

1. No tengo dinero para estudiar en la universidad el semestre (trimestre) que viene.
2. Tengo un dolor de cabeza muy fuerte *(strong, severe)*.
3. Hoy tenemos examen en la clase de física.

---

*Juan M. García Passalacqua, *Notes of NeoRican*, quotation in Stan Steiner *The Islands: The Worlds of the Puerto Ricans* (New York: Harper & Row, 1979), p. 446.

III. LOS PRONOMBRES DE COMPLEMENTO INDIRECTO

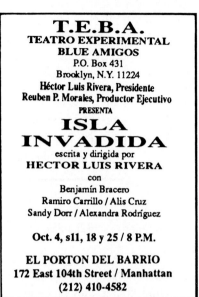

T.E.B.A.
TEATRO EXPERIMENTAL
BLUE AMIGOS
P.O. Box 431
Brooklyn, N.Y. 11224
Héctor Luis Rivera, Presidente
Reuben P. Morales, Productor Ejecutivo
PRESENTA
ISLA
INVADIDA
escrita y dirigida por
HECTOR LUIS RIVERA
con
Benjamín Bracero
Ramiro Carrillo / Alis Cruz
Sandy Dorr / Alexandra Rodríguez

Oct. 4, s11, 18 y 25 / 8 P.M.

EL PORTON DEL BARRIO
172 East 104th Street / Manhattan
(212) 410-4582

TOMÁS Pedro, *¿me* haces un favor? Silvia y yo queremos ir al teatro El Portón del Barrio hoy. *¿Nos* prestas treinta pesos?

PEDRO ¡Cómo no! ¿Qué van a ver?

TOMÁS *Isla invadida.* ¿Quieres ir con nosotros? *Te* compro la entrada.

PEDRO ¡Gracias, amigo!

TOMÁS Pero, en ese caso, *¿me* prestas unos veinte pesos más, por favor?

---

1. ¿Adónde quieren ir Tomás y Silvia?   2. ¿Qué necesitan?   3. ¿Qué van a ver?
4. ¿Qué le va a comprar Tomás a Pedro?

TOMÁS: Pedro, will you do me a favor? Silvia and I want to go to the theater **El Portón del Barrio** today. Will you lend us thirty dollars? (The dollar is often called a **peso** among Spanish speakers in New York.) PEDRO: Of course! What are you going to see? TOMÁS: *Invaded Island.* Do you want to go with us? I'll buy you a ticket. PEDRO: Thanks, friend! TOMÁS: But, in that case, can you lend me another twenty dollars, please?

A. The indirect object in a sentence indicates the person or thing that receives the action of the verb indirectly. That is, it indicates to or for whom something is done, told, made, etc. In the sentence *I told Carmen the truth,* Carmen is the indirect object. (*The truth* is the direct object.) In English, indirect objects often are replaced by prepositional phrases: *I told Carmen the truth, I told the truth to Carmen; I bought Carmen the book, I bought the book for Carmen.* An indirect object pronoun is a pronoun that replaces an indirect object noun: *I bought her the book.*

B. Except for the third-person singular and plural forms, the indirect object pronouns are the same as the direct object pronouns.

Indirect Object Pronouns			
Singular		*Plural*	
me	(to, for) me	**nos**	(to, for) us
te	(to, for) you (fam. sing.)	**os**	(to, for) you (fam. pl.)
le	(to, for) you (form. sing.), him, her, it	**les**	(to, for) you (pl.), them

¿Me hablas?	*Are you speaking to me?*
Les quiero escribir sobre el viaje.	*I want to write to them about the trip.*

C. Indirect object pronouns follow the same rules for placement as direct object pronouns; that is, they precede a conjugated verb or they can come after and be attached to an infinitive or present participle.

No queremos venderte ese libro.	*We don't want to sell you that book.*
No te queremos vender ese libro.	
Estoy comprándoles esta cámara.	*I'm buying them this camera.*
Les estoy comprando esta cámara.	

Note that an accent is added to the participle to preserve its stressed syllable: **comprándoles.**

D. Ordinarily it is clear from the context to what or whom the indirect object pronoun refers. Occasionally, however, a prepositional phrase (**a él, a usted,** and the like) is used for emphasis or clarity.

Le hablo a { él. / ella. / usted. }   Les hablo a { ellos. / ellas. / ustedes. }

E. An indirect object pronoun is usually included in a sentence even when the indirect object noun is also expressed. This may seem redundant to English speakers but is considered good Spanish.

Camilo le escribe a Catalina.	*Camilo is writing to Catalina.*
(**le** = **a Catalina**)	
Les hacemos la comida a los niños.	*We're making the food for the children.*
(**les** = **a los niños**)	

EJERCICIO

El cumpleaños de Miguelito.   Es el cumpleaños de Miguelito. ¿Qué regalos le compran sus parientes?

MODELO   Su abuelo le compra un televisor.

 Entrevista _____

Tu familia.   Interview a classmate using the following questions.

1. ¿Ves mucho a tus padres? ¿Les escribes?   2. ¿Les hablas mucho a tus hermanos?
3. ¿Visitas mucho a tus abuelos? ¿Los llamas mucho? ¿Tus abuelos te mandan regalos?
4. ¿Le compras regalos a tu mamá?   5. ¿Te mandan dinero tus papás?

Preguntas _____

1. ¿A quién le habla usted mucho por teléfono?   2. En general, ¿les hace usted muchas preguntas a sus profesores? ¿Les habla después de las clases?   3. Cuando usted está enfermo(-a), ¿quién le lleva la comida? ¿Quién le toma la temperatura? ¿Quién le compra las medicinas?   4. ¿Les presta usted dinero a sus amigos? ¿Les presta otras cosas? ¿Qué cosas? ¿Sus amigos le prestan dinero a usted? ¿Le prestan otras cosas? ¿Qué cosas?

LOS PUERTORRIQUEÑOS DE NUEVA YORK

Una agencia de empleos en
Nueva York

La oficina de empleos del edificio municipal de la ciudad de Nueva York

RAFAEL ¡Carlos! ¿Qué haces aquí?

CARLOS Hola, Rafa. Yo trabajo en esta oficina. ¿Y tú?

RAFAEL Pues, vengo a buscar empleo.

CARLOS ¿Te ayudo con el formulario°? Empiezas con tu nombre y apellido, *form*
Ralph Álvarez. Después…

RAFAEL Pero ése no es mi nombre. Me llamo Rafael Álvarez Balboa.[1]

CARLOS Aquí prefieren los nombres fáciles.

RAFAEL Está bien. Quizás si cambio de nombre, mi suerte° también va a cam- *luck*
biar. Empiezo a pensar que en esta ciudad los americanos tienen todos
los buenos empleos.

CARLOS Pero, ¡nosotros también somos americanos! Y los boricuas no tenemos
problemas legales cuando queremos ir a la Isla y regresar.[2]

RAFAEL Quizás debo regresar a San Juan… Aquí no tengo trabajo.

CARLOS Es que hay muchos sin° trabajo, Rafa. Pero, bueno, ¿qué tipo de trabajo *without*
quieres?

RAFAEL Busco un trabajo de ingeniero civil.° *ingeniero… civil engineer*

CARLOS ¿Quieres esperar aquí un momento? Pienso que hay varios puestos va-
cantes. Le voy a hablar a la secretaria. (…) Hay un puesto en Brooklyn
y otro en Manhattan. ¿Por qué no llamas a los dos lugares?

RAFAEL Buena idea. Son las cuatro y cuarto. Debo llamar ahora. Gracias, Carlos.

CARLOS De nada. ¡Y buena suerte!

Preguntas

1. ¿Por qué va Rafael a la oficina de empleos? ¿Qué hace Carlos allí?   2. ¿Cree Carlos que en la oficina prefieren nombres difíciles?   3. Según Rafael, ¿quiénes tienen todos los buenos trabajos en Nueva York?   4. ¿Qué cree Rafael que va a pasar si cambia de nombre?   5. ¿Hay gente hispana que tiene problemas en ir a sus países y regresar después a Estados Unidos? ¿Necesitan los puertorriqueños pasaporte para entrar a Estados Unidos?   6. ¿Qué tipo de trabajo busca Rafael?   7. ¿Hay mucho desempleo ahora en este país? ¿En qué regiones?

Notas Culturales

1. Most people of Spanish descent use both their father's and mother's surnames **(apellidos)**, sometimes separating them with **y.** The father's surname is put first, the mother's surname second. A married woman adds her husband's paternal surname after **de** and, for most purposes, stops using her mother's maiden name. Study the following family history. **Rosita Gómez Estrada** marries **Felipe Pérez Alarcón** and is now called **Rosita Gómez de Pérez.** Their children are called **Francisco (Paco) Pérez Gómez** and **Margarita Pérez Gómez.**

2. Puerto Ricans in New York commonly refer to themselves as **boricuas.** The term comes from **Boriquén,** the name used by the Taíno Indians who inhabited the island before the arrival of Columbus. Since Puerto Rico (**«la Isla»**) is a U.S. commonwealth (**un estado libre asociado),** its inhabitants are U.S. citizens, and visas are not required to enter either Puerto Rico or the United States.

PARA ESCUCHAR

A. Situaciones. Listen to the three conversations, which involve problems. Match the numbers (1, 2, and 3) with the pictures that relate to the problems. Write the number of the conversation in the box to the left of the appropriate picture.

Vocabulario: si tan sólo vinieran *if only they came,* abogados *lawyers,* hipotecas *mortgages,* impuestos *taxes,* testamentos *wills,* mayoría *majority,* prejuicios *prejudices,* no se aceptan *do not accept,* Lo acabamos de rentar. *We just rented it.* El dueño decidió no vender la casa. *The owner decided not to sell the house.*

B. La respuesta apropiada. You will hear the first lines of each conversation again. Choose an appropriate response.

1. a. Buena lección.
    b. ¡Qué barbaridad!
    c. Tienes la culpa.

2. a. Pobrecita. ¡Qué lástima!
    b. Pobrecito. ¿Qué tiene?
    c. Pobrecitos. ¿Tienen dolor de cabeza?

3. a. Sí, claro *(of course).* Son las tres y media.
    b. Sí, claro. Hoy hace muy buen tiempo.
    c. Sí, claro. Para una amiga como tú, siempre hay tiempo.

MÁS FUNCIONES *y actividades*

Expressing Lack of Sympathy

In this chapter, you have seen examples of some important language functions: expressing sympathy and telling time. Below you'll find some additional expressions and activities related to the functions.

> A: Paco tiene un problema terrible ahora.
> B: ¿Qué problema?
> A: Su esposa lo va a dejar *(leave).*
> B: ¿Realmente? ¿Por qué?
> A: Porque toma mucho.
> B: Entonces, *él tiene la culpa.*   Es su culpa./Buena lección.
>   *(That's a good lesson for him.)*

Here are some other expressions to use when you think someone is creating his or her own bad fortune or "has it coming."

Es de esperar.	*It's to be expected.*
¿Qué espera(s)?	*What do you expect?*
¿Qué importancia tiene eso?	*What's so important about that?*
¿Y qué?	*So what?*

Actividades

A. ¿Y qué?   Work with a partner. Tell your partner about a problem, choosing from those that follow or using your own ideas. Your partner expresses a lack of sympathy. Then change roles.

1. Busco empleo, pero siempre llego tarde a las entrevistas.

2. No estoy en buenas condiciones físicas porque no como bien y no hago ejercicios.

3. Mi novio(-a) ya no me quiere porque yo salgo con otros(-as) chicos(-as). ¡No comprendo!

B. Conversación.   Look at the following ads or announcements that appeared in Spanish newspapers or magazines in New York. Look also at the announcements on page 137. You don't need to understand all of the text in Spanish—just try to get the main ideas. Work in groups and make a list—in English—of problems they suggest. Then create a brief conversation where one person states a problem and the other people react with sympathy, lack of sympathy, or advice. You may have to ask your instructor for help in stating the problem.

Enséñele a sus hijos a decir No a las Drogas

ALIVIE SU DOLOR

¿No ha Podido Encontrar Ayuda? En nuestras oficinas hemos ayudado a miles de personas con problemas de:

- Dolores de Cabeza, Tensiones
- Dolor del Cuello, Espalda o Tiesura
- Entumecimiento, Tiesura
- Dolor de Espalda, Discos Luxados, Ciática
- Artritis, Dolor en las Coyunturas

Infórmese acerca de nuestro tratamiento Seguro y Efectivo, Sin Drogas o Medicamentos, Sin Cirugía o Inyecciones.

39-01 Main St.,
Suite 603
Flushing, N.Y. 11354
(718)
886-7080

RAYOS X GRATIS EN EL EXAMEN POR
SOLO $10
OFERTA LIMITADA HASTA OCT/15/1991

CLASES DIARIAS
1 PM-3 PM,
15 DE OCTUBRE
3:30-5:30,
7 DE OCTUBRE
¡DESCUENTO!

alivie *relieve*

enséñele *teach*   descuento *discount*

PARA ESCRIBIR

A Spanish-speaking friend wants some information about the city where you live. Write him or her a short letter. Use the format below.

—————— (fecha)

Querido(-a) ——————:

Gracias por tu carta. Aquí te mando la información que necesitas. —————— (nombre de su ciudad) es una ciudad —————— (adjetivo). Tiene muchas actividades culturales; por ejemplo, hay ——————. También hay un restaurante muy bueno que se llama ——————, y hay un cine excelente que se llama ——————. En esta ciudad, mi lugar favorito es ——————.

Pero —————— (nombre de su ciudad) también tiene sus problemas graves. Un problema que hay aquí es que ——————. Otro problema es que ——————.

Si realmente quieres conocer *(get to know)* nuestra ciudad, ¿por qué no vienes a visitarnos? Mi casa es tu casa.

Con mucho cariño,

—————— (su nombre)

VOCABULARIO ACTIVO

Cognados

el aire	el crimen	la inflación	el parque
el americano, la americana	el, la criminal	la minoría	puertorriqueño
el banco	la discriminación	la oficina	el tráfico
la conversación	la idea	la oportunidad	urbano

Verbos

ayudar	*to help*
cambiar	*to change*
cerrar (ie)	*to close*
comenzar (ie)	*to begin*
empezar (ie)	*to begin, to start*
entender (ie)	*to understand; to hear*
entrar (en)	*to enter, come or go in*
mandar	*to send*
mentir (ie)	*to lie*
nevar (ie)	*to snow*
pensar (ie)	*to think*
pensar (+ *inf*)	*to intend, plan (to do something)*
pensar de	*to think of, have an opinion of*
pensar en	*to think of, think about*
perder (ie)	*to lose; to miss (a train, plane, etc.)*
perder el tiempo	*to waste time*
preferir (ie)	*to prefer*
prestar	*to loan, lend*
querer (ie)	*to want, to love, like*
recomendar (ie)	*to recommend*
sentir (ie)	*to feel; to be sorry*
terminar	*to end*
venir (ie)	*to come*

La ciudad y sus problemas

el agua	*water*
el autobús	*bus*
el barrio	*neighborhood*
la basura	*garbage, trash*
el cine	*movies; movie theater*
la contaminación	*pollution*
el desempleo	*unemployment*
el empleo	*job, employment*
el hambre	*hunger*
la huelga	*strike*
el metro	*subway*

la pobreza	*poverty*
el policía (la mujer policía)	*police officer*
la policía	*police force*
el robo	*theft*
la tienda	*store, shop*
el trabajo	*work, job*

La hora

¿A qué hora?	*At what time?*
de la mañana	*A.M.*
de la noche	*P.M. (after sunset)*
de la tarde	*P.M. (noon to sunset)*
en punto	*on the dot*
la una y media	*1:30*
media: media hora	*half an hour*
por la mañana	*in the morning*
por la noche	*in the evening, at night (after sunset)*
por la tarde	*in the afternoon (until sunset)*
el reloj	*watch; clock*
tarde	*late*
temprano	*early*

Otras palabras y frases

el apellido	*surname*
contra	*against*
después (de)	*after; later, afterwards, then*
el dinero	*money*
enfermo	*ill, sick*
entonces	*then; well*
llegar tarde	*to be late, arrive late*
el lugar	*place*
la mañana	*morning*
la noche	*evening, night (after sunset)*
el nombre	*name*
nuevo	*new*

Otras palabras y frases

la película	*movie, film*
pobre	*poor*
poco	*little; pl. few*
por ejemplo	*for example*
el puesto	*position, job*
quizás	*perhaps*
seguro	*safe; sure*
si	*if*
sobre	*on, about*
la tarde	*afternoon* (until sunset)

Expresiones útiles

¡Ay, Dios mío!	*Oh, my goodness! (literally, "Oh, my God!")*
¡Caramba!	*Good grief!*
la culpa: Tiene(s) la culpa. Es su (tu) culpa.	*It's your fault.*
Eso debe ser terrible.	*That must be terrible.*
¡Pobrecito(-a)!	*Poor thing!*
¡Qué barbaridad!	*Good grief! (literally, "What barbarity!")*
¡Qué lástima!	*What a shame (pity)!*
¡Qué mala suerte!	*What bad luck!*

Don't forget: Possessive adjectives, pages 129–130
Indirect object pronouns, pages 133–134

Una familia méxicoamericana almuerza en un parque de Arizona.

CAPÍTULO *seis*

COMIDAS Y BEBIDAS

VOCABULARIO. In this chapter you will talk about foods and meals.

GRAMÁTICA. You will discuss and use:

- The present tense of verbs that change their stem vowel from **o** to **ue** and the verb **jugar** *(to play)*

- The present tense of stem-changing **-ir** verbs, **e** to **i;** and the verbs **pedir** versus **preguntar,** which can both mean *to ask*

- Prepositions **por** vs. **para;** pronouns that serve as objects of prepositions

- The present tense of **gustar,** a verb used to convey the meaning of *to like,* and other grammatically similar verbs (see **Más funciones y actividades,** pp. 161–163)

CULTURA. The chapter focuses on Mexican-American communities in the United States.

FUNCIONES

- Ordering a meal in a restaurant
- Expressing likes and dislikes

MEXICAN-AMERICAN COMMUNITIES OF THE UNITED STATES

Population: There are about 13 million people of Mexican-American descent in the United States, mostly concentrated in the Southwest. This figure from the U.S. census is probably low, since not everyone—particularly the undocumented—may have been counted.

History: Hernán Cortés and others explored the southwestern United States in the 1530s, long before the English arrived on the East Coast. Between the sixteenth and eighteenth centuries, Spain extended control to cover everything west of the Mississippi except the Louisiana Territory. Mexico won its independence from Spain in 1821.

Habitantes hispanos* Clave
0 — 20,000
20,001 — 50,000
50,001 — 100,000
100,001 — 1,000,000
1,000,001 — +

Gradually, Anglo settlers moved into these areas and for a long time lived side by side with Mexican inhab-itants under Mexican rule. However, a series of battles led to the Mexican-American War, in which the United States gained most of the Southwest. Suddenly the new Mexican-Americans found themselves in a foreign country.

¿Sabía Ud. que...?: Mexican-Americans have contributed many things to U.S. culture, among them the adobe and tile "Santa Fe" architecture; music, ranging from mariachis to Linda Ronstadt; artists such as Carlos Almárez and Bronk; a panoply of poets and prose writers; athletes such as Fernando Valenzuela and Nancy López; actors like Anthony Quinn and Edward James Olmos; and finally the famous Mexican-American cuisine.

EL DESAYUNO

1. los huevos
2. el jamón
3. el pan
4. la mantequilla
5. la sal
6. la pimienta
7. el café
8. el té
9. la leche
10. el jugo
11. el azúcar
12. los cereales

*This map includes all Hispanic residents; over 60 percent are of Mexican origin.

EL ALMUERZO*

Platos principales

1. la hamburguesa
2. la carne: el bistec
3. el pescado
4. el pollo
5. el cerdo

Otras comidas

1. el arroz
2. la ensalada } las verduras
3. la lechuga
4. el maíz
5. el tomate
6. la papa

Bebidas

1. el vino
2. la cerveza
3. el agua mineral
4. el refresco

Las frutas

1. la manzana
2. la naranja
3. el plátano, la banana
4. la piña

*__El almuerzo__ is a large midday meal, traditionally the main meal of the day. In modern cities, however, the midday meal is becoming lighter and the evening meal more substantial as work schedules change and commuting home for lunch becomes more difficult.

Postres

1. el pastel, la torta
2. el flan *(a kind of custard)*
3. el helado
4. el queso y las frutas

LA CENA

1. la sopa
2. los frijoles
3. el sándwich

PARA COMER Y TOMAR...

1. el vaso
2. la taza
3. el tenedor
4. el cuchillo
5. la cuchara
6. el plato

Preguntas

1. Para el desayuno, ¿qué come usted? ¿Come huevos con jamón, cereales o sólo toma café?   2. ¿Prefiere el café con leche y azúcar?   3. A la hora del almuerzo, ¿qué come usted? ¿una hamburguesa? ¿una ensalada? ¿un postre?   4. ¿A qué hora cena usted *(do you have dinner)*? ¿Qué come en la cena?   5. ¿Come usted mucha carne? ¿mucho pescado? ¿Prefiere café o té?   6. ¿Cuáles son sus frutas favoritas? ¿Qué frutas no come usted?   7. Cuando tiene mucha sed, ¿qué toma? ¿Toma usted mucho café? ¿vino? ¿cerveza?   8. ¿Qué no comen las personas que quieren ser delgadas *(slim)*? ¿helado? ¿ensaladas? ¿pasteles? (¿tortas?) ¿carne? ¿verduras? ¿maíz?

¿Qué es esto?   Cover the vocabulary lists on the left side of pages 143–145 and name the food items shown in the pictures. A classmate will listen to you to check your accuracy.

● ●

I. EL PRESENTE DE INDICATIVO DE LOS VERBOS CON CAMBIOS EN LA RAÍZ *O* → *UE;* EL VERBO *JUGAR*

Hay mucho de interesante en la Calle Olvera, Los Ángeles.

En la casa de la familia Ojeda en Los Ángeles*

ALICIA   ¿Qué buscas, tío?

CÉSAR   *Almuerzo* con el señor Portilla a la una y no *encuentro* el paraguas.

ALICIA   Ya no *llueve.* Susana y yo *podemos* llevarte al restaurante. ¿Dónde *almuerzan?*

CÉSAR   *Almorzamos* en la calle Olvera. *¿Recuerdas* el restaurante donde hacen esas enchiladas deliciosas?

ALICIA   No, no lo *recuerdo.* Pero lo *puedo* encontrar si tú me *muestras* el camino.

---

1. ¿Qué busca César? ¿Lo puede encontrar?   2. ¿Por qué no necesita César paraguas?   3. ¿Dónde almuerzan César y el señor Portilla?   4. ¿Recuerda Alicia el restaurante? ¿Cómo lo van a encontrar?   5. ¿Almuerza usted en restaurantes mexicanos de vez en cuando?

---

*More people of Mexican descent live in Los Angeles than in any city in Mexico except Mexico City and Guadalajara. Olvera Street's authentic Mexican restaurants and shops reflect the Mexican heritage of Los Angeles.

At the Ojeda family's house in Los Angeles. ALICIA: What are you looking for, Uncle? CÉSAR: I'm having lunch with Mr. Portilla at one o'clock and I can't find my umbrella. ALICIA: It's not raining any longer. Susana and I can take you to the restaurant. Where are you having lunch? CÉSAR: We're having lunch on Olvera Street. Do you remember the restaurant where they make those delicious enchiladas? ALICIA: No, I don't remember it. But I can find it if you show me the way.

• •

A. Certain Spanish verbs show a stem change from **o** to **ue** when the stem is stressed. This change does not occur in the first- and second-person plural forms because the stress does not fall on the stem.

recordar *to remember*		*volver* *to return*		*dormir* *to sleep*	
recuerdo	recordamos	vuelvo	volvemos	duermo	dormimos
recuerdas	recordáis	vuelves	volvéis	duermes	dormís
recuerda	recuerdan	vuelve	vuelven	duerme	duermen

B. Here are some other **o** to **ue** stem-changing verbs.

almorzar	*to have lunch*
contar (con)	*to count (on); to tell*
costar	*to cost*
encontrar	*to find*
llover	*to rain*
mostrar	*to show*
poder	*to be able, can*
soñar (con)	*to dream (about)*

¿Almuerzan ya?	*Are they having lunch already?*
No encuentro el arroz aquí.	*I don't find the rice here.*
¿Cuánto cuestan los plátanos?	*How much do the bananas cost?*
Elvira siempre duerme bien en las montañas.	*Elvira always sleeps well in the mountains.*
Contamos con tu ayuda.	*We're counting on your help.*

C. Verbs of this type are shown in vocabulary lists with the marker **(ue): recordar (ue).**

D. The verb **jugar** *(to play a game or sport)* is the only verb in Spanish that changes its stem vowel **u** to **ue.**

jugar *to play*	
juego	jugamos
juegas	jugáis
juega	juegan

Before the name of a sport or game, **jugar** is usually followed by the preposition **a.**

Susana juega al tenis hasta las dos.   *Susana plays tennis until 2:00.*

EJERCICIO

Sueños *(Dreams).* Tell what these people are dreaming about. There is more than one possible answer.

MODELO

Marta sueña con un buen trabajo.

Entrevista

Work with a partner, taking turns asking and answering these questions.

1. ¿Recuerdas tus sueños *(dreams)?* ¿Puedes interpretar tus sueños? 2. ¿Hay una persona con quien sueñas mucho? ¿Quién es? 3. ¿Con qué cosas o qué situaciones sueñas siempre? 4. ¿Duermes bien, en general? Si tomas mucho café o té, ¿todavía puedes dormir? 5. ¿Qué haces cuando no puedes dormir? ¿Tomas leche caliente? ¿Lees? ¿Le cuentas tus problemas a un(a) amigo(-a)? ¿Encuentras un programa interesante en la televisión?

• •

II. EL PRESENTE DE INDICATIVO DE LOS VERBOS CON CAMBIOS DE RAÍZ *E →I; PEDIR* VS. *PREGUNTAR*

Una familia méxicoamericana de Denver, Colorado

En una casa en Denver, Colorado

ARTURO	Papá, ¿puedo *pedir*te un favor? Necesito dinero.
SR. FLORES	¿Otra vez me *repites* eso? ¿Por qué no le *preguntas* a tu mamá dónde está su bolso?
ARTURO	Mamá *dice* que no tiene dinero. Y Paco y yo queremos comprar hamburguesas y refrescos.
SR. FLORES	¡Caramba! Los niños de hoy no tienen idea del valor del dólar.
ARTURO	Sí, papá. Tengo muy buena idea de su valor. Por eso te *pido* diez.

1. ¿Qué le pide Arturo a su papá?   2. ¿Qué debe preguntarle Arturo a su mamá?
3. ¿Qué dice la mamá?   4. ¿Qué quieren comprar Arturo y Paco?   5. ¿Qué dice el señor Flores sobre los niños de hoy?   6. ¿Cuántos dólares le pide el niño?   7. ¿Les pide usted dinero a sus padres de vez en cuando?

In a house in Denver, Colorado. ARTURO: Dad, can I ask you a favor? I need money. MR. FLORES: You're repeating that to me again? Why don't you ask your mom where her purse is? ARTURO: Mom says she doesn't have any money. And Paco and I want to buy hamburgers and soft drinks. MR. FLORES: Good grief! The children of today don't have any idea of the value of a dollar. ARTURO: Yes, Dad. I have a good idea of its value. That's why I'm asking you for ten.

• •

A. Certain **-ir** verbs show a stem change from **e** to **i** when the stem syllable is stressed.

pedir		*seguir*		*servir*	
to ask for		**to continue; to follow**		**to serve**	
pido	pedimos	sigo	seguimos	sirvo	servimos
pides	pedís	sigues	seguís	sirves	servís
pide	piden	sigue	siguen	sirve	sirven

Repetir *(to repeat)* is another **e** to **i** stem-changing verb. The verb **seguir** can also mean *to take* (a course) in the expression **seguir un curso.**

Repiten la historia.	*They repeat the story.*
Pide jugo de naranja.	*He's ordering orange juice.*
El camarero sirve la comida.	*The waiter is serving the meal (food).*
Sigo cuatro cursos ahora.	*I'm taking four courses now.*

B. Pedir means *to ask for something, to request (someone) to do something.* **Preguntar** means *to ask a question.*

Me piden un favor.	*They're asking me for a favor.*
Me preguntan si estoy a dieta.	*They ask me if I'm on a diet.*

C. The verb **decir** also shows the **e** to **i** stem change. In addition, its **yo** form, **digo,** is irregular.

decir to say, tell	
digo	decimos
dices	decís
dice	dicen

¡Te digo que no!	*I'm telling you no!*
Siempre decimos la verdad.	*We always tell the truth.*

EJERCICIOS

A. **¡Guacamole!** Here is a recipe for guacamole from Alicia Ramírez of Corpus Cristi, Texas. Change **Alicia** to **nosotros** and change the verbs in boldface to the **nosotros** form. Make any other necessary changes in pronouns, objects, and so on.

Cuando Alicia **hace** una fiesta, casi siempre **sirve** su famoso guacamole. **Prepara** el guacamole con aguacates maduros *(ripe avocados)*, cebolla *(onion)*, tomate, ajo *(garlic)*, queso de crema *(cream cheese)*, sal y limón. Cuando la gente le pide la receta, **dice** que no es difícil de preparar. **Sigue** una receta antigua (vieja) del sur de Tejas. Aquí está la receta:

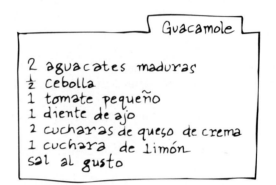

Note: If you make this, chop or mash all ingredients. If you don't have cream cheese, you can use 2 T sour cream or mayonnaise. **Diente** = clove; **cuchara** = tablespoon.

B. ***¿Pedir o preguntar?*** Complete the paragraph with the correct forms of **pedir** or **preguntar.**

Ana quiere ir al cine. Les (1) _____ dinero a sus padres. Llama al cine para (2) _____ a qué hora empieza la película. También le (3) _____ a la chica que trabaja allí si la película es buena. Después, llama a una amiga y le (4) _____ si quiere ir al cine con ella. Su amiga dice que sí. Entonces Ana le (5) _____ un favor a su mamá: «¿Puedo usar el auto?» Su mamá le dice: «¿Por qué no le (6) _____ permiso *(permission)* a tu papá?» Su papá le dice: «Puedes usar el auto, pero, ¿qué me respondes si te (7) _____ a qué hora vuelves?» Ana le dice que regresa antes de las once y le (8) _____ las llaves *(keys)* del auto. Después dice «Gracias, hasta luego» y va a buscar a su amiga.

Entrevista _____

Work with a partner, taking turns asking and answering these questions.

1. ¿Cuál es tu restaurante favorito? ¿Qué platos sirven allí? ¿Cuesta mucho la comida?
2. Cuando estás en un restaurante, ¿qué dices cuando no entiendes al camarero?   3. ¿Qué pides cuando vas a la cafetería y tienes hambre? ¿y cuando tienes sed? ¿y cuando estás a dieta?

FUNCIONES *y práctica*

Ordering a Meal in a Restaurant

Here are some examples of an important language function: ordering a meal in a restaurant. Study the expressions below and do the practice exercise that follows.

CAMARERO Buenas noches, señores. *¿Desean ordenar?*	¿Qué desean pedir (comer, cenar)?
CLIENTE 1 Pues… *¿Qué nos recomienda?*	¿Cuáles son las especialidades de la casa (del día)?
CAMARERO Hoy tenemos… *(Describe las especialidades.)*	
CLIENTE 1 ¿Me puede traer el pescado fresco, por favor?	
CLIENTE 2 *Y para mí,* el arroz con pollo.	Creo que voy a pedir
CAMARERO Cómo no. … *(Regresa con la comida.)*	
¡Buen provecho, señores!	

(Pasan quince minutos.)

CAMARERO ¿Cómo está la comida?	
CLIENTE 1 *Excelente.*	Muy buena./Muy rica./ Deliciosa.
CAMARERO *¿Qué otra cosa les falta?*	¿Necesitan otra cosa más?
CLIENTE 2 ¿Nos puede traer dos cafés?	
Y la cuenta, por favor.	¿Nos puede traer la cuenta?

Notice the expressions **¡Buen provecho!** *(Enjoy your meal!)* and **¿Qué otra cosa les falta?** (literally, *What other thing is missing?*). The verb **traer** means *to bring*, and **la cuenta** is the *check* or *bill*.

Práctica

Mini-drama. Work in groups of three. One of you is the waiter and two are customers. Create a skit based on the following selections from the menu from **La golondrina** restaurant. (Assume they have other things besides these specialities.)

La Golondrina

Entremeses

Quesadillas...4.95
Two tortillas, corn or flour filled with creamy cheese.

Chicharrones...4.25
Crispy morsels of pork, deep fried, served with salsa picante, pico de gallo and homemade tortillas.

Ceviche...4.25
Diced white fish marinated in lime juice with fresh herbs.

Nachos...4.50
Crispy corn tortilla chips topped with refried beans, creamy Jack cheese, salsa, guacamole and sour cream.

Ensaladas

Ensalada Verde 2.00
A crisp dinner salad served with the house dressing.

Ensalada de Verduras 5.95
A combination of fresh garden vegetables served with the house dressing.

Especialidades

All our specialties are served with handmade flour or corn tortillas.

Bistec Picado 11.95
Strips of steak sauteed with onions, tomatoes, bell pepper, served with Spanish rice and refried beans.

Fajitas 11.95
Strips of tender steak or chicken grilled with fresh vegetables and sliced onions, served with pico de gallo, grated cheese and sour cream.

Carne Asada 11.95
Tender fillet of beef, cut in the traditional Mexican style, charbroiled to perfection and served with Spanish rice and refried beans.

Mole Poblano 9.95
Tender pieces of chicken simmered in a rich, spicy, red chile based sauce, served with Spanish rice.

Costillas en Adobo 10.95
Tender pork ribs baked in a mild red chile sauce, served with Spanish rice and beans.

Pescado a la Parilla 9.95
Grilled Sea Bass with fresh herbs and cilantro butter, served with rice

III. PREPOSICIONES; *POR* VS. *PARA;* PRONOMBRES USA DOS COMO COMPLEMENTO DE PREPOSICIÓN

Carmen Lomas Garza, Cumpleaños de Lala y Tudi (1989) Oil on canvas, 36"x48".

Esta ilustración, *por* Carmen Lomas Garza, se llama *Cumpleaños.* Carmen Lomas Garza es *de* Kingsville, Tejas, pero vive *en* San Francisco *desde* 1978. *Según ella,* el arte representa la vida y la cultura. La ilustración muestra una fiesta *de* cumpleaños. Hay una piñata *en* forma *de* pescado. La piñata está llena *de* dulces. *Detrás de* la piñata, dos niños esperan, listos *para* recoger los dulces.

1. En esta fiesta, hay gente vieja y gente joven. ¿Qué nos dice esto acerca de las fiestas méxico-americanas? Cuando usted hace una fiesta, ¿invita a gente vieja y gente joven también?   2. ¿Qué hay en la mesa?   3. Según su opinión, ¿hay música en esta fiesta? ¿Qué tipo de música?

This illustration, by Carmen Lomas Garza, is called *Birthday*. Carmen Lomas Garza is from Kingsville, Texas, but she has been living in San Francisco since 1978. According to her, art represents life and culture. The illustration shows a birthday party. There is a piñata in the shape of a fish. The piñata is filled with sweets. Behind the piñata, two children are waiting, ready to pick up the sweets.

A. Prepositions show the relationship between a noun or pronoun and other sentence elements. Here are some common prepositions that you should be able to recognize—you have seen most of these in the **Vocabulario activo** sections of previous chapters.

Prepositions of Time

antes de	*before*	durante	*during*
desde	*from (a certain time), since*	hasta	*until*
después de	*after*		

Prepositions of Place

al lado de	*beside*	enfrente de	*in front of*
cerca de	*near*	entre	*between*
debajo de	*under*	lejos de	*far from*
detrás de	*behind*	sobre	*about, over, on, upon*
en	*in, on, at*		

Other Prepositions

a	*to, at*	hacia	*toward*
acerca de	*concerning, about*	para	*for, to, in order to*
con	*with*	por	*for, by, through*
contra	*against*	según	*according to*
de	*of, from*	sin	*without*
excepto	*except*		

B. Notice that both **por** and **para** can mean *for*, but they are not interchangeable.

1. **Por** is used to express:

a. cause or motive *(because of, on account of, for the sake of)*

Mi mamá vive en Tejas. Por eso voy a ir allí.	*My mother lives in Texas. For that reason (Because of that) I'm going there.*

b. duration of time

Voy a Amarillo por dos semanas.	*I'm going to Amarillo for two weeks.*

c. part of the day when no hour is mentioned

Por la mañana sigo un curso de ingeniería.	*I take an engineering course in the morning.*

d. the equivalent of *in place of, through, along, by*

Tengo que trabajar por Luisa mañana.	*I have to work for (in place of) Luisa tomorrow.*
Puedo ver la calle principal por la ventana.	*I can see the main street through the window.*
Camino por esta calle todas las tardes.	*I walk along this street every afternoon.*
¿Vas a pasar por la casa hoy?	*Are you going to come by the house today?*

e. means of transportation or communication *(by means of)*

Hablamos mucho por teléfono.	*We talk on (by means of) the telephone a lot.*
Pensamos viajar por avión.	*We're planning to travel by plane.*

2. **Para** is used to express:

a. intended recipient *(for someone or something)*

Las enchiladas son para Felipe (para el almuerzo).	*The enchiladas are for Felipe (for lunch).*

b. the use for which something is intended

Es una taza para té.	*It's a teacup (a cup for tea).*

c. direction *(toward)*

Salgo para Santa Fe por la tarde.	*I'm leaving for Santa Fe in the afternoon.*

d. purpose *(in order to)*

Viajamos a Santa Bárbara para ver la misión.	*We're traveling to Santa Barbara to see the mission.*

C. Here are the pronouns used as objects of prepositions in Spanish.

Singular	*Plural*
mí me, myself	*nosotros(as)* us, ourselves
ti you (fam. sing.), yourself	*vosotros(as)* you (fam. pl.), yourselves
usted you (form.)	*ustedes* you (pl.)
él him	*ellos(as)* them
ella her	

Notice the accent on **mí** (but not on **ti**). Accents are not written on one-syllable words except to differentiate them from another word with the same spelling. The accent on the pronoun **mí** differentiates it from the possessive adjective **mi.**

D. Prepositional pronouns always follow a preposition. They have the same forms as subject pronouns, except for **mí** and **ti.**

Ella no quiere cenar sin ti (mí).   *She doesn't want to eat dinner without you (me).*

E. The preposition **con** combines with **mí** to form **conmigo** and with **ti** to form **contigo.**

Siempre puedes contar conmigo.   *You can always count on me.*
La camarera quiere hablar contigo.   *The waitress wants to talk to you.*

EJERCICIOS

A. *¿Por o para?*   Complete the paragraph with **por** or **para,** as appropriate.

Benito es camarero en el restaurante La Golondrina. Estudia (1) ——————— la mañana y trabaja (2) ——————— la tarde, desde las cuatro hasta las ocho. Hoy está trabajando (3) ——————— su amigo Fernando, porque Fernando está enfermo. Mañana Benito va a salir (4) ——————— Colorado (5) ————— visitar a sus tíos. Va a ir (6) ——————— una semana y piensa manejar *(drive)* (7) ————— las montañas Rocosas. Hoy (8) ——————— la noche tiene que hablar con sus tíos (9) ————— teléfono (10) ————— decirles que va a llegar allí en tres días. Dice Benito: «Quiero viajar. Quiero conocer todo Estados Unidos.»

B. **Tamalada.**   On page 158, there is another picture by Carmen Lomas Garza; it shows people making tamales. Pretend you are one of the people in the picture. Working with a partner, make as many statements as you can about what you see around you. Use prepositions whenever possible. What/Who is in front of you? Behind you? At your side? What is on the wall? What are you going to do after making the tamales **(después de hacer los tamales)?** Who is making the tamales with you? Is everyone working? Use as many prepositions as possible, and use your imagination. Note: **el cuadro** = painting, **la olla** = pot, **la estufa** = stove, **la hoja** = leaf (which is filled with a corn-based dough; other ingredients are put on top and the leaf is rolled into a **tamal**).

C. **El mapa.** In groups, make a simple map of your campus. You might include: **la biblioteca, la librería, la oficina de administración, la cafetería, el estadio, el correo, el departamento de español.** Make as many statements as you can about the map using prepositions.

MODELO   **El estadio está detrás de la biblioteca.**

VIÑETA CULTURAL: LA POESÍA MÉXICO-AMERICANA

Carmen Lomas Garza, Tamalada
(1988) oil on canvas, 24"x32"

Antes de leer

A. Skim the **viñeta** and answer this question: Why are some of the selections in Spanish and some in a mixture of Spanish and English? That is, do you think there is a reason for the use of English?

B. Read the selections and look for cognates (words that are similar in Spanish and English). Instead of looking up every word you do not know, try to guess the meaning from the context.

En el Taco Bell
Jesús Solís

Waiting in line at the Taco Bell,
Looking at the "menu":
Soft Tacos, Tostadas, Beef Meximelt . . .
La recuerdo a mi mamá
Sus manos oscuras°   dark
haciendo tortillas
acariciando la masa°   **acariciando**... caressing the dough
preparándoles la cena
a todos sus hijos.
Huevos, frijoles, arroz
hechos° con cariño°,   made/tenderness
hechos con el amor° de los siglos.   love
Hey! Ya ready to order? says the
Chinese girl at the counter.

kitchen talk
EVANGELINA VIGIL

speaking of the many
tragedies that come in
life most times unexpectedly
I uttered with resolution,
"nunca sabe uno lo que° le va   nunca... *one never knows what*
traer la vida de un momento
al otro."

sintiendo° en un instante   feeling
todo lo que ha sentido° en su vida   todo... *all she has felt*
responde mi abuela
"no, pues no,"
thought perfectly balanced
with routine rinsing of coffee cups and spoons
"¡qué barbaridad!
¡pues si supiera uno,°   si... *if one knew*
pues qué bárbaro!"

lujo°   luxury
EVANGELINA VIGIL

tráiganme° los vinos   bring me
más finos
y las comidas
más exóticas
y sírvanme
como a Delgadina
en tazas de oro
y platos de china
y déjenme° saborear   let me
la hermosura° de ese hombre   beauty
tan lleno° de vida   tan... *so full*
y no me pidan   no... *do not ask me to share*
que lo comparta°   *him*
soy de pasión

Después de leer ————————————————————————————

A. Cognados.

"En el Taco Bell"

1. Can you find cognates for the English words *obscure* and *mass?*

"Kitchen Talk"

2. What is a synonym in Spanish for **momento** in the second stanza? A synonym in Spanish for **contesta?**
3. What are cognates in English for **barbaridad** (a noun) and for **bárbaro** (an adjective)?

"Lujo"

4. What word means *fine?* What word means *exotic?*
5. Can you find a word that means *to taste?* What is a cognate in English for this word?

B. Opinión.   ¿Qué poema es el más interesante? ¿Por qué?

PARA ESCUCHAR

A. Situaciones. Listen to the three conversations, which involve ordering food. Match the numbers (1, 2, and 3) with the pictures. Write the number of the conversation in the box to the left of the appropriate picture.

B. La respuesta apropiada.   You will hear the first line of each conversation again. Choose an appropriate response.

1. a.   ¡Buen provecho!
    b.   Viene con papas fritas *(french fries)* y café o té.
    c.   No tenemos postres hoy.
2. a.   ¿De pollo o de carne de vaca?
    b.   ¿De chocolate o de vainilla?
    c.   ¿Con gas *(carbonation)* o sin gas?
3. a.   Sí. ¿Me puede traer la cuenta, por favor?
    b.   Mmm… Para llevar.
    c.   Pues… Me es difícil decidir.

MÁS FUNCIONES *y actividades*

In this chapter, you have seen examples of an important language function: ordering a meal in a restaurant. Below you'll find some additional expressions and activities related to the functions.

Expressing Likes with *Gustar* and Similar Verbs

A: ¿Te gusta esta música, Ana?
B: ¡Cómo no! *Me encanta*. ¿Y a ti?   Me gusta mucho.
A: Sí. Es muy *buena*.   linda/bonita

Expressing Dislikes with *Gustar* and Similar Verbs

A: ¿Te gustan las enchiladas, Hugo?
B: No, *no me gustan*. *Son muy picantes*.   Están frías.

A. Likes and dislikes are often expressed with **gustar,** *to please* or *to be pleasing to.* The person, thing, or idea that is pleasing (pleases) is the subject of the sentence. The person who is pleased is the indirect object. (In English, the verb *to disgust* functions the same way: *Your attitude disgusts us = We don't like your attitude.*) **Gustar** is usually used in the third-person singular or plural, depending on whether what pleases or displeases is singular or plural.

Me gusta este pan.	I like this bread. (This bread pleases me.)
Me gustan estas papas.	I like these potatoes. (These potatoes please me.)
¿Te gustan las verduras?	Do you like vegetables? (Are vegetables pleasing to you?)
A todo el mundo le gusta la cerveza alemana, ¿no?	Everyone likes German beer, right?
Nos gustan.	We like them.

B. The prepositional phrase **a** + *noun or pronoun* is often added for emphasis or clarity. It is usually placed at the beginning of the sentence.

Me gusta la sopa. ¿Y a Pepe?	I like the soup. (The soup is pleasing to me). And Pepe? (And to Pepe?)
A Pepe no le gusta.	Pepe doesn't like it. (To Pepe, it isn't pleasing.)
A usted le gustan los vinos buenos, ¿no?	You like good wines, don't you?

C. If what is liked (or what is pleasing) is an action expressed with an infinitive, the third-person singular of **gustar** is used.

No me gusta cocinar, pero sí me gusta comer.	I don't like to cook, but I do like to eat.

D. Other verbs that function like **gustar** include:

encantar	*to delight*
faltar	*to need, to be lacking or missing*
importar	*to matter, be important*
interesar	*to interest*
molestar	*to bother*

Me encantan las naranjas. *I love oranges.*

Me faltan un tenedor y un cuchillo. *I need a fork and spoon (a fork and spoon are missing or lacking).*

Ya no nos importa el dinero. *Money doesn't matter to us any more.*

A sus abuelos les molesta el tráfico. *The traffic bothers her grandparents.*

Actividades

A. Gustos. Find out five things a classmate likes and five things he or she dislikes. Ideas: **jugar al tenis, ir al doctor, la comida picante, las piñas, los postres.** Take notes on your partner's answers.

B. Opiniones. With a partner, ask and answer questions about the pictures. Use pronouns and the verbs **encantar, gustar, importar, interesar,** and **molestar.** Talk about yourself when appropriate.

MODELO

ESTUDIANTE 1 **¿Qué les encanta a los turistas?**
ESTUDIANTE 2 **Les encanta ir a la playa cuando hace sol.**

los turistas

1.

Felipe

2.

mucha gente

3.

Tomás

4.

todo el mundo

5.

Martín
Pablo y Ana

6.

nosotros, los estudiantes

Entrevista

Work with a partner, taking turns asking and answering these questions.

1. ¿Qué cosas te molestan mucho? ¿Qué cosas le molestan al (a la) profesor(a) de español?   2. ¿Te importa mucho el dinero? ¿Les importa mucho el dinero a tus papás?   3. ¿Qué comidas o bebidas te gustan más cuando hace calor? ¿cuando hace frío?   4. ¿Qué cursos sigues? ¿Cuál(es) te interesa(n) mucho? ¿Cuál(es) no te interesa(n)?

PARA ESCRIBIR

Look at the illustration of how to proportion the foods you eat each day. The foods at the bottom of the pyramid are things you should eat a lot of, and the ones at the top are those that are to be avoided. For several days, keep a record in Spanish of what you eat. Are you following the recommended amounts, in general? (Note: **bienestar** = well-being, **grasa** = fat, grease, **aceite** = oil, and **nueces** = nuts.)

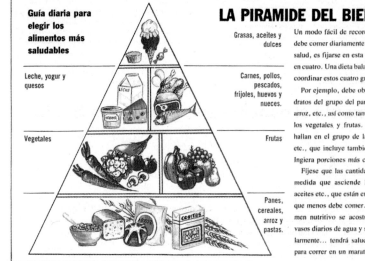

VOCABULARIO ACTIVO

Cognados

la banana	la dieta:	la especialidad	la hamburguesa	el tenis
los cereales	estar a dieta	extra	horrible	el tomate
el curso	la enchilada	el favor	mineral	
el chocolate	la ensalada	la fruta	principal	

Verbos

		contar con	*to count on*
almorzar (ue)	*to eat lunch*	costar (ue)	*to cost*
cocinar	*to cook*	decir (i)	*to say, tell*
contar (ue)	*to count; to tell* (a story)	dormir (ue)	*to sleep*

Verbos

encantar	to delight; to love (with indirect object)
encontrar (ue)	to find
faltar	to be missing or lacking; to need (with indirect object)
gustar	to be pleasing; to like (with indirect object)
importar	to matter; to be important
interesar	to interest
invitar	to invite
jugar (ue)	to play (game, sport)
llover (ue)	to rain
mostrar (ue)	to show
ordenar	to order
pedir (i)	to ask for, order
poder (ue)	to be able, can
recordar (ue)	to remember
repetir (i)	to repeat
seguir (i)	to follow
seguir un curso	to take a course
servir (i)	to serve
soñar (ue) (con)	to dream (about)
volver (ue)	to return, go back

La comida

el almuerzo	lunch
el arroz	rice
el azúcar	sugar
la bebida	drink
el bistec	steak
la carne	meat
la cena	supper
el cerdo	pork
la cerveza	beer
la cuchara	(table)spoon
el cuchillo	knife
el desayuno	breakfast
los dulces	sweets
el flan	caramel custard
el frijol	bean; kidney bean
el helado	ice cream
el huevo	egg
el jamón	ham
el jugo	juice
la leche	milk
la lechuga	lettuce
el maíz	corn
la mantequilla	butter

la manzana	apple
la naranja	orange
la papa	potato
el pescado	fish
picante	hot, spicy
la pimienta	pepper
la piña	pineapple
el plátano	banana; plantain
el pollo	chicken
el postre	dessert
el queso	cheese
la receta	recipe
la sal	salt
la taza	cup
el tenedor	fork
la torta	cake
las verduras	vegetables

Otras palabras y frases

el(la) camarero(-a)	waiter (waitress)
como	like, as
la cuenta	check, bill
la historia	story
la receta	recipe
sin	without
el valor	value, price
ya	already
ya no	no longer, not any longer

Cognados falsos

molestar	to bother, annoy
el pan	bread
el pastel	pastry, cake
la sopa	soup
el vaso	(drinking) glass

Expresiones útiles

¡Buen provecho!	Enjoy your meal!
para llevar	to take, carry out
¿Nos puede traer…?	Can you bring us . . . ?

Don't forget: Prepositions, page 154–156
Prepositional object pronouns, page 156–157

El paseo y la música son dos diversiones populares del mundo hispánico.

DIVERSIONES Y PASATIEMPOS

VOCABULARIO. In this chapter you will talk about what people do in their free time.

GRAMÁTICA. You will discuss and use:

- The present tense of verbs with irregular first-person singular forms (**dar, ofrecer, oír, parecer, poner, salir, traducir, traer,** and **ver**)

- **Saber** and **conocer,** which can both mean *to know*

- Two-object pronoun constructions, as in the English *They give it to me.*

- Command forms directed to people addressed as **usted(es)**

CULTURA. This chapter focuses on Colombia.

FUNCIONES

- Getting someone's attention and asking directions

- Understanding directions

COLOMBIA

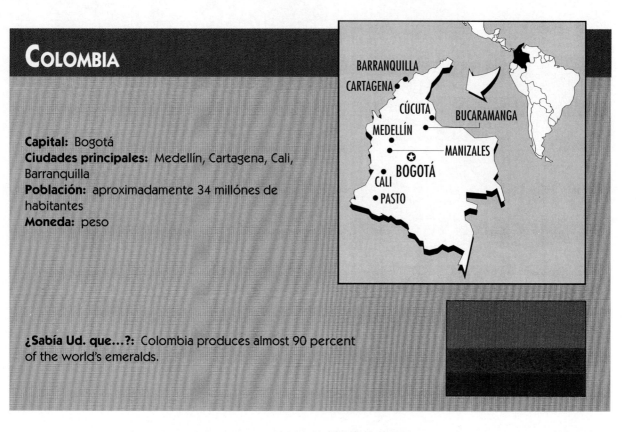

Capital: Bogotá
Ciudades principales: Medellín, Cartagena, Cali, Barranquilla
Población: aproximadamente 34 millónes de habitantes
Moneda: peso

¿Sabía Ud. que...?: Colombia produces almost 90 percent of the world's emeralds.

DIVERSIONES Y PASATIEMPOS

programar la computadora

pintar

bailar, ir al baile

ir a ver una obra de teatro o a escuchar un concierto

nadar

cocinar

escuchar música (clásica, rock, folk- lórica), escuchar discos, cintas

tocar la guitarra (el piano, el violín)

ir al cine a ver
una película

jugar a los naipes
(las cartas)

pescar

sacar fotos

cantar canciones
folklóricas

dar paseos

hacer (dar, tener) una fiesta

A. Completen las frases.   Choose the correct word to complete each sentence.

1. José (toca/juega) la guitarra.
2. Vamos al (cine/teatro) a ver una película.
3. El tango es (un baile/una canción).
4. Pedro y Julia (tocan/juegan) a los naipes.
5. Queremos escuchar un concierto en el (Cine/ Teatro) Rialto.
6. Si necesitamos hacer ejercicio (cocinamos/nadamos).

B. Los pasatiempos *(Pastimes).*   How much time do you dedicate to each of these activities? Keep score on a separate piece of paper: 5 = a lot, 3 = a little, 0 = none.

dar paseos	tocar (la guitarra, el piano, etcétera)
jugar al tenis	nadar
ir al cine	esquiar
cantar	jugar a juegos de mesa *(board games)*
jugar a los naipes	(Monopolio, Trivia, etcétera)
pasar tiempo en las	bailar, ir a bailes
montañas/la playa	hacer fiestas con amigos
sacar fotos	ir al teatro/a conciertos/a museos
leer	comer en restaurantes
cocinar	escribir cartas
mirar televisión	
hablar por teléfono	
con los amigos	

Análisis

85+ Usted es una persona muy activa. Pasa todo su tiempo en los juegos y las diversiones. ¿Cuándo trabaja? ¿Cuándo duerme?

65–85 Usted tiene una vida muy normal. Pero de vez en cuando trabaja o estudia mucho, ¿verdad?

0–65 ¡Pobre de usted! Tiene una vida muy aburrida, ¿no?

Entrevista _____

Ask a partner these questions.

1. ¿Qué haces los sábados y domingos? ¿Vas al cine? ¿Escuchas música? ¿Miras televisión?   2. ¿Qué vas a hacer el fin de semana que viene *(next weekend)*?   3. ¿Tocas la guitarra? ¿el piano? ¿el violín?   4. ¿Vas mucho al cine? ¿Cómo se llama tu película favorita? ¿Prefieres las películas cómicas o las películas que te hacen pensar? 5. ¿Qué haces por la noche?   6. ¿Qué pasatiempos les gustan a ti y a tus amigos? 7. ¿Cuál es tu pasatiempo favorito? ¿Por qué?   8. ¿Qué te gusta hacer en el verano? ¿en el invierno?   9. ¿Qué diversiones prefieres cuando no estás con amigos?

• •

I. EL PRESENTE DE VERBOS CON FORMAS IRREGULARES EN LA PRIMERA PERSONA SINGULAR (*DAR, OFRECER, OÍR, PARECER, PONER, SALIR, TRADUCIR, TRAER Y VER*)

Vista de la sección vieja de Cartagena, Colombia

En la Universidad de Cartagena: ¿Amor o amistad?

JACKIE   Marisa, tengo un problema con Juan.
MARISA   ¿Qué pasa? ¿Te puedo ayudar?

JACKIE	Espero que sí. Lo *veo* todos los fines de semana. Me *trae* chocolates, *oye* mis problemas con el español, me *ofrece* su ayuda ¡y también *traduce* mis composiciones del inglés al español! Y yo sólo le *doy* lecciones de inglés.
MARISA	¡Pero eso me *parece* estupendo! Realmente no *veo* el problema...
JACKIE	Bueno, tienes que *oír* la situación. Todos los días me llama para ver si estoy en casa. Dice que no le soy fiel.
MARISA	¡Qué insolencia!
JACKIE	Quizás yo le *parezco* muy independiente a Juan, pero él me *parece* muy celoso a mí.
MARISA	¿Por qué no lo llamas todas las noches tú, para ver si él ésta en casa?
JACKIE	No puedo. Si estoy en casa todas las noches, ¿cuando *salgo* con Jaime o con Miguel?

1. ¿Con quién tiene un problema Jackie?   2. ¿Qué hace Juan por Jackie? ¿Por qué la llama todos los días?   3. ¿Cómo es Juan, según Jackie?   4. Según Marisa, ¿qué puede hacer Jackie?   5. ¿Qué problema tiene Jackie?   6. ¿Tiene usted un problema similar?

At the University of Cartagena: Love or friendship? JACKIE: Marisa, I have a problem with Juan. MARISA: What's the matter? Can I help you? JACKIE: I hope so. I see him every weekend. He brings me chocolates, listens to (hears) my problems with Spanish, offers me his help, and he also translates my compositions from English to Spanish! And all I do is (*literally,* I only) give him English lessons. MARISA: But that seems great to me! I really don't see the problem. JACKIE: Well, you have to hear the situation. Every day he calls me to see if I'm home. He says I'm not faithful to him. MARISA: What insolence! JACKIE: Maybe I seem very independent to Juan, but he seems very jealous to me. MARISA: Why don't you call him every night, to see if he's home? JACKIE: I can't. If I'm home every night, when will I go out with Jaime or Miguel?

• •

A.   Certain Spanish verbs are regular in all present-tense forms but the **yo** form. One of these verbs is **hacer (hago),** which you have already studied. Others include the following.

dar	**doy** *I give*
poner	**pongo** *I put*
salir	**salgo** *I leave, go out*
traer	**traigo** *I bring*
ver	**veo** *I see*

Le doy consejos a Diego.	*I give Diego advice.*
Siempre pongo los naipes aquí.	*I always put the cards here.*
Traigo los boletos conmigo.	*I'm bringing the tickets with me.*

The verb **dar** is used in a number of idiomatic expressions:

darle hambre (sed, sueño)	*to make (someone) hungry (thirsty, sleepy)*
darle las gracias	*to thank (someone)*
dar un paseo	*to take a walk*

Esa música me da mucho sueño.	*That music is making me very sleepy.*
Vamos a dar un paseo por la plaza.	*We're going to take a walk around the plaza.*
Los García nos dan las gracias por las entradas.	*The Garcías thank us for the tickets.*

B. Many three-syllable verbs that end in **-cer** or **-cir** are regular in the present tense except for the **yo** form, which ends in **-zco.** In dictionaries and vocabulary lists, these verbs may be followed by **(zc).**

ofrecer	**ofrezco**	*I offer*
parecer	**parezco**	*I seem, appear, resemble*
traducir	**traduzco**	*I translate*

Parezco triste hoy, ¿no?	*I appear sad today, don't I?*
Traduzco la poesía francesa.	*I translate French poetry.*

The verb **parecer** is often used with indirect object pronouns, like **gustar** and similar verbs, discussed in Chapter 6.

¿Qué te parece esa idea?	*How does that idea seem to you? (What do you think about that idea?)*
¿Qué te parecen los discos? Maravillosos.	*How do the records seem to you? Wonderful.*

C. The verb **oír** *(to hear)* has a **-g-** in the **yo** form, like **traer** and **decir.** It also has changes in other forms.

oír	*to hear*
oigo	oímos
oyes	oís
oye	oyen

Oigo una canción. ¿Quién la canta?	*I hear a song. Who's singing it?*

EJERCICIO

Complete las frases.   Choosing only one of the verbs suggested in parentheses, supply the correct form to complete each sentence.

>   **MODELO**   (salir / dar) Nosotros __damos__ un paseo por la plaza. El paseo nos __da__ sueño.

1. (traducir / oír) Carmen _____ el libro al español. Y yo lo _____ al francés.
2. (poner / traer) ¿Qué _____ en la mesa Isabel y Carlos? Pues yo _____ los naipes al lado.
3. (traer / oír) (Yo) _____ música. ¿Tú no la _____?
4. (traer / dar) Yo _____ los refrescos conmigo. ¿Qué _____ Alejandro y Lupita?
5. (parecer / ofrecer) ¿Te _____ (yo) aburrida? Vamos al concierto de Julio Iglesias esta noche. ¿Qué te _____ la idea?
6. (salir / ver) No _____ (yo) los boletos. ¿Los _____ tú?

Entrevista ————————————————————————

Work with a partner, asking and answering these questions.

1. ¿Traes una mochila a clase? ¿Qué cosas pones en la mochila?   2. ¿Ves mucho a tus amigos? ¿A quién ves mucho?   3. ¿Sales mucho los fines de semana?   4. ¿Te gusta dar paseos? ¿Con quién das paseos?   5. ¿Quién te ofrece ayuda con los problemas? ¿A quién le ofreces ayuda tú?

• •

II. *SABER Y CONOCER*

"Descanso y Trabajo"

En el hogar, Quico es rey, (cerveza y televisión). Y sabe, sin discusión, celebrar el "labordey". Conoce muy bien la ley, por eso está descansando y vemos, del otro bando que su consorte Tomasa, como toda ama de casa lo celebra...¡trabajando!

Décima: Eduardo Pagès

SILVIO

1. ¿Quién es Quico? ¿Qué sabe hacer él?   2. ¿Por qué descansa? ¿Qué conoce muy bien él?   3. ¿Qué hace su esposa?   4. ¿Vemos situaciones similares en Estados Unidos?

"Rest and Work." In the home, Quico is king. (beer and television). And he knows, without discussion, how to celebrate "labordey." He knows the law very well; for that reason he's resting and we see, on the other side, that his consort Tomasa, like all housewives, is celebrating it . . . working! (Poem of ten lines: Eduardo Pagés)

• •

A. Saber and **conocer** have irregular **yo** forms but are regular in the other forms of the present tense.

saber		conocer	
sé	sabemos	conozco	conocemos
sabes	sabéis	conoces	concéis
sabe	saben	conoce	conocen

B. Both **saber** and **conocer** mean *to know*, but they are not interchangeable. **Saber** means *to know a fact* or *have specific information about something or someone*. Used before an infinitive, **saber** means *to know how to do something*. **Conocer** means *to know* or *be acquainted with a person, place, or thing*. It can also mean *to meet (someone) for the first time*.

No sé mucho de Colombia.	*I don't know much about Colombia.*
Tienes que conocer a Benito.	*You've got to meet Benito.*
Conozco a Claudia pero no sé dónde está.	*I know (am acquainted with) Claudia, but I don't know (have information about) where she is.*
Sé jugar al tenis pero no conozco este club.	*I know how to (I can) play tennis, but I don't know (I'm not familiar with) this club.*

Note that before a direct object that refers to a person or persons, **conocer** is followed by the personal **a.**

C. Sometimes a choice must be made between **saber** (*to know how to*) and **poder** (*to be able to*).

¿Sabes bailar la cumbia?	*Can you (do you know how to) dance the cumbia?*
¿Puedes ir al baile?	*Can you (are you able to) go to the dance?*

EJERCICIOS

A. Conversaciones. With a classmate, complete the conversations using appropriate forms of **saber** and **conocer**.

JOSÉ   ¿Tus padres (1) _____ hablar francés?
EVA   No, pero (2) _____ bien París.

JUAN	¿(3) _____ (tú) a Mercedes Sosa?
ADELA	No, pero (4) _____ quién es.
FELIPE	¿(5) _____ ustedes el centro?
TERESA	No, no lo (6) _____.
JACKIE	(7) ¿_____ (tú) bailar la cumbia, Juan?
JUAN	Sí, y también (8) _____ bailar el tango. (Yo) (9) _____ una buena discoteca adonde podemos ir el viernes. ¿O prefieres ir a un concierto?

B. Breves encuentros (*Brief encounters*). Working with a partner, act out these short conversations.

1. A: Ask if this bus goes to the Museo del Oro (*Gold Museum*).
    B: Say that you don't know because you don't know the city very well.
2. A: Ask if your partner knows Felipe Restrepo.
    B: Say yes and that you know he's in one of your classes.

Preguntas

1. ¿Sabe usted pintar? ¿cocinar? ¿nadar? ¿tocar la guitarra (el piano, el violín)? ¿Qué sabe hacer bien? 2. ¿Qué no sabe hacer ahora pero quiere aprender a hacer? 3. ¿Conoce un buen lugar para bailar? ¿para escuchar música? ¿Dónde? 4. ¿Sabe usted cómo se llama la capital de Colombia? ¿La conoce? 5. ¿Qué ciudades conoce usted bien? 6. ¿Quién sabe qué hora es?

FUNCIONES *y práctica*

Getting Someone's Attention and Asking Directions

Here are some examples of two important language functions: getting someone's attention and asking directions. Study the expressions below and do the practice exercise that follows.

A: *¡Oiga*, señor! Estoy perdida.

¡Perdón!/¡Perdóneme!/¡Discúlpeme *(Excuse me)!*

¿Me puede decir cómo llegar al Museo del Oro?

¿Dónde está el…?/¿Está cerca (lejos) el…?/Busco el…

B: Está en la carrera 6a.

Práctica —————————————————————————————————

¿**Dónde está…?** Working with a partner, ask how to get to one of the following places. Your partner will tell you to what street or area to go. Then change roles. Use a variety of expressions to get attention and ask directions.

MODELO   ESTUDIANTE 1   **Discúlpeme, señorita. ¿Hay un buen restaurante latinoamericano cerca de aquí?**
              ESTUDIANTE 2   **Sí, hay uno en la avenida College.**

1. el correo
2. un cine con películas en español
3. la librería universitaria
4. un parque bonito
5. una farmacia
6. una agencia de viajes
7. un lugar interesante adonde ir el fin de semana

• •

III. CONSTRUCCIONES CON DOS PRONOMBRES: DE COMPLEMENTO INDIRECTO Y DIRECTO

La Catedral de Sal, Zipaquirá, Colombia

Fernando está de visita en Bogotá, Colombia.

FERNANDO   ¿Conoces la Catedral de Sal, Francisco?*
FRANCISCO   Sí, y *te la* quiero mostrar.
FERNANDO   ¿Está cerca de aquí?

———

* The Salt Cathedral is in a town about 35 miles from Bogotá, in a huge salt mine. Workers erected small altars where they would pray for protection from mine accidents. Eventually a large altar was constructed, carved out of salt rock within walls made of salt. The cathedral holds 8,000 people.

FRANCISCO	No muy cerca. Creo que hay un autobús que va allí, pero no recuerdo el número. Podemos preguntár*selo* a un policía. ¿Por qué no vamos allí esta tarde? ¿Tienes tu cámara?
FERNANDO	Sí.
FRANCISCO	¿*Me la* puedes prestar por un momento? Quiero sacarte una foto aquí enfrente de esta iglesia.
FERNANDO	Gracias. ¿Sabes si hay una Catedral de Pimienta también?
FRANCISCO	¡Ay, ay, ay!

1. ¿Qué quiere mostrarle Francisco a su amigo Fernando?   2. ¿Está cerca?
3. ¿Cómo van a ir allí?   4. ¿Cuándo van a ir?   5. ¿Qué quiere hacer Francisco?
6. ¿Saca usted muchas fotos cuando está de vacaciones?

Fernando is visiting Bogotá, Colombia. FERNANDO: Are you familiar with the Salt Cathedral, Francisco? FRANCISCO: Yes, and I want to show it to you. FERNANDO: Is it nearby? FRANCISCO: Not very near. I think there's a bus that goes there, but I don't recall the number. We can ask a policeman. Why don't we go there this afternoon? Do you have your camera? FERNANDO: Yes. FRANCISCO: Can you lend it to me for a moment? I want to take a picture of you in front of this church. FERNANDO: Thanks. Do you know if there's a Pepper Cathedral, too? FRANCISCO: Good grief!

• •

A. When an indirect and a direct object pronoun are used in the same sentence, the indirect always precedes the direct object pronoun. The two object pronouns (indirect, direct) precede a conjugated verb directly. They are never separated by another word.

Te doy cinco entradas para el teatro.	*I'm giving you five theater tickets.*
Te las doy.	*I'm giving them to you.*
Pero no te las doy hoy.	*But I'm not giving them to you today.*
Me van a traer unos discos.	*They're going to bring me some records.*
Me los van a traer.	*They're going to bring them to me.*

B. When used with an infinitive, the object pronouns (indirect, direct) may either be attached to the infinitive or precede the conjugated verb. Note that when the two object pronouns are attached to the infinitive, an accent is required over the last syllable of the infinitive.

Voy a comprarte una entrada.	*I'm going to buy you a ticket.*
Te la voy a comprar.	
Voy a comprártela.	*I'm going to buy it for you.*

C. Two object pronouns beginning with the letter *l* cannot occur in a row. If a third-person indirect object pronoun (**le, les**) is used with a third-person direct object pronoun (**lo, la, los, las**), the indirect object pronoun is replaced by **se**. The various meanings of **se** may be clarified by adding to the sentence: **a él, a ella, a usted, a ellos, a ellas, a ustedes.**

Elena les canta una canción (a ellos).	*Elena is singing them a song.*
Elena se la canta (a ellos).	*Elena is singing it to them.*
El camarero le reserva una mesa (a ella).	*The waiter reserves a table for her.*
El camarero se la reserva (a ella).	*The waiter reserves it for her.*

EJERCICIOS

A. ¿De qué hablan?   Tell which direct object noun the speaker could be referring to.

1. ¿Me lo prestas, por favor?
a. la amistad   b. el mapa   c. los naipes
2. Te la doy mañana.
a. el libro   b. las fotos   c. la cinta
3. ¿Se la traduces al francés?
a. la obra de teatro   b. las cartas   c. los poemas
4. ¿Puedes traérmela el jueves?
a. la composición   b. los violines   c. el juego

B. ¿Qué haces, Ramón?   Ramón is doing many things for many people lately. Tell what he does, following the model.

MODELO   dar/consejos a su hermano
          Le da consejos a su hermano. Se los da.

1. traducir/la carta para nosotros
2. escribir/la composición para su prima
3. leer/la historia a mí
4. describir/la lección de francés a su amiga Ana
5. ofrecer/los refrescos a sus primos
6. prestar/su bicicleta a ti
7. mandar/las cartas para sus padres
8. servir/el desayuno a su mamá

Entrevista ─────────────────────────────

Ask a partner these questions.

¿Qué haces en estas situaciones? Explica por qué.

1. Recibes una carta de amor; tu mamá quiere saber qué dice. ¿Se la lees?   2. Un amigo toma tres cervezas; te pide las llaves *(keys)* de tu automóvil. ¿Se las das?   3. Tu hermano te pide cien dólares. No quiere decirte para qué los quiere. ¿Se los prestas?   4. Durante un examen, un estudiante te pide ayuda; quiere ver tu trabajo. ¿Se lo muestras? 5. Un amigo está enfermo. Necesita medicinas. ¿Se las llevas?

IV. LOS MANDATOS DE *USTED, USTEDES*

En una calle de Bogotá

FELIPE   *Oiga*, señora, ¿nos puede decir cómo llegar al Teatro Nacional?

SEÑORA   ¿El Teatro Nacional? Mmm… *Sigan* por esta calle hasta llegar a la calle 71. Allí *doblen* a la derecha. *Caminen* dos o tres cuadras… Está en la 71.

SUSANA   Gracias.

SEÑORA   De nada.

1. ¿Adónde quieren ir Felipe y Susana?   2. ¿Qué palabra usa Felipe para llamarle la atención de la señora?   3. ¿En qué calle está el Teatro Nacional?

On a street in Bogotá. FELIPE Excuse me (*literally,* Hear), ma'am, can you tell us how to get to the Teatro Nacional? WOMAN The Teatro Nacional? Ummm . . . Follow this street until you get to 71st Street. Turn right there. Walk two or three blocks . . . it's on 71st. SUSANA Thanks. WOMAN You're welcome.

A. The command forms of verbs are used to ask or tell people to do things. In Spanish, one set of commands is used with people you normally address as **usted,** and another set with people you address as **tú.**

B. To form the singular formal **(usted)** command of all regular verbs, drop the **-o** ending from the **yo** form of the present tense and add **-e** for **-ar** verbs or **-a** for **-er** and **-ir** verbs. The **ustedes** command is formed by adding **-n** to the singular command forms.

-ar	Compro esta guitarra.	Compre (usted) esta guitarra.
		Compren (ustedes) estas guitarras.
-er	Como la ensalada.	Coma (usted) la ensalada.
		Coman (ustedes) la ensalada.
-ir	Escribo la carta.	Escriba (usted) la carta.
		Escriban (ustedes) la carta.

The subject pronouns **usted** and **ustedes** are usually omitted, but they are sometimes added after a command to soften it, to make it more polite.

C. Commands are made negative by placing **no** before the verb.

No doblen a la izquierda.	*Don't turn left.*
No vendan (ustedes) esos boletos.	*Don't sell those tickets.*

D. If a verb has an irregularity or a stem change in the **yo** form of the present tense, this irregularity or stem change is carried over into the command forms.

No salga ahora.	*Don't leave now.*
Tengan cuidado.	*Be careful.*
Duerman un poco.	*Sleep a little (while).*
Siga adelante.	*Keep going straight.*

E. A number of verbs have a spelling change in the **usted** and **ustedes** command forms.

c → qu	buscar, tocar, sacar	yo busco	busque(n)
g → gu	llegar	yo llego	llegue(n)
z → c	empezar, cruzar	yo empiezo	empiece(n)

Toque el último disco de Claudia de Colombia.	*Play the latest record by Claudia of Colombia.*
Crucen la calle.	*Cross the street.*

F. Here are some irregular **usted** and **ustedes** commands.

ir	vaya, vayan	*estar*	esté, estén
ser	sea, sean	*dar*	dé, den
saber	sepa, sepan		

The accent on **dé** is written to distinguish the word from the preposition **de**.

Vaya derecho.	*Go straight.*
Sean prácticos.	*Be practical.*
No esté triste.	*Don't be sad.*

EJERCICIOS

A. En la clase de español.   Miss Ochoa teaches a Spanish class. Give instructions to her students as she would, following the model.

> **MODELO**   señor Smith / estudiar la lección
> **Señor Smith, estudie la lección.**

1. señorita Allen y señor Green / no hablar inglés
2. señorita Brooks / cerrar el libro
3. señor Sims / no comer en la clase
4. todos / pensar en español
5. señor Newman / no llegar tarde
6. señorita Johnson / venir temprano
7. todos / traer sus composiciones mañana
8. señora LaSalle / repetir la pregunta

Guía para camarógrafos aficionados:

VIDEOS QUE NO ESPANTAN AUDIENCIA

El video casero está de moda. Ya tiene sección propia en 'Panorama', en 'Zoociedad' y en 'Sábados Felices'. Eso sin contar que desde hace algún tiempo es requisito indispensable en toda fiesta familiar.

B. Para filmar una fiesta.   Here are some recommendations for using a video camera based on an article in *Elenco,* a Colombian magazine. Change the infinitives to singular **usted** commands. (Don't worry about the new vocabulary here, just practice guessing meaning from context.)

> **MODELO**   comprar una batería extra antes de una ocasión especial
> **Compre una batería extra antes de una ocasión especial.**

1. observar la luz *(light)*. ¿Hay suficiente?
2. no hacer movimientos bruscos con la cámara
3. recordar que no es agradable mirar la hiperactividad de los lentes de zoom
4. usar el botón de pausa
5. cambiar la distancia y el ángulo de vez en cuando
6. pensar en la gente que filma
7. filmar la realidad
8. no dar órdenes a la gente que filma

VIÑETA CULTURAL: PASATIEMPOS PARA TODOS LOS GUSTOS

Feliz Día del Amor y la Amistad

FENALCO

septiembre 21

¿QUE HACER?

► **Exposición 'Abrazos y besos'**, en el Centro Hacienda Santa Barbara: fotografías y afiches de fotógrafos famosos sobre el amor. Reproducciones en blanco y negro de gráficas captadas por fotógrafos europeos. La muestra fue coordinada por el arquitecto bogotano Germán Moyano y su 'Poster Shop'. (Calle 116 - Carrera 7).

► **A tu amor regálale un libro y una flor'**, lema con el cual la Librería Enviado Especial hace un homenaje a los enamorados en su día. El sábado en la tarde, entre las 3 y las 8 p.m., está en la

librería el poeta antioqueño Darío Jaramillo quién lanza su nuevo libro *Guía para viajeros*, recientemente publicado por Planeta Editores. (Centro Granahorrar

► **'Cartas de amor'**, obra original de A.R. Gurney, continúa hasta el 28 de septiembre en el Teatro Nacional, bajo la dirección de Fanny Mickey.

Melissa y Andy narran a través de su correspondencia amorosa, su relación de años, en las voces de Gloria Gómez y Victor Mallarino. (Calle 71 # 10-25).

regalar to give (a gift)

Apuesto...ex
I bet not, s
you forget
I exist.

Antes de leer

Quickly scan the ads and other reading selections on page 180 from *El tiempo,* a newspaper published in Bogotá, looking for the following information.

1. What holiday is being celebrated in September in Colombia? What day is the holiday?
2. What activities are people doing to celebrate the holiday? (Try to find at least five.)

Now read the following article.

Un día muy especial para los colombianos es el 21 de septiembre, el Día del Amor y la Amistad. Varios días antes de la fecha oficial, la gente empieza a celebrar con el juego del «amigo secreto». Los estudiantes de una clase o los trabajadores° de una oficina escriben sus nombres en papelitos°y los ponen en una bolsa°. Todo el mundo escoge° un nombre: el nombre del «amigo secreto». El 19 o el 20, el grupo sale a una taberna°, pizzería o restaurante. Allí hablan, comen, bailan y dan regalos a los «amigos secretos».

 El 21 mucha gente sale a almorzar o cenar, a dar paseos o a bailar. Otros hacen fiesta o reciben a sus amigos o parientes en la casa. Sacan fotos o videos de la celebración. Abren tarjetas° y regalos… hoy la gente manda cartas de amor o amistad hasta° por computadora.

 ¿Y los regalos? Si usted está en Colombia el 21 de septiembre, recuerde de comprarles regalos a sus amigos… regalos como flores, perfumes, libros, cintas, etcétera. Pero tenga cuidado; sepa que las rosas rojas° significan° un ardiente amor, las rosas amarillas°, desprecio°. Y para muchos colombianos las cadenas° de oro y los espejos° significan mala suerte.

 El mes de septiembre en Colombia representa una oportunidad excelente de formar nuevas amistades… ¡o amores! Y el 21 es un día para las diversiones y los pasatiempos para todos los gustos.

Glosses:
- workers
- little papers / bag
- chooses
- bar
- cards
- even
- red / signify
- yellow / disdain / chains
- mirrors

Después de leer

A. ¿Verdadero o falso? Write V (**verdadero**) or F (**falso**) next to each statement. Correct the false statements.

_____ 1. En Colombia el 21 de septiembre es el Día del Amor y la Libertad.

_____ 2. Un buen regalo para el 21 de septiembre es un libro de poesía.

_____ 3. Es muy descortés mandar cartas de amor o amistad por computadora.

_____ 4. Dos o tres días después del 21, muchos estudiantes o trabajadores salen en grupos a celebrar la ocasión.

_____ 5. Un regalo ideal para el amor de su vida es un bouquet de rosas rojas.

B. Contraste cultural. ¿Qué diferencias hay entre el Día del Amor y la Amistad en Colombia y el Día de San Valentín en Estados Unidos o Canadá? ¿Qué hace usted el Día de San Valentín?

PARA ESCUCHAR

A. Situaciones. Listen to the three conversations, which involve asking for directions. Match the numbers (1, 2, and 3) with the signs for the places where the people are going. Write the number in the box under the appropriate sign.

☐   ☐   ☐

B. ¿Cómo llegar? Listen to each conversation again. On a separate sheet of paper, write as much as you can about how each person will get to his or her destination, beginning with whether they will walk, take a bus, or use another form of transportation.

MÁS FUNCIONES *y actividades*

Understanding Directions

In this chapter, you have seen examples of some important language functions: getting someone's attention and asking directions. Below you'll find some additional expressions and activities related to the functions.

> A: ¡Oiga, señora! ¿Cómo llego a la
>   Plaza de Bolívar?
> B: *Vaya derecho*. Camine cinco   Siga adelante.
>   cuadras. Pase la catedral.
>   Está a la izquierda.

Other expressions you may hear when people give you directions are:

Siga por la calle… (esta calle).   Está al norte (sur, este, oeste) de…
Doble a la izquierda (derecha).   Está en el centro.
Cruce la calle.   Está en la esquina de…
Está al lado de…

Actividades _____

A. ¿Dónde estamos? Play a guessing game. Look at a local map, or make a simple map of the area around your school. One person in the group chooses a place and gives directions from the school (or another agreed-upon site) to that place. The others try to guess the name of the place. Use the **ustedes** form. Take turns until everyone has given directions.

MODELO   ESTUDIANTE 1   **Salgan de la universidad en la calle Quinta. Doblen a la derecha. Caminen tres cuadras. Sigan adelante. Pasen una farmacia. Está enfrente de la farmacia.**

         ESTUDIANTE 2   **¿El correo?**

         ESTUDIANTE 1   **¡Correcto!**

B. ¿Qué pasatiempo me gusta más? Divide into groups. One of the groups will think of a favorite activity among those discussed in this chapter. The others will ask questions such as those that follow until they guess what the hobby or pastime is. The following questions may be useful. The person answering the questions should answer only **sí** or **no.**

1. ¿Hacemos esa actividad afuera *(outside)* o adentro *(inside)?*   2. ¿Hacemos esa actividad con otros?   3. ¿Cuesta dinero hacer esa actividad? ¿Cuesta mucho o poco?   4. ¿Necesitamos cosas especiales—instrumentos musicales, ropa *(clothes)* especial—para hacer esa actividad?   5. ¿Hacemos esa actividad más en el invierno? ¿en el verano?   6. ¿Tenemos que estar en buenas condiciones físicas para esa actividad?   7. ¿Dónde hacemos esa actividad? ¿en casa? ¿en las montañas?   8. ¿Es una actividad que necesita mucha preparación?   9. ¿Es una diversión que hacemos durante el día o por la noche?

PARA ESCRIBIR

How do you like to spend your free time? Write a paragraph about your favorite pastime. Answer as many of the questions in **B** above as possible.

VOCABULARIO ACTIVO

Cognados

colombiano	generoso	el piano	el violín
la farmacia	la guitarra	el tango	

Verbos

cantar	*to sing*	dar	*to give*
conocer (zc)	*to know, be acquainted with; to meet*	darle las gracias	*to thank (someone)*
		darle hambre, sed, sueño	*to make (someone) hungry, thirsty, sleepy*
		dar un paseo	*to take a walk, go for a stroll*

Verbos

escuchar	*to listen (to)*
nadar	*to swim*
ofrecer (zc)	*to offer*
oír	*to hear*
parecer (zc)	*to seem, appear*
pescar	*to fish*
pintar	*to paint*
poner	*to put; to place*
programar	*to program*
saber	*to know (facts, information); to learn, to find out*
saber (+ *inf*)	*to know how* (to do something)
sacar fotos	*to take pictures*
salir	*to go out, leave; to come out*
tocar	*to touch; to play* (musical instrument)
traducir (zc)	*to translate*
traer	*to bring*
ver	*to see*

Diversiones y pasatiempos

el bailarín, la bailarina	*dancer*
el baile	*dance*
el boleto	*ticket* (for an event or transportation)
la canción	*song*
la cinta	*tape*
la cumbia	*a Latin American dance*
el disco	*record*
la diversión	*diversion, pastime*
la entrada	*ticket* (for an event)
la fiesta	*party; holiday; celebration*
el fin de semana	*weekend*
el juego	*game*
los naipes	*(playing) cards*
la obra	*work, artistic work*
la obra de teatro	*play*
el pasatiempo	*pastime*
el paseo	*walk, stroll; ride, short trip*
la poesía	*poetry*

Otras palabras y frases

la amistad	*friendship*
el amor	*love*
la ayuda	*help*
el consejo	*(piece of) advice*
los consejos	*advice*
maravilloso	*marvelous*
el oro	*gold*
la semana (el mes) que viene	*next week (month)*
último	*latest, most recent*

Expresiones útiles

Busco el…	*I'm looking for . . . .*
Camine… cuadras.	*Walk . . . blocks.*
Cruce la calle.	*Cross the street.*
Doble a la izquierda (derecha).	*Turn left (right).*
¿Dónde está…?	*Where is . . . ?*
Está al lado de…	*It's next to . . . .*
Está al norte (sur, este, oeste) de…	*It's north (south, east, west) of . . . .*
¿Está cerca (lejos)?	*Is it near (far away)?*
Está en la esquina de…	*It's on the corner of . . . .*
¿Hay un… cerca de aquí?	*Is there a . . . near here?*
¿Me puede decir cómo llegar al…?	*Can you tell me how to get to . . . ?*
¡Oiga! ¡Perdón! ¡Perdóneme! ¡Discúlpeme!	*Excuse me!*
Pase…	*Pass . . . .*
Siga adelante (derecho).	*Keep going straight ahead.*
Siga por la calle… (esta calle).	*Follow . . . Street (this street).*
Vaya derecho.	*Go straight.*

Las Ramblas, Barcelona

CAPÍTULO
ocho

LA ROPA, LOS COLORES Y LA RUTINA DIARIA

VOCABULARIO. In this chapter you will learn to describe clothing and daily activities.

GRAMÁTICA. You will discuss and use:

- Reflexive constructions
- **Tú** commands
- Commands with object pronouns
- The preterit of regular verbs

CULTURA. This chapter focuses on Barcelona, Spain.

FUNCIONES

- Making descriptions
- Expressing hesitation

BARCELONA

Gobierno   (Government): capital of the province of Cataluña (Catalunya). The **Generalitat** or home-rule parliament of the province was reinstated in 1980.

Lenguas: Both Spanish and Catalán are spoken. The Catalán language was suppressed during the Franco dictatorship, but now street names have been returned to their Catalán forms, and newspapers, radio and television publish and broadcast in the language.

¿Sabía Ud. que…?:   Barcelona has been the birthplace or place of residence for many artists including Pablo Picasso, Joan Miró, Pablo Casals and Salvador Dalí. Modernist architects, the most famous being Antoni Gaudí, also left their mark on the city.

LA ROPA

¿Qué lleva Carmen…?

¿Qué lleva José…?

A. ¿Qué ropa llevan?   Describe what the people are wearing in the drawings below.

B. ¿Qué llevan Carmen y José?   Describe what Carmen or José wear in the following situations. Complete the sentences, eliminating the inappropriate words.

1. Cuando llueve, Carmen lleva… (un impermeable, un pijama, calcetines, un vestido, un paraguas)
2. Cuando va a la playa, José lleva… (un sombrero, sandalias, un abrigo, un traje de baño)
3. Cuando trabaja en la oficina, José lleva… (medias, calcetines, un traje, una corbata, un traje de baño, zapatos de tenis)
4. Cuando nieva, Carmen lleva… (un suéter de lana, botas, guantes, sandalias, jeans)
5. Cuando duerme, José lleva… (una falda, jeans, un pijama, una corbata)

LOS COLORES

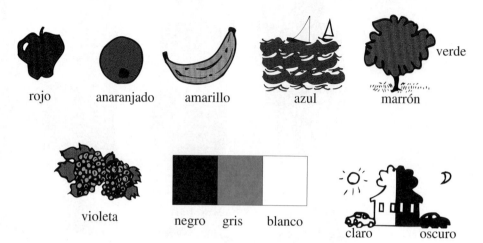

rojo anaranjado amarillo azul marrón verde

violeta negro gris blanco claro oscuro

 ¿De qué color es? Work with a classmate, taking turns asking and answering questions about the color of these items.

1. el sol   2. el árbol   3. la manzana   4. la naranja   5. las uvas

6. el elefante   7. la bandera de España   8. la bandera de los EE.UU.   9. el océano   10. la nieve

Preguntas

1. ¿Qué ropa lleva usted hoy? ¿Lleva usted calcetines blancos hoy? ¿pantalones amarillos? ¿zapatos de tenis? ¿una falda?   2. ¿De qué color es la camisa o la blusa de usted? ¿Es verde o azul claro? ¿Y los pantalones o la falda? ¿Es azul oscuro o gris claro?   3. ¿Qué ropa lleva usted en el otoño? ¿y en el invierno?   4. ¿Qué ropa lleva usted cuando va a las montañas? ¿y a la playa?   5. ¿Cuál es su color favorito? ¿Qué colores no le gustan mucho?

• •

I. VERBOS REFLEXIVOS

El templo de La Sagrada Familia, del arquitecto español, Antoni Gaudí y Cornet (1852–1926)

BARCELONA

Una entrevista telefónica.

Frank, un estudiante norteamericano, está en Barcelona. Recibe una llamada de larga distancia de St. Anselm College. Habla con Juan, un amigo que quiere publicar la entrevista en la sección bilingüe de *The Crier*, el periódico universitario.

JUAN ¡Hola, Frank! ¿Qué tal? ¿Te gusta Barcelona?

FRANK ¡Me encanta esta ciudad! Todos los días *me reúno* con José y cada día visitamos un lugar diferente. Vemos museos o *nos sentamos* en un café de las Ramblas. Pero, ¿*te acuerdas* de José?

JUAN ¡Claro que sí! Es tu amigo de Boston College que también *se gradúa* el próximo año, ¿no?

FRANK Sí, y los dos *nos estamos divirtiendo* mucho. En realidad no quiero *irme* más de aquí…

JUAN ¿En serio? Entonces, ¿no tienes quejas?

> **FRANK** Pues, sí, aunque no debo *quejarme*... pero... ¡Es que tengo tanto que hacer! *Me levanto* a las ocho después de *acostarme* a las dos o tres de la mañana... ¿Y cuántos estudiantes de St. Anselm vienen aquí?
>
> **JUAN** Unos tres o cuatro, creo. A propósito, ¿qué ropa deben llevar... un abrigo, un impermeable...?
>
> **FRANK** Van a necesitar un impermeable y un suéter. No hace mucho frío aquí.
>
> **JUAN** Tú no vas a estar allí en enero, ¿verdad?
>
> **FRANK** No, pero José *se queda* aquí hasta el primero de febrero y *va a comunicarse* con nuestros compañeros de St. Anselm antes de irse.
>
> **JUAN** ¡Fantástico! Pero creo que el periódico *va a quejarse* de esta cuenta telefónica. Adiós, Frank, ¡y hasta muy pronto!

1. ¿Dónde está Frank?   2. ¿Quién es Juan?   3. ¿Con quién se reúne Frank todos los días?   4. ¿Qué hacen ellos?   5. ¿Tiene quejas Frank?   6. ¿A qué hora se levanta Frank? ¿Y a qué hora se acuesta?   7. ¿Qué ropa deben llevar los estudiantes de St. Anselm? ¿Por qué?   8. ¿Hasta cuándo se queda en Barcelona José?

A telephone interview. Frank, an American student, is in Barcelona. He receives a long-distance call from St. Anselm College. He talks with Juan, a friend who wants to publish the interview in the bilingual section of The Crier, *the college newspaper.* JUAN: Hi, Frank! How's it going? Do you like Barcelona? FRANK: I love this city! Every day I get together with José and each day we visit a different place. We see museums or we sit in a café on Las Ramblas. But, do you remember José? JUAN: Of course! He's your friend from Boston College who is also graduating next year, right? FRANK: Yes, and the two of us are having a very good time. In fact, I don't want to leave here anymore. JUAN: Seriously? Then you don't have any complaints? FRANK: Well, yes, although I shouldn't complain . . . but I have so much to do! I get up at 8 o'clock after getting to bed at 2 or 3 in the morning . . . And how many students from St. Anselm are coming here? JUAN: Three or four, I think. By the way, what clothing should they wear . . . an overcoat, a raincoat . . . ? FRANK: They are going to need a raincoat and a sweater. It's not very cold here. JUAN: You're not going to be there in January, right? FRANK: No, but José is staying here until the first of February and he's going to communicate with our classmates from St. Anselm before leaving. JUAN: Great! But I think the newspaper is going to complain about this telephone bill. Goodbye, Frank, and see you soon!

• •

A. In a reflexive construction, the action of the verb "reflects" back to the subject of the sentence, as in the sentences *I enjoy myself* or *The child dresses herself or He hurt himself.* In Spanish, reflexive constructions require the reflexive pronouns **me, te, se, nos, os,** and **se.** Except for the third person **se** (singular and plural), these forms are the same as the direct and indirect object pronouns. The pronoun **se** attached to an infinitive indicates that the verb is reflexive.

levantarse *to get up*	
me levanto	nos levantamos
te levantas	os levantáis
se levanta	se levantan

Notice that some Spanish reflexive forms such as **levantarse** are not translated as reflexive constructions in English. Spanish uses the reflexive construction much more frequently than does English.

B. The following verbs are reflexive, with stem changes indicated in parentheses.

acordarse (ue) (de)	*to remember*
acostarse (ue)	*to go to bed*
acostumbrarse (a)	*to get used (to)*
bañarse	*to bathe*
casarse (con)	*to get married (to)*
comunicarse (con)	*to communicate, to get in touch (with)*
despertarse (ie)	*to wake up*
divertirse (ie)	*to have a good time; to enjoy oneself*
dormirse (ue)	*to fall asleep*
enfadarse	*to get angry*
enojarse	*to get angry*
graduarse	*to graduate*
irse	*to leave, go away*
lavarse	*to wash (oneself)*
llamarse	*to be named*
mudarse	*to move (change residence)*
ponerse	*to put on*
preocuparse (por)	*to worry (about)*
quedarse	*to remain, to stay*
quejarse (de)	*to complain (about)*
quitarse	*to take off*
reunirse (con)	*to get together (with someone)*
sentarse (ie)	*to sit down*
vestirse (i)*	*to get dressed*

C. Reflexive pronouns, like object pronouns, can precede conjugated verbs; or they may follow and be attached to infinitives and be present participles.

Raúl se pone un suéter.	*Raúl is putting on a sweater.*
María y Susana se van a poner los vestidos elegantes.	*Mary and Susan are going to put on their elegant dresses.*
Voy a ponerme el abrigo azul.	*I am going to put on my blue coat.*
En este momento estás poniéndote el pijama.	*Right now you are putting on your pajamas.*

D. Most Spanish verbs that are used reflexively can also be used nonreflexively. In some cases the use of the reflexive form changes the meaning significantly. Contrast the following pairs of sentences.

Se llama Carmen.	*Her name is Carmen.*
José llama a Carmen todos los días.	*José calls Carmen every day.*

---

*Conjugated like **servir** (page 150)

Nos acostamos a las nueve.	*We go to bed at nine.*
Acostamos a los niños entre las ocho y las nueve.	*We put the children to bed between eight and nine.*
Juana se despierta temprano.	*Juana wakes up early.*
Juana despierta a sus hijos temprano.	*Juana wakes up her children early.*
Me lavo todos los días.	*I wash (myself) every day.*
Lavo el traje marrón todas las semanas.	*I wash the brown suit every week.*

E. The reflexive pronouns **nos** and **se** may be used with a first- or third-person plural verb, respectively, in order to express a reciprocal reflexive action. This construction corresponds to the English *each other* or *one another.*

Nos vemos de vez en cuando.	*We see each other from time to time.*
Todos se miran.	*They're all looking at one another.*

EJERCICIOS

A. A ver. ¿Qué pasa? *(Let's see. What's happening?)* Form sentences with the words given, adding any additional ones you may need.

> **MODELOS** Ana / mudarse / Madrid / abril
> **Ana se muda a Madrid en abril.**
>
> ustedes / quejarse / exámenes
> **Ustedes se quejan de los exámenes.**

1. Ricardo / quitarse / pantalones / negros / y / ponerse / traje de baño
2. Tú / enfadarse / con tus amigas / y / quejarse / ellas
3. Juanita / casarse / José / junio / y / ellos / mudarse / Barcelona
4. Abuelita / preocuparse / problema / pero no / enojarse
5. Yo / irse / diez / noche
6. jóvenes / divertirse / fiesta
7. Nosotros / lavarse / antes de acostarse
8. Tú y Diana / sentarse / y / estudiar / lección
9. estudiantes / acostumbrarse / vivir / con sus padres
10. niños / levantarse / siete / y / bañarse / ocho

B. ¿Qué hacen? With a classmate describe the following pictures, using a reflexive verb for each.

MODELOS

ESTUDIANTE 1	**¿Qué hacen los niños?**
ESTUDIANTE 2	**Los niños se bañan.**

1.

2.

3.

4.

5.

6.

Entrevista

With a classmate, take turns asking and answering the following questions.

1. ¿A qué hora te despiertas? ¿Te levantas en pocos minutos?   2. ¿A qué hora te gusta levantarte?   3. ¿Qué te pones cuando hace frío? ¿cuando hace calor?   4. ¿Qué te pones cuando vas a un concierto? ¿a tus clases? ¿a la casa de un(a) amigo(-a)?   5. ¿Te enojas de vez en cuando? ¿con quién(es)? ¿con tus profesores? ¿Por qué?   6. ¿Te preocupas de vez en cuando? ¿Por qué? ¿por dinero? ¿por los exámenes? ¿por tu familia?   7. ¿Vas a quedarte en casa este fin de semana? ¿y antes de los exámenes finales? ¿y durante las vacaciones?   8. ¿A qué hora te acuestas? Y en general, ¿a qué hora te duermes?   9. ¿Cuándo vas a graduarte?

FUNCIONES *y práctica*

Making Descriptions

Here are some more examples of an important language function: making descriptions. Study the expressions below and do the practice exercise that follows.

¿De qué color es? Es rojo (blanco, etcétera).

What color is it? It's red (white, etc.).

¿De qué tamaño es? Es grande (pequeño, del tamaño de un libro…)

What size is it? It's big (little, the size of a book . . .).

¿De qué es? Es de madera (plástico, metal…)	What is it made of? It's made of wood (plastic, metal . . .).
¿Para qué sirve? Sirve para tocar (leer, escribir…)	What do you use it for? You use it for playing (reading, writing . . .).

Relative pronouns—**que** *(that, which),* **quien** *(who, whom)*—are often helpful when making descriptions.

No sé su nombre, pero la muchacha de quien hablas es rubia, alta, elegante y habla muy bien el español, ¿no?	*I don't know her name, but the girl of whom you speak is blonde, tall, elegant, and speaks Spanish very well, right?*
El abrigo que él siempre lleva en el invierno es marrón.	*The coat (that) he always wears in winter is brown.*

Práctica _____

¿Qué es esto?   In small groups, one person will think of something that has been presented in this book or in class. The others will take turns asking yes/no questions about the object. The person who guesses the object then takes a turn.

MODELOS   **¿Es un objeto que está en la clase?**
¿Es una cosa grande?
¿Es de metal?
¿Es un escritorio?

• •

II. LOS MANDATOS DE *TÚ*

En un hotel, dos amigas mexicanas hablan de sus planes.

CLARA   ¡Ay! Mi falda preferida todavía está en la tintorería del hotel! ¡Y la blusa también! ¿Qué voy a ponerme?

GLORIA   Pues, *no te preocupes.* Simplemente *ponte* otra falda, la azul, por ejemplo. O… *lleva* ropa más cómoda, jeans y zapatos de tenis.

CLARA   Pero, voy al Museo Picasso y prefiero llevar ropa de colores brillantes. A propósito, ¿me puedes decir cómo llegar al Museo Picasso?

GLORIA   Claro. Está en el Barrio Gótico. *Toma* el metro y *ve* hasta la Vía Laietana. *Cruza* la Via Laietana *y sigue* por el Carrer de la Princesa. Después *dobla* a la derecha en el Carrer Montcada. *No dobles* a la izquierda, porque el museo no está lejos; lo vas a ver a tu izquierda.

CLARA   Gracias, y tienes razón. Va a ser más cómodo llevar zapatos de tenis porque voy a caminar mucho.

EL BARRIO GÓTICO

200m

1. Catedral   4. Museu Picasso
2. Museu Frederic Marés 5. Santa María del Mar
3. Plaça del Rei   6. Plaça Sant Jaume

M. Metro Stops

1. ¿Por qué no puede llevar Clara su falda preferida?   2. Según Gloria, ¿qué puede ponerse Clara?   3. ¿Adónde va Clara? ¿Qué prefiere llevar allí?   4. ¿Dónde está el Museo Picasso?   5. ¿Qué zapatos va a llevar Clara?

In a hotel, two friends from Mexico are talking about their plans. CLARA: Oh, no! My favorite skirt is still at the hotel dry-cleaners. And the blouse, too! What am I going to wear? GLORIA: Well, don't worry. Just put on another skirt, the blue one, for example. Or wear more comfortable clothing, jeans and tennis shoes. CLARA: But I'm going to the Picasso Museum and I prefer to wear clothing with bright colors. By the way, can you tell me how to get to the Picasso Museum? GLORIA: Sure. It's in the Gothic Quarter. Take the metro and go as far as Vía Laietana. Cross Vía Laietana and continue on Carrer de la Princesa. Then turn right on Carrera Montcada. Don't turn left, because the museum is not far away; you're going to see it on your left. CLARA: Thanks, and you're right. It's going to be more comfortable to wear tennis shoes because I'm going to walk a lot.

• •

A. Familiar singular (tú) affirmative commands for regular verbs are the same as the third-person singular, present-tense form. The pronoun **tú** is usually not used; occasionally it is added for emphasis.

Gloria lleva un impermeable verde.	*Gloria is wearing a green raincoat.*
Lleva (tú) una falda larga.	*Wear a long skirt.*
Juan lee el mapa.	*Juan is reading the map.*
Lee (tú) la novela.	*Read the novel.*
Felipe cruza la calle.	*Felipe crosses the street.*
Cruza (tú) la calle.	*Cross the street.*

B. Some irregular affirmative **tú** commands are

decir	di	ir	ve	salir	sal	tener	ten
hacer	haz	poner	pon	ser	sé	venir	ven

Irene, di «gracias».   Irene, say "thank you".
Ve al parque de diversiones.   Go to the amusement park.
¡Ten cuidado, José!   Be careful, José!
Ven acá, María.   Come here, María.

C. Negative **tú** commands are formed by adding an **-s** to the **usted** commands.

No baje (usted) del autobús aquí. ⎫
No bajes (tú) del autobús aquí. ⎭   *Don't get off the bus here.*

No vuelva (usted) al tarde. ⎫
No vuelvas (tú) tarde. ⎭   *Don't come back late.*

No vaya (usted) al Museo Picasso ahora. ⎫
No vayas (tú) al Museo Picasso ahora. ⎭   *Don't go to the Picasso Museum now.*

EJERCICIOS

A. ¡No salgas muy tarde!   Eliana has invited Lelia to come to her house at approximately 8 P.M. Using the phrases below, play the role of Eliana and form affirmative **tú** commands to give Lelia directions on how to get to your house.

MODELO   salir antes de las siete.
            Sal antes de las siete.

1. tomar la calle Colón
2. caminar hasta la tienda Alegría
3. doblar a la izquierda
4. ir a la estación de autobuses
5. subir al autobús número 85
6. pagar 60 pesetas
7. leer los nombres de las calles
8. bajar del autobús en la calle de Ibiza
9. seguir por la calle de Mallorca hasta el número 121, que es donde vivo

B. ¡Feliz viaje! Rubén is planning a trip to Barcelona, but he's very confused after talking to Marisa and Arturo. While Marisa, his girlfriend, tells him to do one thing, Arturo advises him to do just the opposite! Work with a classmate to play the roles of both Marisa and Arturo, following the model.

MODELO   buscar un hotel en el centro
            MARISA   **Busca un hotel en el centro.**
            ARTURO   **No busques un hotel en el centro.**

1. visitar el parque zoológico
2. ir al teatro los fines de semana
3. ver bailes folklóricos catalanes
4. asistir a muchos conciertos
5. comer mucho pescado
6. usar el autobús; no andar mucho
7. hacer un viaje a Tarragona y a Gerona
8. sacar fotos de todos los monumentos

III. LOS MANDATOS CON PRONOMBRES COMPLEMENTOS

El Paseo Colón, Barcelona

En Barcelona, donde los señores Castellón, turistas de Ecuador, viajan en auto con sus tres hijos.

PEPE	Papá, tengo hambre. ¿Cuándo vamos a llegar a esa montaña donde está el parque de diversiones? *¡Dímelo,* por favor!
SR. CASTELLÓN	*Déjanos* en paz, Pepe. Y *siéntense,* niños, por favor—vamos a parar. *(Para el auto.)* A ver..., Silvia, *dame* el mapa y busca una manzana en la bolsa. *Dásela* a Pepe…
SRA. CASTELLÓN	¿Otra vez estamos perdidos? Mejor salgo a preguntar.
PAQUITA	¡Qué bien! ¡Qué bien! ¡Llegamos!
SRA. CASTELLÓN	No, niños. *Quédense* en el auto. *No me sigan… (Sale del auto y regresa en unos minutos.)* Dice el señor que hay que volver hasta el monumento a Colón, seguir derecho por el Paseo de Colón* y después doblar a la derecha.

---

*Just off the harbor in Barcelona is the Columbus Monument, an iron column with a bronze statue of Columbus. The Paseo de Colón, a boulevard lined with palms, runs from the Monument along the harbor.

SR. CASTELLÓN	¡Pero no puede ser! Tenemos que doblar a la izquierda allí…
SRA. CASTELLÓN	*Cálmate,* Mario. Ten paciencia.
	Media hora más tarde.
SR. CASTELLÓN	Niños, ¡estamos en el parque de diversiones! ¡Miren! ¡Véanlo con sus propios ojos! Pero, ¿qué les pasa? ¡*Despiértense! ¡No se duerman* ahora!
LOS NIÑOS	Zzzzzzzzzzz.

1. ¿Dónde está la familia Castellón?   2. ¿Qué quieren saber los niños?   3. ¿Por qué para el señor Castellón?   4. ¿Qué hace la señora Castellón?   5. Según el señor, ¿qué deben hacer?   6. Cuando llegan al parque de diversiones, ¿qué están haciendo los niños?

In Barcelona, where the Castellón family, tourists from Ecuador, are traveling by car with their three children. PEPE: Papa, I'm hungry. When are we going to arrive at that mountain where the amusement park is? Tell me, please! SR. CASTELLÓN: Leave us in peace, Pepe. And please sit down, children; we're going to stop. *(He stops the car.)* Silvia, give me the map and look for an apple in the bag. Give it to Pepe . . . SRA. CASTELLÓN: Are we lost again? I'd better get out to ask. PAQUITA: Great! Great! We're here! SRA. CASTELLÓN: No, children. Stay in the car. Don't follow me . . . *(She gets out of the car and comes back in a few minutes.)* The gentleman says that we have to go back to the Colón monument, continue straight ahead along the Paseo de Colón, and then turn right. SR. CASTELLÓN: But that can't be! We have to turn left there . . . SRA. CASTELLÓN: Calm yourself, Mario. Be patient. *(A half hour later.)* SR. CASTELLÓN: Children, we're at the amusement park! Look! See for yourselves! But, what's wrong with you? Wake up! Don't fall asleep now! THE CHILDREN: Zzzzzzzzzzz.

• •

A. Object and reflexive pronouns are attached to affirmative commands, familiar and formal. The stressed vowel of the command form is still stressed when pronouns are attached. In order to comply with the rules for word stress (see Apéndice I), an accent mark must usually be written over the stressed vowel.

Lee la guía turística. Léela (tú).	*Read the tourist guide. Read it.*
Pónganse los pijamas.	*Put on your pajamas.*
Denle (ustedes) los regalos a tía Carmen.	*Give the gifts to Aunt Carmen.*
Perdónenme (ustedes).	*Pardon (excuse) me.*

B. Object pronouns precede negative commands, familiar and formal.

No cierres la puerta. No la cierres (tú).	*Don't close the door. Don't close it.*
No te preocupes.	*Don't worry.*
No saque la foto aquí. No la saque aquí.	*Don't take the photo here. Don't take it here.*
No les digan (ustedes) eso.	*Don't tell them that.*

C. When both a direct object pronoun and an indirect object pronoun are used, the indirect object pronoun precedes the direct object pronoun, just as with statements or questions. Remember that **se** replaces the indirect object pronouns **le** and **les** when they are used with **la, lo, las** or **los.**

Dímelo. No me lo digas (tú).	*Tell me (it). Don't tell me (it).*
Déjenselos.	*Leave them for them (him, her).*
No se los dejen (ustedes).	*Don't leave them for them (him, her).*

EJERCICIOS

A. ¡Háganlo ahora! Work with a classmate, taking turns making affirmative commands. Replace the nouns with object pronouns.

> **MODELO** Escribe la carta. Susana.
> **Escríbela, Susana.**

1. Lee tu lección, Pablo.
2. Compra frutas, Carmela.
3. Abre tu maleta, Marcelo.
4. Lleva esta camisa verde, Miguel.
5. Cuente su dinero, señora.
6. Deje los cheques aquí, señor.
7. Pidan la guía turística, chicos.
8. Pongan los sombreros negros allí, señores.

B. ¡No lo hagan! Now take turns making negative commands. Replace the nouns with object pronouns.

> **MODELO** No busques los calcetines allí, Teresa.
> **No los busques allí, Teresa.**

1. No traigas los trajes de invierno, Mónica.
2. No hagas esas cosas, Antonio.
3. No ponga el paraguas en la mesa, señorita.
4. ¡No perdonen a esas muchachas, amigos!
5. No comas estos postres, Paco.
6. No deje ese impermeable allí, señor.
7. No cuenten sus secretos, chicas.
8. No crucen la calle, niños.

C. Órdenes de papá. Roberto and Carolina's father is away for a few days on a trip. He left a note with a list of things they should do while he's away. Using the reflexive verbs and the names provided, write the commands or suggestions he leaves for them. Use the **tú** or **ustedes** form, as appropriate.

> **MODELOS** acostarse temprano hoy (Roberto y Carolina)
> **Acuéstense temprano hoy.**
> irse al banco mañana (Carolina)
> **Vete al banco mañana.**

1. levantarse a las siete (Roberto)
2. acostarse antes de las doce (Carolina)
3. sentarse a la mesa con Roberto (Carolina)
4. irse al cine el viernes (Roberto y Carolina)
5. vestirse bien si van al concierto (Roberto y Carolina)
6. divertirse este fin de semana (Roberto y Carolina)

D. Anuncios diversos. Work with a classmate to design advertisements for familiar products, like the ad above for Post-it.™ Be sure to use command forms and pronouns. Share your ads with the whole class.

• •

IV. EL PRETÉRITO DE LOS VERBOS REGULARES

No me pises   *Don't step on*

En una tienda de Barcelona

SRA. RODRÍGUEZ   Buenas tardes, señor. Necesito comprar ropa de invierno. Mi marido me *llamó* de la oficina para decirme que en dos días ¡viajamos a Boston!

DEPENDIENTE   ¡Un viaje a Boston! ¡Qué lindo! ¿Ya *visitó* los Estados Unidos antes?

SRA. RODRÍGUEZ	Sí, *viajé* a Boston con mi marido el año pasado y no me *gustó*. *Llovió* casi todos los días y ¡*nevó* dos veces!
DEPENDIENTE	Entonces, para la lluvia, señora, usted necesita este impermeable. Lo tenemos en amarillo claro y en azul oscuro y vendemos paraguas de muchos colores... rojo, verde, azul oscuro...
SRA. RODRÍGUEZ	Pero, señor, usted no comprende. Es que no quiero ir a Boston. ¡Hace mucho frío allí!
DEPENDIENTE	Para el frío, señora, este abrigo elegante y abrigado...
SRA. RODRÍGUEZ	Pero... el año pasado, no salí mucho del hotel.
DEPENDIENTE	Pues... con este abrigo y ese impermeable, señora, ¡usted puede salir todos los días, visitar todos los sitios históricos de Boston y asistir a muchos conciertos!
SRA. RODRÍGUEZ	¡Usted tiene razón! ¡Mil gracias! Y a propósito, ¿cuánto cuesta todo esto?

1. ¿Por qué necesita comprar ropa de invierno la señora Rodríguez?   2. ¿De dónde la llamó su marido? ¿Para qué?   3. ¿Adónde viajaron ellos el año pasado? ¿Le gustó a ella el viaje? ¿Por qué sí o por qué no?   4. ¿Qué le recomienda el dependiente para la lluvia? ¿Cómo es el abrigo que él le desea vender?   5. Cuando sale de la tienda, ¿cree usted que está contenta la señora? ¿Por qué?

In a Barcelona shop. MRS. RODRÍGUEZ: Good afternoon, sir. I need to buy winter clothing. My husband called me from the office to tell me that in two days we're traveling to Boston! CLERK: A trip to Boston! How nice! Have you already visited the United States before? MRS. RODRÍGUEZ: Yes, I traveled to Boston with my husband last year and I didn't like it. It rained almost every day and it snowed twice! CLERK: Then, madam, for the rain you need this raincoat. We have it in light yellow and dark blue and we sell umbrellas in many colors . . . red, green, dark blue. . . . MRS. RODRÍGUEZ: But, sir, you don't understand. It's that . . . I don't want to go to Boston. . . . It's very cold there! CLERK: For the cold, madam, this elegant and warm overcoat. . . . MRS. RODRÍGUEZ: But . . . last year, I didn't go out of the hotel very much. CLERK: Well . . . with this overcoat and that raincoat, madam, you can go out every day, visit all the historic sites of Boston, and attend many concerts! MRS. RODRÍGUEZ: You're right! Thank you very much! By the way, how much does all this cost?

• •

The preterit is used to relate actions or events that occurred and were completed at a specific time or within a definite period in the past.

A. The preterit of regular **-ar** verbs is formed by adding the endings **-é, -aste, -ó, -amos, -asteis, -aron** to the stem.

comprar	
compré	compramos
compraste	comprasteis
compró	compraron

Ayer yo me compré unos jeans muy lindos.	*Yesterday I bought myself some very nice jeans.*
Anoche ellos cenaron a las nueve.	*They had dinner at 9 o'clock last night.*

B. The preterit of regular **-er** and **-ir** verbs is formed by adding the endings **-í, -iste, -ió, -imos, isteis, -ieron** to the stem.

volver		escribir	
volví	volvimos	escribí	escribimos
volviste	volvisteis	escribiste	escribisteis
volvió	volvieron	escribió	escribieron

¿No volviste a la tienda la semana pasada?	*Didn't you go back to the store last week?*
Mi tía me escribió desde Mallorca.	*My aunt wrote me from Mallorca.*

C. Notice that, in contrast to present-tense forms, regular preterit forms are stressed on the endings and not the stems: **Llego temprano.** *(I arrive early.)* **Llegó temprano.** *(He [she] arrived early.)* Notice also that the **nosotros** forms of **-ar** and **-ir** verbs are the same in the preterit as they are in the present tense.

	Present	*Preterit*
-ar verbs	compramos	compramos
-er verbs	volvemos	volvimos
-ir verbs	escribimos	escribimos

D. A number of verbs have a spelling change in the first person singular of the preterit. Verbs ending in **-gar, -car,** and **-zar** have the following spelling changes, respectively: **g** to **gu, c** to **qu,** and **z** to **c.** These changes are required to preserve the sound of the last syllable of the infinitive.

llegar		tocar		cruzar	
llegué	llegamos	toqué	tocamos	crucé	cruzamos
llegaste	llegasteis	tocaste	tocasteis	cruzaste	cruzasteis
llegó	llegaron	tocó	tocaron	cruzó	cruzaron

Llegué a las ocho anoche.	*I arrived at eight last night.*
Toqué el piano por dos horas.	*I played the piano for two hours.*
Crucé la calle con cuidado.	*I crossed the street carefully.*

E. Verbs such as **creer** and **leer** show a spelling change in the third person singular and plural: **creyó, creyeron; leyó, leyeron.** This change is made because an **i** between two vowels becomes a **y.** The other preterit forms of these verbs are regular.

Jorge leyó que los edificios del famoso arquitecto Gaudí son muy interesantes.	*Jorge read that the famous architect Gaudí's buildings are very interesting.*
¿De veras? ¿Creyeron su historia?	*Really? They believed his story?*

F. The verb **nacer** *(to be born)* is used almost exclusively in the preterit.

¿Dónde naciste? Nací en Gerona.	*Where were you born? I was born in Gerona.*

G. The following expressions are often used with the preterit:

anoche	*last night*	ayer	*yesterday*
el año pasado	*last year*	la semana pasada	*last week*

EJERCICIOS

A. ¿Otra vez? ¡No lo puedo creer!   Mrs. Fernández is talking to her son Nicolás. Working with a classmate, take turns playing the roles of Mrs. Fernández and Nicolás. Respond as Nicolás would, saying that the same things happened yesterday.

MODELOS Hoy tocas el piano.
> **¡Pero ayer toqué el piano también!**

Hoy Ana llega tarde.
> **¡Pero ayer llegó tarde también!**

1. Hoy corro por el parque.
2. Hoy Ana lleva una blusa azul.
3. Hoy te levantas temprano.
4. Hoy escribo cartas.
5. Hoy tú y Ana preparan la cena.
6. Hoy tu papá sale con sus amigos.
7. Hoy comemos después del partido de fútbol.

B. El sábado pasado.   Look at the pictures and describe what the people did last Saturday. A few infinitives are listed by each picture to give you ideas. Give at least two sentences for each picture.

MODELO

cantar, empezar, gustar

El sábado pasado Juan Gabrial cantó en el Teatro Nuevo. Nos gustó mucho el concier-to. El concierto empezó a las ocho y termi-nó a las diez y media.

visitar, llegar, abrir, salir

aprender, perder, ganar, correr

hablar, llamar, trabajar, llevar

cenar, comer, beber, gustar

estudiar, leer, buscar

Entrevista _____

With a classmate, take turns asking and answering the following questions.

1. ¿A qué hora cenaste anoche?   2. ¿Miraste televisión?   3. ¿Leíste un libro? ¿Qué libro?   4. ¿Saliste anoche? ¿Visitaste unos amigos?   5. ¿Asististe a un concierto o a un partido de fútbol la semana pasada?   6. ¿A qué hora llegaste a clase? ¿A qué hora te levantaste hoy?   7. ¿Dónde naciste? ¿Cuándo?

La Casa Milá, Barcelona

VIÑETA CULTURAL: LA ARQUITECTURA DE ANTONI GAUDÍ

El Parque Güell, Barcelona

Antes de leer

Spanish words ending in **-ión** are always feminine. Scan the passage and find as many of these words as you can. There are six.

Antoni Gaudí y Cornet

Antoni Gaudí y Cornet (1852–1926) es el arquitecto más conocido° de Barcelona. Dedicó casi° cuarenta años de su vida a la construcción de la iglesia que es el símbolo de la ciudad: el templo de la Sagrada Familia°. (véase la foto en la pagina 189). En la obra de Gaudí, la naturaleza° es una inspiración constante. Por eso los sistemas de decoración reproducen elementos zoológicos y geológicos. Tal vez también por eso en su obra desaparecen° las líneas rectas°. Abundan las curvas° y observamos gran cantidad de formas geométricas nuevas.

Una de las grandes atracciones de la ciudad es la sección conocida como «la Barcelona Modernista» donde es posible ver las casas de Batilló y de Milá, que también son obras de Gaudí. La fachada° de la famosa Casa Milá es similar a un arrecife submarino°. Otra creación de Gaudí es el Parque Güell, donde él trató de crear una ciudad jardín°. El proyecto fracasó económicamente° y el terreno° se transformó en° un parque público. El parque Güell está situado en una colina°, al pie del monte° Tibidabo.

¿Le gusta a usted la idea de construir edificios sin líneas rectas? Pues, visite Barcelona para ver y estudiar las obras de Gaudí.

mas... *best known*

almost

el templo... *the Church of the Holy Family / nature*

disappear / **líneas...** *straight lines*
Abundan... *Curves are abundant*

the facade / **arricife...** *underwater reef*
una ciudad ... *city designed like / a garden*
fracasó... *failed financially / the area /* **se ...** *was changed into /* **al ...** *at the foot of the hill*

Después de leer

A. Comprensión. After reading the passage, answer the following questions.

1. ¿Qué edificio es el símbolo de la ciudad de Barcelona? 2. ¿Cuáles son algunas de las características de la obra de Gaudí? 3. ¿A qué se parece *(es similar)* la fachada de la Casa Milá? 4. ¿Qué trató de crear Gaudí en el Parque Güell? ¿Y qué es el Parque Güell ahora? ¿Dónde está? 5. ¿Conoce usted algún edificio con características similares a las obras de Gaudí? ¿Prefiere usted los edificios con muchas curvas? ¿Le gustan más las construcciones con líneas rectas? ¿Por qué?

B. Opiniones. With a classmate, discuss the works of Gaudí pictured on pages 189 and 205. Compare them to buildings familiar to you or to any buildings you have seen in pictures that were designed with curved lines. Prepare to defend your taste in architecture during a discussion with the whole class.

PARA ESCUCHAR

Vocabulario: **la talla** *size* **usar talla 40** *to wear size 40* (equivalent to U.S. size 12).

A. Situaciones. Listen to these three conversations which take place in a woman's clothing shop. Then write the number of the conversation in the box under the appropriate picture.

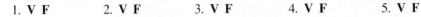

B. Comprensión. You will hear five statements based on the conversations. For each statement, circle V (verdadero) or F (falso). If the statement is false, be prepared to explain why.

1. **V F**   2. **V F**   3. **V F**   4. **V F**   5. **V F**

MÁS FUNCIONES *y actividades*

Expressing Hesitation

In this chapter you have seen examples of an important language function: making descriptions. Below you will find some additional expressions and activities related to the functions.

A ver.	*Let's see.*	Pues...	*Well . . .*
<u>Es que</u>	*The thing is that . . .* (literally, *It's that. . .*)	Bueno...	*Well. . .*
Buena pregunta.	*Good question.*	Depende de...	*It depends on . . .*

Actividades

A. **Descríbalos.** Imagine that you are in a Spanish-speaking country and you need the following items but don't know the Spanish words. Describe each item using the hints on pages 193–194 and, if necessary, gestures. (The Spanish words are given at the bottom of this section.)

1. blow dryer
2. bathing suit
3. blanket
4. clothes hanger
5. hotel or restaurant bill
6. toothpaste
7. credit card
8. spoon

B. **Mini-dramas.** Role-play the following situations in Spanish with one of your classmates. Be sure to express hesitation before answering the questions.

1. Your friend wants to know what sort of clothing to wear to a party.
2. A prospective freshman asks you about various aspects of campus and college life.
3. Your friend asks you to recommend a good movie or a good restaurant.
4. Your friend is going out on a blind date and would like some suggestions for topics of conversation or places to go.

1. el secador de pelo   2. el traje de baño   3. la manta o la frazada   4. la percha
5. la cuenta   6. la pasta de dientes   7. la tarjeta de crédito   8. la cuchara

---

PARA ESCRIBIR

A. **Mi rutina.** Choose a specific day in the past (recent or distant) and describe the major happenings in your routine that day. Use verbs in the preterite tense and include as many reflexive verbs as possible.

B. Entrevista. Based on an interview with a classmate, compose an article for your school newspaper about a student who is spending his or her junior year abroad, or is away on some sort of school trip. Play the roles of the interviewer and the person being interviewed. Be sure to describe the person's daily routine and use some of the new verbs you have learned.

VOCABULARIO ACTIVO

Cognados

la guía turística	la novela	el pijama	las sandalias
los jeans	el parque zoológico	la rutina	el suéter

Verbos

bajar (de)	to get off, get down from
caminar	to walk
cenar	to have dinner
dejar	to leave
decidir	to decide
doblar	to turn
llevar	to wear
nacer	to be born
pagar	to pay (for)
parar	to stop
subir (a)	to go up, to get into

preocuparse (por)	to worry (about)
quedarse	to remain, to stay
quejarse (de)	to complain
quitarse	to take off
reunirse (con) (with)	to get together, to meet
sentarse (ie)	to sit down
vestirse (i)	to get dressed

Verbos reflexivos

acostarse(ue)	to go to bed
acostumbrarse	to get used to
bañarse	to bathe
casarse (con)	to get married (to)
despertarse (ie)	to wake up
divertirse (ie)	to have a good time; to enjoy oneself
dormirse (ue)	to fall asleep
enfadarse	to get angry
enojarse	to get angry
graduarse	to graduate
irse	to leave, go away
lavarse	to wash (oneself)
levantarse	to get up
llamarse	to be named
mudarse	to move (change residence)
ponerse	to put on

La ropa Clothes, clothing

el abrigo	overcoat
la blusa	blouse
el bolso	pocketbook, purse
la bota	boot
los calcetines	socks
la camisa	shirt
la corbata	tie
la chaqueta	jacket
la falda	skirt
los guantes	gloves
el impermeable	raincoat
la lana	wool
las medias	stockings
los pantalones	pants
el paraguas	umbrella
la ropa interior	underwear
el sombrero	hat
el traje	suit; outfit
el traje de baño	bathing suit
el vestido	dress
el zapato	shoe
los zapatos de tenis	tennis shoes

Los colores

amarillo	*yellow*
anaranjado	*orange*
azul	*blue*
blanco	*white*
claro	*light*
gris	*gray*
marrón	*brown*
negro	*black*
oscuro	*dark*
rojo	*red*
verde	*green*
violeta	*purple*

Otras palabras y frases

anoche	*last night*
A propósito	*By the way*
ayer	*yesterday*
la bandera	*flag*
Claro	*Of course, sure*
demasiado	*too much* (adv.)
el parque de diversiones	*amusement park*

pasado	*last*
la semana pasada	*last week*
el año pasado	*last year*
próximo	*next*
la queja	*complaint*
la tintorería	*dry cleaners*
el viaje	*trip*

Expresiones útiles

A ver.	*Let's see.*
¿De qué color (tamaño) es…?	*What color (size) is . . . ?*
Es que…	*The thing is that . . .* (literally, *"It's that . . ."*)
Pues...	*Well . . .*

Cognado falso

asistir a	attend

Don't forget: Reflexive pronouns, page 190–192.

La música

En España hay una gran variedad de música y bailes folklóricos. En Cataluña, por ejemplo, bailan la sardana, un baile muy antiguo que refleja° el amor° que la gente siente por su región. En la foto vemos a un grupo de jóvenes catalanes° bailando la sardana delante de° la Catedral de Barcelona. En general, cada° región de España tiene su baile típico; la gente del lugar lo conoce y se divierte bailándolo, especialmente en las fiestas. Un baile famoso es el flamenco de Andalucía. Es un baile muy sensual, acompañado de° voz, guitarra y castañuelas°. Tradicionalmente, los gitanos° son los maestros° del flamenco.

reflects / love
young people from Cataluña / in front of / each

accompanied by / castanets / gypsies / masters

Catalanes bailando la sardana delante de la Catedral de Barcelona

También es rico y variado° el folklore de Hispanoamérica. Aquí la música y los bailes reflejan una combinación de elementos indígenas°, españoles y, a veces°, africanos. En general, los instrumentos musicales de cuerda° son de origen español, los de viento de origen indio, y los de percusión de origen africano. Instrumentos típicos hispanoamericanos son, por ejemplo, el arpa paraguaya°, las diferentes flautas° indígenas en la región de los Andes (la quena en el Perú o la zampoña en Bolivia); las guitarras y sus diversas variantes, como el charango° andino° o el guitarrón° de México.

varied
Indian / sometimes
string

Paraguayan harp
flutes
guitar made from shell of an armadillo / Andean / large guitar

Este hombre toca el arpa paraguaya.

El papel° de los trovadores y juglares° en la época medieval corresponde hoy día a los payadores° de la Argentina y del Uruguay que cantan melodías tristes sobre la vida solitaria del gaucho y sobre sus desilusiones amorosas.° En las fiestas, muchas veces los payadores compiten entre ellos, improvisando canciones (letra° y música) sobre temas° que les da el público.

Vemos en la fotografía a unos bailarines del famoso Ballet Folklórico de México. Pero la música mexicana no es la única° que busca su inspiración en el folklore. Así°, por ejemplo, las melodías tristes de la quena andina o los sonoros ritmos del Caribe tienen gran influencia en la música actual° de Hispanoamérica. Hoy día ésta es muy conocida° en todas partes del mundo. ¿Quién no baila o, por lo menos°, conoce ritmos típicos hispanoamericanos como el tango, la samba, la salsa, la rumba o el merengue...?

role / minstrels
Gaucho singers
love disappointments
lyrics
themes

the only one
Thus
present(time)
well-known / at least

Los bailarines del Ballet Folklórico de México

A. **Breve test musical.**   With a classmate, take turns asking and answering the following questions.

1. ¿Cómo se llama el baile típico de Cataluña? ¿Qué refleja?
2. ¿Qué combinación de elementos está presente en la música de Hispanoamérica?
3. ¿Puede nombrar dos o tres instrumentos típicos hispanoamericanos? ¿De dónde son?
4. ¿Dónde hay payadores? ¿Qué hacen?
5. ¿Dónde busca inspiración la música hispanoamericana? Y la música de los Estados Unidos, ¿dónde busca inspiración?
6. ¿Cuáles son algunos *(some)* de los ritmos típicos de Hispanoamérica? ¿Sabe usted bailar el tango? ¿la salsa? ¿un ritmo hispanoamericano? ¿Cuál?
7. ¿Conoce a uno o más cantantes hispanoamericanos? ¿A quién(es)?
8. ¿Conoce una o más canciones hispanoamericanas? ¿Cuál(es)? ¿Sabe cantarla(s)? ¿tocarla(s) en el piano o en la guitarra? ¿en el guitarrón? ¿en el arpa paraguaya?

B. **Posibilidades múltiples.**   Complete the sentences below by choosing the letter that corresponds to the correct answer. Follow the model.

MODELO   Los instrumentos de percusión son de origen
       a. indio   (b.) africano   c. español

1. El flamenco es un baile que asociamos con
  a. Galicia   b.   Andalucía   c.   Cataluña
2. Los maestros tradicionales del flamenco son
  a. los gitanos   b.   los catalanes   c.   los africanos
3. Los instrumentos de cuerda son de origen
  a. indio   b.   africano   c.   español
4. Y los instrumentos de viento son de origen
  a. indio   b.   africano   c.   español
5. La quena es un instrumento típico de
  a. Paraguay   b.   Perú   c.   Ecuador
6. Los payadores cantan melodías sobre la vida de
  a. los gitanos   b.   los trovadores   c.   los gauchos

El fútbol es el «rey de los deportes» en el mundo hispánico.

CAPÍTULO
nueve

DEPORTES Y DEPORTISTAS

VOCABULARIO. In this chapter you will talk about sports.

GRAMÁTICA. You will discuss and use:

- The preterit of stem-changing verbs
- The preterit of irregular verbs
- Special meanings of **saber, conocer, querer,** and **poder** in the preterit.

CULTURA. The chapter focuses on sports in various Hispanic communities in the U.S.

FUNCIONES

- Expressing relief
- Expressing surprise and anger

LA COMUNIDAD CUBANO-AMERICANA DE MIAMI Y OTRAS COMUNIDADES HISPANAS EN ESTADOS UNIDOS

Historia: La mayor parte de los cubanos están aquí como exiliados políticos del régimen de Fidel Castro. El primer grupo numeroso de inmigrantes llegó de Cuba en 1959 y el segundo en 1980. Hay cubanos en todos los estados, pero la gran mayoría vive en Miami, Florida, en el barrio conocido *(known)* como «La pequeña Habana», y en Union City, New Jersey. Además de *(besides)* los cubanos, hoy día hay también muchos centroamericanos en Miami: en general son refugiados políticos de Nicaragua y de El Salvador que llegaron allí en los años ochenta. Y en Nueva York, además de los puertorriqueños, viven actualmente *(at present)* hispanos de varios otros países: en la parte alta de la ciudad está el barrio dominicano, y en Queens (en la sección de Jackson Heights) hay muchos suramericanos: argentinos, colombianos, ecuatorianos y gente de otras nacionalidades.

"¿Sabía Ud. que…?" Hay muchos deportistas hispános famosos en Estados Unidos: en BÉISBOL—José Canseco, Rubén Sierra, Pedro Guerrero; en GOLF—Nancy López, Lee Treviño, Chi Chi Rodríguez; en FÚTBOL AMERICANO—Tony Casillas, Anthony Muñoz, Tom Flores; en BOXEO— Michael Carbajal, Julio César Chávez.

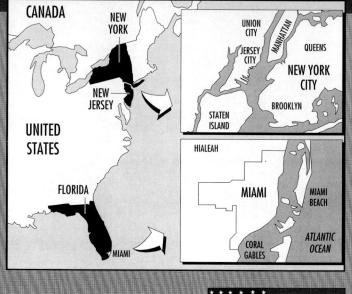

DEPORTES

la natación, nadar

el fútbol, jugar (al) fútbol

el tenis, jugar (al) tenis

los corredores
el correr (el jogging),
correr

los espectadores
los aficionados
el toro
el torero
la corrida de toros

la corrida de toros

el fútbol americano

los esquiadores
los esquíes
el esquí, esquiar

el pescador
la pesca, pescar

el patinaje, patinar

los atletas
la pista
el atletismo

el frontón
la pelota
la canasta
el jai alai, la cancha (*court*)

la golfista
el golfista
el golf

Asociación de ideas.   Give the first four or five words that come to your mind (nouns, adjectives, verbs, etc.) when you think of the sports listed below.

   MODELO   el golf   **jugar, pelota, calor, aburrido, fácil**

1.   el jai alai
2.   el tenis
3.   el fútbol americano
4.   el esquí
5.   la natación
6.   la corrida de toros

La palabra incorrecta.   Choose the word that does not belong and tell why.

1.   pelota, raqueta, esquí, abrigo
2.   aficionado, piscina, torero, toro
3.   llevar, jugar, nadar, esquiar
4.   básquetbol, béisbol, pista, fútbol
5.   jugador, pequeño, interesante, popular
6.   correr, cenar, patinar, pescar

Preguntas

1. ¿Cuántos jugadores hay en un equipo *(team)* de fútbol americano? ¿de fútbol? ¿de tenis? ¿de básquetbol? 2. ¿Juega usted al fútbol? ¿al tenis? ¿Qué deportes practica usted? 3. ¿Es usted aficionado(-a) al básquetbol? ¿al béisbol? ¿al fútbol? 4. ¿Con qué deporte(s) asocia usted a Fernando Valenzuela? ¿a Chris Evert? ¿a Babe Ruth? ¿a Kareem Abdul-Jabbar? ¿a Jimmy Connors? ¿a Bill Rodgers? ¿a Pelé? ¿a Larry Bird? ¿a Hank Aaron? ¿a Martina Navratilova? ¿a Refrigerator Perry? ¿a Michael Jordan? ¿a Diego Maradona?

I. EL PRETÉRITO DE VERBOS CON CAMBIOS EN LA RAÍZ

En una residencia estudiantil de la Universidad de la Florida

Cuando Alfonso *volvió* a su cuarto° a mediodía, *encontró* la siguiente nota debajo de su puerta:

Querido Alfonso:

Sentí no poder hablar contigo anoche. Te llamé a las once, después de ver a Gabriela Sabatini… ¡por televisión! *Repitieron* el programa que perdí° el año pasado, el partido° que ella jugó y perdió contra la española Arantxa Sánchez-Vicario. Pero, dime, ¿a qué hora volviste de Miami? ¿Qué tal el cumpleaños de Elena? *¿Se divirtieron* mucho? Llámame lo antes posible°. ¿Sabes que recibí una A+ en la clase de la profesora Kienzle? ¿Qué te parece? ¡Y tengo más buenas noticias°…! Espero tu llamada°.

Cariñosamente,°

Eva

Después de leer la nota de Eva, Alfonso la llamó inmediatamente. Como nadie contestó el teléfono, él dejó el mensaje que sigue en la contestadora automática de su amiga:

¡Hola, Eva! Te habla Alfonso. Recibí tu nota y, como ves, te la estoy contestando ahora mismo. ¡Cuántas preguntas, muchacha! Pero aquí van las respuestas. No te llamé anoche porque volví muy tarde. Pasé todo el fin de semana° en Miami, con papá, mamá y Elena. Sí, *nos divertimos* mucho en la fiesta de mi hermana. Ayer Elena y yo asistimos a un partido de jai alai; los dos perdimos unos dólares… pero con tu buena noticia, ¡ya olvidé mi mala suerte!° ¿Así que° recibiste una A+ en tu clase de latín? ¡Qué bien!° ¡Cuánto me alegro!° Eso hay que celebrarlo con una cena en tu restaurante favorito, ¿de acuerdo? Invito yo, ¡por supuesto! Chau…

---

cuarto *room* **perdí** *I missed* **partido** *match* **jugó** *played* **lo antes posible** *as soon as possible* **noticias** *news* **llamada** *call* **Cariñosamente** *Affectionately* **Pasé…** *I spent the whole weekend* **¡ya…!** *I've already forgotten my bad luck!* **Así que** *So* **¡Qué bien!** *Good!* **¡Cuánto me alegro!** *I'm so happy!*

1. ¿A quién llamó Eva? ¿A qué hora llamó ella?   2. ¿Miró ella televisión? ¿Qué programa repitieron anoche?   3. ¿Quiénes jugaron en ese partido? ¿Quién ganó y perdió?   4. ¿Qué nota recibió Eva en su clase de latín?   5. ¿Dónde pasó Alfonso el fin de semana? ¿Con quiénes?   6. ¿Se divirtió mucho él? ¿Dónde?   7. ¿Asistió Alfonso a un partido de jai alai? ¿Con quién? ¿Ganó o perdió dinero él?   8. ¿Asistió usted alguna vez a un partido de jai alai? ¿a una carrera de autos *(car race)*? ¿Ganó o perdió dinero en apuestas *(bets)* alguna vez? ¿Cuánto?

● ●

A. In the preterit, stem-changing is limited to **-ir** verbs. No **-ar** or **-er** verb changes its stem vowel in the preterit.

Infinitive		*Present*	*Preterit*
pensar (ie)		piensa	pensó
encontrar (ue)		encuentra	encontró
perder (ie)	usted	pierde	perdió
volver (ue)		vuelve	volvió
jugar (ue)		juega	jugó

La tenista encontró la raqueta en la cancha, cerca de la red.	The tennis player found the racket on the court, close to the net.
Ayer perdí el partido y hoy llegué tarde a la carrera de autos.	Yesterday I lost the match, and today I arrived late at the car race.

B. All **-ir** verbs that change their stem vowels in the present tense also show a stem-vowel change in the preterit in the third person singular and plural.

1. All **-ir** verbs showing the change **e → ie** or **e → i** in the present show the change **e → i** in the third person singular and plural of the preterit.

sentir (ie, i)		pedir (i, i)	
sentí	sentimos	pedí	pedimos
sentiste	sentisteis	pediste	pedisteis
sintió	**sint**ieron	**pid**ió	**pid**ieron

Other **(ie, i)** verbs like **sentir** include **divertir(se), mentir,** and **preferir.** Other **(i, i)** verbs like **pedir** include **repetir, seguir, servir,** and **vestir(se).**

Alfredo no te mintió. Él siguió cinco cursos el semestre pasado.	Alfredo didn't lie to you. He took five courses last semester.

2. Two **-ir** verbs showing the change **o → ue** in the present show the change **o → u** in the third person singular and plural of the preterit.

dormir (ue, u)	
dormí	dormimos
dormiste	dormisteis
durmió	**durm**ieron

Morir(se) *(to die)* is conjugated like **dormir.** No other verbs have this change.

El año pasado murieron tres toreros
  en las corridas de toros.
  ¡Qué barbaridad!

Last year three bullfighters died in the bull fights. How terrible!

EJERCICIOS

A.   ¿Otra vez? ¡No lo puedo creer!   Señora Fernández is talking to her son Nicolás. With a classmate, dramatize their conversation according to the model.

MODELO   SRA. FERNÁNDEZ   Hoy sirves la comida.
             NICOLÁS   **¡Pero ayer serví la comida también!**

1. Hoy vistes a Carlitos.
2. Hoy te acuestas temprano.
3. Hoy tu papá juega al fútbol.
4. Hoy tú y Raúl sirven la cena.
5. Hoy tu papá vuelve tarde.
6. Hoy Carlitos se despierta a las diez.
7. Hoy Carlitos duerme contigo.
8. Hoy empiezas tus lecciones temprano.

B.   El sábado pasado.   Look at the pictures and describe what the people did last Saturday. Use your imagination. (Several infinitives are listed by each picture to give you ideas.) Give at least two sentences for each picture.

MODELO

Roberto: preferir, jugar, dormir

El sábado pasado Roberto no salió con sus amigos. Él prefirió quedarse en casa y mirar un partido de fútbol por televisión. Según él, los dos equipos jugaron muy bien. Después del partido, él se acostó y durmió unas ocho horas.

1.

El señor Díaz: llamar, hablar, pedir un sándwich, preferir

2.

yo, «los aztecas», «los conquistadores»: asistir, jugar, perder, ganar

3.

Ramón y Ana Luisa: bailar hablar, divertirse, sentirse muy feliz (felices)

4.

Juana, Julia: despertarse, jugar, correr mucho, acostarse

5.

Susana, Jesús, el violinista: asistir, vestirse, escuchar música, tocar, volver

Entrevista

Ask a classmate the following questions, and then report the information to the class.

1. ¿A qué hora te despertaste esta mañana?   2. ¿Te sirvió el desayuno tu mamá?   3. ¿Te vestiste antes o después de desayunar?   4. ¿A qué hora saliste de casa?   5. ¿Te divertiste anoche? ¿Cómo te divertiste?   6. ¿A qué hora te acostaste anoche?   7. ¿Y dormiste bien?

FUNCIONES *y práctica*

Expressing relief

Here are some examples of an important language function: expressing relief. Study the expressions below and do the practice exercise that follows.

¡Qué bien!	*Good! (How nice!)*
¡Qué alivio!	*What a relief!*
¡Cuánto me alegro!	*How happy I am! (I'm so happy!)*
¡Qué alegría!	*How wonderful (literally, "What happiness!")*
¡Qué suerte!	*How lucky! (How fortunate!)*
¡Por fin!	*Finally! (When something good has finally happened)*
Gracias a Dios.	*Thank God. (Thank goodness.)*

Práctica _____

Reacciones espontáneas. With a classmate, alternate role-playing the following situations and reacting to each one of them.

1. Su mamá le cuenta que su hermano(-a) sufrió un accidente, pero por suerte ya salió del hospital y está bien.
2. Hoy la profesora les devolvió *(returned)* la tercera prueba de español y usted sacó «A» (después de recibir «D» y «C» en las dos primeras pruebas).
3. Su hermana le cuenta que el fin de semana pasado asistió a un partido de jai alai y ganó cien dólares.
4. Son las once de la noche y usted está en el aeropuerto desde *(since)* las ocho, esperando a unos amigos argentinos que viajan por American Airlines. Está muy preocupado(-a) cuando escucha que anuncian la llegada *(arrival)* del vuelo número 254 de AA que salió de Buenos Aires a las cuatro de la tarde.
5. Su compañero(-a) de cuarto le cuenta que el equipo de fútbol de su universidad ganó por un punto (3 a 2) el partido que jugó anoche contra el equipo rival. Según él (ella), los dos equipos jugaron muy bien.

II. EL PRÉTERITO DE VERBOS IRREGULARES

Pedro Guerrero, super-estrella de los *Cardinals* de St. Louis

Una conversación telefónica entre dos amigos cubano-americanos en St. Louis.

RODOLFO *Fui* a tu casa el viernes de noche, pero como° no vi luz° en tu ventana volví a casa. ¿Qué *hiciste* esa noche?

JULIO *Fui* al partido de béisbol. Lolita me *dio* las entradas. Ella y su esposo no *pudieron* ir.

RODOLFO	¡Qué lástima!° Y el partido..., ¿*estuvo* bueno?
JULIO	Pedro Guerrero, la super-estrella° de los *Cardinals, hizo* tres carreras°.
RODOLFO	¿Qué increíble!° ¡Pero *dijeron* en la radio que los *Cardinals* perdieron...!
JULIO	Sí, *tuvieron* mala suerte en la última entrada°. El lanzador° de los *Dodgers* cogió° una pelota casi imposible. Los *Cardinals* perdieron pero ¡*fue* un partido muy emocionante°!

como *since*   **luz** *light*   **¡Qué lástima!** *What a shame!*   **la super-estrella** *superstar*   **hizo tres carreras** *scored three runs*   **¡Qué increíble!** *That's incredible!*   **entrada** *inning*   **lanzador** *pitcher*   **cogió** *caught*   **emocionante** *exciting*

1. ¿Cuándo fue Rodolfo a casa de Julio? ¿Por qué no lo encontró?   2. ¿Quién le dio las entradas a Julio? ¿Por qué?   3. Según Julio, ¿fue aburrido o emocionante el partido? ¿Por qué?   4. ¿Por qué perdieron los *Cardinals*?

● ●

A. Several important verbs in Spanish are irregular in the preterit, in both their stems and endings. These forms do not have written accents.

Infinitive	Preterit Stem	Preterit Endings
hacer	hic-	
querer	quis-	
venir	vin-	-e
poder	pud-	-iste
poner	pus-	-o
saber	sup-	-imos
		-isteis
andar	anduv-	-ieron
estar	estuv-	
tener	tuv-	

The endings in the chart are attached to the stems shown. **Hacer** is the only verb with a spelling change; the third-person singular form is **hizo. Haber,** which has the form **hay** in the present, in the preterit has the form **hubo** *(there was, there were).*

Paco hizo una carrera. ¡Cuánto me alegro!	*Paco made (scored) a run. How happy I am!*
¿Hubo un accidente aquí? Sí, tuve un pequeño accidente.	*Was there an accident here? Yes, I had a little accident.*
Los aficionados vinieron temprano.	*The fans came early.*

B. Decir and **traer** are also irregular in the preterit, but note that the third-person plural ending after **j** is **-eron, not -ieron.**

decir		traer	
dije	dijimos	traje	trajimos
dijiste	dijisteis	trajiste	trajisteis
dijo	di**jeron**	trajo	tra**jeron**

Dijeron que también lo vieron anoche en el bar. ¡Eso es demasiado!	*They said they also saw him last night in the bar. That's too much!*
Ana me trajo una raqueta y tres pelotas nuevas. ¡Qué amable!	*Ana brought me a racket and three new balls. How nice!*

Verbs ending in **-ducir** change **c** to **j** in the preterit, with the **-eron** ending in the third person plural.

conducir	*to drive*
conduje	condujimos
condujiste	condujisteis
condujo	condujeron

Other verbs like **conducir** include **traducir** and **producir.**

¿Y condujiste su coche nuevo sin su permiso? ¡Eso es el colmo!	*And you drove his new car without his permission? That's the last straw!*
Un poeta cubano-americano tradujo esos poemas.	*A Cuban-American poet translated those poems.*

C. Ir and **ser** have the same forms in the preterit.

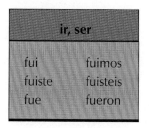

ir, ser	
fui	fuimos
fuiste	fuisteis
fue	fueron

Fuimos a la piscina a nadar. Roberto Clemente fue un gran deportista. Murió en 1972.	*We went to the swimming pool to swim. Roberto Clemente was a great athlete. He died in 1972.*

D. Dar, an irregular **-ar** verb, requires the **-er, -ir** preterit endings, though without accent marks.

dar	
di	dimos
diste	disteis
dio	dieron

Creo que te di el dinero para los esquíes, ¿no?

I believe I gave you the money for the skis, right?

EJERCICIOS

A. Para escoger y completar. Fill in each blank with the appropriate preterit form of one of the verbs suggested in parentheses. (One verb may fill two blanks in a sentence.)

1. **(decir / dar)** Carmen me _____ las entradas, y yo se las _____ a mi hermano.
2. **(tener que / traer)** Martina no _____ la raqueta. El Club Universo _____ prestarle una raqueta nueva.
3. **(ser / ir)** Anoche Santiago y yo _____ a nadar en la piscina de los Martínez y ustedes _____ al cine, ¿verdad?
4. **(conducir / hacer)** ¿Quién _____ el auto de Rita? Primero _____ yo y después Rafael.
5. **(morir / haber)** _____ una tragedia en el barrio anoche. _____ seis personas.
6. **(hacer / poder)** Nuestro equipo _____ tres carreras pero el otro equipo _____ cinco.

B. La invención. With a classmate, take turns creating and answering questions using the cue words given and verbs in the preterit.

MODELOS   pescar ayer

ESTUDIANTE 1   **Abuelo y yo fuimos a pescar ayer.**

ESTUDIANTE 2   **¿Por qué no me llevaron con ustedes a pescar ayer?**

1. jugar tenis el miércoles pasado
2. tomar tres tazas de café esta mañana
3. bailar el sábado pasado
4. ir al partido de fútbol la semana pasada
5. ver una película fascinante
6. hablar por teléfono ayer

C. ¿Qué voy a escribir en mi diario? Every night you write down the day's events in your journal. Write ten events that happened in your life yesterday.

MODELO   **Hoy Marina y yo caminamos mucho. Pasamos toda la tarde en el centro. Primero comimos en un restaurante. Luego, ella me llevó a…**

Entrevista _____

Interview a classmate, using the following questions and others you may wish to add.

1. ¿Cuál fue el último partido de fútbol (tenis, béisbol) que viste?   2. ¿Adónde fuiste ayer?   3. ¿Qué hiciste durante el fin de semana?   4. ¿Tuviste que estudiar para un examen la semana pasada?   5. ¿Qué trajiste a clase hoy?   6. ¿Dónde pusiste tus cosas—libros, cuadernos, lápices, dinero—cuando te sentaste?   7. ¿Viniste a clase temprano hoy? ¿y ayer?   8. ¿Te acostaste muy tarde anoche? ¿A qué hora? ¿Y a qué hora te despertaste esta mañana?

● ●

III. CONNOTACIONES ESPECIALES DEL PRETÉRITO DE *SABER, CONOCER, QUERER* y *PODER*

Un partido de fútbol universitario es un espectáculo emocionante.

En el estadio de fútbol de Miami, Florida

MARIO   ¡Qué sorpresa° encontrarte aquí, Jaime! ¿Qué tal, Susana?

SUSANA   Bien… y veo que ustedes ya se conocen. ¿Cuándo *se conocieron*°?

JAIME   *Nos conocimos* en 1988, aquí en la Universidad de Miami. Jugamos en el mismo° equipo de fútbol.

SUSANA   ¡Ah, qué interesante! Y hablando de fútbol, ¿oyeron la buena noticia°? *Supe*° esta mañana que el famoso Raúl Guillén de UCLA no juega hoy.

JAIME   ¿Por qué no?

SUSANA   No sé… *No pude* enterarme° de los detalles. Me dijo Carlos que Guillén tiene un problema y *no quiso*° venir a Miami.

MARIO   Pues, sin él los jugadores de UCLA *pudieron* vencer° al equipo de Stanford la semana pasada, así que ¡todavía es° muy temprano para cantar victoria°!

¡Qué sorpresa…! *What a surprise . . . !* **se conocieron** *did you meet (each other)* **mismo** *same* **noticia** *news* **Supe** *I found out* **No pude enterarme** *I couldn't find out* **no quiso** *refused* **pudieron vencer** *were able to defeat (succeeded in defeating)* **todavía es** *it is still* **cantar victoria** *to celebrate* (literally, *to sing victory*)

1. ¿Cuándo y dónde se conocieron Jaime y Mario? ¿Cómo se conocieron ellos? 2. ¿Qué supo Susana del equipo de UCLA? ¿Pudo enterarse de los detalles? 3. ¿Qué le dijo Carlos a Susana? 4. Según usted, ¿cree Mario que los jugadores de UCLA pueden vencer al equipo de La Universidad de Florida sin Guillén? Comente su respuesta.

• •

The following verbs have special English translations in the preterit: **saber** and **conocer** *(to know)*, **querer** *(to want, wish),* and **poder** *(to be able, can).*

Preterit of:	*English translation*
saber	*to find out*
conocer	*to meet, to make the acquaintance of*
querer *(affirmative)*	*to try to*
querer *(negative)*	*to refuse*
poder *(affirmative)*	*to be able to, to manage to*
poder *(negative)*	*to try, but fail to*

Ellos conocieron a María en la fiesta.	*They met María (for the first time) at the party.*
Recientemente supimos que ganó tu equipo.	*Recently we found out (learned) that your team won.*
Marta no quiso casarse.	*Marta refused to get married.*
Quise ir al partido pero no pude.	*I tried to go to the game but could not.*
Juan no pudo encontrar su raqueta.	*Juan could not (tried but failed to) find his racket.*
La semana pasada ella pudo nadar una milla sin parar.	*Last week she was able to (managed to) swim a mile without stopping.*

EJERCICIO

Preguntas y respuestas. Working with a classmate, create questions and answers as suggested by the model.

> **MODELO** ¿Cuándo? / saber la noticia (tú—ayer)
> ESTUDIANTE 1 **¿Cuándo supiste la noticia?**
> ESTUDIANTE 2 **La supe ayer.**

1. ¿Dónde? / conocer a Pablo (tú—en una fiesta)
2. ¿Adónde? / no querer ir (ustedes—a clase)
3. ¿Qué? / no poder entender (Jorge—la película)
4. ¿Cuándo? / saber la nota del examen (ellos—esta mañana)
5. ¿A quién? / conocer / en el centro estudiantil (Ana y Pedro—al profesor Rivera)
6. Qué / querer visitar (Los Jiménez—La Pequeña Habana)

Preguntas

1. ¿Cuándo conoció usted a su profesor(a) de español? 2. ¿Hubo examen en esta clase la semana pasada? ¿en su clase de matemáticas (física, filosofía, literatura, historia…)? 3. ¿Cuándo supo usted la nota *(grade)* de su último examen? ¿Cómo le fue? 4. ¿Practica usted deportes? ¿Qué deportes? 5. ¿Es usted aficionado al béisbol (básquetbol, fútbol, fútbol americano, vólibol, tenis)? 6. ¿Cuál es su equipo favorito? ¿Ganó su equipo recientemente? ¿Perdió? ¿Qué hizo usted cuando supo que su equipo ganó (perdió)?

VIÑETA CULTURAL: LA PRESENCIA HISPANA EN LOS DEPORTES DE ESTADOS UNIDOS

Gabriela Sabatini, la famosa tenista argentina

Antes de leer

Vocabulario de deportes.   The Spanish sports vocabulary is full of cognates as well as words borrowed from English. Scan the following article and indicate which words you find of this kind. (Some words you'll find are: **atletas, records, baseball,** etc.)

Now read the selection (excerpts from «Los atletas hispanos en el deporte de U.S.A.», an article by Sarvelio del Valle which appeared in *Réplica*). If you come to a word that was not in an earlier chapter and has not been glossed, it is probably a cognate; try to guess its meaning.

Los atletas hispanos en el deporte de U.S.A.

Por Sarvelio del Valle

Los Estados Unidos de Norteamérica siempre han representado° la meca deportiva del mundo. Un atleta de cualquier parte, por maravillosos que parezcan° los records que ha conseguido° no puede alcanzar° de ninguna manera° el reconocimiento° instantáneo a nivel internacional que proporciona° el triunfo en suelo° norteamericano. [. . .]

Hoy por hoy, cientos de atlétas hispanos prueban su suerte en el vasto campo deportivo que representa esta nación y nosotros nos vamos a dar a la tarea de hacer un recuento°. [. . .]

Pero indudablemente que es en el boxeo profesional donde ahora México tiene su mejor representación en el campeón mundial de los pesos ligeros° Julio César Chávez.

Julio César se mantiene invicto° y en 1988 estuvo considerado junto a Mike Tyson el mejor boxeador profesional. [. . .]

La figura más destacada° en los deportes en la Argentina es el futbolista Diego Armando Maradona, pero Maradona realiza sus actividades en Europa, pero siguiéndole los pasos° a Maradona y la primera figura en los deportes en representación de la Argentina en los Estados Unidos es la joven tenista Gabriela Sabatini, que aspira junto a Steffi Graff a ser considerada la primera raqueta del mundo. [. . .]

Y de la madre patria°, de España, hay que hacer un aparte para el golfista Severiano Ballesteros.

El extraordinario golfista, pese a no pertenecer° a la Asociación de Golfistas Profesionales de los Estados Unidos, consiguió ganar ocho torneos en otros tantos países para ser considerado el mejor en el año de 1988. [. . .]

Gi Gi Fernández, pese a° su extrema juventud ya está conceptuada entre las mejores tenistas del mundo. Con fortaleza° y precisión en sus envíos y rapidez en sus piernas, la joven puertorriqueña parece encaminada a° lograr los éxitos que antes que ella han obtenido° Chris Evert y Martina Navratilova en los pasados años y ahora la alemana Steffi Graff.

Pedro Guerrero, que por muchos años brillara° con el uniforme de los Dodgers de Los Ángeles, pasó a los Cardenales del San Luis y en 1988 bateó para un sólido promedio° de 286. Guerrero va para su décima segunda campaña° y sigue constituyendo un dolor de cabeza para los pitchers rivales. Tony Peña en la difícil posición de catcher sigue siendo considerado uno de los mejores en el negocio° y ésta va a ser su décima campaña. [. . .]

Mary Jo Fernández, es una risueña° esperanza en el tennis internacional. La simpática muchachita ha logrado colarse con tesón y audacia° como un nombre conocido entre las grandes figuras del tenis femenino mundial.

Y Cuba que siempre fuera considerada el mejor exponente hispano en el baseball, por las razones que todos conocen, estuvo durante algunos años dependiendo de sólo algunos veteranos que como Tony Pérez y Dagoberto Campaneris demostraron una durabilidad increíble.

Hoy, en otros renglones° deportivos la presencia de Cuba en los Estados Unidos es notable, como lo fuera en otras épocas.° Alberto Salazar, una maravilla en el maratón. Salazar vuelve por sus fueros° en 1989 des-pués de haber estado alejado de las competencias° por problemas físicos. Y todavía su record en el maratón de la ciudad de New York sigue vigente.° [. . .]

Con éstos nombres querido lector° y alguno que otro que podamos haber omitido, la presencia hispana en los deportes de la nación americana está asegurada por lo menos para la década del noventa. Pero, quieren ustedes apostar° que para después del año 2000 esta enorme cantidad de figuras del deporte parecerán irrisorias° a los que estarán° para ese entonces representándonos en las competencias deportivas.

Nosotros apostamos a ello, ¿y usted querido lector?

han... have represented
por... *no matter how wonderful they might seem* / **ha...** *has achieved* / *reach* / **de...** *by any means* / *recognition* / *gives* / *land, ground* / *inventory*

pesos... *lightweight*
unbeaten

prominent
footsteps

Motherland

pese... *although he does not belong*

pese... *in spite of*
strength
parece... *seems to be on the road to* / **han...** *have attained*
shined, excelled
average
season

business
cheerful, pleasant
ha... *has been able to place herself with tenacity and audacity*

lines
times
familiar territory / **después...** *after having been away from competitions* / **sigue...** *continues to be in force* / *reader*

bet

parecerán... *will seem ridiculous* / **a...** *to those who will be*

(de: *Réplica*, marzo 1, 1989 pág. 18-24)

Después de leer ──

A. De deportes y deportistas hispanos. En esta lectura se mencionan varios nombres de deportistas hispanos. Con un(a) compañero(-a), completen el cuadro de abajo con datos *(data)* del artículo, siguiendo el modelo para Pedro Guerrero, el primer nombre de la lista.

NOMBRE	NACIONALIDAD	DEPORTE	INFORMACIÓN ADICIONAL
Pedro Guerrero	**dominicano**	**béisbol**	**jugó para los Dodgers por muchos años**
Alberto Salazar			
Mary Jo Fernández			
Tony Pérez			
Julio César Chávez			
Diego A. Maradona			
Gabriela Sabatini			
Gi Gi Fernández			
Severiano Ballesteros			

B. Deducciones tentativas. Teniendo en cuenta los datos de la lectura y el cuadro *(table)* de arriba, complete las siguientes frases y comente o explique sus afirmaciones *(statements)*.

1. El deporte más (menos) popular entre los hispanos de Estados Unidos parece ser… porque…
2. Un deporte que aquí no está representado es… Creo que eso se puede explicar porque…
3. El único deporte (Los únicos deportes) con representación femenina es (son)… Pienso que eso es así porque…

PARA ESCUCHAR

A. Y ahora… ¡la sección deportiva! Listen to the following three sports reports. Match the numbers (1, 2, and 3) with the pictures. Write the number of the report in the box to the left of the appropriate headline.

VOCABULARIO

REPORTAJE 1: **Cognados:** medallas, balance, humanidad, atletas soviéticos, participaron, total, olímpicos, excepción, competiciones, imperio. **Otras palabras:** deportiva *sport (adj.),* mejores *best,* caída *fall,* gigante *giant,* mundial *world (adj.).*

REPORTAJE 2: **Cognados:** coleccionar, latinos, boom, condición original, panameño, popular, lucrativo. **Otras palabras:** estampas *cards,* convertirse *to become,* negocio *business,* vale *it costs,* Salón de la Fama *Hall of Fame,* ganancias *profits,* desconocidos *unknown,* invertir *to invest.*

REPORTAJE 3: **Cognados:** triunfo, selección nacional, fenómeno, se proclamó campeón, confederación, asociaciones, suramericanos, recientemente, entrenador, yugoslavo, dirección, rivales, victorias, goles, récord. **Otras palabras:** inesperado *unexpected,* torneo *tournament,* estrellas *stars,* éxito *success,* Mundial *World Cup,* derrotó *defeated,* saldo *balance.*

D E P O R T E S

El fútbol nacional da un gran paso

Con su triunfo en el torneo de la CONCACAF EE UU mejora sus posibilidades para 1994

Marcelo Balboa, estrella de la selección

D E P O R T E S

Fiebre de estampas sacude al béisbol

Coleccionar estampas de béisbol es apostar por talento que se revaloriza con el paso del tiempo

DEPORTES

——El final de la URSS, adiós a un gigante de oro——

EL TESORO DEL IMPERIO

AÑO	OLIMPIADA	ORO	PLATA	BRONCE	TOTAL
1952	Helsinki (Verano)	22	30	19	71
1956	Cortina (Invierno)	7	3	6	16
1956	Melbourne (Verano)	37	29	32	98
1960	Squaw Valley (Invierno)	7	5	9	21
1960	Roma (Verano)	43	29	31	103
1964	Innsbruck (Invierno)	11	8	6	25
1964	Tokyo (Verano)	30	31	35	96
1968	Grenoble (Invierno)	5	5	3	13
1968	Ciudad de México (Veran.	29	32	30	91
1972	Sapporo (Invierno)	8	5	3	16
1972	Mónaco (Verano)	50	27	22	99
1976	Innsbruck (Invierno)	13	6	8	27
1976	Montreal (Verano)	49	41	35	125
1980	Lake Placid (Invierno)	10	6	6	22
1980	Moscú (Verano)	80	69	46	195
1984	Sarajevo (Invierno)	6	10	9	25
1988	Calgary (Invierno)	11	9	9	29
1988	Seúl (Verano)	55	31	46	132
	TOTAL		376	355	1204

A. ROBLES

Los atletas soviéticos, dominadores del deporte mundial desde 1952

B. **¿Verdadero o falso?** Listen to the reports again. For each report you'll hear four comments, some true and some false. Circle V **(verdadero)** or F **(falso)** .

Reportaje 1: 1. V F   2. V F   3. V F   4. V F
Reportaje 2: 1. V F   2. V F   3. V F   4. V F
Reportaje 3: 1. V F   2. V F   3. V F   4. V F

MÁS FUNCIONES *y actividades*

In this chapter you have seen examples of an important language function: expressing relief. Below you'll find some additional expressions and activities related to the functions.

Expressing surprise and anger

¡Qué sorpresa!	*What a surprise!*
¡Qué lindo (amable, etcétera)!	*How pretty (kind, etc.)!*
¡Qué increíble!	*How amazing! (That's incredible!)*
¡Esto (Eso) es el colmo!	*This (That) is the last straw!*
¡Esto (Eso) es demasiado!	*This (That) is too much!*
¡Qué barbaridad!	*Good grief (How terrible! How absurd!)*

Actividades

A. Reacciones lógicas.   Match each comment from the column on the left with the most appropriate reaction from the column on the right. Follow the model.

MODELO   c   Abuela tiene ochenta años y todavía camina cinco millas
            ——todos los días.

_____ 1. Mirta sacó una "A" en el examen   a. ¡Qué barbaridad!
            de biología.

_____ 2. Hoy supe que ese jugador está   b. ¡Qué amables!
            muy enfermo.

_____ 3. Los Vega te llamaron para desearte   c. ¡Qué increíble!
            suerte en el partido.

_____ 4. Según el doctor, el tumor de papá   d. ¡Eso es el colmo!
            no es canceroso.

_____ 5. Te llegó un telegrama de España. Es   e. ¡Cuánto me alegro!
            de Luis, por tu cumpleaños.

_____ 6. La semana pasada me robaron la   f. ¡Qué alivio!
            bicicleta y ahora desapareció
            mi raqueta de tenis…   g. ¡Qué sorpresa!

B. Mini-drama.   You meet a visitor from a Hispanic country who has just arrived here. The visitor asks you questions about sports that are popular in this country. Perhaps he or she does not know how to play a particular sport, so you attempt to explain the rules. Finally, you and the visitor arrange a time to play the sport. You tell him or her what to wear, what to bring, and where to meet you.

PARA ESCRIBIR

Un partido emocionante.   Write a report (using the preterit tense) of an exciting sports event you saw, read or heard about recently. Describe the teams and the players, tell how they played, and who won.

VOCABULARIO ACTIVO

Cognados

el accidente	la competición	la estampa	el maratón
el, la atleta	cubano-americano	fascinante	la medalla
el básquetbol	el detalle	el golf	practicar
el béisbol	el espectador, la espectadora	el jai alai	la raqueta
el boxeo	el esquí	el jogging	el vólibol

Verbos

conducir (zc, j)	*to drive*
derrotar	*to defeat*
enterarse (de)	*to find out (about)*
ganar	*to win*
morir(se) (ue, u)	*to die*
patinar	*to skate*
producir (zc, j)	*to produce*
vencer (z)	*to defeat*

Deportes y deportistas — *Sports and athletes*

el aficionado, la aficionada	*fan, enthusiast*
el campeón, la campeona	*champion*
la cancha	*court; (sport) field* (e.g., cancha de fútbol)
el, la corredor(a)	*runner*
la corrida de toros	*bullfight*
el equipo	*team*
el esquiador, la esquiadora	*skier*
el fútbol	*soccer*
el fútbol americano	*football*
el, la futbolista	*football player*
el jugador, la jugadora	*player*
el nadador, la nadadora	*swimmer*
la natación	*swimming*
el partido	*match, game*
el patinaje	*skating*
la pelota	*ball*
la pesca	*fishing*
la piscina	*swimming pool*

la pista	*track*
la red	*net*
el torero	*bullfighter*
el toro	*bull*

Otras palabras y frases

así que	*so*
casi	*almost*
divertido	*amusing, funny*
emocionante	*exciting*
la luz	*light*
la milla	*mile*
la noticia	*(piece of) news*
por fin	*finally*
recientemente	*recently*

Expresiones útiles

¡Cuánto me alegro!	*How happy I am!*
¡Eso es demasiado!	*That is too much!*
Gracias a Dios.	*Thank God. (Thank goodness.)*
¡Qué alegría!	*How wonderful!*
¡Qué alivio!	*What a relief!*
¡Qué amable!	*How nice!*
¡Qué bien!	*Good (How nice!)*
¡Qué increíble!	*How amazing!*
¡Qué sorpresa!	*What a surprise!*

Unos españoles en bicicleta por las montañas cantábricas en el norte de su país

CAPÍTULO diez

LA SALUD Y EL CUERPO

VOCABULARIO. In this chapter you will learn to name the parts of the body and to express various states of health and sickness.

GRAMÁTICA. You will discuss and use:

- Comparisons of equality
- Comparisons of inequality and the superlative
- Expressions of obligation
- Affirmative and negative words

CULTURA. This chapter focuses on Northern Spain.

FUNCIONES

- Talking about health
- Making comparisons
- Expressing disbelief

EL NORTE DE ESPAÑA

EN ESTE CAPÍTULO VAMOS A VISITAR CINCO CIUDADES DEL NORTE DE ESPAÑA:

Ávila: la pintoresca ciudad natal de Santa Teresa, rodeada (*encircled*) de murallas (*walls*) antiguas que datan de la Edad Media (*Middle Ages*).

Salamanca: ciudad renacentista y sitio de la universidad más antigua de España (1218).

Santander: puerto en la costa del Mar Cantábrico, rodeado de colinas (*hills*) que suben hasta las montañas de la Cordillera Cantábrica.

Burgos: ciudad natal de Rodrigo Díaz de Vivar, héroe nacional de España, más conocido como "El Cid"; sitio de una de las más bellas catedrales góticas de España.

Santiago de Compostela: ciudad que lleva ese nombre en honor a Santiago el Mayor, el santo patrón de España; sitio de peregrinaje (*pilgrimage*) desde la Edad Media.

"¿Sabía Ud. que…?" En las tres regiones de Cataluña, las provincias Vascongadas y Galicia, la gente habla lenguas autóctonas (*native to the region*)—el catalán, el vasco y el gallego—además del español.

SANTIAGO DE COMPOSTELA
SANTANDER
BURGOS
ÁVILA
SALAMANCA

EL CUERPO HUMANO

la cara — el cabello/ el pelo
el ojo — la oreja
la nariz — los dientes
la boca — el hombro
el brazo
el estómago
la mano derecha — las caderas
la pierna
la rodilla
la mano
el pulgar — la uña
los dedos
los dedos — el pie izquierdo

¿QUÉ TENGO, DOCTOR? LOS SÍNTOMAS

Me duele todo el cuerpo, desde la cabeza hasta los pies.

Me duele la espalda. No puedo moverme bien.

Tengo dolor de garganta.

Y también tengo dolor de estómago.

Tengo tos.

Tengo fiebre.

Tengo mareos.

EL DIAGNÓSTICO

Está resfriado(-a), nada más.
Tiene resfrío (catarro).
Tiene una buena gripe (influenza).

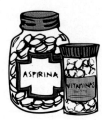 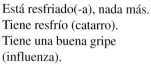 

una pastilla, una píldora

unas cápsulas

una inyección

el termómetro

el laboratorio

la receta
la farmacia
la medicina

¡Vamos a dibujar! *(Let's draw!)*   El (la) profesor(a) va a dibujar una parte del cuerpo humano en la pizarra. Después le va a dar la tiza a un(a) estudiante y le va a decir: «Dibuje el (la, los, las)…, por favor.» Ese(-a) estudiante agrega otra parte del cuerpo, le da la tiza a otro(-a) estudiante, etc.; la actividad continúa hasta dibujar todo el cuerpo. (Refiérase al dibujo del cuerpo en la página 233.)

Después dibujen la ropa que necesita la persona. Para un hombre, incluya la camisa, los pantalones, los zapatos y otros artículos de vestir. Para una mujer, no olvide la blusa, la falda y los zapatos.

Preguntas

1. ¿Qué parte del cuerpo usamos para hablar? ¿para pensar? ¿para comer? ¿para caminar? ¿para escribir?   2. ¿Hace usted ejercicios físicos? ¿Nada usted? ¿Dónde? ¿Anda en bicicleta *(ride a bike)*? ¿Corre? ¿Cuándo? ¿por la mañana? ¿por la tarde?   3. ¿Qué parte del cuerpo usa usted para andar en bicicleta? ¿para nadar? ¿para correr? ¿para jugar al golf? 4. ¿Toma usted vitaminas todos los días? ¿Cuándo tiene usted más energía: por la noche o por la mañana? ¿el sábado por la noche o el lunes por la mañana?   5. En general, ¿le duele la cabeza cuando toma un examen? ¿cuando baila en una discoteca? ¿cuando se levanta los domingos por la mañana? ¿cuando estudia en la biblioteca? 6. ¿Cuándo toma usted aspirinas? ¿y un jarabe para la tos?

• •

I. COMPARACIONES DE IGUALDAD

Una pareja° venezolana de edad mediana° visita la ciudad de Ávila.

MIGUEL	¡Esto es increíble!° ¡Hay *tantas*° iglesias aquí en Ávila! ¿Cómo sobreviven° después de *tantos* años?
SOLEDAD	Es porque los españoles hacen mucho para conservar° sus edificios y monumentos antiguos°. El gobierno° los protege° y es difícil destruirlos° sin sufrir castigos severos°…
MIGUEL	¿De veras?° Y esa muralla°, ¿es *tan* antigua *como* el resto de la ciudad? ¿Cuándo la construyeron°?
SOLEDAD	A ver… No me acuerdo. Es que estoy resfriada y me duele la cabeza.
MIGUEL	Pues… necesitas descansar para curarte° pronto. Vamos al hotel. ¡Parece que nosotros no nos conservamos *tan* bien *como*° los edificios y monumentos españoles!

Las murallas de Ávila, antigua ciudad del norte de España

pareja *couple* **de edad mediana** *middle-aged* **¡Esto es...!** *This is incredible!* **tantas** *so many* **sobreviven** *survive, last* **conservar** *preserve* **antiguo** *old* **El gobierno** *government* **protege** *protects* **destruir** *to destroy* **sufrir...** *undergoing stiff penalties* **¿De veras?** *Really?* **muralla** *wall, fortification* **construyeron** *build* **curarte** *to get well* **tan bien como** *as well as*

1. ¿Cómo sobreviven tantas iglesias en Ávila?   2. ¿Es fácil destruir un edificio antiguo en España? ¿Por qué?   3. ¿Recuerda Soledad mucho de la historia española? ¿Por qué no?   4. ¿Se conservan bien Soledad y Miguel?

• •

A. Comparisons of equality are formed by using **tan** before an adverb or adjective and **como** following it.

A Juan no le va tan bien como a Carlos.	*Juan isn't doing as well as Carlos.*
¡No puede ser! Él es tan inteligente como Carlos.	*It can't be! He is as intelligent as Carlos.*
Mi madre no se curó tan rápidamente como esperamos.	*My mother wasn't cured as quickly as we had hoped.*

B. Tan can also mean *so.*

¡La enfermera es tan simpática!	*The nurse is so nice!*

C. Tanto(-a, -os, -as) is used before a noun. **Tanto como** after a verb means *as much as.* **Tanto** means *so much.*

Este año Jaime no tuvo tantas enfermedades como el año pasado.	*This year Jaime didn't have as many illnesses as last year.*
Yo no me enfermo tanto como mi hermana.	*I don't get sick as much as my sister.*
¡Ay, me duele tanto el brazo!	*Oh, my arm hurts so much!*

EJERCICIOS

A. **¡Se parecen tanto!** María y Marta se parecen mucho *(are very much alike)*. Compárelas, siguiendo los modelos.

> **MODELOS** inteligente **Marta es tan inteligente como María.**
> dinero **María tiene tanto dinero como Marta.**

1. enfermarse
2. linda
3. simpática
4. amigos
5. trabajadora
6. problemas
7. ropa
8. estudiar

B. **¿Cómo me comparo con mis parientes o con otra gente?** *(How do I compare to my relatives or other people?)* Trabaje con un(a) compañero(-a) de clase. Compárense con sus parientes y otras personas que ustedes conocen. Incluyan características personales, actividades favoritas, posesiones, y otras comparaciones. Sigan los modelos y formen frases afirmativas o negativas.

> **MODELO** alto(-a) **No soy tan alto(-a) como mis hermanos.**
> amigas **Tengo tantas amigas como mi hermana.**
> estudia **No estudio tanto como José.**

1. libros
2. dinero
3. correr
4. amable
5. trabajador(a)
6. hacer ejercicios físicos
7. divertirse
8. joven

Preguntas

1. ¿Viaja usted tanto como sus padres? 2. ¿Hace tan buen tiempo hoy como ayer? 3. ¿Comió usted tanto esta mañana como ayer? 4. ¿Es usted tan alto(-a) como su papá? 5. ¿Le gusta a usted el básquetbol tanto como el fútbol? 6. ¿Tiene usted tantos hermanos como hermanas?

FUNCIONES *y práctica*

Talking about health

Here are some examples of an important language function: describing health habits. Study the expressions below and do the practice exercise that follows.

Tengo buena (mala) salud. Estoy bien (o mal) de salud.	My health is good (bad).
Gozo de buena salud.	I enjoy good health.
(No) Me encuentro bien.	I (don't) feel well.
Tengo la presión alta (baja).	I have high (low) blood pressure.
Tengo alergias.	I have allergies.
Soy alérgico(-a) a la leche (al polvo, etcétera).	I'm allergic to milk (to dust, etc.)
Tengo insomnio.	I have insomnia.

Práctica ———

Pantomima.   Trabajen en grupos de 2 a 4 estudiantes y preparen mini-dramas usando pantomima para dramatizar el uso de las expresiones que ustedes acaban de
aprender. Presenten los mini-dramas a la clase. Sus compañeros(-as) tienen que adivinar *(guess)* cuáles son las expresiones apropiadas para describir cada una de las
situaciones dramatizadas.

• •

II. COMPARACIONES DE DESIGUALDAD Y EL SUPERLATIVO

La Universidad de Sala-
manca, España

**Una tarjeta postal° de Freya, estudiante de Estados Unidos, a su amiga
Carmen**

Querida° Carmen,
¡Saludos desde° Salamanca! Me gusta mucho la universidad de aquí. Es la más an-
tigua° de España, y también más antigua que° Harvard o William and Mary. Hay
muchísimos° estudiantes extranjeros° en Salamanca—más de° tres mil. Ahora hace
frío y estoy bastante resfriada, pero los servicios médicos para extranjeros son muy
buenos y los medicamentos cuestan menos que° allí.
  Ayer conocí a un estudiante norteamericano muy simpático. Es de California y
se llama Fred. Él me llevó al mejor° restaurante de Salamanca para estudiantes. ¡Pagamos menos de° 2.000 pesetas por una cena deliciosa! Aquí sigo dos cursos de literatura española contemporánea. Me gustan los escritores del siglo veinte más que° los
otros… pero en realidad todo me interesa. ¡Salamanca es una ciudad lindísima!° ¿Por
qué no vienes a visitarme en diciembre o enero? ¡Hasta muy pronto!

Besos de Freya

tarjeta postal *postcard*   **Querida** *Dear*   **Saludos desde** *Greetings from*   **la más antigua** *the oldest*   **más...** *older than*   **muchísimos** *very many*   **extranjeros** *foreign*   **más de** *more than*   **menos que** *less than*   **al mejor** *to the best*   **menos de** *less than*   **más que** *more than*   **lindísima** *very pretty*

1. ¿Dónde está Freya?   2. ¿Es antigua la universidad de Salamanca? Explique. 3. ¿Cómo son los servicios médicos para extranjeros?   4. ¿A quién conoció Freya ayer?   5. ¿Adónde fueron ellos?   6. ¿Qué estudia allí Freya?   7. ¿Qué literatura le gusta a Freya?   8. ¿Quiere ver a Carmen Freya? ¿Por qué?

En contacto.   Trabaje con un(a) compañero(-a) de clase. Escriban una tarjeta postal para enviar a un(a) amigo(-a). Describan la universidad en donde ustedes estudian.

• •

A. Comparisons of inequality are expressed with **más... que** or **menos... que.** *More than* is expressed as **más que** and *less than* is **menos que.**

Este medicamento es más caro que el otro.	*This medicine is more expensive than the other.*
Siempre tengo menos enfermedades que él.	*I always have fewer sicknesses than he does.*
María estuvo en cama más que yo.	*María was in bed more than I.*
Nosotros nos enfermamos menos que tú.	*We get sick less than you do.*

Before a number, **de** is used instead of **que** to mean *than.**

¡Qué ridículo! Esperamos más de dos horas.	*How ridiculous! We waited more than two hours.*

B. The superlative forms of adjectives and adverbs (which express the most or the least of a certain quality) use the same forms as the comparative; a definite article is used before a superlative adjective when the noun is not given.

Ana es la (doctora) más famosa del hospital.	*Ana is the most famous doctor in the hospital.*

Notice that **de** is used after a superlative to express the equivalent of English *in* or *of*, as in the example above.

---

*In negative sentences, **que** sometimes appears before a number. Compare the following:
No tengo más de diez dólares.   *I have ten or fewer dollars.*
No tengo más que diez dólares.   *I only have ten dollars. I've got nothing but ten dollars—no train ticket, no watch, etc.*

C. Some adjectives and adverbs have irregular comparative and superlative forms:

Adjective	Comparative	Superlative
bueno(-a) *good*	**mejor** *better*	**el (la) mejor** *best*
malo(-a) *bad*	**peor** *worse*	**el (la) peor** *worse*
pequeño(-a) *small*	**menor** *younger*	**el (la) menor** *youngest*
	más pequeño(-a) *smaller*	**el (la) más pequeño(-a)** *smallest*
grande *big*	**mayor** *older*	**el (la) mayor** *oldest*
	más grande *bigger*	**el (la) más grande** *biggest*

Adverb	Comparative	Superlative
bien *well*	**mejor** *better*	**mejor** *best*
mal *badly*	**peor** *worse*	**peor** *worst*

The comparative adjectives **mejor, peor, menor,** and **mayor** have the same forms in the feminine as in the masculine; the plurals are formed by adding **-es.**

La doctora Jiménez es mejor que el doctor Ruiz.	*Dr. Jiménez is better than Dr. Ruiz.*
María está peor hoy que ayer.	*María is worse today than yesterday.*
Mis dos hermanos menores están enfermos.	*My two younger brothers are sick.*

Note that **menor** and **mayor,** which usually follow the nouns they modify, are used with people to refer to age *(younger, older).* When referring to physical size, *bigger* is usually expressed by **más grande** and *smaller* by **más pequeño.**

Paco y Pancho son menores que Felipe, pero Felipe es más pequeño.	*Paco and Pancho are younger than Felipe, but Felipe is smaller.*
Adriana es mi hermana mayor.	*Adriana is my older sister.*

D. One way to express the exceptional quality of an adjective is to use **muy** with an adjective.

La casa es muy grande.	*The house is very large.*

A second way is to add **-ísimo, (-ísima, -ísimos, -ísimas)** to the adjective. The **-ísimo** ending is the absolute superlative, much stronger than **muy** plus the adjective. If the adjective ends in a vowel, drop the final vowel before adding the **-ísimo** ending.

Elena gastó muchísimo dinero.	*Elena spent a lot of money.*
Las noticias son malísimas.	*The news is extremely bad.*

The **-ísimo** ending can also be added to adverbs.

Hoy comiste poquísimo.*	*Today you ate extremely little.*
¡Me duele muchísimo!	*It hurts me a lot!*

EJERCICIOS

A. Más información sobre el norte de España.   Complete las frases. Escoja la más apropiada de las palabras entre paréntesis.

> **MODELO**   Salamanca es (más, menos) grande que Ávila.
> **Salamanca es más grande que Ávila.**

1. En Salamanca hay (más de / más que) tres museos.
2. El fútbol es el deporte más popular (en el / del) norte de España.
3. El mar Cantábrico no es el mar (mayor / más grande) del mundo
4. La catedral de León es más antigua (de / que) la catedral de Burgos.

B. Fidel habla sin rodeos. (Fidel likes to tell it like it is.) Con un(a) compañero(-a) de clase, haga el papel de Fidel y responda a los comentarios de su amigo Carlos.

> **MODELO**   Carlos: Estos zapatos son caros.
> Fidel: **Son carísimos, hombre.**

1. Ese hospital es famoso.
2. Don Quijote es una novela importante.
3. Valladolid y León son ciudades lindas.
4. En España, la comida es deliciosa.
5. Este ejercicio es fácil.

---

*The **c** of **poco** is changed to **qu** to show that the *k* sound of the stem does not change when -ísimo is added. Likewise, to maintain the hard sound of **g** a **u** is added: **largo** → **larguísimo.**

C. Comparaciones. Trabaje con un(a) compañero(-a) de clase. Describan los siguientes dibujos. Usen **tan, tanto(-a, -os, -as), más, menos, mayor, menor,** etc. en las descripciones.

MODELO  **Joaquín es mayor que Jimena.**
Jimena es menor que Joaquín.

1.

Fidel Manuel

2.

Ana   Concha

3.

El padre   Roberto
de Roberto

4.

María   Gloria

5.

La casa de los Hernández

La casa de los Rodríguez

6.

Los Sánchez

Los García

 D. Anuncios y más anuncios. Trabajando con un(a) compañero(-a) de clase, escriban un anuncio para un producto.

Entrevista _____

1. ¿Tienes un(a) hermano(-a) mayor? ¿menor? ¿Hay un bebé en la familia? 2. ¿Eres el (la) menor de tu familia? ¿el (la) mayor? ¿el (la) más fuerte? 3. ¿Quién es el (la) menor de la clase? ¿el (la) mayor? ¿y el (la) más alto(-a)? ¿el (la) más bajo(-a)? 4. ¿Cuál es tu mejor clase? ¿y tu peor? 5. ¿Cuál es la novela más interesante que conoces? 6. ¿Eres más o menos alto(-a) que tu madre? ¿qué tu padre? 7. ¿Quién es el mejor jugador de tenis del mundo? ¿y la mejor jugadora? ¿el mejor esquiador? ¿y la mejor esquiadora? 8. Para ti, ¿cuál es el peor día de la semana? ¿y el mejor? 9. ¿Tienes más de $10 hoy? ¿más de $20?

FUNCIONES *y práctica*

Making Comparisons

Here are some examples using an important language function: making comparisons. Study the sentences below and do the practice exercise that follows.

You've learned several ways to make comparisons. Remember that **para** is also used in comparisons to mean *for*.

Es muy alto para su edad.	*He's very tall for his age.*
Para norteamericana, ella habla muy bien el español.	*For an American, she speaks Spanish very well.*

Práctica

Para... Comente las declaraciones siguientes. Use comparaciones con **para.**

> **MODELO**   Felipe es atleta. Come muy poco. (Los otros atletas comen mucho más.)
> **Para atleta, Felipe come muy poco.**

1. Jane es de Florida. Habla muy bien el francés. (Los otros norteamericanos no hablan tan bien el francés.)
2. David es policía. No conoce bien la ciudad. (Los otros policías conocen muy bien la ciudad.)
3. Raúl es agente de viajes. No viaja mucho. (Los otros agentes de viajes viajan mucho más.)
4. Carmen es músico. Canta muy mal. (Los otros músicos cantan mejor.)

III. EXPRESIONES DE OBLIGACIÓN

Dos jóvenes hablan del fútbol.

Dos hombres jóvenes hablan en Santander.

EDUARDO   ¡Uf! Jugué al fútbol por tanto tiempo que ahora me duele mucho el hombro izquierdo.

RAÚL   ¿De veras...? Entonces, *tienes que* ir al doctor ahora mismo.

> **EDUARDO** ¡Pero no hablas en serio!° No me gusta ir al médico y, además, *no hay que*° ver al doctor por un problema tan pequeño...
>
> **RAÚL** ¿Cómo sabes que es un problema pequeño? Eso lo *debes* confirmar con un profesional como tu doctor...
>
> **EDUARDO** ¡Qué va!° Creo que *debes* resolver tus propios° problemas y no los míos°, Raúl...
>
> **RAÚL** Bueno, si tú así piensas... Pero yo creo que como tu amigo *tengo que* darte consejos. Realmente pienso que *es necesario* ver al doctor cuando uno tiene problemas... aún° problemas pequeños... ¡Para eso están los doctores!,° ¿no?

¡Pero...! *But you're not serious!* **no hay que** *it's not necessary to* **¡Qué va!** *Come on!* **propios** *own* **los míos** *mine* **aún** *even* **¡Para eso...!** *That's what doctors are for!*

1. ¿Qué le duele a Eduardo? ¿Por qué?   2. ¿Por qué no quiere ir al médico Eduardo?   3. Según Raúl, ¿qué es necesario hacer aún con problemas pequeños? 4. ¿Se enfada Eduardo con Raúl? ¿Qué le dice?   5. Según Raúl, ¿para qué están los amigos? ¿Y para qué están los doctores?

● ●

A. Spanish has both personal and impersonal expressions of obligation. **Tener que** + *infinitive* and **deber** + *infinitive* are personal; that is, they have an expressed subject, noun or pronoun, and show agreement. **Hay que** + *infinitive* and **es necesario (es preciso)** + *infinitive* are impersonal; that is, they have no expressed personal subject and do not show agreement.

¡No debiste comer tanto!	*You ought not to have eaten so much!*
Mañana yo tengo que descansar mucho.	*Tomorrow I have to rest a lot.*
Hay que ver al doctor para saber el diágnostico.	*It is necessary to see the doctor in order to know the diagnosis.*

B. Tener que + *infinitive*, introduced in Chapter 3, is a common expression of necessity meaning *to have to* or *must*. It is a personal expression because it refers specifically to the person(s) who must carry out the action stated.

Tengo que cocinar mucho para la fiesta.	*I have to cook a lot for the party.*
Tuvimos que leer todo el periódico.	*We had to read the entire newspaper.*

C. Deber + *infinitive* is another common personal expression of duty or obligation, but it does not convey as strong a sense of obligation as **tener que.**

Debes buscar empleo.	*You must (ought to) look for employment.*
No debieron hablar así.	*They shouldn't (ought not to) have talked like that.*

Deber de + *infinitive* indicates probability or likelihood.

Debe de ser lunes. *It must be (probably is) Monday.*

D. Hay que + infinitive and **es preciso** + *infinitive* are impersonal expressions of obligation or necessity meaning *one has to, one must, it is necessary to.*

No hay que ir al laboratorio hoy. *It's not necessary to go to the laboratory today.*

Es preciso (necesario) saber nadar si uno quiere dar un paseo en canoa. *It's necessary to know how to swim if you want to take a canoe ride.*

EJERCICIOS

A. Los exámenes finales. Marisol estudia para sus exámenes finales, pero su hermanito Pepe la interrumpe *(interrupts)* con muchas preguntas. Trabaje con un(a) compañero(-a) de clase. Uno(-a) de ustedes hace el papel de Marisol y el otro (la otra) el de Pepe. Para las respuestas de Marisol, use la expresión **tener que.** Use pronombres de complemento directo cuando sea posible *(whenever possible).*

MODELO   PEPE   ¿Empezaste las tareas ayer?
            MARISOL   **No, tengo que empezarlas hoy.**

1. ¿Hiciste los ejercicios de español ayer?
2. ¿Escribiste la composición ayer?
3. ¿Estudiaste química ayer?
4. ¿Fuiste a la biblioteca ayer?
5. ¿Encontraste el libro de medicina ayer?

B. Esta semana… Trabaje con un(a) compañero(-a) de clase para hacerse preguntas mutuamente y obtener información sobre los planes o responsabilidades de su compañero(-a). Cada uno de ustedes tiene que descubrir por lo menos dos cosas que su compañero(-a) debe o tiene que hacer esta semana. Aquí tiene algunas ideas:

hacer ejercicios físicos
visitar a un(a) amigo(-a)
  o pariente en el hospital
escribir una carta o una
  composición

leer la lección de español
ir a la biblioteca
trabajar
leer el periódico
tomar un examen

Preguntas

1. ¿Cuándo deben asistir ustedes a clase? ¿mañana? ¿el domingo?   2. ¿Tiene que estudiar usted mucho esta noche?   3. ¿Qué tiene que hacer usted esta noche? ¿mañana? ¿este fin de semana?   4. ¿Qué lengua debemos hablar siempre en esta clase? ¿Practicamos también fuera de *(outside)* la clase?   5. ¿Qué hay que hacer para tocar bien un instrumento musical?   6. ¿Qué hay que hacer cuando uno tiene la gripe? ¿y cuando tiene tos? ¿cuando tiene alergias?   7. ¿Es preciso leer el periódico para estar al corriente *(up to date)*?

IV. LAS PALABRAS AFIRMATIVAS Y NEGATIVAS

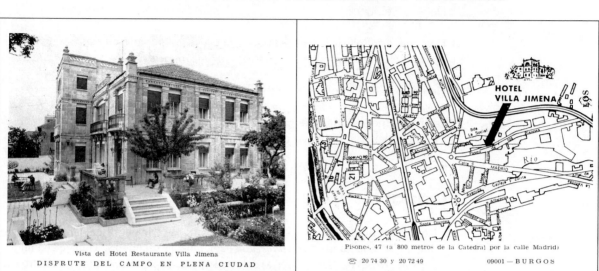

Vista del Hotel Restaurante Villa Jimena
DISFRUTE DEL CAMPO EN PLENA CIUDAD

Pisones, 47 (a 800 metros de la Catedral por la calle Madrid)
☎ 20 74 30 y 20 72 49   09001 — BURGOS

Dos estudiantes llegan a Burgos y buscan un hotel o pensión no muy cara.

MARCOS   Tenemos que buscar *alguna*° pensión°, o algún hotel bueno… pero no muy caro. Mira el mapa que tienes. ¿Hay *alguna* pensión cerca de aquí?

JUAN   Según el mapa que tengo, no hay *ninguna*° pensión cerca, *ni siquiera*° un hotel modesto… Sólo el Hotel Villa Jimena que debe ser caro porque tiene tres estrellas… ¿Por qué no vamos a la Oficina de Turismo?

MARCOS   Buena idea. A ver… debe estar no muy lejos de la catedral. (*Caminan a la Oficina de Turismo, pero está cerrada.*)

MARCOS   Pues…, no veo a *nadie*°.

JUAN   *Ni yo tampoco,*°… pero es temprano. *Alguien*° va a llegar pronto. *Nunca*° abren° estas oficinas antes de las diez. ¿Por qué no leemos *algo*° sobre la catedral en la guía turística? Luego la visitamos y más tarde volvemos a la Oficina de Turismo…

MARCOS   Pues…, prefiero descansar un poco. ¿Por qué no vamos a tomar algo en el café del Hotel Villa Jimena… un chocolate o un café… y luego vamos a la Oficina de Turismo.

JUAN   Buena idea. Yo también estoy cansado… Además, estoy un poquito resfriado y tengo que tomar *algo* caliente.

alguna *some, a*   **pensión** *inexpensive hotel*   **no hay ninguna** *there is no*   **ni siquiera** *not even*   **no veo…** *I don't see anyone.*   **Ni yo tampoco** *I [don't] either*   **Alguien** *someone*   **Nunca** *never*   **algo** *something*

1. ¿Qué buscan Marcos y Juan?   2. ¿Hay alguna pensión cerca del lugar donde están ellos?   3. ¿Adónde caminan entonces?   4. ¿Hay alguien allí?   5. ¿Qué prefiere hacer Marcos?   6. Y Juan, ¿cómo está y qué quiere hacer?

A. The negative words **nadie, nada, ninguno, tampoco,** and **nunca** can be placed either before or after a verb.

No descansó nadie.
Nadie descansó. — *No one rested.*

No tomamos nada para el resfrío.
Nada tomamos para el resfrío. — *We didn't take anything for the cold*

No fue al médico tampoco.
Tampoco fue al médico. — *She didn't go to the doctor either.*

Notice that **no** precedes the verb when a negative word follows it. **No** is omitted when another negative word precedes the verb.

B. Alguno and **ninguno** can refer to people or to things, while **alguien** and **nadie** refer only to people. **Alguno** and **ninguno** usually refer to certain members or elements of a group that the speaker or writer has in mind. Before a masculine singular noun, **alguno** becomes **algún** and **ninguno** becomes **ningún.** Note that the singular forms are much more common than the plural forms, **ningunos** and **ningunas.**

No hay ningún enfermero aquí.	*There is no nurse here.*
Ninguna de ellas esperó más de dos horas.	*Neither one of them waited more than two hours.*
¿Hay alguien en el consultorio del médico?	*Is there anyone in the doctor' office?*
Nadie aquí tiene alergias.	*No one here has allergies.*

With **alguien** and **nadie** and with **alguno** and **ninguno** when they refer to people, the personal **a** is used just as it is with nouns or other pronouns.

¿Busca usted a alguien?	*Are you looking for someone?*
No, no busco a nadie.	*No, I'm looking for anyone.*

C. Several negatives can be used in the same sentence.

¡No le prometió nada a nadie nunca!	*He (she) never promised anyone anything.*

D. *Neither . . . nor* is expressed with **ni… ni** and *either . . . or* with **o… o.** When used with the subject of a sentence, both expressions usually take the plural form of the verb.

El farmacéutico dice que ni las pastillas ni las cápsulas están listas.	*The pharmacist says that neither tablets nor the capsules are ready.*
O la inyección o la píldora son para la presión alta.	*Either the shot or the pill is for high blood pressure.*

EJERCICIOS

A. De ninguna manera. La doctora Castroviejo tiene un paciente muy desagradable. Cuando ella le dice algo sobre su historia clínica pasada, él la contradice. Haga el papel del paciente y conteste las preguntas de la doctora con declaraciones negativas.

MODELO
DOCTORA   El año pasado usted tuvo algunos resfríos, ¿no?
PACIENTE   **No, el año pasado no tuve ningún resfrío.**

DOCTORA   Usted siempre tiene problemas con los ojos, ¿verdad?
PACIENTE   _____

DOCTORA   En su casa, usted ya tiene algunos medicamentos para la presión alta, ¿no?
PACIENTE   _____

DOCTORA   ¿Tomó usted el año pasado o jarabe o píldoras para la tos?
PACIENTE   _____

DOCTORA   También tuvo mareos el año pasado, ¿verdad?
PACIENTE   _____

DOCTORA   ¿Es que hay alguna información correcta en estos papeles…?
PACIENTE   Pues, aparentemente_____

B. ¡Yo te dije que no! Eliana contesta negativamente todas las preguntas de Guillermo. Trabaje con un(a) compañero(-a) de clase. Uno(-a) de ustedes hace el papel de Eliana y el otro (la otra) el de Guillermo. No olviden que todas las respuestas de Eliana son negativas.

MODELO
GUILLERMO   Hola, Eliana, ¿me llamó alguien?
ELIANA   **No, no te llamó nadie.**

GUILLERMO   ¿Viste a Jorge o a Lucía?
ELIANA   No, _____
GUILLERMO   ¡Estás enferma! ¿Quieres tomar algún medicamento?
ELIANA   No, _____
GUILLERMO   ¿Quieres ir a la clínica o al consultorio del doctor Rodríguez?
ELIANA   No, _____
GUILLERMO   ¿No quieres ir al hospital tampoco?
ELIANA   _____
GUILLERMO   Entonces, no quieres hacer nada, ¿verdad?
ELIANA   Al contrario…

Entrevista

1. ¿Qué haces para curar un resfrío? ¿Tomas algún medicamento? ¿Tomas o aspirinas o algunas otras pastillas? Y para curar un dolor de estómago, ¿qué haces?   2. ¿Te duele a veces alguna parte del cuerpo? ¿la espalda? ¿la cabeza? ¿el estómago?   3. ¿Tienes un resfrío ahora? ¿y tienes fiebre también?   4. ¿Tienes alergias?   5. ¿Tienes tú (o alguien que conoces) la presión alta?

PARA ESCUCHAR

A. Una llamada telefónica. Antonia no está bien. Habla por teléfono. Escuche la conversación y conteste esta pregunta: ¿Con quién habla Antonia?

_____ Con su mamá.
_____ Con una amiga.
_____ Con una doctora.

B. ¿Y los síntomas? Escuche la conversación otra vez. ¿Cuáles son los síntomas de Antonia?

_____ Tiene fiebre.
_____ Tiene la presión alta.
_____ Tiene dolor de cabeza.
_____ Le duele todo el cuerpo.
_____ Tiene insomnio.
_____ Está nerviosa.
_____ Tiene tos.

SANTIAGO DE COMPOSTELA: CIUDAD DE PEREGRINAJE°

pilgrimage

Santiago de Compostela

En una agencia de viajes de Madrid. Una señora norteamericana está con su familia y hace planes para un viaje a Santiago de Compostela.[1]

SRA. KINGSLEY   Buenas tardes, señor. Tenemos muchas ganas de visitar Santiago de Compostela y sabemos que está bastante lejos de Madrid… ¿Debemos viajar por avión o es posible hacer el viaje por auto?

AGENTE   Bueno… eso depende… Dígame, señora, ¿cuánto tiempo van a quedarse ustedes en España?

SRA. KINGSLEY	Pues… a ver. Vinimos por diez días y llegamos el martes pasado. Tenemos una semana más, y nos queda un montón de° cosas por ver en Madrid.
AGENTE	Entonces, para visitar Santiago y también tener unos días libres° en Madrid, ustedes tienen que viajar allí por avión. El viaje de ida y vuelta° no cuesta más que cien dólares por persona. El pasaje° para su hija cuesta menos. Y hay cuatro o cinco vuelos por día.
SRA. KINGSLEY	De acuerdo. Prefiero no hacer viajes largos por auto, porque me da mareos. A propósito°, ¿es necesario alquilar° un auto en Santiago?
AGENTE	No, no es necesario. El aeropuerto está a unos veinte minutos de la ciudad y ustedes pueden tomar un taxi hasta el centro.
SRA. KINGSLEY	¿De veras?° ¡Qué bien!
AGENTE	Sí, señora. Una vez en el centro, ustedes pueden caminar por todas partes. Lleven zapatos cómodos o les van a doler los pies. Si caminan, ustedes van a ver mejor los monumentos importantes, como por ejemplo…
SRA. KINGSLEY	… la famosa catedral, por supuesto, y la Plaza de las Platerías, y el Hostal de los Reyes Católicos y…[2]
AGENTE	¡Increíble! Para extranjera,° usted sabe muchísimo.
SRA. KINGSLEY	Es que soy profesora de historia medieval y Santiago fue una de las ciudades más importantes de la Edad Media°, fa-mosa como sitio de peregrinación°.[3] Yo soy una peregrina° moderna.

Glosses: un...a "pile" of, lots of; libres° free, available; viaje...round-trip; pasaje° passage, ticket; A propósito° By the way; alquilar° to rent; ¿De veras?° Really?; extranjera° foreigner; Edad...Middle Ages; peregrinación°/peregrina° pilgrimage/pilgrim

Preguntas

1. ¿Qué ciudad quiere visitar la señora Kingsley? ¿Está cerca de Madrid?   2. ¿Tienen que viajar por avión o por auto?   3. ¿Cuánto cuesta el viaje de ida y vuelta?   4. ¿Es necesario alquilar un auto para ver la ciudad? ¿Por qué?   5. ¿Es profesora de historia moderna la señora Kingsley?   6. Explique lo que es un(a) peregrino(-a).

Notas Culturales

1. **Santiago de Compostela** is located in northwestern Spain in the province of **Galicia.** In addition to Spanish, the people there speak **gallego,** a language similar to Portuguese.

2. The cathedral, located in the center of the city, is surrounded by four plazas, a large plaza in front and three smaller ones on the sides. One of the smaller plazas is the lovely **Plaza de las Platerías** or the Silvershops' Square, around which are located the city's silver shops. Facing the large plaza is the **Hostal de los Reyes Católicos,** a magnificent fifteenth-century building which has been made into a hotel.

3. In the Middle Ages, pilgrims from all over Europe visited the cathedral, built on a spot where legend reports that the bones of Spain's patron saint, **Santiago** or Saint James the Apostle, were found. Many modern pilgrims still visit the city, especially on the feast of Saint James, the 25th of July.

MÁS FUNCIONES *y actividades*

In this chapter you have seen examples of some important language functions: talking about health and making comparisons. Below you will find additional expressions and activities related to the functions.

Expressing Disbelief

¿De veras?	*Really*	No lo puedo creer.	*I can't believe it.*
Esto (Eso) es increíble.	*This (That) is incredible.*	¡Qué ridículo!	*How ridiculous!*
¿Habla(s) en broma?	*Are you joking?*	¡Pero lo dice(s) en broma!	*But you're kidding!*
Imposible.	*Impossible.*	¡Pero no hablas en serio!	*But you're not serious!*
No puede ser.	*It can't be.*	¡Qué va!	*Oh, come on!*
No lo creo.	*I don't believe it.*		

Actividades

A. ¿Lo crees? Trabaje con un(a) compañero(-a) de clase y haga por lo menos tres frases que sean descripciones personales de alguna persona real o hipotética. Algunas de ellas deben ser verdaderas y otras falsas. Su compañero(-a) tiene que responder diciendo «Sí, te creo» o usar una de las funciones de esta sección para indicar que no cree lo que usted dice.

B. ¡Ay, doctora! Estudie los dibujos de abajo. Imagine lo que *(what)* la paciente le dice a la doctora. Para cada dibujo, use una de las expresiones que usted aprendió en esta sección.

1.

2.

3.

4.

C. Mini-drama. Trabaje con dos compañeros(-as) de clase. Dramaticen la siguiente situación. Usen las expresiones que ustedes aprendieron en este capítulo.

Usted habla con su amigo Juan y se queja de varios problemas de salud. Él no cree lo que usted le dice. Después llega Carmen y usted le describe los mismos problemas. Ella le hace (a usted) algunas preguntas sobre su salud y concluye que (ella) también tiene los mismos problemas que usted. Ahora Juan también se ríe de Carmen y tampoco cree lo que dice ella. Usted y Carmen se enfadan con Juan y dicen que van a irse.

PARA ESCRIBIR

Usted tiene que dejar un mensaje telefónico grabado *(taped)* para su profesor(a) de español porque está enfermo(-a) y no puede tomar el examen. Antes de llamar a su profesor(a), usted decide escribir el mensaje para tenerlo bien. Descríbale los síntomas que usted tiene. También use algunas de las funciones que usted aprendió en este capítulo para indicar que esta situación es increíble.

VOCABULARIO ACTIVO

Cognados

el bebé	la parte	usar
la cápsula	el síntoma	la vitamina
el líquido	el termómetro	

Verbos

acordarse (ue) (de)	*to remember*
alquilar	*to rent*
conservar	*to preserve*
curarse	*to be cured, get well*
descansar	*to rest*
destruir	*to destroy*
doler + indirect object pronoun	*to hurt*
enfermarse	*to get sick*
gastar	*to spend*
Me duele el pie.	*My foot hurts.*
sobrevivir	*to survive, remain*

El cuerpo humano / The human body

la boca	*mouth*
el brazo	*arm*
la cabeza	*head*
la cadera	*hip*
la cara	*face*
el corazón	*heart*
el cuello	*neck*
el dedo	*finger*
el dedo de pie	*toe*
los dientes	*teeth*
la espalda	*back*
el estómago	*stomach*
la garganta	*throat*
el hombro	*shoulder*
la mano	*hand*
la nariz	*nose*
el ojo	*eye*
la oreja	*(outer) ear*
el pecho	*chest*
el pelo	*hair*
el pie	*foot*
la pierna	*leg*
el pulgar	*thumb*
la rodilla	*knee*

La salud | Health

las alergias	*allergies*
el catarro	*cold*
tener catarro	*to have a cold*
el consultorio	*doctor's office*
el dolor	*pain*
la enfermedad	*sickness, illness*
el enfermero, la enfermera	*nurse*
fuerte	*strong*
la gripe	*flu*
la inyección	*injection, shot*
el jarabe (de tos)	*(cough) syrup*
los mareos	*dizziness, nausea, motion sickness*
darle (a uno) mareos	*to give (someone) motion sickness*
tener mareos	*to be dizzy, nauseous*
el medicamento	*medication, medicine*
la pastilla	*tablet*
la píldora	*pill*
la presión alta	*high blood pressure*
la receta	*prescription; recipe*
resfriado	*to have a cold*
estar resfriado	
el resfrío	*cold*
tener resfrío	*to have a cold*
la tos	*cough*
tener tos	to have a cough

Otras palabras y frases

antiguo	*old; ancient*
aún	*even*
Buena idea.	*Good idea.*
caro	*expensive*
derecho	*right* (adj)
extranjero	*foreigner*
hay que	*it is necessary, one must +* infinitive

la iglesia	*church*
izquierdo	*left* (adj)
largo	*long*
mariscos	*shelfish*
mayor	*greater, larger, older; greatest; largest; oldest*
mejor	*better; best*
menor	*smaller; lesser; younger; smallest; least; youngest*
la muralla	*wall (around a city)*
necesario	*necessary*
es necesario	*it is necessary +* infinitive
la pareja	*couple*
peor	*worse; worst*
la peregrinación	*pilgramage*
el peregrino, la peregrina	*pilgrim*
el periódico	*newspaper*
preciso	*necessary*
es preciso	*it is necessary +* infinitive
tan	*so, as*
tan… como	*as . . . as*

Expresiones útiles

¿De veras?	*Really?*
¡No puede ser!	*It can't be!*
¡Pero no hablas en serio!	*But you're not serious!*
¡Qué va!	*Oh, come on!*
¿Tiene usted alergias?	*Do you have allergies?*
¿Tiene usted la presión alta?	*Do you have high blood pressure?*

Don't forget: Comparisons of equality and inequality and superlatives, pages 235–236, and 239–241; affirmative and negative words, p. 247

Una celebración del acuerdo de paz de 1992 en El Salvador.

CAPÍTULO
once

LAS NOTICIAS

VOCABULARIO. In this chapter you will talk about the news (**las noticias**).

GRAMÁTICA. You will discuss and use:

- The imperfect of regular and irregular verbs
- The distinctions between the preterit and the imperfect
- The relative pronouns **que** and **quien.**

CULTURA. This chapter focuses on Central America.

FUNCIONES

- Telling a story
- Giving the speaker encouragement
- Using polite expressions

AMÉRICA CENTRAL

1. GUATEMALA
Capital: Ciudad de Guatamala.   **Moneda:** quetzal.
Población: aproximadamente 10 millones de habitantes.

2. HONDURAS
Capital: Tegucigalpa.   **Moneda:** lempira.
Población: aproximadamente 5.5 millones de habitantes.

3. EL SALVADOR
Capital: San Salvador.   **Moneda:** colón.
Población: aproximadamente 5.5 millones de habitantes.

4. NICARAGUA
Capital: Managua.   **Moneda:** córdoba.
Población: aproximadamente 4 millones de habitantes.

5. COSTA RICA:
Capital: San José.   **Moneda:** colón.
Población: aproximadamente 3.5 millones de habitantes.

6. PANAMÁ:
Capital: Ciudad de Panamá.   **Moneda:** balboa.
Población: aproximadamente 2.5 millones de habitantes.

"¿Sabía Ud. que...?" Existen bosques (*forests*) tropicales por toda Centroamérica; en algunos países hay volcanes activos.

¿QUÉ HAY DE NUEVO?

Más inflación: subió el costo de la vida.

Guerrilleros atacaron al ejército (*army*); la nación está en guerra (*at war*).

El Papa visitó México.

Hubo una manifestación en la capital de Panamá. Los estudiantes protestaron contra el gobierno.

Costa Rica ganó otra vez en fútbol.

Ayer hubo un terremoto (*earthquake*) en Guatemala. Murieron miles de personas.

Hubo una huelga general de obreros; pidieron aumento de sueldo.

Hubo un incendio en Tegucigalpa. Cinco familias se quedaron sin casa.

El presidente habló de los derechos humanos y de la superpoblación en la última reunión de las Naciones Unidas.

Hubo elecciones generales.

PARA ENTERARSE DE LAS NOTICIAS...

prender (*to turn on*)
apagar (*to turn off*) | el televisor
la televisión
la radio

el periódico, la revista (*magazine*), los anuncios (*advertisements*)

el canal (*channel*), el noticiero (*news program*), un reportaje especial, un programa documental

Asociaciones.   ¿Qué noticias asocia usted con las personas y cosas que siguen?

> **MODELO**   el Papa
> **El Papa viajó a muchos países el año pasado y habló de religión y de política con la gente.**

1. el béisbol o el fútbol
2. Centroamérica
3. el presidente de Estados Unidos
4. el costo de la vida
5. el tiempo

Preguntas

1. ¿Cuándo prende usted la radio?   2. ¿Qué escucha por radio: música, noticias, deportes?   3. ¿Qué mira por televisión?   4. ¿Cuántas horas mira televisión en un día típico?   5. ¿Hay canales públicos en esta región? ¿Cuántos y cuáles? ¿Qué programas de canales públicos le gustan a usted?   6. Según su opinión, ¿es buena o mala la influencia de la televisión? ¿Por qué?   7. ¿Cómo se entera usted de las noticias? ¿Le interesan mucho las noticias del día?   8. ¿Ve usted el noticiero todas las noches? ¿A qué hora lo ve?   9. ¿Lee el periódico?   10. ¿Lee los anuncios de comida? ¿de ropa?   11. ¿Qué revistas lee usted? ¿Por qué las lee? ¿Qué lee su papá? ¿su mamá?

I. EL IMPERFECTO

La Universidad de Costa Rica

> **Roberto encuentra a Blanca en la biblioteca de la Universidad de Costa Rica en San José.**
>
> **ROBERTO**   Hola, Blanca. ¿Qué lees?
> **BLANCA**   Un periódico del dos de mayo de 1972.
> **ROBERTO**   ¿En serio?° ¡Es el día que nació mi hermana! Yo *era* muy pequeño… Sólo *tenía* cinco años, pero recuerdo que mamá *estaba* en el hospital y papá *estaba* muy nervioso°. Pero volviendo a tu periódico, ¿qué *pasaba* en esa época?

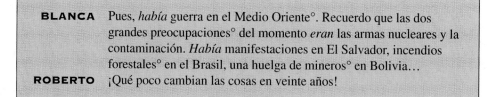

BLANCA   Pues, *había* guerra en el Medio Oriente°. Recuerdo que las dos grandes preocupaciones° del momento *eran* las armas nucleares y la contaminación. *Había* manifestaciones en El Salvador, incendios forestales° en el Brasil, una huelga de mineros° en Bolivia…

ROBERTO   ¡Qué poco cambian las cosas en veinte años!

¿En serio? *Really?*   **nervioso** *nervous*   **Medio Oriente** *Middle East*   **preocupaciones** *concerns*   **incendios forestales** *forest fires*   **mineros** *miners*

1. ¿Qué lee Blanca?   2. ¿Qué edad tenía Roberto el dos de mayo de 1972? 3. ¿Qué recuerda él de su mamá y de su papá?   4. ¿Qué pasaba en el mundo en esa época?   5. ¿Suceden (Ocurren) esas cosas hoy?

• •

A. To form the imperfect of all **-ar** verbs, add the endings **-aba, -abas, -aba, -ábamos, -abais, -aban** to the stem of the infinitive. Only the **nosotros** form has a written accent.

hablar	
hablaba	hablábamos
hablabas	hablabais
hablaba	hablaban

B. To form the imperfect of regular **-er** or **-ir** verbs, add the endings **-ía, -ías, -ía, íamos, -íais, -ían** to the stem of the infinitive. All forms have written accents.

comer		vivir	
comía	comíamos	vivía	vivíamos
comías	comíais	vivías	vivíais
comía	comían	vivía	vivían

C. Stress falls on the ending, not on the stem, in all regular imperfect forms. Stem-changing verbs, therefore, never change their stem in the imperfect.

Infinitive	Present (Stem changes)	Imperfect (No change)
costar (ue)	cuesta	**costaba**
tener (ie)	tiene	**tenía**

Los autos cuestan mucho ahora, pero antes costaban mucho también.	*Cars cost a lot now, but they also cost a lot before.*
Tiene que ir a muchas reuniones ahora, pero antes tenía que ir a más.	*He has to go to a lot of meetings now, but before he had to go to more.*

D. Only three verbs are irregular in the imperfect: **ir, ser,** and **ver.**

ir		ser		ver	
iba	íbamos	era	éramos	veía	veíamos
ibas	ibais	eras	erais	veías	veíais
iba	iban	era	eran	veía	veían

E. Haber, which has the form **hay** in the present, in the imperfect has the form **había** *(there was, there were).*

Había mucha gente en la plaza durante la manifestación.	*There were a lot of people in the plaza during the demonstration.*

F. The imperfect is used:

1. To express customary or repeated past actions.

Les hablaba a los obreros cada vez que los veía.	*He would (used to) speak to the workers each time he would see (saw) them.*
De vez en cuando veíamos un reportaje sobre el SIDA.	*From time to time we would see a report about AIDS.*

2. To express past actions as being then in progress.

Subía el precio de la gasolina.	*The price of gasoline was going up.*
No bajaban los precios de la comida.	*Food prices weren't going down.*
Anunciaban un concierto en la radio.	*They were announcing a concert on the radio.*

3. To describe situations or conditions that existed for an indefinite period of time.

Cuando yo era más joven, trabajaba de reportero.	*When I was younger, I worked as a reporter.*
Llovía en todo el país.	*It was raining all over the country.*

4. To describe past mental or emotional states.

Los obreros estaban contentos con el aumento de sueldo.	*The workers were happy with the increase in salary.*
Verónica se preocupaba por su familia.	*Verónica was worrying about her family.*

5. To express the time of day or the age of people or things in the past.

Era la una y media.	*It was one-thirty.*
El presidente sólo tenía cuarenta años en esa época.	*The president was only forty years old at that time.*

G. The imperfect has several possible equivalents in English.

Ellos estudiaban juntos.	*They used to study together.*
	They were studying together.
	They studied together (often, from time to time).
	They would study together (whenever they could).

H. Because the first- and third-person singular forms of a verb in the imperfect are identical, subject pronouns are often used with them for clarity.

Yo sabía que ella miraba el canal público.	*I knew she watched the public channel.*
Horacio pensaba que yo salía con Juanita.	*Horacio thought I was going out with Juanita.*

EJERCICIOS

A. ¿Qué hacían?   ¿Qué hacían las siguientes personas cuando ocurrió el apagón *(blackout)* ayer en San José?

> **MODELO**   Felipe/leer el periódico
> **Felipe leía el periódico.**

1. Clara/bañarse
2. Federico/empezar a estudiar
3. Susana y Guillermo/ir de compras
4. tú/prender la radio para escuchar las noticias
5. Anita/escribir una carta
6. nosotros/jugar a los naipes
7. yo/hablar por teléfono

B. Buenos amigos.   Complete la historia de una amistad, usando las formas apropiadas del imperfecto.

Cuando yo (1) _____ **(ser)** menor, (yo) (2) _____ **(jugar)** con mis hermanos. (Yo) (3) _____ **(tener)** una amiga que (4) _____ **(llamarse)** Amalia y que (5) _____ **(vivir)** cerca de nosotros. Ella (6) _____ **(asistir)** a otra escuela y (ella y yo) no (7) _____ **(verse)** durante la semana. (Ella y yo) (8) _____ **(ir)** a jugar al parque todos los fines de semana.

C. Antes del terremoto. ¿Qué pasaba en este pueblo antes del terremoto? Siga el modelo, usando el imperfecto de los verbos **ser, ir,** y **ver.**

> **MODELO** los Díaz/profesores/teatro/muchas obras de teatro
> **Los Díaz eran profesores. Iban al teatro y veían muchas obras de teatro.**

1. nosotros/doctores/hospital/nuestros pacientes
2. tú/reportera/congreso/senadores
3. el tío de Teresa/ingeniero/centro/sus clientes
4. yo/reportero/cancha de tenis/jugadores de tenis
5. Jorge/estudiante/café/sus compañeros y amigos

Entrevista

Trabaje con un(a) compañero(-a) de clase. Háganse y contesten preguntas acerca de su niñez *(childhood).*

1. ¿Dónde vivías cuando eras niño(-a)? 2. ¿Cómo era tu casa? 3. ¿A qué escuela asistías cuando tenías ocho años? 4. ¿Trabajaba tu mamá? ¿Dónde te quedabas cuando ella trabajaba? 5. ¿Qué querías ser cuando eras niño(-a)? 6. ¿Qué te gustaba hacer de niño(-a)? 7. ¿Dónde y con quién jugabas? 8. ¿Jugabas al béisbol? ¿al fútbol? ¿al tenis? ¿a otros deportes? 9. ¿Adónde iba tu familia de vacaciones? 10. ¿Qué te gustaba de la escuela? ¿Qué no te gustaba? ¿Eran amables tus profesores? 11. ¿Veías mucha televisión? ¿Cuáles eran tus programas favoritos?

• •

II. EL IMPERFECTO EN CONTRASTE CON EL PRETÉRITO

Un mercado típico de un pueblo de Guatemala

En un pequeño pueblo° de Guatemala

FEDERICO   ¿*Oíste* el noticiero esta tarde?
LETICIA   Sí, lo *escuchaba* mientras° *cocinaba.*

> **FEDERICO**   *¿Hablaron* del terremoto que *hubo* anoche en Nicaragua? Me *decía* Jaime en el autobús que *ocurrió* cerca de las once de la noche… *Había* cientos de personas en las calles porque *celebraban* una fiesta religiosa.
>
> **LETICIA**   Sí… la Cruz Roja° *mandó* quinientos voluntarios a la región. *Murió* prácticamente° toda la gente que *estaba* en la calle celebrando la fiesta cuando *sucedió* el terremoto.
>
> **FEDERICO**   ¡Dios mío! ¡Qué terrible!

pueblo *town*   **mientras** *while*   **Cruz Roja** *Red Cross*   **prácticamente** *almost, practically*

1. ¿Qué hacía Leticia mientras escuchaba las noticias?   2. En el noticiero, ¿hablaron del terremoto en Nicaragua?   3. ¿Cuándo ocurrió el terremoto? ¿Qué hacía mucha gente a esa hora?   4. ¿Qué hizo la Cruz Roja?   5. ¿Murió mucha gente? ¿Quiénes?

• •

A. Spanish has several verb forms used to report past actions and conditions. A speaker chooses one form or another depending on the way the event is viewed.

B. If a past action or condition is viewed as being completed, the preterit is used. If any time limit, however long or short, is specified for the past action or condition, the preterit, not the imperfect, must be used. The preterit is also used to mention the beginning or end of something in the past, since the beginning or end itself was over the instant it happened. The preterit gives a simple report; it invites the listener to wonder what comes next. Time expressions used with the preterit reinforce the notion that the event or series of events is completed.

Time expressions often associated with the preterit		
ayer	**una vez** *(once)*	**el domingo (pasado)**
anoche	**dos veces**	**el mes (el año, etcétera)**
a las once	**otra vez**	**pasado**

El programa de noticias terminó a las once y media.	*The news program ended at 11:30.*
Empecé el libro que describe la vida del presidente.	*I started the book that describes the president's life.*
Subí al autobús en la calle Segunda y bajé en la Avenida Bolívar.	*I got on the bus on Second Street and got off on Bolívar Avenue.*

C. The imperfect is used when the speaker focuses on an action or condition as something going on in the past. The imperfect often invites the listener to wonder what else happened in the same context. Patterns of habitual action, mental states, descriptions of the way things looked or sounded, the time of day, and other background conditions in the past are typically reported with verbs in the imperfect;

the speaker's interest is not their beginning or end, but just that they existed or were occurring. Time expressions used with the imperfect reinforce the focus on the ongoing or habitual aspect of the event.

Time expressions often associated with the imperfect		
todos los días	**siempre**	**mientras**
todos los meses	**frecuentemente**	**los domingos**

Siempre había robos y otros crímenes allí.	*There were always robberies and other crimes there.*
Los domingos íbamos al campo juntos.	*On Sundays we would go to the country together.*
Protestaban contra la guerra casi todos los días.	*They were protesting against war almost every day.*
No hablaban del mismo acontecimiento.	*They weren't talking about the same event.*

D. Often the preterit and imperfect are used in the same sentence to report that an action that was in progress in the past (expressed with the imperfect) was interrupted by another action or event (expressed with the preterit).

Ramón miraba las noticias cuando Teresa lo llamó.	*Ramón was watching the news when Teresa called him.*
Por fin encontraron a los guerrilleros que buscaban.	*Finally they found the guerrillas they were looking for.*
El presidente estaba en la capital cuando tuvieron las elecciones.	*The president was in the capital when they had the elections.*

Study the following paragraph. The tense of each numbered verb is explained in the list following.

Anoche (1) miraba la televisión cuando (2) oí un reportaje especial. A las ocho de la noche, los guerrilleros (3) tomaron el pueblo de San Jacinto. El líder de los guerrilleros (4) era joven. Sólo (5) tenía 29 años y (6) era muy idealista. (7) Hubo una gran celebración. Mientras los guerrilleros (8) tomaban el pueblo, el Presidente de la República (9) estaba de vacaciones en Río de Janeiro. Desde allí, (10) prometió *(he promised)* mandar el ejército a San Jacinto. Cuando (11) oí eso, (12) me preocupé mucho porque mis abuelos viven en ese pueblo.

1. **miraba**—an action that was going on, no reference to when it started or ended
2. **oí**—completed action that interrupted something else
3. **tomaron**—completed action
4. **era**—description
5. **tenía**—description of how old he was

6. **era**—description
7. **Hubo**—completed action (the celebration began and ended)
8. **tomaban**—action in progress
9. **estaba**—background condition
10. **prometió**—a promise he gave (completed action)
11. **oí**—completed event
12. **me preocupé**—I began to worry (a specific time rather than duration of time is emphasized with the preterit—the beginning)

E. The imperfect of **conocer** means *to know, to be acquainted with,* while the preterit means *to meet, to make the acquaintance of.* The imperfect expresses ongoing acquaintance while the preterit emphasizes meeting for the first time. The imperfect of **saber** means *to know,* while the preterit means *to find out.* Again, the imperfect emphasizes indefinite duration of time in the past, while the preterit indicates a completed action.

Mamá sabía que Eduardo conocía al político.	*Mom knew that Eduardo knew (was acquainted with) the politician.*
Esta mañana supe que tú conocías a mi compañera de cuarto. ¿Dónde la conociste?	*This morning I found out that you knew my roommate. Where did you meet her?*

EJERCICIOS

A. **¡Ya no voy a escuchar las noticias!** Para comprender por qué Elena ya no va a escuchar las noticias, cambie los verbos al pasado, usando el pretérito o el imperfecto.

> **MODELO** Todos los días prendemos la radio temprano.
> **Todos los días prendíamos la radio temprano.**

1. Siempre escucho el noticiero de las siete.
2. Esta mañana oigo muchas noticias tristes.
3. Hay un terremoto en la Ciudad de México.
4. Doscientas personas mueren en un accidente de avión.
5. Otra vez sube el precio de la gasolina.
6. Apago la radio.

B. **Un robo.** Cambie al pasado la siguiente historia; use el pretérito o el imperfecto, según sea apropiado *(as appropriate).*

(1) Es una noche de verano. Susana y su esposo Jaime (2) duermen después de su boda *(wedding).* En la sala *(living room)* (3) están todos los regalos. (4) Hay cosas muy lindas. A las doce en punto un hombre (5) entra en la casa. (6) Es el hombre a quien la policía (7) busca desde el sábado. (8) Va a la sala, (9) abre la puerta y (10) ve los regalos allí. Jaime y Susana no lo (11) oyen cuando (12) entra y no lo (13) ven cuando se (14) va. Cuando ellos (15) se despiertan, los

regalos ya no (16) están allí. Susana (17) llama a la policía. Los dos (18) están tristes, pero no muy tristes, porque los regalos más importantes, los anillos *(rings),* todavía los (19) tienen.

C. Un incendio. Complete la siguiente noticia, usando el pretérito o el imperfecto de los verbos entre paréntesis, según sea apropiado.

TRES PERSONAS MUEREN EN UN INCENDIO

(1) _____ **(haber)** un incendio anoche en un edificio de apartamentos en la calle Balboa. (2) _____ **(empezar)** en el segundo piso mientras la gente (3) _____ **(dormir).** Una alarma (4) _____ **(despertar)** a quince personas y ellos (5) _____ **(poder)** escapar a la calle. Pero (6) _____ **(morir)** tres personas que (7) _____ **(estar)** en el tercer piso; parece que (ellos) no (8) _____ **(escuchar)** la alarma.

Los bomberos *(fire fighters)* (9) _____ **(llegar)** a las 9:47 pero no (10) _____ **(poder)** controlar el incendio hasta las 10:30. Las quince personas que (11) _____ **(quedarse)** sin casa (12) _____ **(pasar)** la noche en el Hotel La Fortuna. La Cruz Roja les (13) _____ **(llevar)** comida y (14) _____**(empezar)** a buscarles nuevos apartamentos.

Trabaje con un(a) compañero(-a) de clase. Háganse y contesten preguntas acerca de la noticia. Usen las siguientes palabras en sus preguntas: **¿Dónde…? ¿Qué hacía…? ¿A qué hora…? ¿Por qué…? ¿Cuándo…?**

D. El noticiero. Complete las siguientes oraciones de manera original, usando verbos en el pretérito o el imperfecto.

MODELO La semana pasada el presidente de El Salvador…
La semana pasada el presidente de El Salvador pidió ayuda a los Estados Unidos.

1. Ayer, por televisión, el presidente de Estados Unidos…
2. En Japón anunciaron que…
3. Conocí a… cuando…
4. Hoy supe que…
5. El año pasado el costo de la vida...

Entrevista

Trabaje con un(a) compañero(-a) de clase. Háganse y contesten las preguntas que siguen.

1. ¿Trabajabas o estudiabas el año pasado?   2. Y anoche, ¿trabajaste o estudiaste?   3. Cuando eras niño(-a), ¿qué hacías los fines de semana?   4. ¿Qué hiciste el fin de semana pasado?   5. ¿Veías muchas películas cuando eras un poco menor?   6. ¿Qué película viste el mes pasado?   7. ¿Qué tiempo hacía cuando te levantaste esta mañana?   8. ¿Qué hora era cuando te acostaste anoche?   9. ¿Tuviste que ir a muchas reuniones el mes pasado?   10. ¿Qué viste hoy cuando venías a clase?   11. ¿Qué hacías cuando entró el profesor hoy?   12. ¿Ocurrió un acontecimiento muy importante la semana pasada? ¿Cómo lo supiste? ¿Qué hacías cuando oíste la noticia?

FUNCIONES *y práctica*

Telling a Story and Giving the Speaker Encouragement

Here are some examples of two important language functions: telling a story and giving the speaker encouragement. Study the expressions below and do the practice exercise that follows.

A: <u>*Eso me hace recordar*</u> el viaje que hice a Guatemala.

    Siempre recuerdo

B: ¿Ah sí?

A: Estábamos en el aeropuerto. Esperábamos el avión para irnos a México.

B: Ah-ha.

A: Oímos un ruido *(noise)* tremendo. Yo creí que un avión había chocado *(had crashed)* contra el edificio en que estábamos…

B: <u>*¿De veras? Y, ¿qué pasó después?*</u>

    ¿En serio? ¿Y después?

A: Sentimos unos temblores *(tremors)*. Se cayeron muchos vidrios *(glass panes)*. Toda la gente empezó a correr hacia la salida.

B: <u>*¡No me digas! ¿Y qué hacías mientras pasaba eso?*</u>

    ¿Realmente? Y tú, ¿qué hiciste?

A: Yo también corrí. Cuando llegué afuera *(outside),* vi que los carros que estaban estacionados *(parked)* se movían… Y ¿sabes qué?

B: ¿Qué?

A: ¡Era un terremoto de 6.8 en la escala de Richter!

Other expressions you can use to show you are following the conversation are:

Sí, entiendo.	Yes, I understand.
Sí, claro.	Yes, sure.
Sí, cómo no.	Yes, of course.

Práctica

Compañero(-a) de cuarto.   Trabaje con un(a) compañero(-a) de clase. Cuente una historia acerca de un(a) compañero(-a) de cuarto o de un(a) amigo(-a). Su compañero(-a) lo (la) escucha y da sus reacciones frecuentemente *(frequently)*. Después, su compañero(-a) le cuenta otra historia a usted. Incluya las respuestas *(Include the answers)* a las siguientes preguntas.

1. ¿Cómo era tu compañero(-a)? ¿Qué estudiaba? ¿Estudiaban juntos(-as)?
2. ¿Les gustaban las mismas cosas? Por ejemplo, ¿les gustaba el mismo tipo de música? ¿de comida? ¿de ropa?
3. ¿Qué diferencias había entre tu compañero(-a) y tú? Por ejemplo, ¿se levantaban más o menos a la misma hora? ¿Eran corteses los (las) dos?

• •

III. LOS PRONOMBRES RELATIVOS *QUE* Y *QUIEN*

En 1987, el entonces *(then)* presidente de Costa Rica, Óscar Arias Sánchez (a la izquierda) acepta el Premio Nóbel de la Paz.

Un grupo de amigos juegan «trivia» en un café de Tegucigalpa, Honduras.

FELIPE   ¿Cómo se llama el centroamericano *que* ganó el Premio Nóbel de la Paz° en 1987?

MANUEL   ¡Qué fácil!

ANA   Óscar Arias Sánchez. Ahora tiene que contestar Pilar. ¿Qué países centroamericanos no tienen ejércitos?

MANUEL   Otra pregunta fácil.

PILAR   Costa Rica y Panamá. Y ahora una pregunta para Manuel. ¿Cómo se llama el explorador a *quien*° Fernando de Aragón e Isabel de Castilla le dieron el dinero para el viaje de la Niña, la Pinta y la Santa María a América?

MANUEL   Pues… a ver. ¿Por qué me dan a mí todas las preguntas difíciles…?

---

la Paz *Peace*   **el explorador a quien** *the explorer to whom*

1. ¿Qué hace el grupo de amigos?   2. ¿Quién es Óscar Arias Sánchez?   3. ¿Tiene ejército Costa Rica?   4. ¿Quién cree que las dos primeras preguntas son fáciles? ¿Qué le preguntan a él?   5. ¿Sabe Manuel quién es ese explorador? ¿Lo sabe usted? (Cristóbal Colón, ¿verdad?)

• •

A. Relative pronouns replace nouns or pronouns and are used to join simple sentences. For example:

Conozco a un político. Ese político vive en Panamá. → Conozco a un político que vive en Panamá.

Ana y Luis son amigos. Recibí noticias de ellos ayer. → Ana y Luis son los amigos de quienes recibí noticias ayer.

I know a politician. That politician lives in Panama. → I know a politician who lives in Panama.

Ana and Luis are friends. I heard (received news) from them yesterday. → Ana and Luis are the friends from whom I heard (received news) yesterday.

B. Que is the most commonly used equivalent for *that, which, who,* or *whom;* it is used to refer to either persons or things.

El reportaje sobre los derechos humanos en Centroamérica que vimos anoche fue muy interesante.	*The report about human rights in Central America that (which) we saw last night was very interesting.*
¿Quién es el senador que habló del problema de la superpoblación?	*Who is the senator who talked about the overpopulation problem?*

C. After the prepositions **a, con, de,** and **en, que** is used when referring to things.

Éstos son los problemas de que hablo.	*These are the problems (that) I'm talking about.*

D. Relative pronouns are often omitted in English, but they are always used in Spanish.

Éste es el libro que terminé de leer anoche.	*This is the book (that) I finished reading last night.*

E. Quien (quienes in the plural) refers only to people. It is usually used as the object of a preposition. When used as an indirect object, **quien(es)** must be preceded by the preposition **a.**

Es el político de quien tú me hablabas, ¿verdad?	*He's the politician you were telling me about, right?*
Ésos son los amigos con quienes cenamos esta noche.	*Those are the friends we are having dinner with tonight.*
Octavio Paz es el poeta mexicano a quien le dieron el Premio Nóbel de Literatura en 1990.	*Octavio Paz is the Mexican poet to whom they gave the Nobel Prize in Literature in 1990.*

Notice that although in informal English a sentence may end with a preposition, this is not possible in Spanish.

Es el líder contra quien protestaba la gente.	*He's the leader the people were demonstrating against (against whom the people were demonstrating).*

EJERCICIO

Agenda del presidente. Hoy el presidente tiene reuniones con muchas personas. Su secretario le explica quiénes son. Complete las oraciones *(sentences)* con **que** o **quien(es).**

1. El señor Calero es el representante _____ va a viajar a Chile.
2. El señor Ramos y la señora López son los senadores con _____ usted cenó la semana pasada.
3. Ramón Ramírez es el atleta _____ ganó en los Juegos Panamericanos.
4. El señor García es el experto _____ estudia la situación de derechos humanos en Centroamérica.

5. El señor Soler es el doctor con ——————— usted tiene cita *(appointment)* esta tarde.

6. La doctora Vega es la persona ——————— representa a Panamá en las Naciones Unidas.

7. La señorita Castillo es la persona de ——————— usted recibió una carta sobre la huelga de profesores.

8. El señor Schmidt es el experto alemán a ——————— le vamos a pedir consejos sobre el transporte público.

Entrevista

Trabaje con un(a) compañero(-a) de clase. Háganse y contesten las preguntas que siguen.

1. ¿Qué países están en guerra en este momento?   2. Según tu opinión, ¿cuáles son los países que tienen más problemas económicos en estos días? ¿Cuáles tienen menos problemas? ¿Por qué?   3. ¿Cuál es el líder mundial *(world)* de quien hablan mucho ahora en las noticias?   4. ¿Cómo se llama un(a) político(-a) que admiras mucho?   5. ¿Quién es un(a) reportero(-a) en quien tienes mucha confianza *(confidence)?*

VIÑETA CULTURAL: COSTA RICA— CONSERVANDO LOS BOSQUES TROPICALES

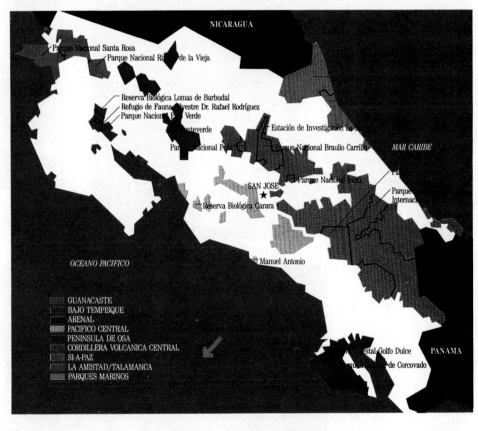

Antes de leer

Pictures can tell you a lot about the content of a reading. Before you read the following selection, look at the pictures and answer the following questions.

1. According to this map of Costa Rica, is conservation an important issue in this Central American Country? Justify your answer.
2. What kinds of things can you see on a one-day tour from San José (the capital)?
3. What kinds of activities are available?

"TOURS"
DE UN DIA
POR
COSTA RICA

Disfrute la emoción, la sana diversión y aventuras al aire libre de un pequeño país que le ofrece montañas, volcanes, playas, una exuberante riqueza natural, atractivos que Ud. puede visitar en "tours" de un día, con la cordial y cálida amabilidad de nuestra gente.

.I.C.T.
INSTITUTO COSTARRICENSE DE TURISMO

Lapa dorada

Now read the selection. If you come to a word that was not in an earlier chapter and has not been glossed, it is probably a cognate; try to guess its meaning.

La destrucción de los bosques tropicales es un problema muy grave que aparece° mucho en las noticias. Dicen los expertos que sólo quedan el 15 por ciento de los bosques tropicales de África, el 30 por ciento de los bosques tropicales de Asia y el 50 por ciento de los bosques tropicales de Latinoamérica. Pero el pequeño país de Costa Rica está tratando de resolver° el problema.

En 1987 el gobierno de Costa Rica creó° el Sistema Nacional de Áreas de Conservación con nueve «megaparques». El presidente, Óscar Arias Sánchez, nombró° un director responsable de la administración de cada parque. Cada director empezó a trabajar con la gente de la comunidad para conservar los bosques indígenas y estimular la economía al mismo tiempo. La tierra de una zona con bosques tropicales es muy pobre; después de pocos años de utilización ya no es buena ni para la agricultura ni para la ganadería°. Pero la producción o recolección° de nueces°, semillas°, flores, plantas, y hasta maderas° tropicales puede ser muy lucrativa sin destruir° los bosques. El gobierno creó un plan de reforestación y empezó a entrenar° a especialistas a identificar y estudiar las plantas y animales de la región. Comenzaron a investigar en qué formas el país podía usar esas plantas y animales. También en 1987, con la ayuda del World Wildlife Fund, de la Nature Conservancy y de otros grupos, ocurrió el primer canje de deuda por naturaleza* en el país.

Con la gran veriedad de flora y fauna de la región, los megaparques de Costa Rica ahora son muy populares para la práctica del «ecoturismo». Miles de turistas llegan cada año a ver playas magníficas, volcanes legendarios, plantas extraordinarias y animales exóticos. También llegan científicos° y estudiantes de todo el mundo para observar este pequeño país con grandes aspiraciones para sus futuras generaciones.

appears

tratando...*trying to solve*/*created named*

cattle raising/**recolección**...*gathering of nuts/seeds/flowers/ even/wood/destroying/to train*

scientists

Después de leer

Deducciones.   Después de leer «Costa Rica—Conservando los bosques tropicales», comente las siguientes afirmaciones. ¿Cuáles son verdaderas, según su opinión? ¿Cuáles son falsas? ¿Por qué?

1. La tierra de una región donde hay grandes árboles tropicales es muy fértil.
2. La ganadería es muy lucrativa por muchos años en los lugares donde antes había bosques tropicales.
3. Los directores de los megaparques de Costa Rica trabajan con la gente común.
4. Los directores de los megaparques no se preocupan por el futuro económico del país; sólo se preocupan por conservar sus bosques tropicales.
5. El ecoturismo es turismo con enfoque *(focus)* en la ecología.

canje...   Debt-for-nature swap, wherein conservation groups buy a piece of Costa Rica's foreign debt, sometimes from a foreign bank willing to sell for as little as 20 percent of the face value. The **Banco Central de Costa Rica** buys the debt from the conservation group through government bonds in local currency. The conservation group must use the money to finance environmental projects. The foreign bank unloads what it considers a bad debt, Costa Rica reduces its deficit, and local currency goes toward preserving the environment. Debt-for-nature swaps are occurring in other countries as well as Costa Rica.

PARA ESCUCHAR

A. Reportajes. Escuche los tres reportajes que siguen. Coordine *(Match)* los números (1, 2, y 3) con las fotos y titulares *(headlines)* correspondientes. Escriba el número apropiado a la izquierda de cada foto o título.

VOCABULARIO

REPORTAJE 1: **Cognados:** sufren, deterioró, el informe. **Otras palabras:** gastos *expenses,* sobreviven *survive,* desnutridos *malnourished.*

REPORTAJE 2: **Cognados:** clamor, afirmó, financiado, provocó, acusados, asesinar, jesuitas. **Otras palabras:** fábrica *factory.*

REPORTAJE 3: **Otras palabras:** desfile *parade.*

Fábrica de dictadores
Escuela militar cuyos graduados integran una larga y poco honrosa nómina

La Estrella de El Salvador / miércoles, el 15 de septiembre de 1993

Celebración patriótica en la plaza principal

UNICEF: En Centroamérica cada día existe más hambre y pobreza

B. ¿Y la verdad...? Escuche los reportajes otra vez. Para cada uno, hay tres afirmaciones; dos son falsas y una es verdadera. ¿Cuál es la verdadera?

Reportaje 1

a. Eight out of ten Central Americans suffer from hunger.
b. Fifty-seven percent of Central Americans do not have work.
c. In Central America, three out of every ten children die before the age of 5.

Reportaje 2

a. La Escuela de las Américas is a school for athletes.
b. La Escuela de las Américas is run by Costa Rica.
c. Five of the military people who were accused of killing six Jesuit priests and two women in 1989 were students of la Escuela de las Américas.

Reportaje 3

a. Central Americans celebrated their independence from Spain on September 15.
b. There was a large celebration of the end of the war in El Salvador on September 15.
c. Central Americans celebrated Labor Day by listening to a rock concert.

C. Resúmenes *(Summaries).*   Trabaje con dos compañeros(-as). Escoja *(Choose)* un reportaje y dé un breve resumen del contenido *(content)* a sus dos compañeros. Sus compañeros escogen otros reportajes y también dan resúmenes al grupo.

MÁS FUNCIONES *y actividades*

Using Polite Expressions

In this chapter, you have seen examples of some important language functions: telling a story and giving the speaker encouragement. Below you'll find some additional expressions and activities related to the functions.

Perdón means *Excuse me* when you have done something for which you are apologizing (like stepping on someone's toe or spilling something on someone). **Con permiso,** which literally means *With your permission, means Excuse me* when you are about to pass in front of someone, eat something in front of someone, and so on.

¡Salud! (literally, *Health!*) is used to mean *Cheers!* when making toasts and also to mean *Gesundheit!* when someone sneezes.

¡Felicitaciones! means *Congratulations!*

Review expressions for polite introductions in the **Capítulo preliminar**, expressions for thanking someone in **Capítulo 4,** and restaurant expressions in **Capítulo 6.**

Actividades _____

A. **¿Es usted una persona cortés?** Mire las ilustraciones. Dé una expresión apropiada para cada situación.

B. **¿Y sabes qué…?** Trabaje con un(a) compañero(-a) de clase. Cuente una historia acerca de usted o de una persona que usted conoce. Su compañero(-a) le hace preguntas y lo (la) anima *(encourages)* a seguir. Después, su compañero(-a) le cuenta otra historia a usted.

C. Los sospechosos *(The suspects).* Anoche hubo un robo. Dos estudiantes, los sospechosos, salen de la sala de clase para inventar una coartada *(alibi).* Después de unos minutos, uno de los sospechosos regresa; el otro se queda afuera *(outside).* La clase le hace preguntas. Después, el segundo sospechoso entra, y el primero sale. Si las respuestas del segundo sospechoso son iguales *(the same)* a las respuestas del primer sospechoso, los dos son «inocentes». Si no, son «culpables» *(guilty).* Pueden usar las siguientes preguntas u otras de su propia *(own)* invención.

1. ¿Qué hiciste anoche? ¿Con quién estabas?
2. ¿Adónde fueron?
3. Si fueron al cine, ¿qué película vieron?
4. ¿Dónde se sentaron?
5. ¿Había mucha o poca gente allí?
6. ¿Comieron? ¿Qué comieron? ¿Cuánto costó?
7. ¿Quién les sirvió la comida? ¿Cómo era él o ella?
8. ¿Cómo llegaron al lugar adonde fueron? ¿Fueron en auto? ¿En autobús?
9. ¿Cómo era el auto? ¿De qué color era?
10. ¿Qué ropa llevabas? ¿y tu amigo(-a)?
11. ¿A qué hora volvieron a casa?
12. ¿Dónde vive tu amigo(-a)?
13. ¿Cuántas horas pasaron juntos anoche?
14. ¿De qué cosas hablaron?

PARA ESCRIBIR

Escriba una carta a un(a) amigo(-a) hispano(-a). Descríbale su universidad o escuela, como le fue el semestre (trimestre) pasado. Mencione su rutina diaria, los cursos que siguió, sus profesores y amigos. También mencione un acontecimiento importante en las noticias.

VOCABULARIO ACTIVO

Cognados

económico	el, la habitante	el programa documental
la elección	el líder	público
el experto, la experta	lucrativo	la región
el explorador,	las Naciones Unidas	el reportaje
la exploradora	el político,	el senador, la senadora
la gasolina	la política	

Verbos

admirar	*to admire*
anunciar	*to announce*
apagar (gu)	*to turn off, extinguish*
atacar (qu)	*to attack*
bajar	*to go down, decrease*
celebrar	*to celebrate*
conservar	*to conserve, save*
haber	*there is, are*
ocurrir	*to happen, occur*
pasar	*to happen, occur*
poner (g)	*to turn on; to light*
prender	*to turn on; to light; to grasp*
prometer	*to promise*
protestar	*to protest*
subir	*to rise, go up, climb; to get on*

Las noticias   (the news)

el acontecimiento	*event, happening*
el anuncio	*announcement*
las armas	*arms, weapons*
el aumento	*increase, raise*
el aumento de sueldo	*raise in salary*
el bosque	*forest*
el costo de la vida	*cost of living*
la cruz	*cross*
la Cruz Roja	*Red Cross*
el derecho	*right*
los derechos humanos	*human rights*
el ejército	*army*
la guerra	*war*
en guerra	*at war*
el guerrillero, la guerrillera	*guerrilla (warrior)*

el incendio	*fire*
el noticiero	*news program*
el obrero, la obrera	*worker*
el Papa	*Pope*
la revista	*magazine*
el SIDA	*AIDS*
la superpoblación	*overpopulation*
el terremoto	*earthquake*

Otras palabras y frases

cada	*each, every*
la época	*time, era, epoch*
juntos	*together*
mientras	*while*
mismo	*same*
el pueblo	*town; people*
la respuesta	*response, answer*
siguiente	*following*
sin casa	*homeless*

Expresiones útiles

Con permiso.	*Excuse me (for something I'm going to do).*
¿De veras?	*Really?*
¿En serio?	*Really?*
Felicitaciones.	*Congratulations.*
Perdón.	*Pardon me.*
¿Qué hay de nuevo?	*What's new?*
¡Salud!	*Cheers! Gesundheit!(for a sneeze).*

Cognados falsos

el canal	*channel*
la manifestación	*demonstration*
la reunión	*meeting*
suceder	*to happen, occur*

Evaluación: ¿Es usted una persona cortés?, página 274.
Respuestas:
1. ¡Gracias. 2. ¡Salud! 3. No hay de qué. (De nada.) 4. ¡Felicitaciones! 5. Mucho gusto. 6. ¡Salud! 7. Con permiso. 8. ¡Buen provecho!

Los turistas en México pueden admirar y comprar las artesanías de los indios.

CAPÍTULO *doce*

VIAJES Y PASEOS

VOCABULARIO. In this chapter you will talk about traveling.

GRAMÁTICA. You will discuss and use:

- Past participles (corresponding to English verb forms in *-ed*, like *painted*) used as adjectives (*a painted wall*).

- The present and past perfect tenses, corresponding to English constructions like *I have painted, I had painted*

- The contrasts among the past indicative tenses

- **Hace** with time expressions, to express how long something has been going on or how long ago it happened

CULTURA. This chapter focuses on various cities in Mexico.

FUNCIONES

- Using public transportation
- Getting a room in a hotel

La península de Yucatán

GOLFO DE MÉXICO

CANCÚN
UXMAL   CHICHÉN ITZÁ
MÉRIDA
ISLA
MUJERES
YUCATÁN   COZUMEL
KIMPECH
TULUM
CAMPECHE   QUINTANA
ROO
CAMPECHE   CHETUMAL

GUATEMALA   BELICE

País: México
Estados (Capitales): Quintana Roo (Chetumal),
Yucatán (Mérida), Campeche (Campeche)
Población: Quintana Roo (225.985), Yucatán
(1.063.733), Campeche (420.553)
Moneda: peso

"¿Sabía Ud. que...?" Las antiguas ciudades de los Mayas,
Chichén Itza y Uxmal, fueron abandonadas misteriosamente
después de mil años de una civilización avanzada.

¿CÓMO VIAJA USTED?

¿Anda en bicicleta?

¿Va a pie?

¿Hace autostop?

¿Viaja usted por tren?

la estación de trenes
(de ferrocarril)
el horario
la salida, la llegada

¿Viaja usted por barco?

el puerto

¿Viaja usted por avión?

el aeropuerto
Los pasajeros suben al avión.

Si usted sale del país, tiene que pasar por la aduana.

En un banco usted cambia dinero o cheques de viajero.

Usted se queda en un hotel o en una pensión.

El agente de aduana revisa las maletas (el equipaje).

la caja
el (la) cajero(-a)

el (la) hotelero(-a)
la recepción
la habitación *(room)*

Las definiciones. Dé la palabra que corresponde a la definición.

MODELO una cosa en que viajamos por mar: un… **barco**

1. un lugar donde las habitaciones cuestan poco: una…
2. un lugar donde cambiamos los dólares por pesos: un… o la…
3. un lugar donde revisan las maletas: la…
4. el lugar donde hay muchos barcos: el…
5. las maletas que llevamos cuando viajamos: el…
6. una persona que hace un viaje por avión: un(a)…

¿QUÉ HACE EL VIAJERO *(TRAVELER)* EXPERTO?

1. No deja las cosas para el último momento. Va a una agencia de viajes. Decide cómo va a viajar: por barco, por tren, por avión o a pie. Compra boletos de ida y vuelta *(round-trip)*.

2. Decide si quiere quedarse en una pensión o en un hotel. Estudia los precios antes de decidir. Hace sus reservaciones antes de salir.

3. Lee varios libros sobre el sitio *(place)* que va a visitar. También consulta mapas.

4. Hace la maleta varios días antes de salir. No lleva mucho equipaje.

5. Siempre recuerda las tres cosas más importantes: los boletos, el dinero (o los cheques de viajero) y el pasaporte.

6. Llega temprano al aeropuerto, al puerto o a la estación de autobuses o del ferrocarril.

7. Siempre conoce las regulaciones de la aduana.

¿Verdadero o falso?   Indique si las siguientes frases *(sentences)* son verdaderas o falsas.

1. Lleva mucho equipaje.
2. Hace la maleta la noche antes de salir.
3. Si el avión sale a las tres, el viajero experto llega a las 2:45.
4. Lee libros y consulta mapas del sitio que va a visitar.
5. Recuerda tres cosas importantes: el dinero, el pasaporte y las aspirinas.
6. No lleva cheques de viajero porque es difícil cambiarlos.
7. Pregunta el precio de las habitaciones antes de hacer la reservación.

Preguntas

Para las preguntas 6–9, consulte el mapa de la página 281.

1. ¿Le gusta viajar? ¿Qué ciudad o sitio visitó durante su último viaje?   2. ¿Piensa hacer un viaje largo este año? ¿un viaje corto *(short)*? ¿Adónde? ¿Cuándo? ¿Con quiénes?   3. ¿Pasea mucho en auto usted? ¿Hace autostop a veces?   4. ¿Piensa hacer un paseo este fin de semana? ¿Adónde?   5. ¿Qué es un(a) cajero(-a)? Explique. ¿y un(a) hotelero(-a)?

6. Si usted quiere visitar ruinas de México, ¿adónde va?   7. Si usted quiere comprar recuerdos de su viaje a México, ¿qué ciudades debe visitar?   8. Si usted quiere ver los grandes museos y viajar por metro, ¿qué ciudad debe visitar?   9. Si usted quiere pescar en México, ¿adónde va?

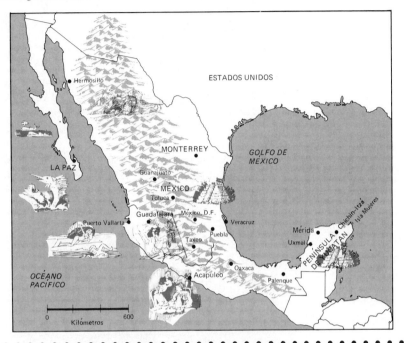

I. EL PARTICIPIO PASADO USADO COMO ADJETIVO

Esta señora vende flores hechas de papel.

Artesanías° mexicanas

Si usted visita México, va a poder admirar y también comprar gran variedad de objetos de artesanía *producidos* en México. Por ejemplo, la señora de la foto vende flores *hechas* de papel. Ella las hace a mano y las vende en su tienda, Flores de Papel.

En las tiendas y en los mercados de artesanías, usted puede ver cerámica *pintada* o vidrio *soplado°*. También hay objetos de madera *labrados°* y blusas bordadas° con flores de colores brillantes. Tal vez° usted necesite un sarape° para protegerse del frío°, o una hamaca° donde usted pueda descansar en el verano. En todas esas artesanías, y en muchas otras, usted va a ver la marca° «*hecho* en México».

artesanías *handicrafts*   **mercados** *markets*   **vidrio soplado** *hand-blown glass*   **de madera...** *carved from wood*   **bordadas** *embroidered*   **Tal vez** *Perhaps*   **un sarape** *a cloak of wool or cotton*   **protegerse...** *protect yourself from the cold*   **una hamaca** *hammock* **donde...** *where you can*   **la marca** *stamp, trademark*

1. ¿Qué vende la señora de la foto?   2. ¿Cuáles son algunos de los objetos de artesanía que usted puede comprar en México?   3. ¿Para qué puede uno usar un sarape? 4. ¿Y qué puede hacer usted en una hamaca?   5. ¿Tiene usted algunas cosas hechas en México? ¿Qué cosas?

• •

A. The past participles of regular English verbs end in -*ed: closed.* To form the past participle of regular Spanish **-ar** verbs, add **-ado** to the stem of the infinitive.

cerr–ar	**cerrado**	*closed*
situ–ar	**situado**	*situated*

B. To form the past participle of regular **-er** and **-ir** verbs, add **-ido** to the stem of the infinitive.

aprend–er	**aprendido**	*learned*
viv–ir	**vivido**	*lived*
conoc–er	**conocido**	*known*

When **-ido** is added, if the verb stem ends in **a, e,** or **o,** an accent mark must be written on the **i** to show that the two adjacent vowels do not merge to form a diphthong.

tra–er	**traído**	*brought*
cre–er	**creído**	*believed*
o–ír	**oído**	*heard*

The past participle of **ser** is **sido,** and of **ir, ido.**

C. Here are some irregular past participles. All end in **-to** except **dicho** and **hecho.**

abrir	**abierto**	*open; opened*
cubrir	**cubierto**	*covered*
describir	**descrito**	*described*
descubrir	**descubierto**	*discovered*
decir	**dicho**	*said*
devolver	**devuelto**	*returned, taken back*
escribir	**escrito**	*written*
hacer	**hecho**	*made, done*
morir	**muerto**	*died; dead*
poner	**puesto**	*put*
resolver	**resuelto**	*solved*
romper	**roto**	*broken*
ver	**visto**	*seen*
volver	**vuelto**	*returned*

D. The past participle is often used as an adjective and agrees in gender and number with the noun it modifies. It is frequently used with **estar** to describe a condition or state that results from an action.

¿Está escrito en español el poema?	*Is the poem written in Spanish?*
Las reservaciones ya están hechas.	*The reservations are already made.*
¿Está incluido el desayuno?	*Is breakfast included?*

EJERCICIO

A. Experiencias de viajeros. Los Sánchez hacen muchos viajes y tienen anécdotas interesantes. Para describir algunas de las cosas y de los problemas que experimentaron *(experienced)* en su último viaje, forme frases lógicas usando una expresión de cada columna. Use el pretérito para el verbo principal. Ponga atención a la forma del participio pasado.

> **MODELO** Compramos una maleta usada.

CASA de las
ARTESANIAS
de NUEVO LEON

comprar	un viaje	conocer
conocer	unos problemas	hacer
encontrar	una maleta	vestir
hacer	un museo	romper
tener	unas cosas	pintar
ver	un libro	usar
	unos boletos	devolver
	unas personas	resolver
	unas reservaciones	cerrar

B. Sí, ya está hecho.   Haga el papel de Graciela y dígale a su esposo que todas las preparaciones necesarias para su viaje a Puebla están hechas.

MODELO   ESTUDIANTE 1   ¿Cerraste las ventanas?
ESTUDIANTE 2   **Sí, las ventanas ya están cerradas.**

1. ¿Informaste a los vecinos?
2. ¿Resolviste todos los problemas?
3. ¿Escribiste las cartas?
4. ¿Hiciste las reservaciones?
5. ¿Compraste los boletos?
6. ¿Pusiste las maletas en el auto?

Entrevista

Trabaje con un(a) compañero(-a) de clase. Háganse y contesten las siguientes preguntas.

1. ¿Cómo estás en este momento? ¿cansado(-a)? ¿preocupado(-a)?   2. ¿Estás sentado(-a) cerca de la ventana? ¿de la puerta?   3. ¿Tienes el libro abierto o cerrado ahora? ¿y el cuaderno?   4. ¿Estás preocupado(-a) por tus clases? ¿Por qué otras cosas estás preocupado(-a)?   5. En tus clases de inglés, leíste obras escritas por Hemingway? ¿por Cervantes? ¿por García Márquez?   6. ¿Tienes una cosa—un libro, ropa, un auto—hecha en otro país?

II: EL PRESENTE PERFECTO Y EL PLUSCUAMPERFECTO

La ciudad de Mérida tiene muchas plazas pequeñas y atractivas.

Un guía° habla con la familia Chace en Mérida, Yucatán

GUÍA   Discúlpenme, señores… ¿*Han visitado*° Mérida antes, o ésta es su primera visita a nuestra ciudad?

EL SEÑOR CHACE   Bueno…, nosotros…

AMANDA   Perdón, señor. Es la primera vez que mis padres visitan México. Pero yo estoy estudiando en Cuernavaca, y antes de decidir estudiar allí, yo *había viajado*° a México tres o cuatro veces. Ahora estamos pasando unos días en Mérida. ¡Me encanta su país y me gusta mucho su ciudad!

GUÍA   Y señores, ¿a ustedes también les *ha gustado* Mérida?

LA SEÑORA CHACE   Pues, … Sí… nos…

> **AMANDA** ¡Les *ha encantado!* Y antes de venir aquí, nunca *habían visto* una ciudad como ésta. ¡No hay nada así en Lincoln, Nebraska!
>
> **GUÍA** Bueno, si ustedes quieren ver más, esta tarde hay una excursión en autobús a Chichén Itzá. Allí ustedes van a tener la oportunidad de ver el observatorio maya y también la famosa pirámide de Kukulcán…
>
> **AMANDA** ¡Fantástico! Nunca *hemos visto* una pirámide… ¿A qué hora sale esa excursión? ¿Y de dónde?

un guía *a guide*   **Han visitado** *Have you visited*   **así** *like this*   **había viajado** *had traveled*
nunca hemos visto *(we) have never seen*

1. ¿Han visitado México antes los señores Chace?   2. Y Amanda, ¿es ésta su primera visita a México?   3. ¿Qué hace Amanda en México ahora?   4. ¿Habían visto antes una ciudad como Mérida los señores Chace?   5. ¿Adónde va la excursión en autobús que describe el guía? ¿Cuáles son las atracciones que hay allí?

• •

In English the present perfect and past perfect tenses are formed with the auxiliary verb *have* plus a past participle: *I have practiced, I had practiced.*

A. The present perfect tense

1. To form the Spanish present perfect tense, use a present-tense form of **haber** plus a past participle.

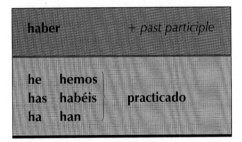

haber		*+ past participle*
he	hemos	
has	habéis	**practicado**
ha	han	

2. The past participle always ends in **-o** when used to form a perfect tense; it does not agree with the subject in gender or number.

Ellas ya han viajado a Guanajuato.   *They have already traveled to Guanajuato.*

3. The present perfect is used to report an action or event that has recently taken place or been completed and still has a bearing upon the present. It is generally used without reference to any specific time in the past (that is, without words such as **ayer** and **la semana pasada,** which would require the preterit), since it implies a reference to the present day, week, month, or other time period.

Todavía no han llegado los García.   *The Garcías still haven't arrived.*
¿Estás listo? Sí, ya he comprado   *Are you ready? Yes, I've already bought*
   recuerdos para todos.   *souvenirs for everybody.*

Contrast the following sentences:

Hemos revisado el horario y no hay otro tren.
We've checked the schedule and there isn't another train.

Ayer revisamos el horario y no había otro tren.
Yesterday we checked the schedule and there wasn't another train.

B. The past perfect tense

1. The past perfect tense (**pluscuamperfecto**) is formed with an imperfect form of **haber** plus a past participle.

haber	+ *past participle*

había	habíamos	
habías	habíais	vuelto
había	habían	

2. It is used to indicate that an action or event had taken place at some time in the past prior to another past event, stated or implied. If the other past event is stated, it is usually expressed with the preterit or imperfect.

¿Habías paseado por aquí antes?
Had you walked around here before?

Ya habían comprado el pasaje de ida y vuelta cuando llamaste.
They had already bought the round-trip ticket when you called.

3. The auxiliary form of **haber** and the past participle are seldom separated by another word. Pronouns and negative words normally precede the form of **haber.**

¿Ya me han enviado la cuenta?
Have they already sent me the bill?

No, no te la han enviado todavía.
No, they haven't sent it to you yet.

However, when **haber** is used as an infinitive, the pronouns are attached to the infinitive and thus come between **haber** and the past participle.

Después de haberte visto, me encontré con tu hermana.
After having seen you, I met (ran into) your sister.

EJERCICIOS

A. Llegadas y salidas.   Usted llega de prisa *(in a hurry)* a la estación de trenes de Monterrey a la hora indicada en el diagrama y le pregunta al (a la) cajero(-a) si el tren que usted quiere tomar ya ha salido. Trabaje con un(a) compañero(-a) de clase. Lean el diagrama abajo, luego háganse y contesten preguntas siguiendo el modelo.

MODELO   VIAJERO(-A)   **¿Ya ha salido el tren a Tampico?**
EL (LA) CAJERO(-A) **Sí, salió a las 8.**

VIAJERO(-A)   **¿Ya ha salido el tren a San Miguel de Allende?**
EL (LA) CAJERO(-A) **No, todavía no ha salido.**

HORA ACTUAL	DESTINO	SALIDA	LLEGADA
0550	Reynosa	0600	1050
0610	Matamoros	0600	1305
0930	Tampico	0800	1900
1750	San Luis Potosí	1800	0150
1820	México, D.F.	1800	0845
2300	San Miguel de Allende	2330	1309
2345	México, D.F.	2330	1920

B. En acción. ¿Qué han hecho estas personas recientemente? Describa cada uno de los siguientes dibujos *(drawings)*.

MODELO   **El hombre se ha acostado.**

1.   2.   3.   4.

5.   6.   7.   8.

 C. Antes de Año Nuevo.   Trabaje con un(a) compañero(-a) de clase para hacerse y contestar preguntas sobre tres cosas que ustedes habían hecho antes del fin de año pasado (es decir, antes del primero de enero de este año).

MODELO   ESTUDIANTE 1   **¿Habías leído algún cuento en español antes del fin de año?**

ESTUDIANTE 2   **Sí, había leído un cuento de Juan Rulfo, un escritor mexicano. ¿Y tú?**

 Entrevista —————————————————————————

Trabaja con un(a) compañero(-a) de clase. Háganse y contesten las siguientes preguntas.

1. ¿Cuántos exámenes has tenido esta semana? ¿este semestre?   2. ¿Qué has hecho esta mañana? ¿y esta semana?   3. ¿Qué lugares interesantes has visitado?   4. ¿Has viajado a otros estados *(states)*? ¿a otros países?   5. ¿Qué películas buenas has visto este año? ¿este mes?   6. ¿Has viajado por avión? ¿por barco? ¿por tren? ¿Adónde has ido? 7. ¿Te has quedado en un hotel caro? ¿en una pensión? ¿Dónde?

FUNCIONES *y práctica*

Taking Public Transportation

Here are some examples of an important language function: taking public transportation. Study the expressions below and do the practice exercise that follows.

¿Dónde está...?	Where is . . .
la estación del tren (del metro)	the train (metro) station?
la parada del autobús	the bus stop?
¿En qué línea (del metro) está la estación...?	On what (metro) line is . . . station?
¿Es necesario transbordar (cambiar trenes, autobuses)?	Is it necessary to transfer (change trains, buses)?
¿Ya ha salido...?	Has the . . . already left?
el tren de las diez (doce)	ten (twelve) o'clock train
el tren a Monterrey (Puebla)	train to Monterrey (Puebla)
el autobús a Guanajuato (San Miguel de Allende)	bus to Guanajuato (San Miguel de Allende)
¿A qué hora sale...?	What time does the . . . leave?
el autobús a Veracruz	bus to Veracruz
el tren a Chihuahua	train to Chihuahua
Un billete (boleto, pasaje) para..., por favor.	A ticket to . . . please
Un billete de ida solamente para...	A one-way ticket to . . . .
Un billete de ida y vuelta para...	A round-trip ticket to . . . . .
¿Cuánto vale (cuesta) un carnet de pasajes (billetes) para el metro?	How much does a booklet of tickets for the metro cost?

Práctica

En la estación de trenes.   Usted está en la estación de trenes de Monterrey y habla con el(la) cajero(-a). Estudie las respuestas siguientes que le da el (la) cajero(-a). ¿Qué preguntas le hace usted a él (ella) para obtener esas respuestas?

1. No, todavía no ha salido.
2. Sale a las seis.
3. Dos de ida cuestan ... pesos; de ida y vuelta, ... pesos.
4. Sí, es necesario cambiar en la estación Pino Suárez.
5. Está en la línea 4.

III. CONTRASTE ENTRE LOS TIEMPOS PASADOS

Las playas de Isla Mujeres
son estupendas.

En una casa de Taxco

PEDRO Te *llamé* el viernes pasado pero tu mamá me *dijo* que ya *habías salido* para Isla Mujeres. Me *han dicho* que es un lugar muy lindo. ¿Te *gustó?*

ELBA ¡Me *encantó!* ¡*Pasé* una semana fantástica! Nunca *me había imaginado*° un sitio tan lindo. ¡Las playas son estupendas!

PEDRO ¿Dónde está esa isla?

ELBA Está cerca de la Península de Yucatán. El viaje por barco *llevó*° menos de una hora.

PEDRO ¿Tan poco...? ¿Y qué *hiciste* allí?

ELBA Pues... todas las mañanas *nadaba* y *tomaba* sol°. Depués, a mediodía°, *almorzaba* y luego *descasaba* un rato°.

PEDRO Y por las noches, ¿qué *hacías?*

ELBA Pues... realmente *salí* sólo una noche en toda esa semana... La verdad es que no *era* necesario salir para divertirse. El hotel *tenía* de todo: restaurantes abiertos hasta medianoche°, una discoteca también abierta hasta muy tarde, y... ¡mucha gente interesante!

nunca... *I had never imagined*   **llevó** *took*   **tomaba sol** *I sunbathed*   **mediodía** *noon*   **un rato** *a while*   **medianoche** *midnight*

1. ¿Por qué no estaba en casa Elba cuando Pedro la llamó?   2. ¿Le gustó a Elba Isla Mujeres?   3. ¿Cuánto tiempo llevó el viaje por barco a Isla Mujeres?   4. ¿Qué hacía Elba por la mañana? ¿y por tarde?   5. ¿Qué tenía el hotel?

Spanish has four widely used tenses in the indicative mood that deal with past actions or events. Two of them—the preterit and the imperfect—are simple tenses, and two—the present perfect and the past perfect—are compound tenses. Although all four tenses describe past events, we have seen in this and previous chapters how they differ in interpretation and emphasis.

A. The preterit is used to give a simple report of past actions and conditions that are over. It is often used with adverbs of time that suggest a precise limit for the action **(ayer, por la mañana, la semana pasada, anoche,** and so forth). No particular implications for the present are suggested.

B. The imperfect focuses on a past action or condition as something going on or repeated in the past, often as a context for understanding some other event. It is not used with adverbs of time that suggest that the action or condition is over, but with adverbs or expressions that indicate customary or repeated actions (**siempre, todos los días,** and so forth).

C. The present perfect emphasizes that a past action has implications for the present. It is not used with references to a specific time in the past, but is often used with adverbs like **recientemente, últimamente, todavía, aún,** and **ya,** that include the idea of present time.

El barco todavía no ha llegado al puerto.	*The ship hasn't arrived in port yet.*
Últimamente, han viajado mucho, ¿no?	*You've traveled a lot recently, haven't you?*

D. The past perfect makes clear that a past action happened before another past action, stated or implied.

Yo ya había pagado las entradas cuando él llegó al teatro.	*I had already paid for the tickets when he arrived at the theater.*

E. Sentences may report speech directly or indirectly. Compare:

Ella dice «me voy».	*She says, "I'm going."*
Ella dice que se va.	*She says that she's going.*

Notice the sequence of tenses used when sentences indirectly report past speech.

Present speech:	**Dice que se va.** *She says that she is going.*
Past speech:	**Dijo que se iba.** *She said that she was going.*
Present speech:	**Dice que ya ha ido al museo.** *She says that she has already gone to the museum.*
Past speech:	**Dijo que se había ido al museo.** *She said that she had gone to the museum.*

EJERCICIOS

A. Usted es intérprete.   Usted ayuda a su amigo Paul, quien le trata de describir sus experiencias en México a un amigo mexicano. Escoja la traducción al español que mejor expresa la idea en bastardilla *(italics)*.

1. Paul *used to have dinner* at 6 p.m., but in Mexico the restaurants open much later.
   a. cenó
   b. cenaba
   c. había cenado

2. Paul and his friend Marta *have* already *seen* that museum.
   a. vieron
   b. habían visto
   c. han visto

3. Paul and I were eating when *you called* last night.
   a. llamaste
   b. llamabas
   c. has llamado

4. What *did you bring* him yesterday?
   a. había traído
   b. ha traído
   c. trajo

5. He didn't know what it was because *he had not seen it* before.
   a. no lo había visto
   b. no lo vio
   c. no lo veía

B. ¿Qué dijo Juana?   Haga el papel de la amiga de Juana y cuente qué dijo Juana. Empiece cada frase con: **Juana dijo…**

MODELO   Quiero viajar a Oaxaca.
         Juana dijo que quería viajar a Oaxaca.

1. Camino diez cuadras para llegar a mi oficina.
2. Ya he hecho las reservaciones.
3. Pienso invitar a mi prima.
4. Todavía no he decidido dónde quedarme.
5. He leído dos libros sobre la civilización azteca.
6. Voy a comprar muchos recuerdos para mi familia.

 Entrevista _____

Trabaje con un(a) compañero(-a). Háganse y contesten las siguientes preguntas.

1. ¿Has viajado a México? ¿a España? ¿a otro país hispano? ¿Cuándo? ¿Compraste recuerdos? ¿cerámica? ¿una guitarra? ¿Viste ruinas? ¿de qué civilización?   2. ¿Adónde fuiste de vacaciones el verano pasado? ¿Habías estado allí antes?   3. De niño(-a), ¿adónde ibas de vacaciones con tu familia? ¿Te gustaba ir allí? ¿Por qué?   4. ¿En qué ciudades has vivido? ¿Cuál te ha gustado más? ¿Por qué?   5. Antes de estudiar aquí,

¿asististe a otra universidad? ¿Por qué cambiaste de universidad? 6. En uno de tus viajes, ¿has tenido que pasar por la aduana? ¿en qué país(es)? ¿Cuándo? ¿Revisaron tus maletas? ¿Conocías las regulaciones? 7. La última vez que viajaste, ¿te quedaste en un hotel o en una pensión? ¿Hiciste tus reservaciones de hotel por teléfono o por carta? 8. ¿Has cambiado cheques de viajero últimamente? ¿en un banco? ¿en la caja de un hotel? ¿en otro lugar? ¿Tienes tarjetas de crédito *(credit cards)?* ¿Prefieres usar sólo tarjetas de crédito cuando viajas?

IV. *HACER* EN EXPRESIONES DE TRANSCURSO DE TIEMPO

Una estación de trenes,
México, D.F.

El dilema de Jane

Jane espera a Fernando *hace una hora°* en la estación de trenes Buenavista de la Ciudad de México. Son las seis y el tren salió *hace cuarenta y cinco minutos°*. A las seis y media Jane llama a Fernando por teléfono, pero no él está en casa. Jane no sabe qué hacer. Entonces, a las siete menos cuarto, llama a su amiga Gloria para pedirle consejos.

«Hola, Gloria. Te habla Jane. Estoy en la estación Buenavista y tengo un dilema terrible. Tenía que encontrarme° con Fernando a las cinco para tomar juntos° el tren de las cinco y cuarto. Pero son las siete menos cuarto y él no ha llegado… Cuando lo llamé por teléfono, ya *hacía una hora y media* que lo esperaba° en la estación. Hay otro tren a las siete. ¿Debo tomarlo o esperar más tiempo a Fernando? ¿Qué opinas?°»

espera… hace una hora *has been waiting . . . for one hour*   **hace cuarenta y cinco minutos** *forty-five minutes ago*   **encontrarme con** *to meet (up with)*   **juntos** *together*   **ya hacía... I had already been waiting for an hour and a half*   **¿Qué opinas?** *What do you think?*

1. Según la versión de Jane, ¿qué pasó a las cinco? ¿Y a las cinco y cuarto? 2. ¿A quién llamó Jane a las seis y media? ¿Y a las siete menos cuarto? 3. Cuando el tren de las 5:15 salió, ¿cuánto tiempo hacía que Jane esperaba a Fernando? 4. Según usted, ¿qué debe hacer Jane: tomar el tren de las siete o esperar más tiempo a Fernando? ¿Por qué?

A. To express an action or event that began in the past and continues into the present use the construction:

> **Hace** + *time period* + **que** + *verb in the present tense*

Hace tres horas que están en la oficina de la aduana.	*They have been in the customs office three hours.*

The verb in the main clause is in the present tense, since the action is still in progress.

B. To express an action or event that began at some point in the past and continued up to some other point in the past, use:

> **Hacía** + *time period* + **que** + *verb in the imperfect*

Hacía dos años que vivía en Nueva York cuando volvió a Guadalajara.	*She had been living in New York for two years when she returned to Guadalajara.*

C. The clause in the present or imperfect can occur at the beginning of the construction. In that case, **que** is omitted.

Viajo por la península hace quince días. (Hace quince días que viajo por la península.)	*I have been traveling around the peninsula for fifteen days.*
Viajaba por la península hacía quince días. (Hacía quince días que viajaba por la península.)	*I had been traveling around the peninsula for fifteen days.*

D. Hace can also mean *ago*. In this case the verb is in the preterit or imperfect.

Subieron al avión hace media hora.	*They got on the plane half an hour ago.*
¿Dormías hace dos horas?	*You were sleeping two hours ago?*

E. To ask a question with these expressions, use the construction:

> **¿Cuánto tiempo hace (hacía) que** + *verb?*

¿Cuánto tiempo hace que están en la oficina de la aduana?	*How long have they been in the customs office?*
¿Cuánto tiempo hacía que estaban en esa pensión?	*How long had they been in that boardinghouse?*
¿Cuánto tiempo hace que subieron al avión?	*How long ago did they get on the plane?*

EJERCICIOS

A. Lo hice hace tiempo.   Silvia se ha preparado para su viaje a la Ciudad de México. Haga el papel de Silvia y conteste las preguntas de su mamá, usando **hace** + una expresión de tiempo.

MODELO   ¿Ya hablaste con la agente de viajes?   (tres semanas)
Sí, hablé con la agente de viajes hace tres semanas.

1. ¿Ya compraste los pasajes de ida y vuelta?   (diez días)
2. ¿Fuiste al banco?   (una semana)
3. ¿Pusiste los cheques de viajero en tu bolso?   (unas horas)
4. ¿Hiciste las maletas?   (dos semanas)
5. ¿Ya pediste una habitación en el hotel?   (dos meses)

B. Al corriente *(Up to date).*   Felipe visita a su primo Jaime y le pone al corriente de lo que pasa en la familia. Trabaje con un(a) compañero(-a) de clase para hacer los papeles de Felipe y Jaime. Use expresiones con **hace** y siga los modelos.

MODELO   JAIME   Anoche viste a abuela Virginia, ¿verdad?   (un mes)
FELIPE   **Sí, pero hacía un mes que no la veía.**

a. Anoche le escribiste a Ernesto en Querétaro, ¿verdad?   (tres semanas)
b. Anoche cenaste con tío Rafael, ¿verdad?   (mucho tiempo)
c. La semana pasada fuiste a casa de tus padres en Puebla, ¿verdad?   (dos meses)

C. Entrevista.   Gloria Torres tiene una entrevista para un empleo como secretaria bilingüe en una compañía grande de México. Haga el papel de Gloria y conteste las preguntas afirmativamente, usando **hace** + una expresión de tiempo.

MODELO   Usted busca trabajo como secretaria bilingüe, ¿no?   (diez días)
Sí, hace diez días que busco trabajo como secretaria bilingüe.

1. Su familia vive en la capital, ¿no?   (veinte años)
2. Usted estudia inglés con una profesora norteamericana, ¿no?   (diez años)
3. Usted da clases de inglés por la noche, ¿no?   (un año)
4. Usted sabe escribir cartas comerciales, ¿no?   (mucho tiempo)

¡Pues hace varios años que necesito una persona como usted!

Preguntas

1. ¿Cuántas semanas hace que comenzó el semestre? ¿Y cuánto tiempo hace que comenzó la clase de hoy?   2. ¿Cuánto hace que usted viajó a otra ciudad o país? ¿a qué ciudad? ¿a qué país?   3. ¿Cuánto hace que usted comió su última comida? ¿y que usted se levantó?   4. ¿Cuánto hace que usted está en la universidad?   5. ¿Cuánto hace que usted estudia español?   6. ¿Cuánto tiempo hace que usted vio una película interesante? ¿qué película? Descríbala en tres o cuatro oraciones.

EN LA ANTIGUA CAPITAL AZTECA

La Torre Latinoamericana está cerca del Parque Alameda.

En una oficina del Zócalo, México, D.F.¹ Dos agentes de la Compañía Turismo Mundial le dan la bienvenida° a Amalia Mercado, una agente uruguaya en viaje de negocios°.   *welcome*
business

HÉCTOR ¡Bienvenida, señorita Mercado! ¿Qué tal el viaje?

AMALIA Bastante bueno, gracias. Pero… ¡No ,me llame «señorita»! Llámeme Amalia, por favor. ¿Y usted es…?

HÉCTOR ¡Oh, perdóneme! Yo soy Héctor Peralta, y éste es Alonso Rodríguez. Él está a cargo de° las excursiones al Caribe°…   *in charge of/Caribbean*

AMALIA ¡Pero si ya nos hemos conocido! Fue en Montevideo. ¿Recuerdas?

ALONSO ¡Claro! Me llevaste a pasear por la playa después de haber asistido a una reunión de trabajo muy aburrida.

AMALIA No sabía que ahora vivías en México.

ALONSO Vine aquí hace dos años.

HÉCTOR Cuéntenos algo de usted, Amalia. ¿Es éste su primer viaje a México?

AMALIA Sí. Vine por invitación de la Compañía Mexicana de Aviación. ¡Y vean mi suerte! La invitación incluye° pasaje de ida y vuelta y seis días en el mejor hotel de esta ciudad, que me parece misteriosa y fascinante.   *includes*

HÉCTOR Es verdad. La ciudad está construida sobre las ruinas de la antigua capital azteca…

ALONSO … que estaba en medio de un lago°,² algo así como una antigua Venecia mexicana, ¿no?   *in the center of a lake*

HÉCTOR	Exacto. Dicen que los aztecas tenían su gran templo aquí cerca, en el sitio donde está ahora la catedral.	
AMALIA	¿Realmente? ¡Qué interesante!… ¿Y qué les parece si me llevan a conocer el centro? ¡Recuerden que sólo tengo seis días!	
ALONSO	Tus deseos° son órdenes, Amalia. Síganme. Los invito a tomar una copa° en el bar de la Torre Latinoamericana[3].	wishes / drink
HÉCTOR	Desde allí usted va a poder admirar la belleza° de esta ciudad. ¡La vista° es tan hermosa°!	beauty / view/beautiful
AMALIA	¡Qué suerte!… Pero, por favor, espérenme allá. No he comprado película para mi cámara y ¡quiero sacar muchas fotos! ¿Cuál es la dirección° de la Torre Latinoamericana? ¿En qué línea del metro está?	address
ALONSO	Pues… está en la esquina de la Avenida San Juan de Letrán y la Avenida Madero. Es más fácil ir en taxi… Mira, te explico: ve a la salida° del hotel y cruza la calle. Allí enfrente hay una parada de taxis°. Toma un taxi y dile al taxista que te lleve a la Torre Latinoamericana. ¡Más fácil, imposible!, ¿no? El bar está muy bien situado: en el último piso, donde también hay un observatorio ¡y una vista magnífica de la ciudad!	exit/taxi stand
AMALIA	¡Qué bien! Entonces, hasta muy pronto…	

Preguntas

1. ¿Se han conocido Amalia y Alonso antes? ¿Dónde? 2. ¿Cuánto tiempo hace que Alonso vino a México? 3. ¿Qué incluye la invitación que recibió Amalia? 4. Describa la antigua capital azteca. 5. ¿Adónde van a tomar una copa los tres amigos? 6. ¿Qué no ha comprado Amalia? 7. ¿Dónde está situada la Torre Latinoamericana? Y el bar, ¿dónde está situado? ¿Hay una vista de la ciudad?

Notas Culturales

1. **El Zócalo** (officially called **Plaza de la Constitución**), one of the biggest squares in the world, is located in the center of Mexico City (**México, Distrito Federal**). One side is occupied by the cathedral, one of the largest in America, built on the site of a former Aztec temple. Another side is occupied by the **Palacio Nacional,** which contains the offices of the president and other government officials. It was built over the site of Moctezuma's palace. Moctezuma was the emperor of the Aztecs, who had conquered most of the other Indians of Mexico by the time the Spanish arrived.

2. The subsoil of Mexico City is like a sponge; about 85 percent of it is water, much of which is extracted from time to time for use in the growing city. For that reason, many of the older public buildings have been thrust upward and must be entered by stairways added later to the original structure, while others have sunk and must now be reached by descending a stairway.

3. The **Torre Latinoamericana** is a forty-four-story skyscraper, one of the tallest in Latin America. It literally floats on its foundation, which consists of piers sunk deep into the clay beneath Mexico City. The observatory on top is popular with tourists.

PARA ESCUCHAR

A. Un anuncio.   Los señores Musselman visitan Mérida y se quedan en el Hotel Calinda Panamericana. En la habitación escuchan el siguiente anuncio de turismo en la radio. Escuche el anuncio.

El Templo de Kukulkán de Chichén Itzá, en la Península de Yucatán

B. Para completar.   Escuche el anuncio otra vez. Marque con un círculo las palabras que mejor completan la frase.

1. a.   20 kilómetros de Mérida.
   b.   120 kilómetros de Mérida.
   c.   kilómetros de Mérida.

2. a.   más de mil años.
   b.   doscientos años.
   c.   dos mil años.

3. a.   a las 18.
   b.   a las 10 de la mañana.
   c.   a las 8 y 45.

4. a.   de primera clase.
   b.   de Uxmal.
   c.   de segunda clase.

5. a.   a las 8 y 30.
   b.   a las 21.
   c.   cada hora desde las 5 hasta las 21 horas.

MÁS FUNCIONES *y actividades*

Getting a hotel room

In this chapter you have seen examples of an important language function: using public transportation. Below you will find some additional expressions and activities related to the functions.

Quisiera…	I would like . . .
hacer una reservación	to make a reservation.
un cuarto (una habitación…	a room . . .
no muy caro(-a) (de lujo).	not too expensive (luxury).
con una cama (simple, doble).	with a bed (single, double).
con dos camas (simples, dobles).	with two (single, double) beds.
con un cuarto de baño.	with a bathroom.
con teléfono.	with a telephone.
por dos (tres, etc.) días.	for two (three, etc.) days.
para una (dos, tres) persona(s).	for one (two, three) people.
¿Cuánto cuesta (vale) un cuarto (una habitación)?	How much does a room cost?
¿Está incluido el servicio (el desayuno)?	Is the service charge (breakfast) included?
El (la) hotelero(-a) o el (la) agente de viajes le(s) pregunta a usted(es):	The hotelkeeper or traveler agents asks you:
¿Por cuántos días?	For how many days?
¿Cuántas personas (¿Cuántos) son?	How many people are there?
¿Desean un cuarto…	Do you want a room . . .
con una cama simple (doble), etc.?	with a single (double) bed, etc.?

Actividades

A. **Quisiera una habitación.**   Miguel y sus amigos buscan una habitación para tres personas en un hotel de Mérida. Estudie las siguientes respuestas de Miguel. ¿Qué preguntas le hace el recepcionista a Miguel para obtener estas respuestas? Trabaje con un compañero(-a) de clase. Uno(-a) de ustedes hace el papel de Miguel y el otro (la otra) el del recepcionista.

1. Tres personas.
2. Cinco días.
3. No muy caro.
4. Sí, con baño y tres camas (simples).
5. 120.000 pesos… Pues, está bien; creo que es un precio razonable.

B. En la capital. Catalina visita la Ciudad de México. Para ir a algunos lugares por metro, ella le pregunta al conserje *(concierge)* del hotel qué estación del metro está cerca del sitio que quiere visitar. Trabaje con un(a) compañero(-a) de clase para hacer los papeles de Catalina y del conserje. Estudien el mapa y sigan el modelo.

MODELO   LA CATEDRAL

         CATALINA **¿Qué estación del metro está cerca de la Catedral?**

         CONSERJE **La estación Zócalo está cerca de la Catedral.**

1. el Palacio de Bellas Artes
2. la Plaza de las Tres Culturas
3. la Zona Rosa
4. el Castillo de Chapultepec
5. el Parque de las Américas
6. el Palacio Nacional
7. la Plaza de la República

C. Mini-dramas

1. Después de visitar la Catedral de la Ciudad de México, usted quiere visitar el Monumento de la Independencia. Usted ve un hotel elegante cerca del Monumento y entra para preguntar cuánto cuestan las habitaciones. Usted necesita una habitación con una cama simple y un cuarto de baño. El recepcionista le explica que las habitaciones tienen camas dobles y todas son de lujo. Usted le dice que el precio no es razonable.

2. Usted está en la Ciudad de México y quiere visitar Puebla. Para pedir informaciones, usted llama a la Oficina de Información Turística. El (la) agente le explica que el viaje dura aproximadamente dos horas. Le dice también

que hay varias compañías de autobuses que hacen el viaje entre la Ciudad de México y la Central de Autobuses de Puebla. Salen aproximadamente cada 30 minutos desde las 5 hasta las 23 horas, pero usted debe llamar a cada una de las compañías para obtener la información exacta.

D. ¿Por dónde va uno para llegar a...? Trabajando con un(a) compañero(-a) de clase, háganse y contesten preguntas de cómo van desde la clase hasta los siguientes lugares. ¡Es necesario usar transporte público!

1. el aeropuerto
2. la estación de autobuses o de trenes
3. la ciudad principal que está más cerca de la universidad
4. un parque o un lugar bonito para dar un paseo
5. un buen restaurante
6. un sitio de interés que usted quiere visitar

PARA ESCRIBIR

Escriba una carta a un(a) amigo(-a) describiendo sus experienciias en algún lugar que usted visitó durante unas de sus vacaciones más recientes. Incluya algunas sugerencias sobre los hoteles y el transporte público en ese lugar.

VOCABULARIO ACTIVO

Cognados

brillante	fantástico	las regulaciones
la cerámica	magnífico	las reservaciones
el dilema	misterioso	las ruinas
la excursión	la península	el secretario, la secretaria bilingüe

Verbos

consultar	*to consult*
cubrir	*to cover*
devolver	*to return, take back*
encontrarse con	*to meet (up with), run into*
enviar	*to send*
incluir	*include*
llevar	*to take (a period of time)*
pasear	*to take a walk, ride*
protegerse (de)	*to protect oneself (from)*
romper	*to break*
situar	*to situate, locate*
tomar sol	*to sunbathe*

Los viajes

a pie	*on foot*
la aduana	*customs, customs house*
andar en bicicleta	*to ride a bicycle*
el autostop	*hitchhiking*
hacer autostop	*to hitchhike*
el barco	*boat, ship*
la caja	*cashier's office; cash register*
el cajero, la cajera	*cashier*
el cheque de viajero	*traveler's check*
de ida y vuelta	*round-trip*
el equipaje	*baggage, luggage*

Los viajes

el ferrocarril	*railway*
la habitación	*room*
el horario	*schedule, timetable*
el hotelero, la hotelera	*hotel-keeper*
la pensión	*boardinghouse*
el puerto	*port; harbor*
el sitio	*place, spot, site*
la tarjeta de crédito	*credit card*
el viajero, la viajera	*traveler*

Otras palabras y frases

la artesanía	*handicrafts*
el (la) guía	*guide*
Hace (dos años) que... + *verb in present*	*For (two years)*
Verb in past + hace (dos años)	*(two years) ago . . .*
la hamaca	*hammock*
la isla	*island*
la marca	*stamp, trademark seal*
la medianoche	*midnight*
el mediodía	*noon*
el mercado	*market*
el recuerdo	*souvenir*

el sarape	*serape, a wool or cotton cloak*
todavía	*still, yet*
últimamente	*recently*

Expresiones útiles

¿En qué línea del metro está...?	*On what metro line is . . . ?*
¿Está incluido el desayuno?	*Is breakfast included?*
¿Ya ha salido... (el tren de las dos, etc.)?	*Has (the two o'clock train) left?*

Cognados falsos

el pasaje	*ticket*
la recepción	*reception desk*
resolver	*to solve*
revisar	*to check, examine*

Don't forget: Irregular past participles, page 283.

LECTURA III

Las fiestas

A los hispanos les gustan las fiestas—fiestas con familiares° y amigos, fiestas nacionales, regionales, folklóricas, religiosas… En general, cada comunidad o pueblo celebra anualmente varias fiestas. A la gente hispana le gusta reunirse°. Cualquier° pretexto es bueno.

family members

to get together/Any

Representan acontecimientos históricos, como por ejemplo: la conquista de América por los españoles, o la independencia de las naciones americanas de España. En el pueblo de Guatemala que vemos en la foto, los indios, vestidos de conquistadores españoles o de jefes indígenas, participan en una representación de la conquista. En México, mucha gente se reúne en la plaza de su pueblo o ciudad todos los 15 de septiembre a las 11 de la noche, para gritar° y recordar la Noche del Grito°, cuando el padre Hidalgo había empezado la rebelión que después terminó en la independencia mexicana.

shout, cry out/Night of the Cry

Representación de la Conquista, en Guatemala

Como la mayoría de la gente hispana es católica, las fiestas católicas son muy importantes, tanto en España como en Hispanoamérica. Por esa razón, muchos pueblos y ciudades celebran el día de su santo(-a) patrón(a) y muchas personas también celebran el día de su santo(-a). Por ejemplo, si alguien se llama José, probablemente° celebra—además de° su cumpleaños—el 19 de marzo, día de San José.

probably
besides, in addition to

Una de las festividades religiosas más importantes del mundo hispano es la celebración de la Semana Santa. En Sevilla, por ejemplo, toda la ciudad se transforma durante esa semana. Adornan las casas con mantos violetas°, estatuas y flores°. Los niños se visten de° ángeles o de Jesús, y muchos adultos se visten de penitentes. Hay procesiones lentas y silenciosas de enormes pasos, que son plataformas decoradas con estatuas que representan escenas religiosas. Los hombres de Sevilla, vestidos de penitentes, llevan esos pasos. Después de las Pascuas°, hay una gran celebración con bailes, música y fuegos artificiales°.

mantos... purple mantles/
flowers / *se visten...*
dress as

Easter
fireworks

Una procesión religiosa durante la Semana Santa en Sevilla

En las fiestas religiosas de los pueblos pequeños de Hispanoamérica encontramos, muchas veces, una mezcla° curiosa de cristianismo y religión indígena. Así, por ejemplo, en algunas partes del Perú y de Bolivia, la gente honra° simultáneamente° a la Virgen María y a la Pachamama o Madre Tierra°. En la Fiesta de la Diablada°, los indios bolivianos llevan máscaras° que representan el bien y el mal° en forma de ángeles y diablos, o de los antiguos demonios de los Andes. Hay bailes dramáticos y la celebración termina con una ceremonia religiosa.

mixture
honor / at the same time
Mother Earth
 devilry/masks/ **el**
 bien... *good and evil*

EJERCICOS

¿Qué recuerda?   Llene los espacios con las palabras apropiadas.

1. En México mucha gente ——————— en la plaza todos los 15 de septiembre para celebrar la Noche del Grito.
2. La mayoría de la gente hispana es ———————.
3. Muchos hispanos celebran el día de su ———————.
4. La ——————— es una de las festividades religiosas más importantes del mundo hispano.
5. Para las festividades, los niños de Sevilla se visten de ———————.
6. En algunas partes del Perú y de Bolivia, la gente ——————— a la Virgen María y a la Pachamama.
7. En la Fiesta de la Diablada, los indios llevan ——————— que representan el bien y el mai.

Trabaje con un(a) compañero(-a) de clase para hacerse y contestar las siguientes preguntas.

1. ¿Por qué les gustan las fiestas a los hispanos?
2. ¿Qué tipo de fiestas les gustan?
3. ¿Qué acontecimiento histórico representan los indios de Guatemala en la foto?
4. ¿Qué ciudad tiene una celebración muy famosa relacionada con la Semana Santa? Descríbela y explica qué es un «paso».
5. ¿Qué mezcla curiosa encontramos en muchas fiestas hispanas? Da un ejemplo.
6. ¿Existe una mezcla de elementos cristianos y no cristianos en algunas de las fiestas que celebramos en los Estados Unidos? Da ejemplos.

En el Museo del Prado hay obras de arte maravillosas.

ARTES Y LETRAS

VOCABULARIO. In this chapter you will talk about art and literature.

GRAMÁTICA. You will discuss and use:

- The subjunctive mood, an alterantive system of verb forms; the expressions **ojalá, tal vez,** and **quizá(s)**
- The present subjunctive of regular verbs
- The present subjunctive of irregular, stem-changing, and spelling-changing verbs
- Other command forms in the subjunctive; the **nosotros** *(let, let's)* and **vosotros** commands

CULTURA. This chapter focuses on Madrid.

FUNCIONES

- Making a toast
- Extending invitations
- Accepting / declining invitations

MADRID ARTÍSTICO Y CULTURAL

Población: 3.500.000 habitantes

Museos: El más conocido es el Museo del Prado, uno de los más grandes de Europa. Tiene una gran selección de cuadros de El Greco, Velázquez y Goya. Otros museos importantes son el Museo de Arte Contemporáneo, el Palacio Real, el Casón del Buen Retiro (donde está el famoso «Guernica» de Picasso) y el Museo Lázaro Galdiano, uno de los más nuevos de Madrid.

Galerías de arte: Tres galerías importantes son el Palacio de Bibliotecas y Museos, el Ateneo de Madrid y el Círculo de Bellas Artes.

Teatros: Hay que mencionar el Teatro Español y el Teatro María Guerrero, que se concentran en obras de los clásicos españoles; el Teatro Real, dedicado exclusivamente a conciertos: y La Zarzuela, que presenta óperas, ballets y operetas *(light operas)*.

¿Sabía Ud. que...?: Los reyes principales de España están enterrados *(buried)* en el famoso monasterio de El Escorial, situado no muy lejos de Madrid.

el arte realista, el realismo

Retrato de Felipe IV (1623), Diego Rodríguez de Silva y Velázquez (1599–1660)

el arte abstracto

Los tres músicos (1921), cuadro de Pablo Ruiz y Picasso (1881–1973). PICASSO, Pablo. *Three Musicians*. Fontainebleau, summer 1921. Oil on canvas, 6′ 7″ x 7′ 3″ $\frac{3}{4}$ (200.7 ×222.9 cm). Collection, The Museum of Modern Art, New York. Mrs. Simon Guggerheim Fund. Photograph © 1992, The Museum of Modern Art, New York.

ARTES...

el cuadro   el retrato

el (la) modelo

el pintor (la pintora)
la pintura

la escultura
la escultora (el escultor)

el museo, la galería
la exposición *(exhibit)*

El Teatro Nacional

la música
el compositor, la compositora
el, la cantante *(singer)*
la orquesta
el director, la directora
el ballet; la ópera

el baile
el bailarín, la bailarina
la función

... Y LETRAS

El Teatro Popular

una obra de teatro
los personajes *(characters)*
Escena 3
el actor (el artista)
la actriz (la artista)

la novela; el, la novelista
el cuento *(short story)*; el, la cuentista
la poesía, el poema; el, la poeta
el ensayo *(essay);* el, la ensayista
el escritor (el autor)
la escritora (la autora)
la antología

A. La palabra inapropiada. ¿Qué palabra no se relaciona con las otras de la serie? Explique por qué.

MODELO artista, romántico, realista, abstracto
artista (es persona; no es estilo)

1. escritor, compositor, pintora, poema
2. cuadro, pintura, retrato, ballet
3. teatro, periódico, novela, cuento
4. ensayista, cuentista, novelista, artista
5. galería, exposición, antología, museo
6. escena, drama, actriz, noticiero
7. revista, libro, autor, antología

B. El examen final. ¿Qué sabe usted del arte y la literatura de España? Escoja *(choose)* la descripción apropiada de la columna derecha para cada nombre de la columna izquierda.

1. *Don Quijote*
2. Pablo Picasso
3. Plácido Domingo
4. *Las Meninas*
5. Andrés Segovia
6. Julio Iglesias

a. cantante español contemporáneo
b. famoso guitarrista clásico español del siglo XX
c. novela famosísima de Miguel de Cervantes
d. famoso pintor español del siglo XX
e. obra de arte pintada por Diego de Velázquez
f. cantante de ópera

Entrevista

Gustos artísticos Entreviste a otra persona de la clase sobre sus gustos artísticos *(artistic tastes).*

1. ¿Prefieres leer cuentos, novelas, revistas o sólo el periódico?   2. ¿Cuál es tu autor o autora favorita? ¿tu novela o cuento favorito?   3. ¿Lees más de diez libros por año? ¿veinte? ¿Qué clase de libros lees?   4. ¿Te gusta escribir? ¿Sabes pintar? ¿cantar? ¿tocar el violín?   5. ¿Te gustan los cuadros realistas o prefieres el arte abstracto? ¿Por qué? 6. ¿Sabes los nombres de tres pintores famosos? ¿de tres pintores españoles?   7. ¿Te interesa el teatro? ¿O prefieres el cine? ¿Por qué?   8. ¿Lees el periódico todos los días? ¿Lees revistas? ¿Cuáles?   9. ¿Lees poesía? ¿Quién es tu poeta preferido(-a)? ¿tu poema favorito? ¿Puedes describírmelos?

I. EL MODO SUBJUNTIVO; *OJALÁ, TAL VEZ, QUIZÁ(S)*

En un teatro de Madrid

AGENTE Con o sin catarro, Matilde siempre canta bien. Come naranjas y ya está.°
DIRECTOR *Ojalá que cante* bien esta noche.°
AGENTE ¿Por qué? ¿Asiste el presidente de los Estados Unidos…?
DIRECTOR No, pero *¡tal vez asistan* los reyes de España!°
AGENTE Entonces, *¡ojalá que Matilde coma°* muchas naranjas!

Plácido Domingo, cantante español muy conocido, canta *Lohengrin.*

ya está *that's it, everything is OK*   **Ojalá...** *I hope she sings well tonight.*   **ital...** *perhaps the King and Queen of Spain will attend!*   **iojalá...** *let's hope Matilde eats*

1. Según el director, ¿canta mal Matilde cuando está enferma?   2. ¿Qué hace Matilde para cantar bien con catarro?   3. ¿Cree usted que Matilde va a comer tantas naranjas como dice el agente? ¿Por qué?

• •

A. Verb forms differ in mood as well as in person, number, and tense. So far in this text, except for command forms, all verb forms have been in the indicative mood. Verbs in the indicative are used to report facts. They affirm the existence of an action or condition.

Matilde siempre canta bien.	*Matilde always sings well.*
Matilde come naranjas.	*Matilde eats oranges.*

That Matilde always sings well, and that she eats oranges, are reported as simple facts, so the verbs are indicative.The indicative is also used in direct questions.

¿Asisten los reyes?   *Are the king and queen attending?*

B. Subjunctive verb forms do not affirm or ask whether or not an action happens or a condition exists. Instead, they mention an action or condition as hoped for or possible.

Ojalá que Matilde cante bien.   *I hope Matilde sings well.*
Tal vez asista el rey.   *Perhaps the king will attend.*

1. In the sentences above, **cante** and **asista** are subjunctive forms. The next section presents all the subjunctive forms; for now, notice how the theme vowels of the endings are reversed.

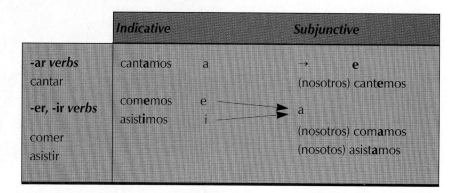

	Indicative		Subjunctive
-ar *verbs* cantar	cantamos	a	→ **e** (nosotros) cant**e**mos
-er, -ir *verbs* comer asistir	com**e**mos asist**i**mos	e i	a (nosotros) com**a**mos (nosotos) asist**a**mos

2. The subjunctive forms **cante** and **asista** are used because in these sentences, the speakers are not reporting actions as facts. *Singing* and *attending* are just concepts that the speaker hopes for (**ojalá**) or considers possible (**tal vez).**

C. The subjunctive occurs more frequently in Spanish than in English, as you will see in later chapters. You have already seen two short phrases, however—ojalá **(que)** and **tal vez**—, that often serve as comments introducing subjunctive forms.

1. **Ojalá** is derived from Arabic *na xa Alah* meaning *Allah grant that . . .* It is translated into English as *I hope that, we hope that, let's hope that,* or *hopefully.* When the verb follows **ojalá (que),** it must be in the subjunctive. (The use of **que** after **ojalá** is optional.)

Ojalá que sí.	*Hopefully, yes. (We hope so.)*
Ojalá (que) ellos no peleen.	*I hope they don't fight.*

2. A verb after **tal vez** and **quizá(s)** *(perhaps)* is in the subjunctive if the speaker is expressing doubt. Otherwise the verb is in the indicative.

Tal vez (quizás) asistan los reyes.	*Perhaps the king and queen will attend. (Speaker is honestly doubtful; verb is in the subjunctive.)*
Quizás (tal vez) ganan mucho las cantantes.	*Maybe singers earn a lot. (Speaker is fairly sure they do; verb is in the indicative.)*

EJERCICIOS

A. **Los sueños de Alberto.**   Alberto sueña con ser director de orquesta. Haga el papel de Alberto y conteste con **ojalá** y el subjuntivo. (Para formar el subjuntivo de los verbos de este ejercicio, sólo hay que cambiar la **a** por **e** o la **e/i** por **a.**

> **MODELO**   ¿Vas a casarte con una compositora?
> **Ojalá que me case con una compositora.**

1. ¿Vas a estudiar en Madrid?
2. ¿Vas a aprender a ser buen músico?

3. ¿Vas a viajar a muchas partes del mundo?
4. ¿Vais a vivir tú y tu esposa en una casa cómoda?
5. ¿Vais a trabajar juntos?
6. ¿Vamos a leer tu nombre en los periódicos?

B. ¡Tal vez tengamos otro Picasso! *(Perhaps we have another Picasso!)* Juan Antonio quiere ser pintor. Con un(a) compañero(-a), haga el papel de su primo Diego y conteste las preguntas. Use **tal vez** y el subjuntivo.

MODELO   ¿Pinta Juan Antonio como Pablo Picasso?
Tal vez pinte como Pablo Picasso.

1. ¿Enseña Juan Antonio su nuevo cuadro?
2. ¿Aprende mucho Juan Antonio en sus clases de arte?
3. ¿Compra ese señor rico el nuevo cuadro de Juan Antonio?
4. ¿Viaja Juan Antonio al Museo de El Greco en Toledo?
5. ¿Le gusta a Juan Antonio el estilo de El Greco?
6. ¿Cree el director del Museo del Prado en el talento de Juan Antonio?

• •

II. EL PRESENTE DE SUBJUNTIVO DE LOS VERBOS REGULARES

El instructor de ballet quiere que sus estudiantes practiquen mucho.

En una escuela de teatro, en Madrid

RAMONA   ¡Ay, Carmen, el instructor de baile quiere que yo *baile* con Carlos! Pero yo no quiero bailar con él. ¡Él y yo no bailamos bien juntos!

CARMEN   ¡Qué suerte tienes! Yo siempre le pido que me *permita* bailar con Carlos, pero él manda que yo *practique* y *trabaje* con Luis. Prohíbe que nosotros *bailemos* con otra persona.

RAMONA	¡Qué injusticia! ¿Sabes que Luis y yo…?
CARMEN	¡Claro que lo sé!° ¡Todo el mundo° lo sabe… y creo que el instructor también! Probablemente por eso él prohíbe que tú y Luis *bailéis* juntos. ¿Por qué no te quejas?
RAMONA	Me gustaría°… pero ¿para qué? Ya sabemos que él no va a cambiar de idea… ¿Sabías que ahora quiere que también *practiquemos* los fines de semana?
CARMEN	Sí, lo supe ayer. Es como una vez° tú dijiste: si el instructor quiere que *bailemos* con una mesa, lo hacemos, y si nos pide que *asistamos* a clase los sábados y domingos, pues… ¡también lo vamos a hacer!

¡Claro…! *Of course I know it!* **Todo el mundo** *Everyone* **Me gustaría** *I would like to* **una vez** *once*

1. ¿Dónde están Ramona y Carmen? ¿De qué están hablando? ¿Se están quejando? ¿Por qué? 2. ¿Qué quiere el instructor? ¿Está de acuerdo Ramona? ¿Por qué? 3 .¿Qué le pide siempre al instructor Carmen? ¿Qué manda él? 4. Según su opinión, ¿qué relación hay entre Luis y Ramona? ¿Son hermanos? ¿amigos? ¿novios? 5. ¿Por qué no quiere quejarse Ramona? 6. ¿Qué dice Carmen de la situación? 7. Según las dos amigas, ¿es el instructor una persona buena y simpática? ¿Cómo es él? Descríbalo con dos o tres adjetivos. 8. ¿Conoce usted a alguien como este instructor? ¿Quién?

• •

A. As stated before, the indicative and the subjunctive moods are two different ways of expressing facts or ideas. While the indicative mood is used to state facts or ask direct questions, the subjunctive is used for:

1. Indirect commands or requests.

My boss requests that I be at work at eight o'clock sharp.
Mary's mother asks that she celebrate Christmas with the family.

2. Situations expressing doubt, probability, or something hypothetical or contrary to fact.

If I were rich, I would go to Spain for the whole summer.
Be that as it may . . .

3. Statements of emotion, hope, wishing, or wanting.

May you succeed at everything you do.
Sally wishes that Tom were going to the party.

4. Statements of necessity.

It is necessary that he finish the painting for the exhibition.

5. Statements of approval or disapproval, permission, or prohibition.

Father forbids that she even think about going to Madrid next month.
It's better that we stay home.

The use of the subjunctive in this chapter will be limited to phrases with **ojalá** and **tal vez** (or **quizás**), and to indirect requests and commands with six verbs: **mandar** *(to order)*, **pedir** *(to ask, request)*, **permitir** *(to allow, let)* **preferir** *(to prefer)*, **querer** *(to wish, want)*, and **prohibir** *(to prohibit, forbid)*.

B. To form the present subjunctive of regular verbs, drop the ending **-o** from the **yo** form of the present indicative and add a subjunctive ending, as follows:

-ar *verbs:*	**-e, -es, -e,-emos, -éis, -en**
-er and **-ir** *verbs:*	**-a, -as, -a, -amos, -áis, -an**

hablar		comer		vivir	
hable	hablemos	coma	comamos	viva	vivamos
hables	habléis	comas	comáis	vivas	viváis
hable	hablen	coma	coman	viva	vivan

El pintor está enfermo pero tal vez (quizás) se cure pronto.
The painter is sick, but maybe he'll get well soon.

Mis padres no quieren que yo estudie para escultora.
My parents don't want me to study to be(come) a sculptor.

Esa escritora prefiere que sus hijos no lean sus obras.
That writer prefers that her children not read her works.

El profesor Robles pide que no hablemos en la galería.
Professor Robles asks that we not talk in the gallery.

C. You may noticed that these subjunctive forms are mostly the same as the command forms presented in Chapter 7. Compare the following sentences.

Llame a mi tía, por favor.
Call my aunt, please.

Quiero que usted llame a mi tía.
I want you to call my aunt.

No abras la puerta.
Don't open the door.

Piden que no abras la puerta.
They ask you not to open the door.

D. In the above sentences, the verbs **pedir, preferir,** or **querer** are in the indicative because they are in clauses that could stand alone *(independent clauses)*. The clause beginning with **que** *(that) is called a dependent clause*—it cannot stand alone. The **que** is essential in the Spanish sentence, although *that* is not always used in English.

Papá prohíbe que ella lea ese ensayo.
Dad forbids her to read that essay. (Dad forbids that she read that essay.)

If the subject of the independent clause is different from the subject of the dependent clause, the subjunctive must be used in Spanish rather than an infinitive construction. However, an infinitive must be used in Spanish when there is no change of subject. Compare.

Quiero asistir al concierto.	*I want to attend the concert.* (no change in subject)
Quiero que tú asistas al concierto.	*I want you to attend (that you attend) the concert.* (change in subject)

EJERCICIOS

A. Por favor, ¡usen el subjuntivo!   Repita las frases, cambiándolas a pedidos *(requests)* que hace(n) otra(s) persona(s). Siga el modelo.

> **MODELO**   Hablo con el pintor. Me pide que…
> **Me pide que hable con el pintor.**

1. Pedro nos invita al teatro. Quiero que…
2. Tus hijos miran la exposición. ¿No quieres que…?
3. Vivimos cerca de la universidad. Nos piden que…
4. Leo esta revista. ¿Prohíbes que…?
5. Estudian un poema difícil. Manda que…
6. Recibimos a los cantantes. Prefieren que…

B. Entrevista.   Es el año 1592. Miguel de Cervantes está en la cárcel *(jail)*. Con un(a) compañero(-a) haga el papel de don Miguel y conteste las preguntas que le hacen. Use **tal vez** y el subjuntivo.

> **MODELO**   Don Miguel, ¿va a escribir usted una novela larguísima?
> **Tal vez escriba una novela larguísima.**

1. ¿Va a llamarse «don Quijote» el personaje principal?
2. ¿Va a leer muchas novelas románticas don Quijote?
3. ¿Va a viajar otra persona con don Quijote?
4. Y los dos, ¿van a vivir en el campo?
5. ¿Se va a casar don Quijote?
6. ¿Van a comprar el libro muchas personas?

C. En acción.   Describe what's happening in each of the following drawings, according to the model.

> **MODELO**

Anita/querer/comer los chocolates, pero…
su mamá/prohibir/ella/comerlos/ahora

Anita quiere comer los chocolates, pero su mamá prohíbe que ella los coma ahora.

1. Alicia/querer/pasar unos días en Acapulco, pero…
   sus padres/no querer/ella/viajar/allí sola

2. Susana/no querer/bailar con nadie, pero…
   Enrique/pedirle/(ella)/bailar/con él

3. Ernesto/querer/fumar uno o dos cigarrillos, pero…
   su esposa/prohibir/él/fumar/en la casa

4. los niños/querer/jugar en el patio, pero…
   su mamá/mandarles/(ellos)/comer/el almuerzo antes

5. la señora Vera/no querer/llegar tarde a la fiesta, pero…
   su marido/pedirle/(ella)/esperarlo/unos minutos más

FUNCIONES *y práctica*

Making a toast

The most common way to make a toast (**brindar**) is **¡Salud!** (*To your health!*), as you saw earlier. Three longer versions that you may have heard are:

Salud, amor y pesetas.	*Health, love, and money.*
Salud, amor y pesetas y el tiempo para gozarlos (gastarlos).	*Health, love, and money, and the time to enjoy (spend) them.*
Salud y plata y un(a) novio(-a) de yapa.	*Health, money (silver), and a sweetheart besides.*

Práctica _____

Mini-drama. Dramatice la siguiente situación.

El día de San Valentín *(Valentine's Day)* usted y un(a) amigo(-a) están cenando en un restaurante muy bueno. Su amigo(-a) le cuenta que ayer tuvo una entrevista para un trabajo en una galería de arte y ¡le dieron el trabajo! El director quiere que empiece a trabajar inmediatamente. Usted felicita *(congratulate)* a su amigo(-a). Para celebrar la ocasión, pide una botella del mejor champán y el camarero se lo trae. Usted llena *(fill up)* su vaso y el de su amigo y los dos brindan por un futuro feliz en el nuevo trabajo.

• •

III. FORMAS SUBJUNTIVAS IRREGULARES

En el Museo de Arte Contemporáneo de Madrid hay mucho de interés por dentro y por fuera.

En casa de Alicia

Cuando la mamá de Alicia llega a su casa, encuentra los siguientes mensajes de su hija en la contestadora automática.

MENSAJE 1

¡Hola, mamá! Estoy con Guillermo, el pintor te quien te habló° ayer. Vamos a casa a eso de las ocho. Quiero que lo *conozcas*°… ¡Ah! Guillermo me pide que el viernes *vaya* con él a la exposición de sus pinturas en el Museo de Arte Contemporáneo. Bueno, hasta más tarde…

> MENSAJE 2
>
> Mamá, me olvidé de decirte que son las cinco y que te estoy llamando desde el centro. Guillermo quiere que lo ayude a buscar un regalo para su abuela. Otra cosa, mamá: tal vez *sea* buena idea pedirle permiso° a papá antes de aceptar la invitación de Guillermo para el viernes, ¿no te parece? ¿Por qué no le hablas de él y de la exposición antes de las ocho? Ojalá que hoy *esté* de buen humor°… Bien, ya nos vemos luego.

de quien… *I told you about*   **Quiero…** *I want you to meet him*   **pedirle permiso** *to ask permission*   **Ojalá…** *I hope he's in a good mood today*

1. ¿A quién quiere Alicia que su mamá conozca? ¿Qué profesión tiene?   2. ¿Adónde quiere él que vaya Alicia el viernes?   3. ¿Desde dónde le llama Alicia a su mamá? ¿Qué busca allí Guillermo?   4. ¿Qué quiere Alicia que haga su mamá antes de las ocho? 5. ¿Cree usted que Alicia y su padre son buenos amigos? ¿Por qué sí o por qué no?

• •

A. As in **usted** commands, verbs that have an irregularity in the **yo** form of the present indicative carry this irregularity over into the present subjunctive. The subjunctive endings are the same for irregular verbs as for regular verbs.

-ar:	-e, -es, -e, -emos, éis, -en
-er, -ir:	-a, -as, -a, -amos, -áis, -an

decir		conocer		tener	
diga	digamos	conozca	conozcamos	tenga	tengamos
digas	digáis	conozcas	conozcáis	tengas	tengáis
diga	digan	conozca	conozcan	tenga	tengan

Here are some other verbs that follow this pattern.

construir	construy-	**salir**	salg-
destruir	destruy-	**traer**	traig-
hacer	hag-	**valer**	valg-
oír	oig-	**venir**	veng-
poner	pong-	**ver**	ve-

¿El ministro de cultura quiere que destruyan un teatro para construir una piscina…?
Ojalá ustedes digan la verdad.
Tal vez valga la pena leer eso.

The minister of culture wants them to destroy a theater in order to build a swimming pool . . . ?
I hope you're telling the truth.
Perhaps it's worth it to read that.

B. The following verbs with irregular **usted** commands are irregular in the subjunctive:

dar		estar		haber	
dé	demos	esté	estemos	haya	hayamos
des	deis	estés	estéis	hayas	hayáis
dé	den	esté	estén	haya	hayan

ir		saber		ser	
vaya	vayamos	sepa	sepamos	sea	seamos
vayas	vayáis	sepas	sepáis	seas	seáis
vaya	vayan	sepa	sepan	sea	sean

Ojalá que abuela no esté enferma.	*We hope Grandma isn't sick.*
Tal vez haya una obra nueva en el teatro María Guerrero.	*Perhaps there's a new play at the María Guerrero theater.*
Ojalá que sea buena.	*I hope it's good.*

C. Most stem-changing **-ar** and **-er** verbs retain the same pattern of stem change in the present subjunctive that they have in the indicative.

encontrar		poder	
encuentre	encontremos	pueda	podamos
encuentres	encontréis	puedas	podáis
encuentre	encuentren	pueda	puedan

entender		pensar	
entienda	entendamos	piense	pensemos
entiendas	entendáis	pienses	penséis
entienda	entiendan	piense	piensen

La pintora quiere que entendamos su pintura.	*The painter wants us to understand her painting.*
Tal vez él encuentre trabajo aquí.	*Perhaps he will find work here.*

D. Stem-changing **-ir** verbs that have a change in stem of **e** to **ie, e** to **i,** or **o** to **ue** in the present indicative follow the same pattern in the subjunctive with an additional change: in the **nosotros** and **vosotros** forms, the **e** of the stem is changed to **i;** the **o** is changed to **u.**

sentirse (ie, i)		morir (ue, u)		dormir (ue, u)	
me sienta	nos sintamos	muera	muramos	duerma	durmamos
te sientas	os sintáis	mueras	muráis	duermas	durmáis
se sienta	se sientan	muera	mueran	duerma	duerman

pedir (i)		vestirse (i)	
pida	pidamos	me vista	nos vistamos
pidas	pidáis	te vistas	os vistáis
pida	pidan	se vista	se vistan

Ojalá que se sientan cómodos.	*I hope you feel comfortable.*
El director pide que la actriz se vista rápido.	*The director asks that the actress get dressed fast.*
Tal vez muera el protagonista.	*Perhaps the protagonist dies.*

E. To preserve the pronunciation of the verb stem, a change in spelling is sometimes necessary.

1. c changes to **qu** before **e.**

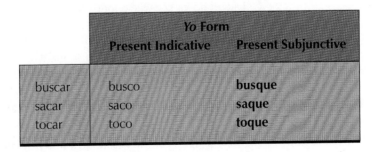

	Yo Form	
	Present Indicative	**Present Subjunctive**
buscar	busco	**busque**
sacar	saco	**saque**
tocar	toco	**toque**

Mamá, ¿quieres que saque mi violín y que te toque una canción?	*Mom, do you want me to take out my violin and play you a song?*
¿Qué nota sacaste en el examen?	*What grade did you get on the exam?*

2. g changes to **gu** before **e.**

jugar	**juego**	**juegue**
llegar	**llego**	**llegue**
pagar	**pago**	**pague**

Tal vez lleguemos tarde a la ópera.   *Maybe we'll arrive late to the opera.*
No quieren que yo le pague al   *They don't want me to pay the sculptor.*
  escultor.

3. z changes to **c** before **e.**

almorzar	**almuerzo**	**almuerce**
comenzar	**comienzo**	**comience**
empezar	**empiezo**	**empiece**

La cantante quiere que la función   *The singer wants the show to start*
  comience antes de las ocho.   *before eight.*

EJERCICIOS

A. Daniel y su papá. Haga el papel del señor Ramón Vives de Luna, papá de
Daniel. Hable con Daniel y dígale que usted quiere que él se porte *(behave)*
mejor. Use **quiero que** o **no quiero que** y el subjuntivo.

  MODELO   Daniel duerme todo el día.
              Daniel, no quiero que duermas todo el día.

1. Daniel no sabe sus lecciones.
2. Daniel no hace sus tareas.
3. Daniel saca malas notas.
4. Daniel no va la escuela todos los días.
5. Daniel llega tarde a sus clases.
6. Daniel no dice siempre la verdad.
7. Y Daniel tiene problemas con su mamá.

B. La venganza *(Revenge).* Ofrezca a su profesor(a) las siguientes sugerencias
(suggestions) y mandatos. Use el subjuntivo, según el modelo.

  MODELO   ir a la puerta
              Quiero que usted vaya a la puerta.

1. abrir la puerta
2. cerrar la puerta
3. sacar un libro
4. poner el libro en el escritorio
5. ir a la pizarra

6. escribir su nombre
7. decirnos «Muchas gracias por su atención»

C. Proyectos *(Plans).* Julia vive en los Estados Unidos pero tiene una galería de arte en Madrid. Con un(a) compañero(-a) hagan el papel de Julia y contesten las preguntas que le hace un(a) amigo(-a). Diga que no sabe (**«No sé»**) y use **tal vez** y el subjuntivo, según el modelo.

MODELO   ¿Cuándo vas a salir para Madrid?   (la semana próxima)
No sé. Tal vez salga la semana próxima.

1. ¿Con quién vas a ir a España?   (con Howard y Ana)
2. ¿Cuándo vas a tener la recepción en la galería?   (el último día de la exposición)
3. ¿Cómo van a divertirse ustedes?   (visitando galerías y museos)
4. ¿Qué clase de cuadros vas a buscar?   (realistas y abstractos)
5. ¿Qué exposiciones de arte vas a ver?   (sólo la exposición de arte moderno)
6. ¿Cuándo van a volver a casa?   (el mes próximo)

Entrevista

Use **ojalá, tal vez** o **quizá(s)** en las respuestas, cuando sea posible.

1. ¿Vas a casarte en menos de dos años?   2. ¿Vas a ir a España el año próximo?   3. ¿Vale la pena asistir a la universidad? ¿Para qué?   4. ¿Va a haber muchas guerras en el futuro? ¿Por qué?   5. Según tu opinión, ¿qué cosas positivas tal vez pasen en el futuro? Habla de cuatro cosas que quieres ver en el futuro.

IV. MANDATOS DE *NOSOTROS,* DE *VOSOTROS* Y DE TERCERA PERSONA

Horacio Gutiérrez, pianista distinguido de origen cubano

En casa de los Pereda, en un barrio céntrico° de Madrid

AMPARO   *Salgamos°* esta noche, Javier... ¿Qué te parece si vamos al cine?°
JAVIER   Sí..., ¡qué buena idea! *Veamos°* esa película nueva que muestran en el Cine Delicias.

AMPARO	¡Ay, no Javier! Me dijo Gloria que era muy juvenil. *¡Que la vean* Carlitos y Rosita!°
JAVIER	Pues, *pongámonos* de acuerdo°… Escoge tú.
AMPARO	Entonces, *olvidémonos* del cine y *asistamos* al concierto en el Teatro Español. El pianista Horacio Gutiérrez va a tocar sonatas de Scarlatti…
MAMÁ	*(Entra en la sala.)* ¿Vais al concierto de Gutiérrez? *Que toque*° tan bien como dicen que tocó el año pasado. *Pasad* una noche linda° y *tened* cuidado con el coche.
JAVIER	Gracias, mamá. *Vámonos,*° Amparo.

barrio céntrico *downtown neighborhood*   **Salgamos** *Let's go out*   **¿Qué…** *How do you feel about going to the movies?*   **Veamos** *Let's see*   **¡Que…** *Let Carlitos and Rosita see it!*   **pongámonos…** *let's agree*   **Que toque** *May he play (I hope he plays)*   **Pasad…** *Have a lovely evening*   **Vámonos** *Let's go*

1. ¿Qué quiere hacer Amparo? ¿Cuál es su primera sugerencia?   2. ¿Cuál es la película que muestran en el Cine Delicias? ¿Le interesa esa película a Amparo? ¿Por qué sí o por qué no?   3. ¿Quién es el pianista que va a tocar? ¿De quién es la música que va a tocar?   4. ¿Qué les desea la mamá? Según ella, ¿con qué deben tener cuidado?

• •

A. The affirmative and negative **usted** commands and the negative **tú** commands presented in Chapters 7 and 8 use subjunctive forms. Subjunctive forms are also used for third person or indirect commands, **nosotros** commands, and the negative **vosotros** commands.

B. Third person or indirect commands start with **que** and carry the meaning of *have* or *let (somebody do something)*. **Nosotros** commands have the meaning *let's (do something)*. **Vosotros** commands are used in Spain for informal plural commands (i.e., plural of **tú**).

	Affirmative	*Negative*	
-ar *verbs*	que tome	que no tome	(él, ella)
tomar	que tomen	que no tomen	(ellos, ellas)
	tomemos	no tomemos	(nosotros, nosotras)
	tomad	no toméis	(vosotros, vosotras)
-er *verbs*	que coma	que no coma	(él, ella)
comer	que coman	que no coman	(ellos, ellas)
	comamos	no comamos	(nosotros, nosotras)
	comed	no comáis	(vosotros, vosotras)
-ir *verbs*	que escriba	que no escriba	(él, ella)
escribir	que escriban	que no escriban	(ellos, ellas)
	escribamos	no escribamos	(nosotros, nosotras)
	escribid	no escribáis	(vosotros, vosotras)

C. Vamos is the only affirmative **nosotros** command that does not use the subjunctive form.

Vamos al concierto. ¡Cómo no!   *Let's go to the concert. Sure!*

In the negative, however, **vayamos** is used.

No vayamos al concierto hoy. Otro   *Let's not go to the concert today.*
   día tal vez…   *Another day, perhaps . . . .*

For the affirmative **nosotros** command of a reflexive verb, **nos** is attached to the end of the command. The **-s** of the command ending is omitted. An accent is written to show that the stress has not shifted.

Vámonos.	Let's go.
No nos vayamos. Tenemos mucho que hacer hoy.	Let's not go. We have a lot to do today.
Levantémonos temprano.	Let's get up early.
No nos levantemos tarde.	Let's not get up late.

D. A widely used alternative to the affirmative **nosotros** or *let's* command is the construction **Vamos a** + *infinitive.*

Vamos a { tomar. comer. escribir. }   Let's { take. eat. write. }

In the negative, this construction is not a command but a simple statement.

No vamos a comer.   *We're not going to eat.*

E. Affirmative **vosotros** commands are formed by replacing the **-r** of the infinitive with **-d.** The negative **vosotros** commands are the same as the present subjunctive forms.

¡Pasad una noche maravillosa!   *Have a wonderful evening!*
No lleguéis tarde, por favor.   *Don't arrive late, please.*

EJERCICIOS

A. Cambiemos.   Diga cada mandato de otra forma, confirmando o negando las frases que siguen, según las indicaciones. Siga los modelos.

MODELOS   Vamos a bailar.   **Sí, bailemos.**
                 Vamos a estudiar.   **No, no estudiemos.**

  1. Vamos a ver televisión. Sí,…
  2. Vamos a dormir hasta las diez. No,…
  3. Vamos a tocar el piano. No,…
  4. Vamos a cenar después de la función. Sí,…

B. Conozcamos Madrid.   Sonia, Francisca y Yolanda son estudiantes de bellas artes *(fine arts)* en la Universidad de Salamanca. Deciden viajar a Madrid para ver las maravillas del arte español en la capital. Conteste por Yolanda, siguiendo los modelos. Use pronombres objetos cuando sea posible.

MODELOS	SONIA	¿Viajamos a Barcelona o a Madrid?
	YOLANDA	**Viajemos a Madrid, pero ¡no viajéis sin mí!**
	SONIA	¿Compramos los pasajes hoy o mañana?
	YOLANDA	**Comprémoslos mañana, pero ¡no los compréis sin mí!**

1. ¿Nos vamos en tren o en auto?
2. ¿Salimos mañana o el sábado?
3. ¿Visitamos primero el Museo del Prado o la nueva galería de arte?
4. ¿Asistimos a una ópera o a un ballet?
5. ¿Vamos de compras aquí o en Madrid?
6. ¿Volvemos en una o dos semanas?

C. Julio el perezoso.   Julio es muy perezoso. Cuando le piden que haga algo, siempre quiere que lo haga otra persona. Conteste las preguntas por Julio.

MODELO   Julio, ¿quieres reservar una habitación en Barcelona?
Yo no, que la reserve Susana.

1. ¿Quieres hacer las maletas? (Susana)
2. ¿Quieres comprar gasolina? (René y Mario)
3. ¿Quieres conseguir un mapa? (Juan y Susana)
4. ¿Quieres conducir el auto? (Mario)
5. ¿Quieres leer la guía? (Susana)

FUNCIONES *y práctica*

Extending invitations

Here are some examples of an important language function: extending invitations. Study the expressions below and do the practice exercise that follows.

¿Le (Te) gustaría ir a… (conmigo)?	*Would you like to go to . . . (with me)?*
¿Qué le (te) parece si vamos a…?	*How do you feel about going to . . . ?*
Si está(s) libre hoy, vamos a…	*If you're free today, let's go to . . .*
¿Quiere(s) ir a…?	*Do you want to go to . . . ?*
¿Me quiere(s) acompañar a…?	*Do you want to go with (accompany) me to . . . .?*
Le (Te) invito a…?	*I'm inviting you to . . . .?*

Querido Raúl:

Te invito a mi fiesta de compleaños
el día miércoles, 21 de mayo. Va a ser en
mi apartamento y vamos a tener buena
música y comida a partir de las 20 horas.
¡Ojalá puedas venir!

Espero tu respuesta antes del 20, si es posible.

Con cariño,

Luisa

Práctica

¡Te invito!   Usted está organizando una reunión o fiesta especial y quiere invitar a algunos amigos. Siguiendo el modelo de la invitación anterior complete (en forma oral o escrita) la nota que sigue con la información apropiada.

Querido(-a) —————————————:

Te invito a ————————————————————,

el día ————————————————————————.

Va a ser en ————————————————————

y —————————————————————————

a partir de la(s) ——————————————————.

¡Ojalá —————————————————————!

Espero ——————————————————————.

Con un abrazo *(hug)* de tu amigo(-a)

(Firme [*sign*], ie. escriba su nombre)

EN EL MUSEO DEL PRADO

Las Meninas (1656), cuadro de Diego de Silva y Velázquez

Una profesora de arte y unos estudiantes visitan el Museo del Prado[1], en Madrid.

PROFESORA	Descansemos aquí. Ya hemos visto las obras de Velázquez, de El Greco y de Goya. Ahora quiero que me digáis cuál de los tres pintores os ha gustado o interesado más.
ANA	A mí me ha gustado el Greco por su estilo único y original.
JORGE	¿Esas figuras largas y deformadas°?[2] ¡Son horribles!
ANA	Son las visiones de un místico.
JORGE	¡O quizás de un loco! Pero veamos qué piensan los demás. Pablo, danos tu opinión…
PABLO	Pues… me parece interesante el estilo de El Greco, pero en realidad me han impresionado más los retratos de Velázquez. Son tan realistas que las personas que pinta parecen estar vivas°, ¿no?
ANA	Sí, son bastante realistas… Y hablando de Velázquez, tengo una pregunta sobre *Las Meninas*. ¿Por qué lo han puesto en una sala aparte°?[3]
PROFESORA	Porque es uno de los cuadros más famosos del museo. En la historia del arte significa un problema resuelto: la representación per-

deformed

alive

separate room, room by itself

San Martín y el mendigo (1597–99), cuadro de Doménico Theotocópuli, llamado El Greco(1541–1614)

Aguafuerte (etching) de Los caprichos (1799) por Francisco de Goya y Lucientes (1746–1828)

fecta del espacio en sus tres dimensiones por medio de la manipulación de distintas° intensidades de luz.   *different*

ANA   Mientras lo miraba, me di cuenta° de que el cuadro juega muy bien con los conceptos de ilusión y realidad, ¿verdad que sí?   *I realized*

JORGE   Sí, pero me parece que Goya tiene más valor universal. Sus obras son una sátira de la humanidad.

ANA   Estoy de acuerdo con eso. Pero no olvidemos que el realismo de Velázquez era importante para los hombres del siglo XVII porque entonces todavía no habían inventado la fotografía. Hoy día a la gente le interesa más la expresividad° de Goya.   *expressiveness*

PABLO   Son obras demasiado deprimentes° para mí. No me gusta ver escenas brutales, cuerpos fracturados, monstruos grotescos[4]...   *depressing*

ANA   Sin embargo, sus obras han tenido una gran influencia en el arte del siglo XX. ¿No es así, profesora?

PROFESORA   Así es, muchachos... Pero prefiero que vosotros mismos descubráis esa influencia en los cuadros que vamos a ver después...

JORGE   ... ¡después de comer!... ¿Qué os parece si continuamos esta discusión en la cafetería? ¡No veo la hora de almorzar!° Estoy a punto de morder° una naturaleza muerta.[5]

No ... *I can't wait to have lunch!*
Estoy... *I'm about to bite*

Preguntas

1. ¿Dónde están la profesora y sus estudiantes?   2. ¿De qué pintores hablan?   3. ¿Cómo son las figuras que pintó El Greco?   4. ¿Quién pintó *Las Meninas?*   5. ¿Por qué han puesto esta obra en una sala aparte?   6. ¿Con qué conceptos juega el cuadro?   7. Según Jorge, ¿por qué tienen más valor universal las obras de Goya?   8. ¿Por qué era importante el estilo de Velázquez para los hombres del siglo XVII?   9. ¿Cuál de los tres pintores le gusta más a usted? ¿Por qué? ¿Hay otros ejemplos de sus cuadros en este capítulo? ¿Qué cuadros? ¿Y cuál de ellos le gusta más a usted? ¿Por qué?

Notas Culturales

1. The **Museo del Prado** of Madrid, founded in the early nineteenth century, is one of the great art museums of the world, particularly noted for its fine collections of Spanish and Flemish paintings.

2. Domenico Theotocopoulos (1541–1614), known as **El Greco** *(the Greek),* is usually considered a Spanish painter since his greatest works were done after his arrival in Spain and reflect the fervent mysticism sometimes associated with that country. The figures in his paintings appear elongated, and for many years this was thought to be due to a visual problem of the artist. Modern critics, however, have classified **El Greco** as one of the world's great painters who distorted outward form in order to express the inward spirit.

3. **Las Meninas** *(The Maids of Honor)* is one of the most important paintings of Diego Velázquez. The effect of three dimensionality is not achieved by the traditional method of geometric perspective, but by the contrasting of light and shadow, a technique which was to have a great impact on later artists.

The paintings seems to be totally unposed. The princess Margarita, two maids of honor, two dwarfs (entertainers in the court), and a dog seem to have entered the painter's studio and appear in the foreground. To the left behind them is Velázquez himself busily painting on his canvas. To the right are two ladies of the court. On the far back wall hangs a mirror in which appear the reflections of the king and queen, who would therefore seem to be standing in the place where we, the observers, now are. Finally, farther back still, a court official stands in an open doorway. By looking at the picture, we are seeing—as though we looked through the eyes of the king and queen—an impromptu view of the daily reality of the court. Is the painting the artist is shown doing of the royal couple, of us, or is it the very painting we now see, assuming he is gazing into a mirror directly in front of him? The observer is invited to ponder on a theme suggested by the painting: where is the line between illusion and reality?

4. Francisco de Goya (1746–1828) was a Spanish painter who produced an enormous variety of paintings, drawings, and engravings. His later works portray in grotesque detail the horrors of war (which he viewed close at hand), the cruelty and vices of society, and terrifying images drawn from witchcraft, superstition, dreams, and myths.

5. **Naturaleza muerta** is the Spanish term for *still life,* a painting which portrays small inanimate objects (such as bottles, flowers, and—very often—food) painted in a very realistic manner.

PARA ESCUCHAR

A. Tres mensajes telefónicos.   Eduardo, estudiante norteamericano de Berkeley, California, está pasando sus vacaciones de verano en Madrid, en casa de los Miró-Dalí, un matrimonio amigo. Daniel Miró y Paloma Dalí son parientes de dos pintores muy famosos y tienen una vida artístico-social muy activa. Hoy, cuando Eduardo llegó a la casa, encontró los siguientes mensajes en la contestadora automática. Escuche los tres mensajes.

B. **¿Qué dijeron?** Escuche los mensajes otra vez. Escriba en las tarjetas la información más importante de cada uno de esos mensajes.

Mensaje telefónico # 1:

Para: _____

De parte de: _____

Teléfono: _____

Motivo de la llamada: _____
_____
_____
_____

Mensaje telefónico # 2:

Para: _____

De parte de: _____

Teléfono: _____

Motivo de la llamada: _____
_____
_____
_____

Mensaje telefónico # 3:

Para: _____

De parte de: _____

Teléfono: _____

Motivo de la llamada: _____
_____
_____
_____

MÁS FUNCIONES *y actividades*

In this chapter, you have seen examples of some important language functions: making a toast and extending invitations. Below you'll find some additional expressions and activities related to the functions.

Accepting and declining invitations

Sí, ¡con mucho gusto!   *Yes, gladly (sure)!*
¡Cómo no! ¿A qué hora?   *Sure! What time?*

¡Listo(-a)! Gracias por la invitación.	OK! (literally, *I'm ready to go!*) Thanks for the invitation.
Sí, ¡qué buena idea!	Yes, what a good idea!
No veo la hora de verte (de hablar contigo, de almorzar).	I can't wait to see you (to talk to you, to have lunch).
De acuerdo, ¡tengo todo el día libre!	OK, I have the whole day free!

(Es que) tengo mucho que hacer esta semana. La semana que viene, tal vez.	I have a lot to do this week. Next week, perhaps.
Me gustaría (mucho), pero (no puedo ir)…	I'd like to (very much), but (I can't go) . . .
Otro día tal vez; hoy estoy muy ocupado(-a).	Another day, perhaps; today I'm very busy.
¡Qué lástima! Esta tarde tengo que estudiar.	What a shame! This afternoon I have to study.

Actividades _____

A. Invitaciones.   Trabaje con un(a) compañero(-a) de clase y hágale cada una de las siguientes invitaciones. Su compañero(-a) debe aceptar algunas de sus invitaciones y rechazar *(decline)* las otras.

1. ir a una exposición de arte
2. ir a una fiesta de cumpleaños para su mamá (de usted)
3. ir a una conferencia sobre Centroamérica
4. ir a un concierto de Madonna
5. ir al parque zoológico
6. ir a un partido de jai alai
7. ir a las montañas para esquiar
8. ir a una corrida de toros
9. ir con él (ella) al teatro
10. ir al barrio italiano para comer pizza

B. Mini-drama.   Una persona que usted conoce y que tiene un carácter muy difícil lo (la) invita regularmente a salir: al teatro, al cine, a conciertos, a cenar, etc. A esa persona no le gusta que le digan que «No» cuando invita… Esta vez *(This time)* la invitación es para asistir a un concierto el viernes. Usted le dice que no va a poder porque ese día va a ver una obra de teatro. Entonces él (ella) repite la invitación para el sábado, después para el domingo, etcétera. Usted debe buscar (¡y encontrar!) una buena excusa para cada invitación y rehusarla *(decline it)* ¡muy cortésmente *(politely)!*

Este famoso cuadro se llama *Guernica*. *¿Sabe Ud. quién lo pintó?*

¡Trivia en español! ¿Qué sabe usted de las artes españolas? Conteste las preguntas que siguen y va a saber si usted es experto, aficionado o ignorante.

1. ¿Quién escribió la obra *Don Quijote?*
2. ¿Quién pintó un famoso cuadro titulado *Guernica?*
3. ¿Puede dar el nombre de un compositor español famoso?
4. ¿Fue El Greco escritor, poeta, pintor o arquitecto?
5. ¿En qué siglo vivió Velázquez?
6. ¿Puede dar el nombre de un pintor español famoso de este siglo?
7. ¿Quién nació primero: Goya o El Greco?
8. ¿Puede indicar cuál de las personas que siguen no se relaciona con las otras: Goya, Segovia, El Greco?
9. ¿De quién fue contemporáneo Cervantes: del Rey Arturo, de Shakespeare o de George Washington?
10. ¿Cómo se llama el museo más famoso de España?

0–5 correctas: ¡Pobrecito(-a)! Realmente debería (*should*) dormir menos en clase...

6–8 correctas: Usted sabe un poco, pero debe leer más sobre la cultura española.

9–10 correctas: ¡Excelente! Usted sabe mucho sobre la cultura española.

Significado:

8. Segovia 9. Shakespeare 10. Museo del Prado

Albéniz... 4. pintor 5. XVII (1599–1660) 6. Picasso, Miró, Gris... 7. El Greco

1. Miguel de Cervantes 2. Pablo Picasso 3. Domenico Scarlatti, Enrique Granados, Isaac

Clave (Key):

PARA ESCRIBIR

Repuesta a una invitación. Imagine que usted también está en la lista de invitados para la fiesta de cumpleaños de Luisa y que ayer le llegó la misma invitación que a Raúl (p. 325). ¿Piensa asistir a la fiesta o no va a poder por alguna razón? Escríbale una breve nota a Luisa aceptando su invitación o explicándole por qué no va a poder estar con ella el 21 de mayo.

VOCABULARIO ACTIVO

Cognados

abstracto	el ballet	la invitación	el poema
el actor	contemporáneo	el mensaje	el público
la actriz	el director, la directora	el, la novelista	realismo
la antología	la escena	la ópera	romántico
el arte, las artes	la galería	el pianista	
el autor, la autora	el instructor, la instructora	la orquesta	

Verbos

construir	to build, to construct
escoger	to choose
pelear	to fight
permitir	to allow, to permit
prohibir	to forbid, to prohibit
sacar	to take out; to get
valer	to be worth
valer la pena	to be worth it, to be worth the trouble

Artes y Letras   *Arts and Letters*

el, la cantante	*singer*
el compositor, la compositora	*composer*
el cuadro	*painting*
el, la cuentista	*short-story writer*
el cuento	*short story, tale*
el, la ensayista	*essayist*
el ensayo	*essay*
el escritor, la escritora	*writer*
el escultor, la escultora	*sculptor*
la escultura	*sculpture*
la exposición	*exhibit, exhibition*
la función	*show, performance; function*
el, la músico	*musician*
la obra maestra	*masterpiece*
papel; hacer un papel	*to play a role*
el personaje	*character*

el personaje principal	*main character, protagonist*
la pintura	*painting, paint*
el retrato	*portrait*

Otras palabras y frases

estar de buen humor	*to be in a good mood*
ojalá (que)	*I (we, let's) hope (that); hopefully*
la reina	*the queen*
el rey	*the king*
tal vez	*perhaps, maybe*

Expresiones útiles

¡Cómo no!	*Sure!*
¿Le (Te) gustaría ir a... (conmigo)?	*Would you like to go to . . . (with me)?*
Me gustaría..., pero...	*I'd like to . . . , but . . . .*
¡No veo la hora de (verte, almorzar)!	*I can't wait to (see you, have lunch)!*
Otro día tal vez...	*Another day perhaps . . . .*
¿Qué le (te) parece si vamos a... ?	*How do you feel about going to . . . ?*
¿Quiere(s) ir a...?	*Do you want to go to . . . ?*
Quiero que conozcas a...	*I want you to meet . . . .*
¡Sí..., qué buena idea!	*Yes . . . , what a good idea!*

¡Viva México! La celebración del 20 de noviembre (el Día de la Revolución), México. D.F.

CAPÍTULO

catorce

FIESTAS Y ANIVERSARIOS

VOCABULARIO. In this chapter you will describe parties and special days.

GRAMÁTICA. You will discuss and use:

- The subjunctive in noun clauses
- The subjunctive versus the indicative in noun clauses and after impersonal expressions
- Additional uses of **por** and **para**
- Adverbs ending in **-mente**

CULTURA. This chapter focuses on Mexico.

FUNCIONES

- Expressing disagreement
- Expressing agreement

MÉXICO

**DESCRIBIMOS AQUÍ ALGUNOS OTROS ESTA-
DOS PINTORESCOS Y VARIADOS DE MÉXICO.**

PUEBLA
Capital: Puebla. **Población del estado:** 4.068.038 de habitantes.
¿Sabía Ud. que...?: Puebla fue el sitio de la famosa batalla del 5 de mayo de 1862 cuando los mexicanos derrotaron *(defeated)* a los invasores franceses.

NUEVO LEÓN
Capital: Monterrey. **Población del estado:** 3.146.169 de habitantes.
¿Sabía Ud. que...?: Es uno de los centros industriales más importantes del país y también uno de los estados más prósperos.

DURANGO
Capital: Durango. **Población del estado:** 1.384.518 de habitantes.
¿Sabía Ud. que...?: Los escenarios naturales de desiertos y montañas de Durango han servido en la filmación de muchas películas de «vaqueros» *(cowboys)*, incluyendo varias con el famoso actor John Wayne.

GUERRERO
Capital: Chilpancingo. **Población del estado:** 2.560.262 de habitantes.
¿Sabía Ud. que...?: Guerrero tiene dos centros de turismo muy diferentes. Taxco, una ciudad muy colonial, tiene fama por la riqueza de sus minas y por la industria de plata. Acapulco tiene fama internacional como lugar de recreo y vacaciones.

FIESTAS Y ANIVERSARIOS

el cumpleaños
el pastel, la torta

el pavo
el Día de Acción de Gracias

el candelabro
la fiesta de Janucá

el árbol de Navidad
la Navidad
el 25 de diciembre

unas flores
el Día de la Madre

unas tarjetas
el Año Nuevo
el 1° de enero

ALGUNAS FIESTAS HISPÁNICAS

los Reyes Magos
el Día de (los) Reyes
el 6 de enero

el Día de los Trabajadores
el 1° de mayo

el Día de los Muertos
el 2 de noviembre

TRES FIESTAS MEXICANAS TÍPICAS

La fiesta del Grito de
    Dolores (de la
    Independencia) el 16
    de septiembre

el Día de la Virgen
    de Guadalupe (santa
    patrona de México)
    el 12 de diciembre

la piñata, los dulces
Las Posadas
    desde el 16 hasta
    el 24 de diciembre

¡Fiesta!   Complete las oraciones con la(s) palabra(s) apropiada(s).

1. El sábado próximo es el ———— de mamá; vamos a hacerle un ———— de chocolate para celebrarlo.
2. Los niños hispanos creen que ———— les traen regalos el 6 de enero (Día de los Reyes).*
3. ¿Dónde están los adornos para el ———— de Navidad?
4. Nuestros amigos judíos *(Jewish)* tienen un ———— de Janucá.
5. En los Estados Unidos mucha gente come ———— para celebrar el Día de Acción de Gracias *(Thanksgiving).*
6. El 4 de julio siempre celebramos ———— de los Estados Unidos.
7. Siempre les envío ———— de Navidad a mis amigos.
8. Hay muchos ———— en la piñata que ella trae para sus sobrinos.
9. Vamos a comprar unas ———— muy bonitas para Mamá.

Entrevista

Trabaje con un compañero(-a) de clase para hacerse y contestar las siguientes preguntas.

1. ¿Cuáles son las fiestas que se celebran en los Estados Unidos y también en México?
2. ¿Cuál es tu día de fiesta favorito? ¿Por qué?   3. ¿Cuándo es tu cumpleaños? En general, ¿cómo lo celebras? ¿Cómo lo celebraste o lo vas a celebrar este año?   4. ¿Les envías muchas tarjetas a tus amigos? ¿Cuándo? ¿Te las envían también ellos? ¿Cuándo?
5. ¿En qué fiestas recibes regalos tú?   6. Come pavo tu familia el Día de Acción de Gracias? ¿Y en Navidad?

I. EL SUBJUNTIVO EN LAS CLÁUSULAS SUSTANTIVAS

Una carta de Catalina a su tía Ana

Querida tía Ana,

No estoy segura que sepas° que esta semana estoy en Taxco. Espero que en junio tú también puedas visitar esta ciudad tan fascinante. Está situada en las montañas en una parte alta, y de todos los lugares hay panoramas muy pintorescos. En la plaza principal está el monumento de mayor interés, la iglesia de Santa Prisca, construida entre 1751 y 1758 a expensas° del rico minero José de la Borda. Conserva sus retablos dorados° que datan de esa época. En la región de Taxco hay muchas minas y la ciudad todavía es un centro de industrialización de la plata. Recuerdo que a ti te gusta mucho visitar joyerías°, así que° nunca vas a querer salir de las bellísimas platerías° que tienen aquí. El viaje en autobús es increíble porque hay muchas curvas cerradas°. Sé que estás muy nerviosa y que vas a tener miedo de que el autobús se precipite de° la montaña. Pero no debes preocuparte; el conductor hace el mismo viaje todos los días y la carretera° es excelente. Bueno, necesito que me envíes tu itinerario muy pronto, ¿de acuerdo? Quiero ir al aeropuerto a esperarte.

Un beso,

Catalina

---

*Hispanic children believe that the Three Kings bring them presents on January 6, the Epiphany. The children leave straw out at night for the kings' camels.

TAXCO
DE ALARCON
EDO. DE GUERRERO

Don José de la Borda

Platería Bella Vista
Km.159-600

Hotel Borda

Gasolinería

Platería Pedro's
Km.159-900

Platería
Rancho Alegre
Km.160-700

Km.160-200

Posada de la Misión

Huarachería
Los Angeles

Motel Loma Linda
Km.160-900

Casa Humboldt

Lavaderos

Bar Paco

Emma

Las Fundiciones

Casa
Figueroa

C. Celso Muñoz

Huarachería
El Rinconcito

Escuela de
Bellas Artes

Studio
Carlos Papi

Calle Real de S. Agustín

Remo

Hotel
Meléndez

Plaza
San Juan

Calle de San Nicolás

Calle
Soto Lamarina

Calle de San Miguel

Hotel
Rancho TAXCO

ACAPULCO CARRETERA NACIONAL

Hotel Victoria

EDITOR EUGENIO FISCHGRUND
ISABEL LA CATOLICA 30 MEXICO 1, D. F.

CLAVE
CARRETERA NACIONAL
UBICACION PLATERIAS Y
HOTELES, ETC.
CALLE PRINCIPAL PARA
ENTRAR Y SALIR DE TAXCO

No estoy segura… *I'm not sure that you know* **a expensas de** *at the expense of, financed by* **retablos dorados** *golden altarpieces* **joyerías** *jewelry stores* **así que** *so that* **platerías** *silver shops* **curvas cerradas** *hairpin turns* **vas a tener miedo…** *You are going to be afraid that the bus may hurl itself (go) off* **la carretera** *highway*

1. ¿Dónde está Catalina?   2. ¿Cómo es esa ciudad?   3. ¿Cuál es el monumento de mayor interés allí? ¿Por qué?   4. ¿Qué tipo de tiendas le recomienda Catalina a su tía? 5. Según Catalina, ¿de qué tendrá miedo su tía?   6. ¿Qué necesita Catalina que su tía le envíe pronto? ¿Por qué?

A. A dependent clause that takes the place of a noun is called a noun clause.

Noun	
Quiero / dinero.	*I want money.*
Noun Clause	
Quiero / que mi esposa gane dinero.	*I want my wife to earn money.*

In Spanish, noun clauses are always introduced by **que.**

B. The verb in the noun clause is subjunctive if:

1. It has a different subject from the verb in the main clause.

2. The action it describes is commented on as a concept, not just reaffirmed as a fact, by the main clause.

C. Specifically, the subjunctive usually follows main clauses that express:

1. Will, desire, preference, an order, or a request. These are expressed with **verbos de voluntad** which include:

decir	*to tell, to command*	pedir (i)	*to request, to ask*
desear	*to want, to wish*	preferir (ie, i)	*to prefer*
insistir (en)	*to insist*	querer (ie)	*to want, to wish*
mandar	*to command, to order*	rogar (ue)	*to beg*

¡Te digo que vengas al baile!   *I'm telling you to come to the dance!*
Ella prefiere que vayamos al desfile.   *She prefers that we go to the parade.*

2. Hope, emotion, and feeling. Typical expressions include:

alegrarse (de)	*to be glad*	sorprender	*to surprise*
esperar	*to hope, to wait*	temer	*to fear, to be afraid*
sentir (ie, i)	*to be sorry*	tener miedo (de)	*to be afraid*

¿Tienes miedo de que Tomás no recuerde tu cumpleaños?   *Are you afraid that Tomás won't remember your birthday?*
Se alegran de que participemos en la celebración.   *They are happy that we are participating in the celebration.*

3. Approval, permission, prohibition, or advice. Typical verbs include:

aconsejar	*to advise*	prohibir (i)	*to prohibit*
gustar	*to please, to be pleasing*	recomendar (ie)	*to recommend*
permitir	*to permit, to allow*		

| Me gusta que Ana lleve los adornos para el árbol | I'm pleased (it pleases me) that Ana is bringing the decorations for the tree. |
| Te recomendamos que compres un pavo bien grande. | We recommend that you buy a very big turkey. |

4. Necessity. The most common verb is **necesitar.**

| Necesitan que llevemos la piñata. | They need us to take the piñata. |

5. Doubt or uncertainty. Typical verbs are:

| dudar | to doubt |
| no estar seguro(-a) | not to be sure |

| No estoy seguro que los turistas sepan que hoy es un día feriado. | I'm not sure the tourists know that today is a holiday. |

Remember that **que** is always used in these expressions, although in English *that* can be omitted or an infinitive used.

| ¿Esperas que yo aprenda a bailar antes de tu fiesta de cumpleaños? | Do you hope (that) I learn to dance before your birthday party? |
| Quieren que traigamos flores a tía Eulalia. | They want us to bring flowers for Aunt Eulalia. |

Remember also that the subjunctive is used only when there is a change of subject; when the subject of the main and dependent clauses is the same, an infinitive is used.

| Necesito que compres el árbol antes de venir a casa. | I need you to buy the tree before you come home. |
| Ellos quieren comprar los adornos hoy. | They want to buy the ornaments today. |

EJERCICIOS

A. **La transformación.**   Use las palabras siguientes para formar frases. Añada todas las palabras necesarias.

   MODELO   Adela / preferir / esposo / no comer / tanto
            Adela prefiere que su esposo no coma tanto.

   1. yo/aconsejar/tú/descansar/antes del baile
   2. nostros/desear/ella/volver/temprano
   3. él/insistir/nosotros/traer/la torta
   4. Raúl/dudar/ellos/venir/la fiesta de cumpleaños
   5. ellos/pedir/todos/quedarse/en la plaza durante el desfile
   6. los niños/querer/los Reyes/traer/muchos regalos

B. En acción. Describa lo que *(what)* pasa en cada uno de los siguientes dibujos *(drawings).*

MODELO  prohibir/comer dulces
La madre prohíbe que la niña coma dulces.

1.

alegrarse / darle un regalo

2.

dudar / llover

3.

rogar / ir al baile

4.

preferir / no fumar
(smoke) en la casa

5.

tener miedo de / llegar
tarde / fiesta

 C. ¿De veras…? Trabaje con un(a) compañero(-a) de clase. Uno(-a) de los (las) dos hace cinco frases en el presente para dar al (a la) compañero(-a) información personal. Algunas de las frases deben ser verdaderas y otras falsas. El (La) otro (-a) responde a las frases con «¿De veras? Dudo que…», o: «¡Qué interesante! No dudo que…», según el caso.

MODELO   ESTUDIANTE 1   Mis abuelos viven en Acapulco.
          ESTUDIANTE 2   **¿De veras? / Dudo que tus abuelos vivan en Acapulco. / ¡Qué interesante! / No dudo que tus abuelos viven en Acapulco.**

II. EL USO DEL SUBJUNTIVO Y DEL INDICATIVO EN EXPRESIONES IMPERSONALES Y EN OTRAS CLÁUSULAS SUSTANTIVAS

Un conjunto mariachi toca durante una fiesta de cumpleaños en México, D.F.

En casa de los Álvarez en México

SR. ÁLVAREZ Si usted quiere tocar el piano en la fiesta de mi hija, es importante que *hablemos* de la música que le gusta tocar.

PIANISTA Pues… es cierto que no me *gusta* la música popular. Es aburrida y estoy seguro° que usted no quiere que sus invitados *se aburran*° en la fiesta…

SR. ÁLVAREZ ¡Al contrario!° Quiero que lo *pasen* bien°. Por eso recomiendo que usted *presente* un programa de música clásica y música popular. Mi hija le pide que usted *tenga* un poco de todo. A sus amigos les gusta la música clásica… pero prefieren bailar rock, salsa, disco, música muy rítmica… Creo que uno de ellos es músico también… Toca el tambor…°

PIANISTA ¡Qué tontería!° ¡Es ridículo que a ellos les guste ese tipo de música! Yo no toco música popular… ¡ni por todo el dinero° del mundo! Para un buen pianista, es imposible hacer eso sin destruir sus ideales profesionales.

SR. ÁLVAREZ Pues… no estoy de acuerdo con usted. Queremos que todos *bailen* y *se diviertan*. Es una fiesta de graduación: no un concierto. Es una lástima° que usted *pierda* la oportunidad de tocar para la familia del presidente. Ellos van a estar en la fiesta.

PIANISTA Bueno… En cambio° la música popular…

estoy seguro *I'm sure*   **se aburran** *get bored*   **¡Al contrario!** *On the contrary!*
que lo pasen bien *that they have a good time*   **tambor** *drum*   **¡Qué tontería!** *How ridiculous!*   **ni por todo el dinero** *not even for all the money*   **Es una lástima** *It's a pity*   **En cambio** *On the other hand*

1. ¿Le gusta al pianista la música popular? ¿Por qué?   2. ¿Qué le recomienda al pianista el señor Álvarez?   3. ¿Qué música prefieren bailar los amigos de la señorita Álvarez?   4. ¿Qué instrumento toca uno de los amigos de ella?   5. ¿Qué familia famosa va a asistir a la fiesta de graduación?   6. ¿Es flexible o inflexible el músico?

● ●

A. Impersonal expressions have no obvious subject, and equivalent English expressions often begin with the pronoun *it*. The subjunctive is used after many impersonal expressions of doubt, emotion, expectation, permission or prohibition, and personal judgment. The clauses are generally linked by **que**. Some of the more common impersonal expressions that require the subjunctive in a following clause are:

Es bueno.	*It's good.*	Es (una) lástima.	*It's a pity.*
Es malo.	*It's bad.*	Es probable.	*It's probable.*
Es mejor.	*It's better.*	Es necesario.	*It's necessary.*
Es imposible.	*It's impossible.*	Es ridículo.	*It's ridiculous.*
Es posible	*It's possible.*	Es difícil.	*It's difficult.*
Es importante.	*It's important.*	Está bien.	*It's all right (OK).*
Es sorprendente.	*It's surprising.*		

Es importante que pidas una torta para más de veinte personas.	*It's important that you order a cake for more than twenty people.*
¿Es bueno que coman tanto pavo?	*Is it good that they are eating so much turkey?*

All the preceding impersonal expressions are followed by the subjunctive in dependent clauses in affirmative, negative, or interrogative sentences.

Remember that the subjunctive is used only when a subject is mentioned in the dependent clause. If there is no subject mentioned, the impersonal expression is followed by an infinitive.

Es necesario empezar las preparaciones un mes antes de la fiesta.	*It's necessary to begin the preparations a month before the party.*

B. When the impersonal expression in the main clause reaffirms the reality of the action or thought mentioned in the dependent clause, the verb in the dependent clause is indicative.

Es cierto que Ana canta bien.	*It's certain that Ana sings well.*

Some impersonal expressions are followed by the indicative when they are affirmative but require the subjunctive when used in the negative. They take the subjunctive in interrogative sentences only if doubt is strongly implied. Here are some examples:

(No) es verdad.	*It's (not) true.*	(No) es (está) claro.	*It's (not) clear.*
(No) es cierto.	*It's (not) certain.*	(No) es seguro.	*It's (not) certain.*
(No) es evidente.	*It's (not) evident.*	(No) es obvio.	*It's (not) obvious.*

No hay duda de que… takes the indicative. The affirmative **Hay duda de que…** takes the subjunctive.

¿Es verdad que todo se va a arreglar?	*Is it true that everything is going to turn out all right?* (no doubt implied)
¿Es verdad que todo se vaya a arreglar?	*Is it true that everything is going to turn out all right?* (doubt implied)
No, no es verdad que todo vaya a arreglarse.	*No, it isn't true that everything is going to turn out all right.* (negative)

C. Verbs normally followed by the subjunctive in dependent noun clauses are sometimes followed by the indicative. Here are some examples:

1. Decir is followed by the subjunctive if a command is implied, and by the indicative if a fact is stated.

Le digo al perro que no cante más.	*I'm telling the dog not to sing any more.*
Ella dice que Ana canta bien.	*She says that Ana sings well.*

2. The verbs **creer** and **pensar** require the subjunctive in interrogative or negative sentences when surprise or doubt is implied. The indicative is used in affirmative sentences or when there is no uncertainty or doubt in the speaker's mind.

¿Crees que Alicia está en el desfile?	*Do you think that Alicia is in the parade?* (simple question)
¿Crees que Alicia esté en el desfile?	*Do you think that Alicia is in the parade?* (doubt implied)
No creo que Alicia esté en el desfile.	*I don't think Alicia is in the parade.*

EJERCICIOS

A. ¡Dio en el clavo! *(You hit the nail on the head!)*   Haga el papel del alcalde *(mayor)* de Puebla. Conteste las preguntas que le hace un reportero norteamericano. Use las palabras entre paréntesis para mostrar que usted está seguro de las respuestas.

> **MODELO**   ¿A los turistas les interesan las fiestas mexicanas?   (es verdad)
> **Sí, es verdad que les interesan las fiestas mexicanas.**

1. ¿A los mexicanos les gustan mucho las fiestas?   (es obvio)
2. ¿Hay muchas fiestas religiosas en México?   (es evidente)
3. ¿Ayuda el gobierno con los gastos *(expenses)* de las fiestas locales?   (No hay duda)

4. ¿Son un poco diferentes las celebraciones en los varios pueblos mexicanos? (yo estoy seguro)

5. ¿Celebran en México muchas fiestas con corridas de toros?   (es cierto)

B. ¿Qué dijiste, Patricia?   Lola no oye bien a Patricia, su hermana mayor. Haga el papel de Patricia y repita lo que *(what)* le dice a Lola, cambiando el verbo al subjuntivo si es necesario.

MODELO   Prepara las bebidas para la fiesta.   (te digo que)
Te digo que prepares las bebidas para la fiesta.

1. No te pongas el vestido azul.   (Insisto en que)
2. Llama a Antonio ahora mismo.   (Quiero que)
3. Ve al mercado por refrescos.   (Necesito que)
4. Viene mucha gente.   (Es cierto que)
5. Conoces a todos mis amigos.   (Dudo que)

Entrevista

Trabaje con un(a) compañero(-a) de clase para hacerse y contestar las siguientes preguntas.

1. ¿Sientes o te alegras de que no haya clases los sábados? ¿Por qué es importante no tener clases todos los días?   2. ¿Qué quieres que te den tus amigos para tu cumpleaños? ¿Recomiendas que busquen regalos baratos o caros?   3. ¿Cuántas horas por semana estudias español? ¿Estás seguro(-a)? ¿Duda tu profesor(a) que tú estudies tantas horas?   4. ¿Has ido a muchas fiestas este semestre? ¿este mes? ¿esta semana? ¿A qué tipo de fiestas?   5. Cuando tienes problemas, ¿dudas que todo vaya a arreglarse?

FUNCIONES *y práctica*

Expressing disagreement

Here are some examples of an important language function: expressing disagreement. Study the expressions below and do the practice exercise that follows.

No, no es verdad.	*No, it's (that's) not true.*	Pero en cambio…	*But on the other hand . . . .*
No, no estoy de acuerdo.	*No, I don't agree.*	¡Qué tontería!	*How ridiculous!*
No, no es así.	*No, it's not so.*	¡Qué absurdo (ridículo)!	*How absurd (ridiculous)!*
Probablemente no. (Es probable que no.)	*Probably not.*	Al contrario.	*On the contrary.*
		No, no tienes razón.	*No, you're not right.*
		¡Qué va!	*Oh, come on!*

You can use the following expressions to disagree with a suggestion that you or someone else do something.

¡Ni por todo el dinero del mundo!　*Not for all the money in the world!*
¡Ni hablar!　*Don't even mention it!*
¡De ninguna manera!　*No way!*

Práctica

Al contrario…　Trabaje con un(a) amigo(-a) de la clase. Uno(-a) de ustedes va a expresar cinco opiniones. El (la) otro(-a) hace el papel del «abogado del diablo» *("devil's advocate"):* no está de acuerdo y dice lo contrario. Use tantas expresiones de desacuerdo *(disagreement)* como sea posible. Use sus propias ideas o escoja algunas de la lista siguiente.

MODELO　**La comida de la cafetería de la universidad es excelente.**
Al contrario, ¡es horrible!

1. el número de días feriados en los Estados Unidos
2. los exámenes de la clase de español
3. las restricciones sobre fiestas en su universidad
4. la edad legal de tomar bebidas alcohólicas en este estado
5. el arte de su pintor(a) favorito(-a)
6. las novelas de su escritor(a) favorito(-a)
7. los lunes por la mañana/los sábados por la noche

III. USOS ADICIONALES DE *POR* y *PARA*

Raúl va al supermercado por pan, fruta y leche.

Allí venden las bananas por docena, no por kilo.

Es una taza para té.

Catalina tiene que terminar su composición para el 20 de marzo.

In Chapter 6 you saw some common uses of **por** and **para**; both are often translated by *for* in English. Here is a brief review and some additional uses of **por** and **para.**

1. Por is used to express

a. cause or motive *(because of, on account of, for the sake of)*

Rosa lo hizo por amor.	*Rosa did it for (the sake of) love.*

b. duration of time

Los Jiménez fueron a Cancún por dos semanas.	*The Jiménezes went to Cancún for two weeks.*

c. part of the day when no hour is mentioned

Dicen que hay varios vuelos a Acapulco por la tarde.	*They say that there are several flights to Acapulco in the afternoon.*

d. the equivalent of *in place of, through, along, by*

José caminó por el Paseo de la Reforma.	*José walked along Reforma Boulevard.*

e. means of transportation or communication *(by means of)*

Hablo con María por teléfono todos los días.	*I talk to María every day on the phone.*

f. the object of an errand

Pepe fue al mercado por leche.	*Pepe went to the market for milk.*

g. exchange number, measure, or frequency *(per)*

¡No lo puedo creer! El tren fue a ciento ochenta millas por hora.	*I can't believe it! The train went one hundred eighty miles per hour.*

h. Por is also used in many expressions.

¡Por Dios!	*Good Lord!*	por favor	*please*
por fin	*finally*	por otra parte	*on the other hand*
por ejemplo	*for example*	por supuesto	*of course*
Por eso	*For that reason; that's why*	¿Por qué?	*Why?*

i. The precise translation of **por** is clarified by the context.

Pasa por Durango.	*She's passing through Durango.*
Pasa por la panadería.	*She's stopping by the bakery.*
Pasa por el periódico.	*She's stopping by for the newspaper.*
Pasa por inteligente.	*She passes for (is considered) intelligent.*

2. Para is used to express

a. intended recipient (for someone or something)

Los boletos son para nuestros abuelos. *The tickets are for our grandparents.*

b. the use for which something is intended

Ese cuarto es para dormir. *That room is for sleeping.*

c. direction *(forward)*

Salieron para Monterrey ayer. *They left for Monterrey yesterday.*

d. purpose *(in order to)*

Viajamos a Taxco para visitar
las platerías.
*We traveled to Taxco to see the silver
shops.*

e. the person or entity for whom or which one works or acts

Trabajó para una doctora mexicana. *She worked for a Mexican doctor.*

f. a specific event or point in time (e.g., a deadline)

Tengo que terminar esta composición
para las once.
*I have to finish this composition by
eleven o'clock.*

g. comparisons when there is a lack of correspondence

Pedrito es muy alto para su edad. *For his age Pedrito is very tall.*

EJERCICIOS

A. La casa nueva. Complete el siguiente párrafo con **por** o **para.**

Esta mañana Luisa me llamó _____ teléfono _____ invitarme a cenar en su casa nueva. Ella y Pepe están muy contentos porque _____ fin pudieron comprarse una casa. _____ eso, ellos quieren reunir a todos sus amigos esta noche _____ enseñarnos la casa y _____ celebrar juntos esa ocasión. No sé cuánto pagaron _____ la casa, pero sé que _____ poder comprarla tuvieron que pedir prestado *(to borrow)* mucho dinero del banco y de sus padres. Vivieron en un apartamento _____ más de seis años, y pagaron unos $500.00 _____ mes. Decidieron buscar una casa sólo porque supieron que Luisa espera un bebé _____ agosto, y el apartamento va a ser muy pequeño _____ los tres. Roberto, Luis, Tina, Paulina y yo decidimos contribuir $15.00 cada uno _____ comprarles un lindo regalo _____ la sala. También vamos a llevarles las bebidas y el postre _____ la fiesta. Los muchachos van _____ el vino y la cerveza; Sonia y Paulina pasan _____ la panadería _____ comprar un postre; y yo debo ir _____ el regalo. Creo que les voy a comprar el cuadro que a Luisa le gustó tanto—lo venden _____ $75.00.

B. En acción. Describa los dibujos que siguen. Use **por** o **para,** según sea apropiado.

MODELO ¿Es para mí?

1.

2.

3.

4.

5.

6.

C. Un viaje. Trabaje con dos o tres compañeros(-as) de clase y escoja un lugar que ustedes conocen y adónde quieren viajar. Imagínense que van a hacer un viaje allí. Escriban por lo menos cinco frases usando **por** y **para** para describir el viaje. Para empezar, contesten las preguntas siguientes.

1. ¿Por cuánto tiempo piensan viajar? ¿Para qué quieren hacer este viaje? (e.g., para descansar, para visitar a algún(a) amigo(-a), etc.)
2. ¿Cómo van a viajar? (¿por tren, por avión, etc.?)
3. ¿Por cuánto tiempo se van a quedar?
4. ¿Cuánto piensan pagar por hoteles? ¿por comida?
5. ¿Viajan para hacer o ver algo en especial? ¿Qué? Expliquen.

IV. ADVERBIOS TERMINADOS EN -*MENTE*

Estas personas bailan estupendamente.

El Ballet Folklórico de México

El Ballet Folklórico de México tiene fama internacional. Generalmente° presenta funciones regulares en el Palacio de Bellas Artes de la Ciudad de México. También tiene una compañía que viaja periódicamente al extranjero°. Por ejemplo, visitan regularmente los Estados Unidos. El Ballet presenta un programa de bailes realmente interesante y variado. Algunos son de inspiración indígena, como la «Danza del venado»°, parte de un ritual relacionado con la caza° y celebrado por los indios yaquis de Sonora; otras son bailes regionales como la «Bamba» de Veracruz, en que una pareja usa diestramente° los pies para atar un lazo° que simboliza una relación amorosa. Además de la riqueza visual de los bailes en sí, uno puede ver los trajes° que están bellísima y ricamente diseñados°, y la escenografía° que también es estupenda. Todo eso hace que una visita al Ballet Folklórico sea una experiencia verdaderamente inolvidable°.

generalmente *generally*   **al extranjero** *abroad, outside the country*   **Danza del venado** *Dance of the deer*   **la caza** *hunting*   **diestramente** *skillfully*   **atar un lazo** *to tie a knot*   **los trajes** *costumes*   **diseñados** *designed*   **escenografía** *scenery, set*   **inolvidable** *unforgettable*

1. ¿Dónde presenta regularmente sus funciones el Ballet Folklórico?   2. ¿Es posible ver sus funciones en los Estados Unidos? ¿Por qué?   3. ¿Qué es la «Danza del venado»? ¿Y qué hacen los bailarines de la «Bamba»?   4. ¿Por qué es inolvidable una visita al Ballet Folklórico?

A. Adverbs modify verbs, adjectives, or other adverbs. Some adverbs you have learned are associated with place—**cerca, allí, aquí,** etc.—and others are associated with time—**siempre, ayer, ahora,** etc.

B. Many adverbs are formed by adding **-mente** (which corresponds to the English *-ly*) to the feminine singular form of an adjective. Below are some of them.

alegre	**alegremente**	*happily*
clara	**claramente**	*clearly*
correcta	**correctamente**	*correctly*
diaria	**diariamente**	*daily*
difícil	**difícilmente**	*with difficulty*
directa	**directamente**	*directly*
entusiasta	**entusiastamente**	*enthusiastically*
especial	**especialmente**	*especially*
estupenda	**estupendamente**	*stupendously*
extremada	**extremadamente**	*extremely*
fácil	**fácilmente**	*easily*
natural	**naturalmente**	*naturally*
perfecta	**perfectamente**	*perfectly*
probable	**probablemente**	*probably*
real	**realmente**	*really*
verdadera	**verdaderamente**	*truly, really*

C. An adverb generally follows the verb it modifies but precedes the adjective or adverb it modifies.

Bernado sabe bailar perfectamente.   *Bernardo knows how to dance perfectly.*
Antonio es extremadamente celoso.   *Antonio is extremely jealous.*

D. When two or more adverbs ending in **-mente** occur in a series, **-mente** is added only to the final one. Note that the first, and shortened, adverb retains the feminine form.

Celebraron entusiasta y alegremente.   *They celebrated happily and enthusiastically.*

EJERCICIO

A.   De adjetivos a adverbios. Convierta los adjetivos en adverbios.

    MODELO   verdadero   **verdaderamente**

1. total	5. inmediato	9. alegre
2. amable	6. especial	10. extremado
3. claro	7. agradable	11. diario
4. generoso	8. cortés	12. perfecto

Entrevista

Trabaje con un(a) compañero(-a) de clase para hacerse y contestar las siguientes preguntas.

1. ¿Hablas correctamente el español? ¿y el inglés? ¿y el francés?   2. ¿Qué haces generalmente por la noche?   3. ¿Practicas algún deporte regularmente? ¿Qué deporte(s)? 4. ¿Qué día feriado te gusta especialmente? ¿Por qué?   5. Generalmente, ¿qué haces inmediatamente después de esta clase? ¿y antes? ¿Qué vas a hacer hoy?

VIÑETA CULTURAL: LAS FIESTAS MEXICANAS

Una niña hace el papel de María en las Posadas.

Antes de leer

A photo can give you hints about the content of the reading it accompanies. Before you read the following passage on Mexican fiestas, study the photo of «las Posadas», an important Mexican celebration, and then answer the questions below.

1. Do you think «las Posadas» is a religious or political celebration? Why?
2. What do you think is happening in the event pictured? Who do the participants represent?

Now read the selection.

A los mexicanos les gustan mucho las fiestas y participan activamente en ellas. Algunas fiestas son religiosas y otras son políticas. Hay días de fiesta nacionales, regionales y también locales. El calendario mexicano tiene muchas fiestas y casi cualquier cosa° es un buen pretexto para reunirse y celebrar la ocasión. Según el poeta mexicano Octavio Paz, quien recibió el Premio Nóbel de Literatura en 1990, México ha conservado el arte de la fiesta con sus colores, danzas, ceremonias, trajes° y fuegos artificiales°.

    Entre las fechas y fiestas nacionales más conocidas están el 21 de marzo, cumpleaños de Benito Juárez, un presidente mexicano popular del siglo diecinueve; el 1° (primero) de mayo, Día de los Trabajadores; el 5 de mayo, celebración de la derrota° de los invasores° franceses por las tropas° mexicanas en 1862; y el 16 de septiembre, Día de la Independencia de España.

    Una de las fiestas religiosas mexicanas más importantes es la celebración de «las Posadas[2]». Esta fiesta tiene lugar durante las nueve noches anteriores a Navidad. Muchas familias se reúnen para celebrar las Posadas, dramatización simbólica del viaje de San José y Santa María a Belén en busca de una posada° o lugar donde pasar la noche. Generalmente los niños hacen los papeles de San José y Santa María y los posaderos° o dueños° de la posada.

casi... almost anything

costumes, outfits
fireworks

defeat/invaders/
troops

en... in search of an
inn

innkeepers / owners

Después de leer

Comprensión.   Conteste las siguientes preguntas.

1. ¿Celebran muchas fiestas los mexicanos? Explique.   2. ¿Cuáles son algunas de las cosas y actividades asociadas con el arte de la fiesta?   3. ¿Cuáles son algunas de las importantes fiestas políticas nacionales?   4. ¿Qué celebran los mexicanos el cinco de mayo?   5. ¿Cuándo tiene lugar la fiesta de las Posadas?   6. ¿Qué representa esa fiesta?

Notas Culturales

1. Although the French were initially driven back at Puebla on May 5, 1862, many more French troops were dispatched and they conquered Mexico City in 1863. Maximilian of Habsburg and his wife Charlotte of Belgium (Carlota) were placed on the Mexican throne by the French emperor Napoleon III. In 1867 at Querétaro, troops loyal to the republican government of Benito Juárez laid seige to the French forces of Maximilian and eventually forced his surrender. That important battle also began on May 5. After the French defeat and the execution of Maximilian and his generals, Juárez reentered Mexico City and was reelected president in December 1867.

2. The **Posadas** (literally, *the inns*) are held on nine consecutive nights, beginning on December 16 and ending on Christmas Eve. Nine families usually participate, with each family sponsoring one evening. The celebration begins around eight o'clock with prayers and songs; then the company divides into two groups, one acting as Joseph and Mary seeking lodging, the other acting as the innkeepers. The groups converse in song. At the end of the evening, the identity of those seeking shelter is revealed, they are admitted to the inn, and there is much celebrating. For the first eight nights, there are fruits, nuts, candies, and punch; on Christmas Eve the host family for that year (the **padrinos**) provides a large dinner after Midnight Mass (**Misa de gallo**). The origin of the custom is said to be an Aztec ceremony that a Spanish priest, Diego de Soria, adapted to Christian purposes.

PARA ESCUCHAR

A. Una fiesta de quince años.   Hoy Concepción cumple quince años. Ella y sus amigos están celebrando su cumpleaños con una gran fiesta bailable. Antonio, el primo favorito de Concepción, no ha podido venir y por eso los amigos filman la fiesta en un videocassette para enviársela a Antonio. Escuche lo que dice Raúl, el narrador.

Vocabulario

una fiesta bailable = una fiesta con baile

B. En orden cronológico. Ponga en orden cronológico las siguientes declaraciones que narran los eventos del día.

————   Jorge bailó con la hermana de Manuel.
————   El hermanito de Rafael comió mucha torta y se enfermó.
————   Concepción, su familia y sus amigos fueron a una misa.
————   Todos llegaron a la casa de Concepción.
————   Felipe no bailó con Estela y ella empezó a llorar.
————   Elena tocó la guitarra y todos cantaron.

MÁS FUNCIONES *y actividades*

In this chapter you have seen examples of an important language function: expressing disagreement. Here are some additional expressions and activities related to the functions.

Expressing agreement

Here are some ways to indicate agreement.

Exacto	*Exactly*	Estoy de acuerdo.	*I agree.*
Claro. (Seguro. Por supuesto. Naturalmente.)	*Certainly. (Sure. Of course. Naturally.)*	Sí, es verdad.	*Yes, it's (that's) true.*
Eso es.	*That's it.*	Así pienso.	*That's how I think.*
Sí, ¡cómo no!	*Yes, of course!*	¡Ya lo creo!	*I believe it!*
Sí, tiene(s) razón.	*Yes, you're right.*	Probablemente sí. (Es probable que sí.)	*Probably. (Probably so.)*
Sí, así es.	*Yes, that's so.*	Correcto.	*Right. (Correct.)*

Actividades _____

Mini-dramas.

1. Usted y un(a) amigo(-a) organizan una fiesta para otro(-a) amigo(-a). Tienen que decidir a quiénes invitar, y qué pedirles que traigan. Usted y su amigo(-a) no están de acuerdo en nada. Finalmente deciden qué cosas la gente debe traer, y cuándo y dónde la fiesta va a tener lugar. Usen expresiones de desacuerdo y después expresiones de acuerdo.

2. Usted y sus compañeros(-as) de clase organizan una fiesta para celebrar las nuevas amistades que hicieron en la clase de español. Tienen que ponerse de acuerdo en ciertas cosas antes de presentar la idea a toda la clase, por ejemplo, en la hora, el lugar, la comida, las bebidas y la música. Hagan una lista de posibilidades y discútanlas. Al principio no estarán de acuerdo, pero finalmente se pondrán de acuerdo y les presentarán el plan a sus compañeros (-as) de clase. Usen expresiones de desacuerdo y después expresiones de acuerdo.

PARA ESCRIBIR

Preferencias.   Escriba un diálogo entre dos amigos(-as) que tienen gustos muy diferentes. Uno(-a) expresa sus preferencias y el otro (la otra) dice que no está de acuerdo, y vice versa. Finalmente los (las) dos se ponen de acuerdo. En el diálogo use verbos de voluntad y emoción con el subjuntivo y también expresiones de desacuerdo y de acuerdo.

VOCABULARIO ACTIVO

Cognados

el aniversario	la dramatización	el panorama	ritual
el candelabro	la graduación	pintoresco	simbólico
la celebración	internacional	la piñata	tradicional
clásico	el itinerario	regional	
la compañía	local	regular	
la danza	nacional	religioso	

Verbos

arreglarse	*to work out, to turn out all right*
atar	*to tie*
dudar	*to doubt*
insistir (en)	*to insist (on)*
precipitarse (de)	*to hurl oneself, fall (from)*
rogar (ue)	*to ask*
sorprender	*to surprise*
temer	*to fear*

Adverbios

alegremente	*happily*
claramente	*clearly*
correctamente	*correctly*
diariamente	*daily*
diestramente	*skillfully*
directamente	*directly*
especialmente	*especially*
extremadamente	*extremely*
generalmente	*generally*
inmediatamente	*immediately*
naturalmente	*naturally*
perfectamente	*perfectly*
periódicamente	*periodically*
probablemente	*probably*
regularmente	*regularly*
totalmente	*totally*
verdaderamente	*truly, really*

Fiestas y aniversarios

el adorno	*decoration, ornament*
el Año Nuevo	*New Year's Day*
el desfile	*parade*
el Día de Acción de Gracias	*Thanksgiving (U.S.)*
el Día de la Madre	*Mother's Day*
el Día de los Reyes	*Three King's Day, Epiphany*
el día feriado	*holiday*
la fiesta de Janucá	*Chanukah*
las flores	*flowers*
la Navidad	*Christmas*
el pavo	*turkey*
los Reyes Magos	*the wise men, three Kings*
la tarjeta	*card, greeting card*

Otras palabras y frases

la carretera	*highway*
la caza	*hunting*
la derrota	*defeat*
la escenografía	*scenery, set*
al extranjero	*abroad, outside the country*
los fuegos artificiales	*fireworks*
el invasor	*invader*
la joyería	*jewelry store*
el lazo	*loop, knot*
la platería	*silver shop*
la posada	*inn*
las tropas	*troops*

Expresiones útiles

Al contrario	*On the contrary*
En cambio	*On the other hand*
No, no estoy de acuerdo.	*No, I don't agree.*
¡Ni por todo el dinero del mundo!	*Not for all the money in the world!*

Don't forget: Impersonal expressions, pages 342–343.

Dos novios pasan un día agradable juntos.

NOVIOS Y AMIGOS

VOCABULARIO. In this chapter you will talk about friendship and romance.

GRAMÁTICA. You will discuss and use:

- The future tense.
- The conditional (*she would write if . . .*)
- Long-form possessives, both adjectives (*of mine, of hers*) and pronouns (*mine, hers*)
- Reciprocal constructions like *they see each other*

CULTURA. This chapter focuses on various cities in southern Spain.

FUNCIONES

- Stating intentions
- Making requests
- Offering assistance
- Expressing probability and possibility

ANDALUCÍA, REGIÓN SUR DE ESPAÑA

Ciudades principales: Almería, Cádiz, Córdoba, Granada, Huelva, Jaén, Málaga y Sevilla (capitales de las ocho provincias de Andalucía).

Historia: Colonizada por fenicios, griegos, cartagineses y romanos, Andalucía fue invadida por los árabes en el año 711 d.C. (después de Cristo) y estuvo bajo su dominio hasta 1492, cuando los reyes católicos conquistaron Granada, último reino *(kingdom)* árabe en España. Los árabes tuvieron gran influencia en la cultura española, especialmente en el sur. En Andalucía crearon los reinos de Granada, Córdoba, Sevilla y Jaén, cuyos *(whose)* monumentos de la época árabe atraen a miles de turistas todos los años.

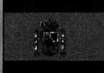

¿Sabía Ud. que...?: Dos de los pintores más famosos de España son de Andalucía: Pablo Picasso (1881–1973), pintor de «Los tres músicos» y de «Guernica», y Diego Velázquez (1599–1660), pintor de «Las Meninas». Algunos famosos autores de Andalucía son Federico García Lorca, Juan Ramón Jiménez y Luis de Góngora.

LOS AMIGOS

llevarse bien (con)
quererse (amarse)

tener una cita
salir con
salir juntos
acompañar

abrazar(se)
el abrazo

LOS NOVIOS

enamorarse de
estar enamorado(-a) (de)
el amor

besar(se)
el beso

tener celos (de)
ser (ponerse) celoso(-a)

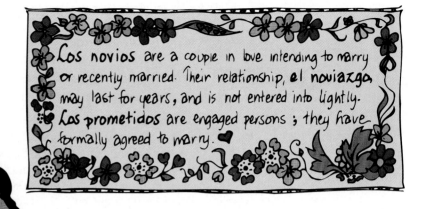

los novios
el novio
la novia
la pareja
el noviazgo

el anillo (de oro, de platino…)
darle un anillo a alguien
el prometido, la prometida

EL MATRIMONIO

EL DIVORCIO

casarse (con)
el casamiento,
  la boda
la iglesia, la sinagoga
el matrimonio civil

la separación provisional
la anulación matrimonial
divorciarse

Opiniones. ¿Está usted de acuerdo o no? Explique por qué.

1. Una pareja debe tener una boda religiosa.
2. No es malo ser un poco celoso o celosa.
3. Es importante llevarse bien con los suegros.
4. Si el esposo y la esposa no se llevan bien, (ellos) deben divorciarse.
5. El amor es eterno y por eso no debe existir el divorcio.
6. La falta *(lack)* de dinero causa muchos divorcios.
7. Por eso, si los esposos tienen poco dinero, deben vivir con los suegros.

8. Todas las religiones deben tolerar el divorcio.
9. Los novios deben conocerse por más de un año antes de casarse.
10. Los novios no deben vivir juntos antes de casarse.

Entrevista

Con un compañero(-a) de clase, háganse y contesten las siguientes preguntas.

1. ¿Tienes muchos amigos? ¿un(a) amigo(-a) favorito(-a)? ¿Dónde y cuándo se conocieron?
2. En general, ¿cómo te llevas con tus amigos? ¿Los ves mucho? ¿Cuándo?   3. ¿Te has enamorado alguna vez? ¿De quién? ¿Cuándo? ¿Pensaste casarte con esa persona? ¿Por qué sí o por qué no?   4. ¿Tienes novio(-a) ahora? ¿Se llevan bien? ¿mal? ¿más o menos bien? ¿Tienes celos de los amigos de tu novia (las amigas de tu novio)? ¿Piensas casarte con él (ella)? ¿Por qué sí o por qué no?   5. ¿Crees que puede existir una amistad *(friendship)* profunda y sincera (sin implicaciones románticas) entre un hombre y una mujer?

I. EL FUTURO

«El viaje definitivo»°
JUAN RAMÓN JIMÉNEZ*

… y yo me *iré*. Y *se quedarán* los pájaros°
cantando;
y *se quedará* mi huerto,° con su verde árbol,
y con su pozo° blanco.

   Todas las tardes, el cielo° *será* azul y plácido;
y *tocarán*, como esta tarde están tocando,
las campanas del campanario.°

   Se morirán aquellos que me amaron°;
y el pueblo *se hará* nuevo° cada año:

y en el rincón° aquel de mi huerto florido° y
encalado,°
mi espíritu *errará*,° nostálgico…

   Y yo me *iré*; *y estaré* solo, sin hogar°, sin
árbol verde, sin pozo blanco,
sin cielo azul y plácido…
y *se quedarán* los pájaros cantando.

final, last

birds

garden

well

sky

las... *The bells from the bell tower*

aquellos... *Those who loved me*
Se... *will renew itself*

corner / with flowers

whitewashed

will wander

estaré... *I will be alone, without a home*

---

*Juan Ramón Jiménez (1881–1958). Este conocido poeta español nació en Moguer (ciudad de Andalucía) y murió en San Juan de Puerto Rico. Escribió más de treinta libros de poesía y en 1956 recibió el Premio Nóbel de Literatura.

En este poema el poeta describe un viaje imaginario: su viaje final, el último que va a hacer después de su muerte *(death)*.

1. Según el poeta, ¿qué harán los pájaros después de su muerte?   2. ¿Cambiará el aspecto de su huerto? ¿y el color del cielo?   3. De acuerdo con el poeta, ¿qué les va a pasar a sus amigos y personas queridas? ¿y al pueblo? ¿y a su espíritu?   4. ¿Cómo va a hacer el poeta este viaje final: solo o con algún(a) amigo(-a)?   5. Describa la forma en que el poeta visualiza su último viaje.   6. Según la opinión de usted, ¿hay en este poema una visión optimista o pesimista de la muerte? Explique por qué.

• •

A. One use of the future tense is to ask about or affirm what will happen in the future. To form the future tense of regular verbs, add to the complete infinitive the endings **-é, -ás, -á, -emos, -éis, -án.** The endings are the same for **-ar, -er,** and **-ir** verbs. Except for the **nosotros** form, all forms have written accents.

hablar		comer		vivir	
hablaré	hablaremos	comeré	comeremos	viviré	viviremos
hablarás	hablaréis	comerás	comeréis	vivirás	viviréis
hablará	hablarán	comerá	comerán	vivirá	vivirán

Hoy supe que tu hermano se casará con mi prima.	*Today I learned that your brother will marry my cousin.*
La nueva pareja vivirá aquí por un tiempo.	*The new couple will live here for awhile.*
Seguramente te comprará un anillo de platino, ¿no…?	*Surely he will buy you a platinum ring, right . . . ?*

B. Some verbs have irregular stems in the future; their endings, however, are the same as for regular verbs.

1. Verbs that drop the vowel of the infinitive ending.

Infinitive	*Infinitive Stem*	*Future Tense* (**yo** *form*)
hab**é**r	habr-	**habré**
pod**é**r	podr-	**podré**
quer**é**r	querr-	**querré**
sab**é**r	sabr-	**sabré**

The future form of **hay** is **habrá.**

2. Verbs that replace the vowel of the infinitive ending with **d.** (Note that these are the same verbs that insert **g** in the present tense **yo** form.)

pon**é**r + d	pondr-	**pondré**
sal**í**r + d	saldr-	**saldré**
ten**é**r + d	tendr-	**tendré**
val**é**r + d	valdr-	**valdré**
ven**í**r + d	vendr-	**vendré**

3. Verbs that drop the stem consonant, plus a vowel.

de¢ir	dir-	**diré**
ha¢ér	har-	**haré**

Jaime no podrá visitar a sus suegros. No tendrá tiempo.	*Jaime won't be able to visit his in-laws. He won't have time.*
Los novios querrán pasar su luna de miel en Toledo.	*The bride and groom will want to spend their honeymoon in Toledo.*
Habrá que comprarles un regalo a los recién casados.	*We (One) will have to buy a gift for the newlyweds.*

C. The future tense can also be used to express probability in the present.

¿Qué hora será?	*What time can it be? (I wonder what time it is.)*
Serán las ocho.	*It must be (it's probably) eight o'clock.*
¿Valdrá la pena decirle a papá que tengo una cita con mi novio?	*Can it be worth the trouble to tell Dad I have a date with my boyfriend?*
¿Estará en clase Tomás? Lo dudo. Él estará con Beatriz.	*I wonder if Tomás is in class. (Can Tomás be in class?) I doubt it. I'll bet he is with Beatriz. (He's probably with Beatriz.)*

D. The present indicative or a form of **ir a** + *infinitive* is often used instead of the future to express actions that will occur in the near future or that are regarded as sure to happen.

Se casan mañana.	*They're getting married tomorrow.*
No hay duda de que vas a llegar tarde a tu cita.	*There's no doubt that you're going to be late for your appointment.*
Se casarán en 1998.	*They'll get married in 1998.*

When the subjunctive is required in a dependent clause, the future may not take its place.

Lola espera que te guste Granada.	*Lola hopes that you will like Granada.*

While the present subjunctive merely poses a concept ("your liking Granada") about which a comment is made (Lola hopes), the future indicative is often used to affirm that an action will happen. Compare the following sentences:

Espero que ese matrimonio dure.	*I hope that marriage will last.*
Sé que ese matrimonio durará.	*I know that marriage will last.*

EJERCICIOS

A. Entre muchachos. Ernesto y Gustavo hablan de Rita, una compañera de la Universidad de Granada. Complete el diálogo que sigue con el futuro de los verbos indicados para saber qué piensan ellos de los planes de su amiga.

ERNESTO ¿Sabías que Rita ya tiene planes para los próximos dos años?

GUSTAVO No me digas. ¿Qué _____ (hacer) ella?

ERNESTO Pues… _____ (estudiar), _____ (leer), _____ (asistir) a todas las conferencias…

GUSTAVO ¡Qué aburrido! ¿Le _____ (gustar) realmente llevar una vida tan monótona?

ERNESTO Tal vez no. Invítala al cine y (tú) _____ (saber) la respuesta. Tengo la impresión de que _____ (aceptar) tu invitación.

GUSTAVO ¿En serio? Hoy mismo la _____ (llamar). Si acepta, (ella y yo) _____ (ir) a ver *Mujeres al borde* (on the verge) *de un ataque de nervios*. La están dando en el Cine Centro. ¿Y si no acepta…?

ERNESTO Pues, si no acepta… ¡_____ (ser) porque realmente le gusta la vida monótona!, ¿no?

B. Visitaremos Granada. Cambie las oraciones de la forma **ir a** al tiempo futuro para decir lo que harán estos turistas.

MODELO Vamos a visitar Granada. **Visitaremos Granada.**

1. El autobús va a llegar al hotel a las ocho.
2. Vamos a salir para La Alhambra a las ocho y cuarto.
3. También vamos a ver la universidad.
4. Una gitana *(gypsy)* te va a vender recuerdos.
5. La señora González va a comprar un anillo.
6. Vamos a volver al hotel después de las cuatro.

C. En el año 2021. En cinco frases, diga cómo será la vida en el año 2021.

MODELO **En el año 2021 no tendremos que trabajar.**

D. Cuentos progresivos. En grupos de cuatro o más estudiantes, preparen ustedes un cuento progresivo. La primera persona empieza el cuento con una oración como «Mañana saldré de casa temprano…» Luego, otra persona repetirá lo que dijo la primera y añadirá *(will add)* otra acción al cuento. Y así siguen las otras personas del grupo. Cada estudiante debe seguir participando hasta añadir por lo menos una cosa nueva al cuento. Algunos cuentos pueden empezar así:

1. Mañana me despertaré a las seis y…
2. El año que viene mis amigos y yo iremos a Sevilla y…
3. En el futuro una mujer será presidenta y…

Entrevista

Entreviste a un(a) compañero(-a) de clase sobre sus ideas y planes futuros. El cuestionario que sigue le puede servir de guía pero usted debe hacerle otras preguntas adicionales. Luego presente la información a la clase.

En el futuro lejano *(distant)*

1. ¿Serás rico(-a) algún día? 2. ¿Dónde vivirás después de terminar tus estudios?
3. ¿Cuándo te casarás? 4. ¿Harás muchos viajes en el futuro? ¿Adónde viajarás?
5. ¿Adónde irás el verano que viene? 6. ¿Quién será presidente(-a) en el futuro?

En un futuro más próximo

7. ¿Qué harás para divertirte este fin de semana? 8. ¿Te quedarás en casa o saldrás el domingo? 9. ¿A qué hora te acostarás esta noche? ¿Por qué? 10. ¿A qué hora te levantarás mañana? ¿Por qué?

FUNCIONES *y práctica*

Stating intentions

Here are some examples of an important language function: stating intentions. Study the expressions below and do the practice exercise that follows.
In addition to using the future tense, you can state intentions with these expressions:

Pienso	I intend (plan)
No pienso	I don't intend (plan)
Voy a	I'm going to
No voy a	I'm not going to

Práctica

Intenciones. En grupos de dos, pregunte a un(a) compañero(-a) si él/ella piensa o no hacer las siguientes cosas este fin de semana; él/ella responde sus preguntas y después le hace las mismas preguntas (o preguntas similares) a usted. Averigüe *(find out)* por lo menos tres cosas que cada uno de ustedes va a hacer este fin de semana.

> **MODELO** limpiar tu cuarto
> **¿Limpiarás tu cuarto? (¿Piensas limpiar tu cuarto? ¿Vas a limpiar tu cuarto? ¿Es posible que limpies tu cuarto?)**

1. ir a un concierto de música «rock»
2. estudiar
3. trabajar en el jardín
4. jugar al vólibol
5. cumplir una promesa o romper una promesa
6. celebrar un cumpleaños
7. hacer ejercicios
8. ir a alguna parte (a un sitio de interés, a un parque, etc.)

II. EL CONDICIONAL

Los pases del programa tie-nen una duración de 90 minutos, comenzando en:

  7,15 horas (opc. s/reser.)
  7,30 horas Fijo - Diario
  9,30 horas Fijo - Diario
10,00 horas Fijo - Diario
11,30 horas Fijo - Diario
11,45 (opc. s/reser.)

Nota: Todos los días cam-bian algunos números del Es-pectáculo.

Isabel y Francisco
en Clásico Español.

Dn. GONZALO

Hostal Residencia ✱✱

BAÑOS EN TODAS LAS HABITACIONES

Jesús del Gran Poder, 28 - Teléfono 38 14 09 - SEVILLA

En el Hostal° Dn. Gonzalo, Sevilla

MARUJA ¡Ay, me habían dicho que no *sería* fácil la vida de casada°!

ISMAEL ¿Por qué dices eso, mi amor°?

MARUJA ¿No recuerdas la promesa que me hiciste la semana pasada?

ISMAEL ¿Qué te *prometería* yo? ¿Te dije que *saldríamos* a cenar o que *veríamos* baile flamenco en El Patio Sevillano…?

MARUJA ¡Dios mío! ¡Qué clase de esposo tengo yo! Me prometiste que no *fumarías* más°.

ISMAEL Y cumplí mi promesa, cariño°. No fumo más. Fumo exactamente lo mismo que siempre°.

Hostal *Inn*   **vida de casada** *married life*   **mi amor** *my love*   **no fumarías más** *you wouldn't smoke any more*   **cumplí...** *I kept my promise, dear*   **lo...** *the same as ever*

1. ¿Qué le habían dicho a Maruja del matrimonio? que le hizo a su esposa? ¿Cuál fue la promesa? promesa? ¿Por qué?

2. ¿Recuerda Ismael la promesa

3. Según Ismael, ¿cumplió él su

A. To form the conditional of regular verbs, add to the complete infinitive the endings **-ía, -ías, -ía, -íamos, -íais, -ían.** The conditional usually conveys the meaning *would*.

hablar		comer		vivir	
hablaría	hablaríamos	comería	comeríamos	viviría	viviríamos
hablarías	hablaríais	comerías	comeríais	vivirías	vivirías
hablaría	hablarían	comería	comerían	viviría	vivirían

No, Graciela y Diego no se llevarían bien.	*No, Graciela and Diego wouldn't get along well.*
No viviríamos juntos antes de casarnos.	*We wouldn't live together before getting married.*
Nuestros padres no lo permitirían.	*Our parents wouldn't permit (allow) it.*

Remember that verbs in the imperfect expressing repeated events in the past are often also translated *would* meaning *used to*. In Spanish, the imperfect and the conditional are not interchangeable.

Durante el verano, comíamos en el patio todos los días.	*During the summer, we would eat on the patio every day.*
Cuando eran novios, su prometido la llamaba todas las noches.	*When they were engaged, her fiancé would call her every night.*

B. The conditional is used to express an action that was projected as future or probable from the point of view of a time in the past.

Roberto y Emilia dijeron que se quedarían solteros.	*Roberto and Emilia said that they would stay single.*
Yo creía que una boda tradicional sería más elegante.	*I thought a traditional wedding would be more elegant.*

C. The verbs that have irregular stems in the future have the same irregular stems in the conditional. They use the same conditional endings as verbs with regular stems.

haber	**habr-**	poner	**pondr-**	valer	**valdr-**	decir	**dir-**
poder	**podr-**	salir	**saldr-**	venir	**vendr-**	hacer	**har-**
querer	**querr-**	tener	**tendr-**				
saber	**sabr-**						

The conditional form corresponding to **hay** is **habría.**

No, Lucía nunca diría eso.	*No, Lucía would never say that.*
Te dije que vendrían a la boda los padres de Juan.	*I told you Juan's parents would come to the wedding.*

Creo que usted podría encontrarles un apartamento a los recién casados.	*I think you could (would be able to) find an apartment for the newlyweds.*

D. The conditional may be used to express probability in the past.

¿Qué hora sería cuando ellos llegaron?	*What time was it (probably) when they arrived?*
Sería la una de la tarde.	*It was probably one in the afternoon.*
¿Qué edad tendría Pepito cuando sus padres se mudaron a Sevilla?	*Approximately how old was Pepito when his parents moved to Sevilla?*
Tendría once o doce años.	*He was around eleven or twelve years old (He must have been eleven or twelve).*

E. Speakers often use the conditional to soften requests or suggestions.

Ustedes deberían ver baile flamenco en "El Patio Sevillano".	*You should see flamenco dancing at "El Patio Sevillano."*
¿Me podría decir cómo llegar al Hotel Cuatro Naciones?	*Could you tell me how to get to the Cuatro Naciones Hotel?*

LA "TONA"
en Clásico español

Tenemos el gusto de ofrecerles, dos salas, dos auténticos y genuinos Patios Andaluces en los que venimos conservando, tipismo y decoración del verdadero y real Patio Andaluz.

El más puro flamenco, interpretado por las mejores figuras de España, en el mejor y más completo espectáculo de baile Español.

Diariamente, más de veinte profesionales de 1.ª fila. Varios premios nacionales de Flamenco.

ISIDRO VARGAS
en flamenco

EJERCICIOS

A. Yo te lo dije, Rosa. A pesar de *(in spite of)* todo lo negativo que le dijo su amigo Pedro, Rosa aceptó un puesto en la compañía Suárez. Haga el papel de Rosa y complete las oraciones para indicar lo que le había dicho Pedro.

MODELO Pedro me dijo que… (gustar) …no me **gustaría** la compañía.

Pedro me dijo que…

1. (ser) …el trabajo _____ muy difícil.
2. (tener) …los trabajadores no _____ tiempo de almorzar.
3. (decir) …mi jefe *(boss)* nunca _____ la verdad.
4. (llevarse) …aquellos dos secretarios no _____ bien.
5. (andar) …el nuevo sistema no _____ bien.
6. (pedir) …la compañía les _____ mucho a los trabajadores.
7. (valer) …no _____ la pena hablar con el director.
8. (estar) …los trabajadores _____ en huelga.

B. ¿Por qué no irían? Anoche Mirta y Mario tuvieron una fiesta fantástica pero muchos amigos no fueron. Diga las razones probables por las cuales *(for which)* no fueron, completando las frases, según los modelos.

MODELOS Marta / tener invitados **Marta tendría invitados de otra ciudad.**

Rosa / no estar en casa **Rosa no estaría en casa.**

1. Toño / estar enfermo
2. Alfonso / tener una cita
3. Rafael / estar cansado
4. Juan / tener que trabajar
5. María / estudiar para un examen
6. Jacinta / jugar al tenis
7. Camilo / no querer ver a Mirta

C. Otro don Quijote. Después de leer unos capítulos de *Don Quijote,* usted ya empieza a pensar y ver el mundo como el estimado «don». Usted cree que debe cambiar el mundo. En cinco frases, diga qué cambios haría.

MODELO **Yo terminaría con la pobreza.**

Entrevista ————————————————————

Divídanse en grupos de cuatro o cinco personas. Escojan a alguien del grupo para hacerle las siguientes preguntas. Luego escojan a otra persona y procedan de la misma forma hasta entrevistar a todos los miembros del grupo.

1. ¿Dónde te gustaría vivir? 2. ¿Te gustaría vivir en Andalucía? ¿Qué harías allí? 3. ¿Dónde te gustaría pasar tu luna de miel? 4. ¿Darías tu vida por un amigo o una amiga? ¿Mentirías para ayudar a un amigo o a una amiga? 5. ¿Votarías por una mujer para presidenta? 6. ¿Qué harías con un millón de dólares?

FUNCIONES *y práctica*

Making requests

Here are some examples of an important language function: making requests.
Study the expressions below and do the practice exercise that follows.

¿Me hace el favor de + *inf...*?	*Will you do me the favor of ... ?*
¿Me puede + *inf...*?	*Can you ... for me?*
¿Me podría dar (pasar, etcétera)... , por favor?	*Could you give (pass, etc.) me ... , please?*

In a shop, you should first greet the shopkeeper before making a request—it's considered rude not to.

Buenos días. Busco... (Necesito...)

The words **quiero** and **deseo** are rarely used in requests; these words are very direct and can sound rude or childish. After all, you wouldn' normally begin a polite request in English with *I want . . .* , but rather *I would like . . .* or *Please give me...* *I would like* in Spanish is **Quisiera...** (This form is covered in a later chapter, but for now learn to recognize that **Quisiera...** means *I would like. . . .*)

Quisiera un café, por favor.   *I would like a (cup of) coffee, please.*

Práctica

¿Qué dicen?   Tell what the people in the drawings might be saying as they make requests.

1.   2.   3.

4.   5.   6.

III. LA FORMA ENFÁTICA DE LOS ADJETIVOS POSESIVOS

En España, los aeropuertos siempre están llenos de gente.

En el aeropuerto de Málaga

ÓSCAR	Esta llave es *mía,*° ¿no?
RAÚL	Sí, es *tuya*°. Y dime, ¿es éste el pasaporte de Enrique?
ÓSCAR	Pues… sí, creo que es *el suyo*°. Pero… no veo mi maleta.
EMPLEADA	¿La maleta azul era de usted? ¡Yo creía que era de esos turistas venezolanos!
ÓSCAR	No, señorita, *la mía* era la única azul°. Las de ellos eran todas negras.
EMPLEADA	¡Dios *mío!*° Vino un hombre con barba°, dijo que era amigo de ellos… ¡y se la llevó!

Esta… *This key is mine*   **tuya** *yours*   **el suyo** *his*   **la…** *mine was the only blue one*   **¡Dios mío!** *Good heavens! (literally, "My God!")*   **barba** *beard*

1. ¿Es de Óscar la llave?   2. ¿De quién es el pasaporte? ¿Es también suya la maleta perdida?   3. ¿De qué color era la maleta de Óscar?   4. ¿De quiénes eran las maletas negras?   5. ¿Quién se llevó la maleta azul?   6. ¿Cree usted que Óscar va a recuperar *(recover)* su maleta? ¿Por qué sí o por qué no?

• •

A. These are other forms of possessive adjectives than those presented in Chapter 5. These longer forms follow rather than precede the nouns they modify and agree with them in gender and number.

Long Forms of Possessive Adjectives		
Singular	*Plural*	
mío, mía	**míos, mías**	*my, of mine*
tuyo, tuya	**tuyos, tuyas**	*your, of yours*
suyo, suya	**suyos, suyas**	*his, of his; her, of hers; your, of yours*
nuestro(-a)	**nuestros(-as)**	*our, of ours*
vuestro(-a)	**vuestros(-as)**	*your, of yours*
suyo, suya	**suyos, suyas**	*their, of theirs; your, of yours*

Esos amigos tuyos se llevan bien.	*Those friends of yours get along well.*
Mario se casa con una antigua compañera suya.	*Mario is marrying a former classmate of his.*

B. Possessive pronouns have the same forms as the long forms of the possessive adjectives. They are usually preceded by the definite article. The article and the pronoun agree in gender and number with the noun referred to, which is omitted.

Voy a vender el *(anillo)* mío porque Juan y yo nos hemos divorciado.	*I'm going to sell mine* (my ring) *because Juan and I have divorced.*
¿Pagaste tanto por la *(casa)* tuya? Nosotros pagamos menos por la *(casa)* nuestra.	*Did you pay that much for yours* (your house)? *We paid less for ours* (our house).

C. After the verb **ser** the definite article is usually omitted.

Las rojas son nuestras.	*The red ones are ours.*
Esas fotos no son tuyas.	*Those photos aren't yours.*
¿Son míos estos pasajes?	*Are these tickets mine?*

D. As seen in section **A, suyo(-a)** and **suyos(-as)** can have different meanings depending on the possessor: for instance, **la casa suya** could mean *his house, her house, your house* (**Ud.** or **Uds.**), or *their house.* For clarity, a prepositional phrase with **de** is sometimes used instead.

de + él (ella, usted, ellos, ellas, ustedes)	
El amigo mío es soltero. Y el suyo (Y el de usted), ¿es casado?	*My friend is single. And yours, is he married?*
Las (*llaves*) mías están aquí, pero no veo las suyas (*las de ella*)...	*Mine (My keys) are here, but I don't see hers . . . .*

EJERCICIOS

A. ¿Con quiénes vamos?   Su profesor(a) les ha pedido que visiten un mercado al aire libre *(open-air market)*. Diga quién(es) fue(ron) con quién(es).

MODELO   yo / amigos
Yo fui con unos amigos míos.

1. Miguel y Jorge / compañeros
2. Susana / hermana
3. tú / primos
4. ustedes / tías
5. nosotros / vecino
6. la profesora / estudiantes

B. ¡Qué coincidencias tiene la vida!   El señor Ruiz le habla a su hijo Alberto de sus buenos tiempos pasados. Haga el papel de Alberto y respóndale a su padre que las cosas siguen igual que antes.

MODELO   SR. RUIZ   Mi apartamento era grandísimo.
ALBERTO   **El mío es grandísimo también.**

1. Mis clases eran muy interesantes.
2. Mi compañero de cuarto era peruano.
3. Mis diversiones favoritas eran nadar y bailar.
4. Pagaba muy poco por mi apartamento.
5. Mis profesores eran muy buenos.

C. ¿Es tuyo esto?   La Sra. Ruiz le está ayudando a una amiga a desempacar *(unpack)* las maletas. Con un(a) compañero(-a) de clase, hagan los papeles de la Sra. Ruiz y de su amiga. Sigan los modelos.

MODELOS   anillo / ¿tú?

SRA. RUIZ   **¿Es tuyo este anillo?**
AMIGA   **Sí, es mío.**

llaves / ¿Arturo?

SRA. RUIZ   **¿Son de Arturo estas llaves?**
AMIGA   **Sí, son suyas.**

1. falda / ¿tú?
2. sandalias / ¿Irene?
3. camisa / ¿Luisito?
4. poncho / ¿Luis?
5. cuadros / ¿ustedes?

FUNCIONES *y práctica*

Offering assistance

Here are some examples of an important language function: offering assistance. Study the expressions below and do the practice exercise that follows.

¿En qué puedo servirle? — *How can I help you?* (Shopkeepers and others use this quite often.)

Le (Te) hago (sirvo, etcétera)... con mucho gusto. — *I'll do (serve, etc.) . . . for you with pleasure.*
¿Le (Te) puedo + inf...? — *May I . . . (for) you?*

Si quiere, podría…	*If you like, I could . . .*
¿Puedo ayudarlo(-a)?	*Can I help you?*

CAPRICHOS

CON BUEN PIE. Para que no falte detalle en tu cuidado personal, este neceser contiene todo lo imprescindible para los zapatos. 3.390 ptas. en Pietro.

BOMBA DE AIRE. Otro accesorio muy práctico para el coche es esta bomba de aire de 3.145 ptas. En Galerías.

AL DIA. Original bolsa de aseo en forma de periódico para llevar los útiles de afeitado. 4.145 ptas. en Musgo.

PRÁCTICA

Mini-drama.   Con un(a) compañero(-a) de clase dramatice la siguiente situación.

Mañana es el cumpleaños de su mejor amigo y quiere hacerle un lindo regalo. Va a una tienda de regalos donde el (la) vendedor(a) le pregunta si puede ayudarlo(-a). Usted le explica la situación y le dice que no puede gastar más de 5.000 (cinco mil) pesetas. El (La) vendedor(a) le muestra los artículos que ve aquí. Después de ver y comparar cada uno de ellos, usted decide llevar la bomba de aire. Pregunta cuánto cuesta y pide que se la envuelvan *(wrap it)* para regalo. Paga y se despide cordialmente del (de la) vendedor(a).

IV. EL RECÍPROCO

La famosa Giralda, torre de la Catedral de Sevilla.

Natalia y Fernando se encuentran en un parque de Sevilla.

FERNANDO	¡Natalia, tanto tiempo que no *nos vemos!*
NATALIA	¿Qué tal, Fernando?
FERNANDO	Pues, muy bien. ¿Sabes que tengo una nueva obra, una comedia?
NATALIA	¿Ah… sí? ¿Y cómo se llama?
FERNANDO	Se llama «Tragedia de amor». Oye, te la cuento en pocas palabras. Al comienzo° el hombre y la mujer *se conocen°*, empiezan a *quererse°*, *se besan°*, *se confiesan* su amor°. Segundo acto: no *se saludan°*, no *se hablan*, no *se miran*, ya no *se llevan bien°*, ya no *se quieren°*. Tercer acto…
NATALIA	Ya me lo imagino… *Se insultan, se odian°*, lloran, rompen°. ¡Fin!
FERNANDO	Así mismo.° ¿Te consigo entrada?°
NATALIA	No sé… Estoy muy ocupada. *Nos hablamos°* la semana próxima… ¡y espero que pronto *nos veamos* otra vez°!

Al comienzo *At the beginning*   **se conocen** *meet (each other)*   **quererse** *to love each other*   **se besan** *they kiss (each other)*   **se…** *they confess their love for each other*   **no…** *they don't greet each other*   **ya…** *they don't get along any more*   **ya…** *they no longer love each other*   **se odian** *they hate each other*   **rompen** *they break up*   **Así mismo.** *Exactly so.*   **¿Te…** *Should I get you a ticket?*   **Nos hablamos** *We'll talk (to each other)*   **nos…** *we'll see each other again.*

1. ¿Dónde se encuentran los dos amigos?   2. ¿Cómo se llama la nueva obra de Fernando?   3. ¿Qué pasa al comienzo de la obra? ¿y en el segundo acto?   4. ¿Se imagina Natalia qué pasa en el tercer acto? ¿Qué pasa?   5. ¿Cree usted que Natalia y Fernando van a hablarse la semana próxima? ¿Por qué cree eso?

The reflexive pronoun **nos** may be used with a **nosotros** form of a verb, **se** with an **ellos** form, and **os** with a **vosotros** form to express a reciprocal action. This construction corresponds to English *each other, one another.*

Todos se miran.	*They all look at one another.*
Vosotros os entendéis mucho.	*You understand each other very well.*
No nos vemos mucho y, gracias a eso, no nos gritamos nunca.	*We don't see each other much and, thanks to that, we never scream at each other.*

At times, a phrase in the general form of **el uno al otro, la una a la otra, los unos a los otros, las unas a las otras,** or **mutuamente** is added for emphasis or clarification. The definite article is often dropped. Other prepositions besides **a** are used: **se divierten unos con otros.**

Se cuentan historias el uno al otro.	*They tell each other stories.*
Lola y Ana se ayudan la una a la otra.	*Lola and Ana help each other.*
En clase todos se saludan unos a otros.	*In class everyone greets each other*

EJERCICIOS

A. Nos conocemos bien. Haga el papel de Mario y diga cómo es vivir con Martín, su hermano gemelo *(twin).* Añada los detalles que sean necesarios.

> **MODELOS** ver **Martín y yo nos vemos todos los días.**
> escribir **No nos escribimos porque vivimos juntos.**

1. hablar	4. ayudar en todo
2. no insultar	5. no gritar nunca
3. llamar por teléfono	6. querer mucho

B. Historia de un amor recíproco. Complete el párrafo con la forma apropiada del verbo indicado. Use el presente, el pretérito o el imperfecto, según corresponda.

Un día Ramón y Ramona (1) _____ (conocer) en un baile. Otro día (2) _____ (ver) en la Plaza de Cataluña. Esa noche (3) _____ (confesar) su amor. Después (4) _____ (querer) cada día más. Todos los días (5) _____ (hablar) por teléfono y (6) _____ (ayudar) siempre. Los dos (7) _____ (entender) y (8) _____ (llevar) muy bien.

C. Historia de otro amor recíproco. Ahora vuelva a contar la historia anterior cambiando **Ramón y Ramona** por **Luis(a) y yo.** Si quiere agregar *(add)* una o dos frases más para completar la historia, por favor ¡hágalo!

Entrevista _____

Trabaje con un(a) compañero(-a) para hacerse y contestar las siguientes preguntas.

1. ¿Tienes hermano (hermana, novio, novia)? ¿Cómo se llama? 2. ¿Se ven todos los días tú y tu hermano (hermana, novio, novia)? ¿Se llevan bien ustedes? ¿Se ayudan mutuamente? ¿Se cuentan sus problemas? 3. ¿Se comunican bien tú y tus padres? ¿tú y tus amigos? ¿tú y tu compañero(-a) de cuarto? ¿tú y tus profesores?

VIÑETA CULTURAL: UN BREVE DIÁLOGO DE MARCO DENEVI*

Antes de leer

Anticipando un texto literario.   Muchas veces el título y la forma (estructura) de una obra nos pueden ayudar a anticipar y comprender mejor el texto. En el caso de «No hay que complicar la felicidad», trate de contestar las siguientes preguntas de pre-lectura:

1. Despúes de leer el título y las primeras dos líneas descriptivas, ¿cuál será el tema de esta obrita? ¿Por qué?
2. Deduciendo de la forma, ¿diría usted que «No hay que complicar la felicidad» es un cuento *(short story)*, un poema o un mini-drama? ¿Por qué?
3. ¿Cuántos personajes hay? ¿Y quiénes son? ¿Serán hermanos, amigos, novios o esposos? ¿Por qué?
4. Examine el nombre del aparente autor de esta obrita: ¿Qué tienen en común «Ramón Civedé» y «Marco Denevi»...?

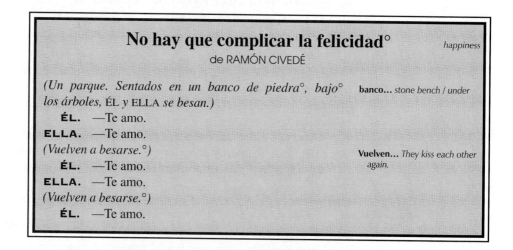

No hay que complicar la felicidad°
de RAMÓN CIVEDÉ

happiness

(Un parque. Sentados en un banco de piedra°, bajo° los árboles, ÉL *y* ELLA *se besan.)*

banco... *stone bench / under*

    ÉL.   —Te amo.
ELLA.   —Te amo.
(Vuelven a besarse.°)
    ÉL.   —Te amo.
ELLA.   —Te amo.
(Vuelven a besarse.°)
    ÉL.   —Te amo.

Vuelven... *They kiss each other again.*

---

*Marco Denevi (1922) es un escritor argentino, autor de cuentos, novelas y obras de teatro. En 1955 su novela *Ceremonia secreta* ganó el premio que la revista *Life* concedió *(granted)* a la mejor novela corta latinoamericana. Hay una película (con Elizabeth Taylor y Mia Farrow) inspirada en esa obra.

ELLA.   —Te amo.

(ÉL *se pone violentamente de pie.°*)   Él... *He stands up violently.*

ÉL.   —¡Basta!° ¡Siempre lo mismo! ¿Por qué,   *Enough!*
cuando te digo que te amo, no contestas, por
ejemplo, que amas a otro?

ELLA.   —¿A qué otro?

ÉL.   —A nadie. Pero lo dices para que yo tenga
celos.° Los celos alimentan° al amor. Nuestra   **para...** *so that I'll be jealous /*
felicidad es demasiado simple. Hay que compli-   *nourish, feed*
carlo un poco. ¿Comprendes?

ELLA.   —No quería confesártelo porque pensé que
sufrirías. Pero lo has adivinado°.   **lo...** *you have guessed it*

ÉL.   —¿Qué es lo que adiviné?

(ELLA *se levanta, se aleja unos pasos°.*)   **se...** *She moves away a few*
                                                      steps

ELLA.   Que amo a otro.

(ÉL *la sigue°.*)   Él... *He follows*

ÉL.   —Lo dices para complacerme°. Porque   **para...** *to please me*
yo te lo pedí.

ELLA.   —No. Amo a otro.

ÉL.   —¿A qué otro?

ELLA.   —A otro.

(*Un silencio.*)

ÉL.   —Entonces, ¿es verdad?

ELLA.   —(*vuelve a sentarse. Dulcemente°*)—Sí. Es   *Sweetly*
verdad.

(ÉL *se pasea. Aparenta un gran furor.*)

ÉL.   —Siento celos. No finjo.° Siento celos. Estoy   **No...** *I'm not pretending.*
muerto de celos. Quisiera matar a ese otro.

ELLA.   —(*Dulcemente.*) Está allí.

ÉL.   —¿Dónde?

ELLA.   —Allí, entre los árboles.

ÉL.   —Iré en su busca.°   **Iré...** *I'll go look for him.*

ELLA.   —Cuidado. Tiene un revólver.

ÉL.   —Soy valiente.

(ÉL *sale. Al quedarse sola,* ELLA *ríe. Se escucha el
disparo de un arma de fuego°.* ELLA *deja de reír.*)   **el...** *the shot of a firearm*

ELLA.   —Juan.

(*Silencio.* ELLA *se pone de pie.*)

ELLA.   —Juan.

(*Silencio.* ELLA *corre hacia los árboles.*)

ELLA.   —Juan.

(*Silencio.* ELLA *desaparece entre los árboles.*)

ELLA.   —Juan.

(*Silencio. La escena permanece vacía.° Se oye, lejos, el*   **La...** *The scene remains empty.*
grito desgarrador° de ELLA.)   **el...** *the heart-breaking scream*

ELLA.   —¡Juan!

Después de unos instantes, desciende silenciosamente el
                                                      Telón°   *Curtain*

Después de leer _____

A. Preguntas

1. ¿Dónde tiene lugar la escena? Descríbala.
2. ¿Se quieren Él y Ella? Comente.
3. Según su opinión, ¿por qué no tendrán nombre estos personajes?
4. Parece que Él no está muy contento con la relación que existe entre Él y Ella. ¿Por qué?
5. ¿Qué le confiesa Ella a Él? ¿Cree usted que Ella le está diciendo la verdad a Él? ¿Por qué?
6. Él dice: «Siento celos… Quisiera matar a ese otro». ¿Cree usted que Él realmente quiere matar a ese «otro» o simplemente está jugando con Ella? ¿Por qué? Comente.
7. Según su opinión, ¿qué pasa al final? ¿Está muerto Él? ¿Quién lo mató? ¿Cómo? Explique.

B. Opiniones.
¿Está usted de acuerdo con las siguientes afirmaciones? ¿Por qué sí o por qué no?

1. No hay amor sin celos.
2. El amor no existe; es pura utopía.
3. Es imposible estar enamorado(-a) de dos personas al mismo tiempo.
4. El amor todo lo puede. *(Love conquers all.)*
5. La amistad verdadera sólo puede existir entre personas del mismo sexo (i.e., entre dos mujeres o dos hombres), no entre un hombre y una mujer.

C. Mini-drama.
Con un(a) compañero(-a) de clase, preparen otra versión dramática de «No hay que complicar la felicidad» en la página siguiente y presenten su mini-drama a la clase.

PARA ESCUCHAR

A. Charlas de autobús.
Mire el itinerario y las fechas de salida de la excursión ("Escapada a Andalucía") en la página siguiente y escuche las conversaciones.

B. Para completar.
Escuche las conversaciones otra vez. Complete las siguientes frases.

Conversación 1

1. El autobús turístico llegará a Bailén en unos _____.
2. Después de almorzar, los turistas podrán _____.
3. En Córdoba visitarán _____.
4. El grupo cenará y pasará la noche en _____.

1301 Escapada a Andalucía (4 DIAS)

DIA 1 (MARTES). MADRID — CORDOBA — SEVILLA
Salida de Madrid hacia Aranjuez y siguiendo la comarca de La Mancha y el Paso de Despeñaperros hasta Bailén. Almuerzo y continuación a Córdoba, para realizar la visita de su Mezquita Catedral. Reanudación del viaje hasta Sevilla. Llegada. Cena y alojamiento.

DIA 2 (MIERCOLES). SEVILLA
Desayuno, almuerzo y alojamiento. Por la mañana, visita de la ciudad: Catedral, Alcazar, Barrio de Santa Cruz, Parque de María Luisa, etc.

DIA 3 (JUEVES). SEVILLA — GRANADA
Desayuno y salida hacia Granada por Osuna y Loja. Cena y alojamiento. Tarde libre.

DIA 4 (VIERNES). GRANADA — MADRID
Desayuno y almuerzo. Por la mañana, visita de la Alhambra y los Jardines de Generalife. Después del almuerzo salida por Jaén a Madrid. Llegada a última hora de la tarde. FIN DE NUESTROS SERVICIOS.

FECHAS DE SALIDA: MARTES

Mayo:	07 - 14 - 21 - 28
Junio:	04 - 11 - 18 - 25
Julio:	02 - 09 - 16 - 23 - 30
Agosto:	06 - 13 - 20 - 27
Septiembre:	03 - 10 - 17 - 24
Octubre:	01 - 08 - 15 - 22 - 29

Precios en u$s por persona	Habit. Doble	Habit. Indiv.	Spto. 1/7 al 15/9
Clase Económica	370	419	19
Clase Standard	505	597	24
Clase Superior	598	725	33

Conversación 2

5. El Barrio de Santa Cruz era un barrio _____ en época de los _____.

6. Sofía es de _____ y David es _____.

7. Aparentemente David es pariente del poeta _____

8. La Alhambra está en _____.

C. Preguntas. Conteste las preguntas que siguen, marcando con un círculo las respuestas apropiadas.

1.	en Córdoba	en Sevilla	en Bailén
2.	de Córdoba	de Nueva York	de Granada
3.	de Nueva York	de Buenos Aires	de Andalucía
4.	el Alcázar	la Mezquita	la Alhambra
5.	en Granada	en Sevilla	en Córdoba
6.	en Granada	en Sevilla	en Córdoba
7.	en Madrid	en Nueva York	en Bailén

MÁS FUNCIONES *y actividades*

Expressing probability and possibility

In this chapter you have seen examples of some important language functions: stating intentions, making requests, and offering assistance. Here are some additional expressions and activities related to the functions.

Besides the use of future and conditional forms to express probability and possibility, as you saw in this chapter, there are some other ways to express the same idea. The following are given in order, from most highly probable to least likely:

No hay duda de que (+ *indicative*)	There's no doubt that
Seguramente (+ *indicative*)	Surely (also: Probably)
Por cierto (+ *indicative*)	Certainly
Estoy seguro(-a) que (+ *indicative*)	I'm not sure that
Es verdad (indudable, etc.) que (+ *indicative*)	It's true (certain, etc.) that
Creo (Pienso) que (+ *indicative*)	I believe (think) that
Es probable que (+ *subjunctive*)	It's probable that
Es posible que (+ *subjunctive*)	It's possible that
Tal vez (Quizás) (+ *subjunctive or indicative*)	Perhaps
Es poco probable que (+ *subjunctive*)	It's unlikely that
No hay ninguna posibilidad de que (+ *subjunctive*)	There's no possibility that

For more information on when to use the subjunctive and when to use the indicative with these forms, review Chapters 13 and 14.

Actividades

A. En treinta años...   Las siguientes oraciones son predicciones que algunas personas han hecho sobre el mundo del futuro. Primero, complete las oraciones con el futuro de los verbos entre paréntesis. Luego exprese su opinión sobre cuán probables *(how probable)* o posibles usted cree que son esas predicciones.

> **MODELO**   En los países industrializados, casi todo el mundo **tendrá** (tener) un robot para limpiar la casa, cocinar, etc. y **será** (ser) muy común el uso de los robots en la industria.
> **Es posible que el uso de los robots en la industria sea muy común; tal vez mucha gente tenga robots en la casa también.**

1. Mucha gente _____ (vivir) y _____ (trabajar) en colonias en el espacio; esas colonias _____ (tener) su propio *(own)* sistema de producción de comida.

2. _____ **(existir)** órganos humanos artificiales de toda clase y el transplante de órganos _____ **(ser)** algo muy común; también _____ **(haber)** sangre *(blood)* artificial que se _____ **(poder)** usar para cualquier persona— sin importar el tipo de sangre que tenga (A, B, O, etc.).

3. La gente _____ **(hacer)** todas sus compras por computadora: _____ **(ser)** posible seleccionar *(select)* algo entre una gran variedad de artículos y comprarlo sin salir de la casa. También, gracias al uso de las computadoras, mucha gente _____ **(trabajar)** en casa en vez de ir a la oficina.

4. _____ **(aumentar)** dramáticamente el número de personas que vivan en nuestro planeta: la Tierra _____ **(tener)** unos diez mil millones (10.000.000.000) de habitantes en el años 2030.

5. Los futuros papás _____ **(poder)** escoger el sexo de sus hijos. Más padres _____ **(quedarse)** en casa con los niños mientras las madres trabajan fuera de casa.

6. Los trenes _____ **(ir)** a 300 millas por hora; los coches _____ **(ser)** más pequeños y más rápidos; los aviones _____ **(ser)** de plástico.

B. Como consecuencia. Escoja dos de las predicciones de la práctica anterior que a usted le parezcan posibles o probables en el futuro. (O exprese otras predicciones que usted quiera hacer.) Si esas predicciones llegan a cumplirse *(turn out to be true)*, ¿qué consecuencias tendrán? Haga por lo menos dos afirmaciones usando algunas de las expresiones estudiadas en este (y otros) capítulo(s).

MODELO   **Mucha gente trabajará en su casa; por lo tanto, aumentará el número de madres que trabajen** *(who might work)* **por dinero sin salir de la casa.**

C. Mini-dramas. Con un compañero(-a) de clase, dramatice la siguiente situación.

Usted está cenando en casa de una amiga. Después de la cena, le pregunta si puede ayudarla con los platos. Ella le dice que no, pero le pregunta si puede preparar el café. Usted le responde que sí y que lo hará con mucho gusto. Le pregunta si también quiere que sirva el café. Ella acepta su ofrecimiento y le agradece toda la ayuda que le ha dado.

Entrevista

Hágale las preguntas que siguen a un(a) compañero(-a). Luego comparta *(share)* la información con los otros del grupo.

1. ¿Cuánto tiempo deben conocerse un hombre y una mujer antes de casarse? 2. ¿Es mejor que una mujer con hijos se quede en casa en vez de trabajar? ¿Por qué? 3. ¿Son más felices las mujeres casadas o las solteras? ¿y los hombres casados o solteros? ¿Por qué? 4. ¿Quiénes son más celosos: los hombres o las mujeres? 5. ¿Puedes explicar los refranes *(proverbs)* que siguen? a. «Donde hay amor, hay dolor.» y b. «Ojos que no ven, corazón que no siente.»

PARA ESCRIBIR

Melodrama de amor. Según los dibujos, describa brevemente la historia de Ana y Rodrigo. Puede hacerlo en forma de carta a un(a) amigo(-a) o narrando directamente la historia de amor contenida en los dibujos.

VOCABULARIO ACTIVO

Cognados

el divorcio	el matrimonio	platino	la sinagoga
eterno	monótono	la promesa	

Verbos

abrazar	to hug, to embrace	fumar	to smoke
amar(se)	to love (each other)	llevarse (bien)	to get along (well)
besar	to kiss	planear	to plan
cumplir	to carry out, to fulfill	salir (con)	to go out (with)
divorciarse	to (get a) divorce	saludar(se)	to greet (each other)
durar	to last	tener celos (de)	to be jealous (of)
enamorarse (de)	to fall in love (with)	tener una cita	to have a date; to have an appointment
estar enamorado (de)	to be in love (with)	tolerar	to tolerate

Novios y amigos

el abrazo	*hug*
el amor	*love*
el anillo	*ring*
la anulación matrimonial	*marriage annulment*
el beso	*kiss*
la boda	*wedding*
casado	*married*
el casamiento	*marriage; wedding*
la luna de miel	*honeymoon*
el matrimonio civil	*civil marriage*
la novia	*girlfriend*
el novio	*boyfriend*
el noviazgo	*engagement, courtship*
la prometida	*fiancée*
el prometido	*fiancé*
el recién casado, la recién casada	*newlywed*
la separación provisional	*trial separation*
soltero	*single*

Otras palabras y frases

la falta	*lack*
la llave	*key*

Expresiones útiles

Creo que (+ *indicativo*)	*I believe that*
No hay duda de que (+ *indicativo*)	*There's no doubt that*
Pienso	*I intend (plan)*
Seguramente	*Surely, Probably*
Será que	*It must be that*
Tal vez	*Perhaps*
Voy a	*I'm going to*

Don't forget: Long-form possessives, pages 368–369.

Vista del centro de Asunción, Paraguay

CAPÍTULO

dieciséis

SENTIMIENTOS Y EMOCIONES

VOCABULARIO. In this chapter you will talk about feelings and emotions.

GRAMÁTICA. You will discuss and use:

• The subjunctive in dependent clauses that function as adjectives

• The subjunctive after adverbial conjunctions (**antes que** *before*, **a menos que** *unless*, etc.), and the subjunctive or indicative after conjunctions of time (**cuando** *when*, **tan pronto como** *as soon as*, etc.)

• Uses of the infinitive

CULTURA. This chapter focuses on Asunción, Paraguay, and the surrounding area.

FUNCIONES

• Apologizing

• Expressing forgiveness

• Giving advice

Paraguay

Capital: Asunción
Población: aproximadamente 4.400.000 habitantes
Ciudades principales: Asunción, Coronel Oviedo, Ciudad del Este, Encarnación, San Pedro, Paraguarí, San Lorenzo, Caacupé, Concepción, Pilar
Moneda: guaraní

RÍO PARAGUAY
CONCEPCIÓN
ASUNCIÓN   CIUDAD DEL ESTE
CNELO. VIEDO
PILAR
ENCAMACIÓN

¿Sabía Ud. que...?: La represa *(dam)* hidroeléctrica de Itaipú es la más grande del mundo y está situada entre Paraguay y Brasil, a unos 30 minutos (en auto) de las Cataratas *(Falls)* de Yguazú («agua grande», en guaraní), las más anchas *(widest)* del mundo.

¿CÓMO SE SIENTE ALBERTO? ¿CÓMO ESTÁ ÉL?

está $\begin{cases} \text{feliz} \\ \text{contento} \\ \text{alegre} \end{cases}$

alegrarse

se siente $\begin{cases} \text{triste} \\ \text{deprimido} \end{cases}$

llorar
deprimirse

está enamorado
enamorarse (de)

está $\begin{cases} \text{asustado} \\ \text{sorprendido(-a)} \end{cases}$

asustarse
sorprenderse

está $\begin{cases} \text{aburrido} \\ \text{cansado} \end{cases}$

aburrirse
cansarse

$\begin{matrix} \text{está} \\ \text{se siente} \end{matrix}$ orgulloso

esta $\begin{cases} \text{frustrado} \\ \text{enojado} \end{cases}$

frustrarse
enojarse

se siente mal
está enfermo
enfermarse

se siente bien
reírse (i)
darle risa

está avergonzado
avergonzarse
darle vergüenza

¿QUÉ HACE ANA? ¿CÓMO ESTÁ ELLA?

se alegra
está feliz
está contenta

se enoja
está enojada
está furiosa

llora
está triste
está deprimida

¿QUÉ LE DA A ANA? ¿CÓMO SE SIENTE ELLA?

le da vergüenza
se siente avergonzada

le da rabia
se siente frustrada

le da risa
se siente feliz

Palabras relacionadas.   Dé el adjetivo o participio pasado (usado como adjetivo) relacionado con cada uno de los siguientes verbos.

MODELO   sorprenderse   **sorprendido(-a)**

1. enfermarse
2. alegrarse
3. avergonzarse
4. enamorarse

5. enojarse
6. asustarse
7. deprimirse

8. aburrirse
9. cansarse
10. frustrarse

Preguntas

1. ¿Cómo está (se siente) la persona que tiene un mes de vacaciones? ¿que descubre que su mejor amigo(-a) va a mudarse a otra ciudad? ¿que pierde su pasaporte y su dinero?
2. ¿Qué hace la persona que ve una película trágica? ¿que escucha un chiste *(joke)*?
3. ¿Cómo se siente la persona que está sola en la casa a medianoche y oye ruidos *(noises)* extraños?   4. Cuando esperamos a una persona por mucho tiempo, ¿cómo nos sentimos?   5. ¿Cuándo tiene vergüenza usted? ¿Qué cosas le dan vergüenza? ¿le dan rabia? ¿le dan risa?

I. EL SUBJUNTIVO EN CLÁUSULAS ADJETIVALES

Un liceo en Asunción.

En un liceo° de Asunción

SR. MÉNDEZ   ¿Es usted la persona que quiere trabajar aquí?

SR. GÓMEZ   Sí, señor, yo soy profesor y busco un empleo° *que me guste.*
Puedo enseñar historia, literatura o cualquier otro curso *que usted mande°.*

SR. MÉNDEZ   ¡Qué bien! Por fin conozco a alguien que sabe más que yo…
Dígame, ¿sabe usted quién mató° a Julio César?

SR. GÓMEZ   Pero señor, pregúntele eso a alguien *que sea detective.*

SR. MÉNDEZ   ¡Bruto!°

SR. GÓMEZ   Esto es demasiado, señor. Por favor, sin ofender…

liceo *high school*   **empleo** *job*   **cualquier…** *any other course you like (literally "order")*
mató *killed*   **¡Bruto!** *Brutus! (also "Brute! Ignoramus!")*

1. ¿Quién busca un empleo que le guste?   2. ¿Qué es el señor Gómez?   3. ¿Qué puede enseñar él?   4. Aparentemente, ¿sabe él quién mató a Julio César?   5. Según el señor Gómez, ¿a quién hay que preguntarle quién lo mató?   6. ¿Sabe usted quién fue Julio César? ¿y Bruto?

A. A dependent clause that modifies a noun or pronoun is called an adjective clause.

Asunción es una ciudad **que tiene más de 400 años.**	Asunción is a city **that is over 400 years old.**
Me da rabia pensar en eso **que me dio tanta vergüenza.**	It makes me angry to think of that (thing, circumstance) **that made me so ashamed.**

The noun or pronoun being described is called the antecedent. In the sentences above, the antecedents are **ciudad** and **eso.** Pronouns that often appear as the antecedents of adjective clauses include **alguien** *(someone)*, **algo** *(something)*, and **alguno** *(some, someone)*.

Sandra habló con alguien que conoce a un buen detective.	*Sandra spoke to someone who knows a good detective.*
¿Dije algo que te ofendió?	*Did I say something that offended you?*

B. The verb in an adjective clause may be indicative or subjunctive, depending on whether the antecedent is definitely known to exist.

1. Antecedent definitely exists and is known: indicative.

El alcalde es un médico que sabe guaraní.*	*The mayor is a doctor who knows Guaraní.*
La pobreza es algo que lo asusta.	*Poverty is something that scares him.*

2. Antecedent unknown, indefinite, uncertain, or nonexistent: subjunctive.

Necesitan un médico que sepa guaraní.	*They need a doctor who knows Guaraní.*
No hay nada que lo asuste.	*There isn't anything that scares him.*

Study the contrasts in the following examples.

¿Hay alguien aquí que comprenda la lengua de los guaraníes?	*Is there anybody here who understands the language of the Guaraní Indians?*
Sí, aquí hay alguien que la comprende.	*Yes, there's someone here who understands it.*
No, aquí no hay nadie que la comprenda.	*No, there's nobody here who understands it.*

C. The personal **a** is used before a direct object standing for a person when the speaker has someone definite in mind, but not when the person is indefinite or unspecified. (However, when the pronouns **alguien, nadie, alguno,** and **ninguno** are used as direct objects referring to a person, the personal **a** is nearly always used, whether the person is known or not.)

Buscan un profesor que sea experto en lenguas indígenas.	*They're looking for a professor who is an expert on Indian languages.*
Le pagan a un profesor que es experto en lenguas indígenas.	*They're paying a professor who is an expert on Indian languages.*
Necesitamos a alguien que sepa hablar español y guaraní.	*We need someone who knows how to speak Spanish and Guaraní.*
Encontramos a alguien que sabe hablar español y guaraní.	*We found somebody who knows how to speak Spanish and Guaraní.*

---

*__Guaraní__ is the language of the Indians who inhabited Paraguay before the Spanish conquest. Paraguay is the only Latin American country that has adopted an Indian language as one of its two languages, Spanish and Guaraní. p. 397

EJERCICIOS

A. El (La) candidato(-a) ideal.   La universidad paraguaya busca a alguien que se encargue de *(would be in charge of)* la clase de lengua guaraní. ¿Cuál es la descripción del candidato ideal?

Señor profesional,
señor empresario...

Anuncie en

ÑE-ËNGATÚ

La revista
PARAGUAYA
de difusión
INTERNACIONAL
Asunción:
205 192, 493 013
Buenos Aires:
255-4522, 37 6274

MODELO   tiene buen carácter
           Buscamos a alguien que tenga buen carácter.

1. sabe hablar quechua y guaraní
2. es experto(-a) en culturas indígenas
3. tiene mucha experiencia
4. nunca se enoja con nadie
5. puede trabajar largas horas
6. se lleva bien con los estudiantes
7. no es una persona racista

B. ¿Por qué se mudan?   Los señores Ruiz piensan mudarse a otro barrio. Complete las oraciones para saber por qué.

MODELO   (gustar)   Vivimos en un barrio que no nos **gusta** mucho.
                      Buscamos un barrio que nos **guste** más.

1. **(ser)**   Tenemos una casa que _____ muy pequeña.
                 Necesitamos una casa que _____ más grande.
2. **(estar)**   Los niños quieren jugar en un parque que _____ cerca de casa. Ahora juegan en un parque que _____ muy lejos.
3. **(haber)**   Vivimos en un pueblo donde no _____ universidad.
                 Buscamos una ciudad donde _____ universidad.
4. **(interesar)** En este pueblo hay poca gente que nos _____.
                 En realidad, aquí no hay nadie que nos _____.
5. **(enseñar)**   Mi hija asiste a una escuela donde no _____ música.
                 Quiere asistir a una escuela donde _____ música.

C. Opiniones personales. En forma alternada *(Taking turns)*, usted y un(a) compañero(-a) completen las oraciones que siguen con sus opiniones personales.

1. Quiero casarme con un hombre (una mujer) que…

2. Quiero comprar un auto que…

3. Quiero trabajar en un lugar que…

4. Quiero votar por un(a) presidente(-a) que…

5. Quiero comer en un restaurante que…

6. Quiero ir al teatro (cine) con alguien que…

Entrevista

Hágale las siguientes preguntas a un(a) compañero(-a) y luego presente la información a la clase.

1. ¿Tienes amigos que viven cerca de tu casa? ¿Prefieres que tus amigos vivan cerca o lejos de tu casa? 2. ¿Eres amigo(-a) de alguien que sea muy interesante? ¿que tenga muchos problemas? ¿que siempre esté contento(-a)? 3. ¿Conoces a alguien que tenga más de cien años? ¿que escriba poemas o cuentos? ¿que viaje mucho? 4. ¿Prefieres ver películas que te den risa? ¿que te hagan llorar? ¿que te hagan pensar? 5. ¿Sabes si hay alguien en esta clase que sepa hablar árabe? ¿japonés? ¿Conoces a alguien que pueda tocar la guitarra? ¿cantar?

• •

II. EL SUBJUNTIVO Y LAS CONJUNCIONES ADVERBIALES

Doña Ramona, sirviendo una típica comida paraguaya.

En una casa paraguaya

JANE Discúlpeme°, doña Ramona. Me siento muy avergonzada. Creo que rompí este reloj.

DOÑA RAMONA No importa°, Jane. Ya estaba roto, pero vamos a dejarlo aquí *para que Luis lo arregle° cuando llegue.* Él es muy bueno en estas cosas.

JANE	Oh, ¡qué alivio!°
DOÑA RAMONA	Pero pareces un poco deprimida. Debe ser por° el viaje… Entonces, *para que no pienses* en eso, ¿qué te parece si te enseño algunas palabras en guaraní *antes de que vuelvas* a tu país?
JANE	¡Sí, doña Ramona! Las despedidas° siempre me causan tristeza°. Pero puede empezar a enseñarme guaraní *cuando desee.* Por ejemplo, ¿cómo se dice «yo te quiero»? Quiero decírselo a Teddy *en cuanto*° lo vea.
DOÑA RAMONA	Pues eso se dice «che ro jaijú». Sé que él se va a sentir muy feliz *tan pronto como*° le digas qué significa.

Discúlpeme *Forgive me* **No importa** *It doesn't matter* **para…** *so that Luis will fix it* **¡qué alivio!** *what a relief!* **Debe…** *It must be because of* **despedidas** *farewells* **tristeza** *sadness* **en cuanto** *as soon as* **tan pronto como** *as soon as*

1. ¿Por qué está Jane un poco deprimida?   2. ¿Qué quiere aprender ella antes de volver a su país?   3. ¿Qué le causa tristeza a Jane?   4. ¿Qué le quiere decir Jane a Teddy cuando lo vea?   5. ¿Cómo se dice «yo te quiero» en guaraní?

● ●

A. Adverbs describe the conditions under which actions take place. They often answer the questions why?, when?, where?, how?, or how much? Dependent clauses that function as simple adverbs are called adverbial clauses.

(When?)   He's leaving *now* (= adverb)
(Why?)   He's going to Lambaré *so that Ana will be happy* (= adverbial clause).
(How?)   He's going *provided that we buy the ticket* (= adverbial clause).

B. The following adverbial conjunctions always require the subjunctive in a clause following them; they indicate that an action or event is indefinite or uncertain (it may not necessarily take place):

a menos que	*unless*	en caso (de) que*	*in case*
antes (de) que*	*before*	para que	*so that*
con tal (de) que*	*provided that*	sin que	*without*

No voy a ir a menos que me sienta mejor.	*I'm not going to go unless I feel better.*
Sea cortés, para que no se ofendan.	*Be polite, so that they are not offended.*
¿Por qué no salen ahora, antes de que papá se ponga nervioso?	*Why don't you go out now, before Dad gets nervous?*
Ana ve a Carlos todos los días sin que su familia lo sepa.	*Ana sees Carlos every day without her family's knowing it.*

*The **de** may be omitted.

C. Aunque is followed by the subjunctive to indicate conjecture or uncertainty, but by the indicative to indicate fact or certainty.

Voy a salir, aunque llueva.	*I'm going to go out even though it may rain.*
Voy a salir, aunque llueve.	*I'm going to go out even though it is raining.*

D. Either the subjunctive or the indicative may follow these conjunctions of time:

cuando	*when*	hasta que	*until*
después (de) que	*after*	mientras (que)	*while*
en cuanto	*as soon as*	tan pronto como	*as soon as*

The indicative is used if the adverbial clause expresses a fact or a definite event; for instance, a customary or completed action. However, if the adverbial clause expresses an action that may not necessarily take place or that will probably take place, but at an indefinite time in the future, the subjunctive is used.

Elena va a alegrarse mucho tan pronto como lo sepa.	*Elena is going to get very happy as soon as she finds out.*
Elena se alegró mucho tan pronto como lo supo.	*Elena got very happy as soon as she found out.*
Cuando les cuente el chiste, ellos van a morirse de risa.	*When I tell them the joke, they're going to die of laughter.*
Cuando les conté el chiste, ellos se murieron de risa.	*When I told them the joke, they (nearly) died of laughter.*
No le digamos eso al jefe hasta que se calme.	*Let's not tell the boss that until he calms down.*
No le dijimos eso al jefe hasta que se calmó.	*We didn't tell the boss that until he calmed down.*
Vamos a poner la mesa después que llegue Jorge.	*We are going to set the table after Jorge arrives.*
Pusimos la mesa después que llegó Jorge.	*We set the table after Jorge arrived.*

E. Some of the conjunctions just discussed are prepositions or adverbs combined with **que** or **de que (para que, sin que, antes de que, hasta que, después de que).** These conjunctions (without **que**) are often followed by infinitives if there is no change of subject.

Después de enojarse, Juan se puso muy triste.	*After getting angry, Juan became very sad. (no change of subject)*
Después de que ella se enojó, Juan se puso muy triste.	*After she got angry, Juan became very sad. (change of subject)*

EJERCICIOS

A. Para completar…   Complete cada una de las siguientes oraciones con la forma correcta de uno de los verbos de la columna derecha y agregue *(add)* información apropiada o necesaria.

MODELO   Voy a pasar la noche aquí para que…
Voy a pasar la noche aquí para que tú no estés solo.

1. Quieren irse antes de que…	volver
2. Pensamos llegar a las siete a menos que…	estar
3. ¿Por qué no vamos al cine antes de que…?	llover
4. Ellos van a clase a menos que…	entender
5. ¿Piensan hacerlo sin que ella…?	llegar
6. El profesor habla claramente para que nosotros lo…	saber

B. La historia de Inés.   Combine las frases usando la conjunción dada entre paréntesis y así sabrá algo de la vida personal de Inés. Siga los modelos.

MODELOS   Inés vivió con sus padres. Compró un apartamento.   (hasta que)
Inés vivió con sus padres hasta que compró un apartamento.

Inés y Bob van a trabajar. Ellos pueden casarse y mudarse a una casa grande. (hasta que)
Inés y Bob van a trabajar hasta que ellos puedan casarse y mudarse a una casa grande.

1. Su papá se puso furioso. Inés se fue de la casa.   (cuando)
2. Ella no le habló más a su papá. Él se calmó.   (hasta que)
3. Inés se va a alegrar. Su padre la disculpa.   (cuando)
4. Inés le escribió una carta. Su padre la llamó.   (tan pronto como)
5. Su mamá se puso muy contenta. Inés le dio la noticia.   (después que)
6. Inés quiere mucho a su novio. Él es mucho mayor que ella.   (aunque)

C. Imaginación y lógica.   Combine elementos de las tres columnas y forme oraciones lógicas en el indicativo o subjuntivo, según sea apropiado. Use cada una de las conjunciones de la segunda columna por lo menos una vez.

MODELOS   **Lo hacen mientras los niños duermen.**
Debes comer para que ellos no se enojen.

debes comer	mientras	Sergio / volver
vamos a estar tristes	aunque	ellos / no enojarse
lo hacen	tan pronto como	ustedes / irse
pienso esperar aquí	cuando	tú / no tener hambre
siempre vamos al cine	hasta que	los niños / dormir
se pone furioso(-a)	para que	su amante / mentirle
van a sentirse felices	a menos que	sus amigos / mudarse
en general, estudio	antes (de) que	los Pérez / estar lejos

Entrevista

Con un(a) compañero(-a), háganse las siguientes preguntas. Luego presente a la clase, un resumen *(summary)* de las respuestas de su compañero(-a).

1. ¿Adónde piensas ir cuando termine esta clase? ¿cuando lleguen las vacaciones? ¿cuando completes tus estudios universitarios? 2. ¿Qué quieres hacer cuando sepas hablar bien el español? ¿antes de que termine esta década *(decade)?* 3. ¿Asistes a clase aunque llueva? ¿aunque estés muy cansado(-a)? 4. ¿No puedes estudiar a menos que tomes café? ¿a menos que estés solo(-a) 5. ¿Qué crees que debe hacer un(a) estudiante para que le sea más fácil aprender español?

FUNCIONES *y práctica*

Apologizing

Here are some examples of two important language functions: apologizing and expressing foregiveness. Study the expressions below and do the practice exercise that follows.

Lo siento (mucho).	I'm (very) sorry.
Siento mucho que (+ *subj*)…	I'm very sorry that . . . .
Perdón. Perdóneme. (Perdóname.)	Excuse me. (also *Forgive me. I'm sorry.*)
Discúlpeme. (Discúlpame.)	Excuse me. (also: *I'm sorry.*)

Expressing forgiveness

Está bien.	It's OK.
No hay (ningún) problema.	There's no problem.
No importa.	It doesn't matter.
No hay pena.	No need to be embarrassed.
No hay de qué.	It's nothing. (also: *You're welcome.*)

Práctica

Mini-drama. Dramatice la siguiente situación. Su novio(-a) la (lo) llama dos horas después de cuando ustedes tenían planeado salir. Él (Ella) había olvidado totalmente la cita. Usted está furiosa(-o) y le recuerda: «Ésta es la segunda vez que pasa lo mismo esta semana…» Él (Ella) le dice: «Discúlpame. Te prometo que no volveré a pasar.» Al principio *(at first)* usted no quiere perdonarlo(-la) pero después decide darle una «tercera» oportunidad…

III. USOS DEL INFINITIVO

Cuando el ingeniero Alejandro Méndez Mazó llega a su oficina, encuentra en su escritorio el memorandum que le dejó su secretario con la información sobre los viajes a Encarnación.

MEMO

A: Ing. Méndez Mazó
DE: Mario
RE: horarios de salida para Encarnación

1. Ya *no es posible ir* a Encarnación en tren
   esta semana. Hay sólo un tren por semana y
   salió ayer.
2. Pero... *puede viajar* por ómnibus. Llamé a La
   Encarnacena y me informaron que hacen viajes
   a Buenos Aires todos los días y van por Encarnación. Tienen un «servicio común» y un
   «servicio diferencial». El servicio común
   tarda un poco más° pero es más barato. El
   servicio diferencial cuesta más pero llega
   más rápido. Todos salen a las 9 de la
   mañana. El viaje de hoy *acaba de salir*. Son
   las 9:30. ¡Mala suerte!°

3. Pero... ¡no tan mala! Si *quiere salir* esta
tarde *puede usar* la compañía Nuestra Señora
de la Asunción que tiene además un «servicio
ejecutivo» los martes y viernes a las 15:00
horas y los jueves y sábados a las 15:00 y a
las 18:00 horas. Como° hoy es jueves...
¡usted tiene muchas opciones!
4. Un pequeño problema: *Me olvidé de preguntar*
si los ómnibus de Nuestra Señora de la Asunción toman la ruta que va por Encarnación.

tarda... *takes a little longer.* **¡Mala suerte!** *Tough luck!* (lit *Bad luck!*) **Como** *Since*

N^TRA S^RA DE LA ASUNCION

**25 AÑOS
DE SERVICIO
UNIENDO
ARGENTINA
Y PARAGUAY**

· SALIDAS DIARIAS ·

	DE ASUNCION	DE BUENOS AIRES
Servicio Convencional	8.30 hs	9.00 hs.
Servicio Diferencial	13.30 hs.	13.30 hs.
Servicio Ejecutivo	(Mar. y Vier.) 15.00 hs.	(Jue. y Sáb.) 18.00 y 15.00 hs.

ASUNCION:
Terminal de Omnibus · Tel.: 551-667/9

BUENOS AIRES: Terminal de Omnibus (Retiro)
Bol. 51-52 · Tel.: 313-2325 / 313-2349

1. ¿Puede ir en tren a Encarnación esta semana el ingeniero Méndez Mazó? ¿Por qué?   2. ¿Es posible viajar en ómnibus a Encarnación? ¿Con qué compañía? 3. ¿Qué días tiene servicios a Buenos Aires La Encarnacena? ¿A qué hora salen de Asunción?   4. ¿Cuántos tipos de servicios tiene La Encarnacena? ¿Cuál es el servicio más rápido? ¿y el más económico?   5. ¿Puede viajar el ingeniero Méndez Mazó hoy a Encarnación con La Encarnacena? ¿Por qué?   6. ¿Qué compañía hace viajes a Buenos Aires por la tarde? ¿Qué días y a qué horas es posible usar el servicio ejecutivo?   7. ¿Por qué no estamos seguros que el ingeniero Méndez Mazó pueda viajar a Encarnación con la compañía Nuestra Señora de la Asunción? Explique.

• •

In Spanish the infinitive can be used in the following ways:

1. As a noun. The infinitive is often used a the subject or object of a verb in much the same way that the *-ing* form of the English verb is used. It can be used with or without the definite article **el.**

Creo que (el) viajar es estupendo.   *I believe that traveling is great.*

2. As a verb complement. Most verbs may be followed directly by an infinitive. Certain verbs require a preposition (most often **a** or **de,** but in some cases **en** or **con**) before the infinitive. **Tener** and **haber** are followed by **que** plus an infinitive to express obligation.

Francisca puede reír y llorar de alegría a la misma vez.	*Francisca can laugh and cry from happiness at the same time.*
Fuimos a ver *La venganza del Zorro.*	*We went to see* The Revenge of Zorro.
Tratan de llegar temprano.	*They try to arrive early.*
Tenemos que comprar el pasaje.	*We have to buy the ticket.*
Hay que comrparlo hoy.	*One has (you have) to buy it today.*

The expression **acabar de** is followed by the infinitive to mean *to have just (done something)*.

Acabo de hablar con Enrique. ¡Por fin!	*I have just spoken to Enrique. Finally!*
Acaban de oír las malas noticias. ¡Esto es el colmo!	*They have just heard the bad news. This is the last straw!*

3. As the object of a preposition.

Antes de recibir tu carta, Marta estaba muy enojada.	*Before receiving (she received) your letter, Marta was very angry.*
Después de llorar casi una hora, Ana se calmó.	*After crying almost an hour, Ana calmed down.*
En vez de trabajar, él va a la playa todos los días.	*Instead of working, he goes to the beach every day.*
Sin exagerar nada, le conté todo.	*Without exaggerating anything, I told him everything.*
Para ir a Asunción, hay que manejar dos horas.	*To go to Asunción, you have to drive two hours.*

4. With **al. Al** plus *infinitive* expresses the idea of *on* or *upon* plus the *-ing* form of the English verb.

Al verla, supe que estaba desilusionada.	*Upon seeing her (When I saw her) I knew she was disappointed.*
Al recibir la noticia, Pedro se sintió avergonzado.	*Upon receiving the news (When he received the news), Pedro felt embarrassed.*
Al saber que su marido tenía una amante, Olga se puso furiosa.	*Upon learning that her husband had a lover, Olga became furious.*

5. On signs, as an alternative to an **usted** command form.

Empujar. Empuje.	*Push.*
No fumar.	*No smoking.*

EJERCICIOS

A. ¡Vamos a darnos prisa! *(Let's hurry!)* Lelia y Rolando están organizando una fiesta de despedida *(farewell)* para Alicia, una amiga que pronto viaja al Brasil. Haga el papel de Rolando y conteste las preguntas de Lelia siguiendo los modelos. Use pronombres objetos cuando sea posible.

MODELOS ¿Quién llama a Paco? (yo/ir a)
Yo lo voy a llamar.

¿Quién trae la torta? (Marisa / prometer)
Marisa prometió traerla.

1. ¿Quién compra el regalo? (Daniel/ir a)
2. ¿Quién habla con Sofía? (mi hermana/pensar)
3. ¿Quién le da el regalo a Alicia? (yo/querer)
4. ¿Quién trae los discos? (Ernesto y Mario/prometer)
5. ¿Quién hace el postre? (Rogelio/tener ganas de)
6. ¿Quién prepara la sangría? (los muchachos/prometer)
7. ¿Quién toca la guitarra y canta? (tú y yo/poder)

B. Sí, abuela, acabo de hacerlo. La Sra. Bello habla con su nieto Pepito. Con un compañero(-a), hagan el papel de la abuela y del nieto. En forma alternada, pregunte o conteste afirmativamente las preguntas de la Sra. Bello, como lo haría Pepito. Siga el modelo y use pronombres objetos cuando sea posible.

MODELO ¿Viste a tu prima?
Sí, acabo de verla.

1. ¿Terminaron el trabajo tus padres?
2. ¿Lavaste el auto?
3. ¿Les habló Lucía a ustedes?
4. ¿Recibiste mi carta?
5. ¿Leyeron mis chistes tus hermanos?

C. Letreros *(signs)* **del camino...** José está viajando al Chaco y ve varios letreros. Siguiendo el modelo, diga qué indica cada uno de los letreros que siguen.

MODELO No doblar a la derecha

 Entrevista ────────────────────

Hágale las siguientes preguntas a un(a) compañero(-a) y luego presente la información a la clase.

1. ¿Qué hiciste anoche al llegar a tu casa? ¿esta mañana al levantarte? 2. ¿Cómo te sentiste al terminar tus estudios secundarios? ¿al recibir la nota de tu primer examen de español? 3. Cuando tú viajas, ¿prefieres viajar de día o de noche? ¿Tienes miedo de viajar en avión? ¿Por qué sí o por qué no?

VIÑETA CULTURAL: UNA CARTA Y DOS CANCIONES PARAGUAYAS

Un conjunto musical paraguayo, cantando en guaraní

Querido Teddy:

    En tu última carta me preguntaste si ya había aprendido algunas palabras en guaraní… ¡Por supuesto, «che ro jaijhú», mi amor! Ayer doña Ramona me enseñó esa frase y muchas otras más. Te la voy a traducir personalmente, en cuanto regrese a San Francisco, ¿de acuerdo, «che cambá»°? Aquí en Asunción prácticamente todo el mundo es bilingüe y la verdad es que en Paraguay más gente habla guaraní que español. ¿Sabías que éste es el único país de América cuya lengua indígena es una de las dos lenguas oficiales del país? Creo que el 95% (noventa y cinco por ciento) de los paraguayos habla guaraní mientras que sólo el 60% habla español (i.e., más o menos el 55% es bilingüe, el 5% sólo habla español y el 40% sólo guaraní). En tu carta también me pediste dos o tres canciones paraguayas de protesta. El problema es que aquí no hay muchas canciones de protesta. Le pregunté a Luis si Paraguay tenía cantantes conocidos por sus canciones de reivindicación social como la argentina Mercedes Sosa, el uruguayo Alfredo Zitarrosa, el cubano Silvio Rodríguez o los chilenos Víctor Jara y Violeta Parra. Me dijo que la canción de contenido social o testimonial, muy popular en casi todos los países de América Latina durante los años sesenta y setenta, no tuvo muchos representantes en Paraguay. Según Luis, ésa fue una de las consecuencias culturales de la dictadura del general Alfredo Stroessner que, como tú sabes, fue dictador durante casi 35 años, de 1955 a 1989. Pero de todas maneras° aquí va la letra° y la transcripción musical de una canción colectiva de protesta. Se llama «Polca° contra el general Stroessner» y te mando la transcripción musical en caso de que quieras aprenderla a tocar en el piano. También te envío la letra y la música (en el casete adjunto°) de «Pájaro° Chogüí»°, una canción típicamente paraguaya, inspirada en una leyenda guaraní. Según la leyenda, un indiecito° guaraní se había subido° a un árbol. Allí estaba cuando escuchó el grito° de su madre que lo llamaba. El niño se asustó tanto que se cayó del árbol y se murió. Después, mientras su madre lo tenía en brazos°, el cuerpo del indiecito se transformó, mágicamente, en un pájaro (es decir, el pájaro chogüí) y empezó a volar hacia el cielo. Según la leyenda, cuando oímos al pájaro chogüí en realidad estamos oyendo el canto del indiecito guaraní. ¿Verdad que es una hermosa leyenda, Teddy? Bueno, espero que escuches «Pájaro Chogüí» en cuanto recibas esto y que aprendas a tocar la «Polca contra el general Stroessner» antes de que yo vuelva… También te pido que me escribas o llames por teléfono tan pronto como puedas, ¿de acuerdo?

    Te abraza cariñosamente,

Jane

---

guaraní for "my darling"

de... in any case / lyrics
a traditional Paraguayan dance, probably related to the European polka
enclosed / Bird / guaraní name for a bluish green bird / little Indian boy / se... had climbed / scream

lo... had him in her arms

Polca contra el general Stroessner*

En la tierra paraguaya
vibra el látigo infamante°   **vibra...** the infamous whip vibrates
en la espalda de sus hijos
más valientes, sin cesar,
la tortura que se llama
como el general Stroessner,
dictador de triste fama
que amordaza° el Paraguay.   **que...** who gags (silences)

Es rastrero° y es soldado,   despicable
dueño de almas° y de vidas,   **dueño...** owner of souls
del ejército que es pulpo°   **del...** of the army which is an octopus
de la tierra en que nací
y su nombre significa
miedo, hambre, exilio, cárcel°,   jail
ignorancia y más muerte
en el glorioso Paraguay.

Dueño de torturas,
tembiguai° de gringos.   (guaraní for) slave, servant
Tu nombre, en el viento°   wind
es la voz del odio,
cantar de venganza,
¡tendrás tu castigo°   punishment
en manos del pueblo,°   **en...** at the hand of the people
cuervo general!°   **cuervo...** general crow

---

*De: *Cantaré, Songs aus Lateinamerika* (Berlin: Verlag Neues Leben, 1978, pp. 161–2)

Polca contra el general Stroessner *(Polca)*

Text und Musik: Kollektiv

Pájaro Chogüí
(canción tradicional paraguaya)

Cuenta la leyenda que en un árbol
se encontraba encaramado°   se... was perched
un indiecito guaraní...
que sobresaltado° por un grito de su madre   startled
perdió apoyo° y cayendo se murió.   **perdió...** lost his support
Y que entre los brazos maternales
por extraño sortilegio°   **por...** by strange magic
en chogüí se convirtió°   **en...** changed into a chogüí bird
¡Chogüí, chogüí, chogüí, chogüí!,
cantando está, mirando allá,
llorando y volando se alejó°.   se... moved away
¡Chogüí, chogüí, chogüí, chogüí!,
qué lindo va, qué lindo es,
perdiéndose en el cielo guaraní°.   **perdiéndose...** disappearing into
                                                    the guaraní (Paraguayan) sky

Y desde aquel día se recuerda°   se... people remember
al indiecito cuando se oye
como un eco a los chogüí°.   **como...** like an echo the chogüí birds
Es un canto alegre y bullanguero°   noisy
del gracioso naranjero°   **del...** of the charming orange lover
que repite en su cantar°.   song
Salta y picotea° las naranjas   **salta...** leaps and nibbles
que es su fruta preferida
repitiendo sin cesar°:   **sin...** endlessly
¡chogüí, chogüí, chogüí, chogüí!,
cantando está, mirando allá,
llorando y volando se alejó.
¡Chogüí, chogüí, chogüí, chogüí!,
qué lindo va, qué lindo es,
perdiéndose en el cielo guaraní.
¡Chogüí, chogüí...!

EJERCICIO

¿Probable o improbable?   Deduciendo de la carta de Jane, indique si las siguientes afirmaciones son **probables** o **improbables,** y luego dé una explicación lógica a sus respuestas de **improbable.**

1. Jane es francesa.
2. Doña Ramona es bilingüe: habla español y guaraní.
3. Teddy está en San Francisco.
4. Doña Ramona es la tía de Teddy.
5. La mayoría de los paraguayos entiende guaraní.
6. Teddy sabe mucho de música paraguaya.
7. El gobierno de Stroessner fue muy popular y por eso duró (*lasted*) casi 35 años.
8. Teddy sabe tocar el piano.
9. Jane y Teddy son novios.

Preguntas

1. ¿Qué le preguntó Teddy a Jane en su última carta? ¿y qué le respondió ella?   2. ¿Qué se habla más en Paraguay: español o guaraní? Explique.   3. Según la carta de Jane, ¿cuál será el tema de las «canciones de protesta»? ¿Ha escuchado usted alguna vez a alguno de los cantantes mencionados en la carta? ¿A quién(es)?   4. Según Luis, ¿hay muchas canciones de protesta en Paraguay? ¿Por qué sí o por qué no?   5. ¿Quién fue Alfredo Stroessner? ¿Todavía sigue en el gobierno de Paraguay?   6. ¿Diría usted que la «Polca contra el general Stroessner» es una canción de protesta? ¿Por qué sí o por qué no?   7. Según esa polca, ¿fue Stroessner un presidente bueno o malo? ¿Por qué? Comente.   8. ¿Es «Pájaro Chogüí» una canción de protesta? ¿Por qué?   9. Según la leyenda que inspiró la canción, ¿cómo se murió el indiecito guaraní? ¿Qué pasó después? Explique.   10. ¿Conoce usted alguna leyenda similar a la del pájaro chogüí? ¿Cuál(es)? Comente.

PARA ESCUCHAR

A.   «Pájaro Chogüí», una canción paraguaya.   Escuche la carta y la canción. Para poder comprender mejor la canción, antes de empezar el casete, lea por lo menos una vez la letra (*lyrics*) que está en la página 400.

B.   Para completar.   Va a escuchar ocho frases incompletas basadas en lo que acaba de escuchar. Complételas marcando con un círculo las terminaciones (*endings*) correspondientes.

1. Teddy	Jane	Stroessner
2. maya	española	guaraní
3. niño guaraní	hermoso pájaro	pájaro guaraní
4. su mamá	su papá	un niño guaraní
5. se despertó	se murió	se rompió el brazo
6. un árbol	un pájaro	una naranja
7. triste	trágico	alegre
8. la manzana	la naranja	la banana

MÁS FUNCIONES y actividades

Giving advice

In this chapter you have seen examples of some important language functions: apologizing and expressing forgiveness. Here are some additional expressions and activities related to the functions.

Usted debe (Tú debes)…	You should . . .
Le (Te) aconsejo que (+ *subj*)…	I advise you to . . .
Es mejor que usted (tú) (+ *subj*)…	It's better for you to . . .
Recomiendo que usted (tú) (+ *subj*)…	I recommend that you . . .

Actividades

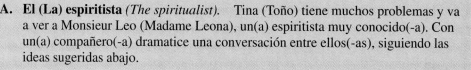

A. El (La) espiritista *(The spiritualist).* Tina (Toño) tiene muchos problemas y va a ver a Monsieur Leo (Madame Leona), un(a) espiritista muy conocido(-a). Con un(a) compañero(-a) dramatice una conversación entre ellos(-as), siguiendo las ideas sugeridas abajo.

TINA (TOÑO) Dice que últimamente se siente mal, que siempre tiene dolores de cabeza y que está muy nerviosa(-o). Le pregunta qué puede ser.

ESPIRITISTA Le hace varias preguntas sobre su rutina diaria: a qué hora se levanta, a qué hora se acuesta, qué come, etcétera.

TINA (TOÑO) Dice que no duerme mucho y que tampoco come mucho porque no tiene tiempo. Trabaja unas dieciocho horas por día.

ESPIRITISTA Le hace algunas preguntas sobre su vida social: si tiene novio(-a), etcétera.

TINA (TOÑO) Describe a su novio(-a).

ESPIRITISTA Le da los siguientes consejos.

No es bueno:	**También le dice que es bueno:**
tomar café	hacer más ejercicios
seguir viendo *(keep seeing)* a su novio(-a)	dormir más
salir los martes	comer tres comidas al día
trabajar tantas horas al día	leer su horóscopo todos los días
	salir más para conocer a más muchachos(-as)
? *(add two items of your own)*	? *(add two items of your own)*

B. Refranes *(Proverbs).* Aquí hay algunos proverbios sobre el tema del amor y la amistad. ¿Qué significado tienen? ¿Está usted de acuerdo con estos refranes? Comente.

1. Donde hay amor, hay dolor.
2. Ni el que ama ni el que manda quieren compañía.
3. Amores nuevos olvidan viejos.

4. Ni ir a la guerra ni casar se debe aconsejar.
5. Donde hay celos, hay amor.
6. Más vale estar solo que mal acompañado.

Entrevista

Hágale las siguientes preguntas a un(a) compañero(-a) y luego presente la información a la clase.

1. ¿Qué cosas te dan rabia? ¿Te has enojado recientemente por alguna razón? ¿Por qué? ¿Cuándo fue la última vez que te enojaste? 2. ¿Cuál fue una de las sorpresas más lindas que has recibido últimamente? 3. A muchos hispanos la mujer norteamericana les parece «liberada», libre de hacer lo que quiera *(free to do whatever she likes)*. Según tu opinión, ¿está «liberada» la mujer norteamericana? ¿Crees que las mujeres de este país tienen los mismos derechos que los hombres, tanto en el trabajo como en la casa? 4. ¿Existe la «norteamericana típica» o no? Si crees que existe, descríbela. 5. ¿Crees que es mejor que una mujer con hijos se quede en su casa en vez de trabajar fuera de casa *(outside the home)*? ¿Por qué sí o por qué no? 6. ¿Piensas que son más felices las mujeres casadas que las solteras? ¿los hombres casados que los solteros? ¿Por qué?

PARA ESCRIBIR

Problemas del corazón… Imagine que usted tiene a su cargo la «Columna sentimental» del periódico de su ciudad. Una vez por semana publica sus breves consejos y respuestas a los problemas sentimentales de sus clientes epistolares. De las muchas cartas que recibió esta semana, sólo va a contestar las tres que siguen porque no tiene tiempo para más. Lea y contéstelas brevemente (tres o cuatro oraciones para cada caso) dando los consejos que le parezcan más apropiados y usando las expresiones de la página 402 *(Giving advice)*.

1. Acabo de pasar un fin de semana muy aburrido con mi novio. Creo que ya no lo quiero y no sé qué hacer… Tengo miedo de confesarle mis sentimientos porque no quiero que se deprima… ¿Qué debo hacer? Por favor, contésteme en su próxima «Columna sentimental». ABURRIDA

2. Ayer supe que mi esposa tiene un amante y que éste es ¡mi mejor amigo! ¡Estoy furioso y necesito que me aconseje urgentemente! ¿Debo matarlos a los dos… o habrá alguna otra solución menos trágica…? DESILUSIONADO DEL AMOR

3. Durante los últimos tres meses yo aumenté unos ocho kilos y parece que mi novia se siente avergonzada de mí y no quiere que nuestros amigos nos vean juntos. ¿Cree usted que ella ya no me quiere porque estoy un poco gordo…? ¿Qué puedo hacer? GORDO TRISTE

VOCABULARIO ACTIVO

Cognados

ansioso	el, la detective	furioso	la protesta
la compañía	frustrado	el ómnibus	el servicio

Verbos

aburrirse	*to be (get) bored*
acabar de + *inf*)	*to have just (done something)*
alegrarse	*to be (get) happy*
asustar	*to scare, to frighten*
asustarse	*to be (get) scared, frightened*
avergonzarse (ue)	*to be (get) embarrassed, ashamed*
calmarse	*to calm down*
cansarse	*to be (get) tired*
deprimirse	*to be (get) depressed*
disculpar	*to forgive*
empujar	*to push*
frustrarse	*to be (get) frustrated*
llorar	*to cry*
manejar	*to drive*
ofender	*to offend*
ofenderse	*to be (get) offended; to take offense*
perdonar	*to forgive*
ponerse + *adj*	*to become + adj.*
reírse	*to laugh*
sentirse + *adj* or *adv*	*to feel + adj. or adv.*
tratar (de)	*to try (to)*

Sentimientos y emociones / Feelings and emotions

alegre	*happy*
la alegría	*happiness*
asustado	*scared, frightened, startled*
avergonzado	*embarrassed, ashamed*
cansado	*tired*
deprimido	*depressed*
desilusionado	*disappointed*
enojado	*angry*
orgulloso	*proud*
la rabia	*anger, rage*
darle rabia (a alguien)	*to make (someone) angry*

la risa	*laughter*
darle risa (a alguien)	*to make (someone) laugh*
la venganza	*revenge*
la vergüenza	*shame*
darle vergüenza (a alguien)	*to make (someone) ashamed*

Conjunciones

a menos que	*unless*
antes (de) que	*before*
aunque	*although*
con tal (de) que	*provided that*
después (de) que	*after*
en caso (de) que	*in case*
en cuanto	*as soon as*
hasta que	*until*
mientras (que)	*while*
para que	*so that*
sin que	*without*
tan pronto como	*as soon as*

Otras palabras y frases

el, la amante	*lover*
el chiste	*joke*
la despedida	*farewell, leave-taking*
los recursos naturales	*natural resources*
la represa	*dam*

Expresiones útiles

Discúlpeme.	*Excuse me.* (also: *I am sorry.*)
No importa.	*It doesn't matter.*
Perdóneme. (Perdóname.)	*Forgive me.* (also: *Excuse me. I am sorry.*)
No hay (ningún) problema.	*There's no problem.*

España en el siglo veinte

En 1992 España proclamó con orgullo su vinculación° con el mundo entero. En efecto, en ese año en que se conmemoraba el quinto centenario de la llegada de Cristobal Colón a América, varios otros eventos afirmaron también la importante relación de España con otros países, y en especial con el mundo hispano. Madrid se convirtió en la capital europea de la cultura y en la patria de Cervantes tuvieron lugar la Exposición Universal de Sevilla y los Juegos Olímpicos de Barcelona. Además, en 1992 se implementaron dos programas que tuvieron como objetivo el redescubrimiento de las contribuciones judías y árabe-islámicas a España. Una evaluación rápida de la situación de España a fines de este siglo nos da un saldo° muy positivo: la madre patria de tantas naciones hispanoamericanas se acerca° al año 2000 con optimismo, orgullosa° del progreso realizado° en dos décadas de gobierno liberal y democrático.

Sin embargo, este siglo había empezado con un clima de inestabilidad causado por una serie de cambios frecuentes de gobierno, conflictos regionales y la guerra con Marruecos°, que en esa época luchaba por su independencia. Para tratar de mejorar° esa difícil situación, el rey Alfonso XIII había permitido que el general Miguel Primo de Rivera estableciera una dictadura militar. Esa dictadura duró desde 1923 hasta 1930 cuando Primo de Rivera finalmente se vio obligado a dejar° el poder.

La Segunda República se proclamó en 1931, después de un proceso de elecciones democráticas, pero la constitución republicana de 1931 era tan liberal que provocó una fuerte reacción de la derecha. Esto causó una serie de conflictos entre grupos de izquierda y de derecha que finalmente llevaron a la Guerra Civil, iniciada

link

balance
approaches
proud / carried out

Morocco
improve

se... *was compelled to leave*

El General Francisco Franco

con el pronunciamiento° del 17 de julio de 1936. Después de casi tres años de muerte y destrucción, la guerra terminó con el establecimiento de la dictadura de Francisco Franco. España quedó aislada° del resto de Europa y el régimen de Franco impuso° una censura° rígida en la prensa y en las artes en general.

declaration

quedó... remained isolated
imposed / censorship

El rey de España Juan Carlos I de Borbón y Borbón, con su esposa doña Sofía

Con la muerte de Franco en 1975, el gobierno pasó a manos de Juan Carlos de Borbón, nieto del rey Alfonso XIII. El rey nombró ministros progresistas y en 1977, después de cuatro décadas de gobierno dictatorial, tuvieron lugar las primeras elecciones nacionales desde 1936. En 1978 fue aprobada una nueva constitución. El Partido Socialista Obrero Español (PSOE), encabezado° por Felipe González Márquez, ganó las elecciones de 1982 y continuó en el poder después de las elecciones de 1989. Ahora el gobierno español —democrático, constitucional y monárquico— se mantiene fuerte y el amor a la libertad permanece° firme.

headed

remains

A. ¿Verdadero o falso?   Si es falso, corrija la frase.

1. En 1992 Madrid se convirtió en la capital europea de la cultura.
2. Los Juegos Olímpicos tuvieron lugar en Sevilla.
3. Actualmente España celebra dos décadas de democracia.
4. Durante la primera parte del siglo XX, España estaba en guerra con Marruecos.
5. El general Miguel Primo de Rivera estableció un gobierno liberal.
6. La Guerra Civil empezó en 1931.
7. El rey Juan Carlos es el nieto del rey Alfonso XIII.
8. Los franquistas ganaron las elecciones de 1989.

B. ¿Querría usted saber más?   ¿Qué le preguntaría usted a un(a) amigo(-a) español(a)? Después de terminar esta lectura sobre España en el siglo XX, ¿qué más querría saber usted? Haga una lista de cinco o seis preguntas que usted le haría a un(a) amigo(-a) español(a).

Uno puede comprar de todo en las tiendas de Caracas, Venezuela.

CAPÍTULO
diecisiete

DE COMPRAS

VOCABULARIO. In this chapter you will talk about shopping and stores.

GRAMÁTICA. You will discuss and use:

- The imperfect subjunctive
- *If* clauses
- Change of the conjunctions **y** to **e** and **o** to **u**
- Diminutives

CULTURA. This chapter focuses on Caracas, Venezuela, and the surrounding area.

FUNCIONES

- Making a purchase
- Expressing satisfaction and dissatisfaction

VENEZUELA

Capital: Caracas

Población: aproximadamente 19.750.000 habitantes

Ciudades principales: Caracas, Maracaibo, Los Teques, Valencia, Barquisimeto, Maracay, Ciudad Bolívar, Barcelona, San Cristóbal

Moneda: bolívar

¿Sabía Ud. que...? En el Parque Nacional de Canaima, al sur de Venezuela, se encuentra el famoso Salto Ángel *(Angel Falls)* que tiene 980 metros (unos 3.200 pies) de altura *(height)* y es el salto más alto del mundo.

to lend

spend / cheap

save

En la tienda hay blusas, faldas, pantalones, calcetines…

En el almacén *(grocery store)* hay verduras, carne, queso, frutas…

En la panadería hay pan, galletas *(crackers),* bizcochos *(cookies)*…

En la farmacia compramos aspirinas, medicinas, cosméticos…

En el banco compramos cheques de viajero y cambiamos dinero…

En la mueblería compramos mesas, sillas, sofás…

En el mercado los artesanos muestran sus obras: alfarería *(pottery)*, tapices *(tapestries)*, cerámica *(pottery)*…

Asociaciones. Indique la palabra que no pertenece al grupo.

> **MODELO** tienda: ropa, calcetines, galletas, faldas **galletas**

1. liquidación: barato, rebajado, oferta, viajero
2. banco: cambiar, cheques, dinero, cosméticos
3. mercado: autos, ponchos, tapices, frazadas
4. almacén: queso, azúcar, faldas, frutas
5. panadería: pan, bizcochos, galletas, alfarería
6. mueblería: calcetines, escritorios, sillas, mesas

¿Verdadero o falso? Si es falso, diga por qué.

1. En el banco cambiamos y ahorramos dinero.
2. En Venezuela, para comprar tapices y alfarería vamos a la panadería.
3. Si necesitamos carne, vamos a la mueblería.
4. Si me duele la cabeza y necesito aspirinas, voy a la farmacia.
5. En el mercado hay de todo: papas, ponchos, frutas, tapices.

Preguntas

1. Cuando usted necesita ropa, ¿le gusta ir a tiendas grandes, a boutiques exclusivas, o prefiere hacer sus compras en tiendas más baratas? ¿Dónde compra su ropa? 2. Cuando va de compras, ¿busca ofertas o compra lo primero *(the first thing)* que le gusta? 3. ¿Ahorra usted dinero todos los meses? 4. ¿En qué gasta más dinero: en comida, en el costo de su apartamento, en su auto, en sus estudios —el costo de la universidad, de los libros, etc.— o en diversiones? 5. ¿Adónde va usted para comprar pan? 6. Si usted necesita medicina, ¿adónde va? 7. ¿Cuánto vale este libro? ¿un buen vestido? ¿un kilo de bananas? 8. Cuando usted tiene más dinero del que necesita *(than you need)*, ¿qué hace con el resto?

I. EL IMPERFECTO DEL SUBJUNTIVO

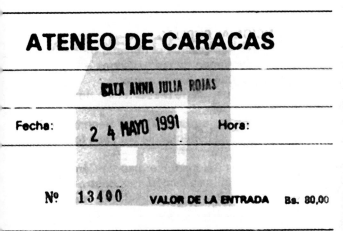

El Ateneo, un teatro famoso en el centro de Caracas.

En casa de los Bello

RAÚL ¿Dónde estabas, Marta?

MARTA Ana me pidió que *fuera* de compras con ella. Quería que la *ayudara* a escoger unos zapatos para su entrevista en el centro mañana...

RAÚL ¿Encontraron algo que les *gustara?*

MARTA No, no compramos nada. A Ana no le gustaron los zapatos que estaban en oferta°. Buscaba algo que *hiciera* juego° con su traje nuevo.

RAÚL ¿Así que no compraron nada? Y entonces, ¿por qué tardaron tanto°?

MARTA Es que fuimos al Ateneo… y vimos *El último verano de Blanche*. Como a Ana le encanta Tennessee Williams y a ti no te gusta el teatro, pensé que no te importaría perder° la obra con tal de que *volviéramos* a casa para la hora de la cena.

RAÚL Y… perder la obra… no me importa, pero… ¡perder la cena… sí! ¡Estoy hambriento°!

MARTA Entonces, ¿dónde te gustaría que *fuéramos* a cenar? Tú escoges el lugar… ¡y yo invito!°

en oferta *on sale*   **hiciera juego** *would match*   **¿por qué…** *Why did you take so long (to get back)?*   **no…** *you wouldn't mind missing*   **hambriento** *starving*   **¡y…** *and it's my treat!*

1. ¿Qué le pidió Ana a su madre?   2. ¿Por qué quería Ana zapatos nuevos?   3. ¿Compró ella los zapatos que estaban en oferta? ¿Por qué sí o por qué no?   4. ¿Adónde fueron Marta y su hija después? ¿Qué vieron allí?   5. ¿Por qué pensó Marta que a su marido no le importaría perder «El último verano de Blanche»?   6. ¿Dónde van a cenar ellos? ¿en su casa o en un restaurante? ¿Quién va a pagar la cuenta?

A. To form the imperfect subjunctive of all verbs, remove the **-ron** ending from the **ustedes** form of the preterit and add the imperfect subjunctive endings: **-ra, -ras, -ra, -´ramos, -rais, -ran.** Notice that the **nosotros** form requires a written accent on the vowel preceding the ending.

hablar		comer		vivir	
hablara	habláramos	comiera	comiéramos	viviera	viviéramos
hablaras	hablarais	comieras	comierais	vivieras	vivierais
hablara	hablaran	comiera	comieran	viviera	vivieran

Only those stem-changing verbs that change their stems in the preterit change their stems in the imperfect subjunctive.

pensar		volver		pedir	
pensara	pensáramos	volviera	volviéramos	pidiera	pidiéramos
pensaras	pensarais	volvieras	volvierais	pidieras	pidierais
pensara	pensaran	volviera	volvieran	pidiera	pidieran

Verbs with spelling changes or irregularities in the **ustedes** form of the preterit have the same changes in the imperfect subjunctive.

Infinitive	Ustedes *Form:* *Preterit*	Yo *Form:* *Imperfect Subjunctive*
andar	anduvieron	anduviera
construir	construyeron	construyera
creer	creyeron	creyera
dar	dieron	diera
decir	dijeron	dijera
estar	estuvieron	estuviera
haber	hubieron	hubiera
hacer	hicieron	hiciera
ir, ser	fueron	fuera
leer	leyeron	leyera
morir	murieron	muriera
poder	pudieron	pudiera
poner	pusieron	pusiera
querer	quisieron	quisiera
saber	supieron	supiera
tener	tuvieron	tuviera
traer	trajeron	trajera
venir	vinieron	viniera
ver	vieron	viera

B. The imperfect subjunctive is used in the same situations as the present subjunctive, but usually when the verb in the main clause is in some past tense rather than in the present. Compare the following examples.

No quiero que usted gaste tanto dinero.	I don't want you to spend so much money.
No quería que gastara tanto dinero.	I didn't want you to spend so much money.
El dependiente dice el precio claramente para que los turistas lo puedan entender.	The salesclerk is saying the price clearly, so that the tourists can understand it.
El dependiente dijo el precio claramente para que los turistas lo pudieran entender.	The salesclerk said the price clearly so that the tourists could understand it.

Sometimes the verb in the main clause is in the present, but the imperfect subjunctive is used in the dependent clause to refer to something in the past.

¿Es posible que el tapiz valiera tanto?	Is it possible that the wall hanging was worth that much?
No, no es posible que costara 500.000 bolívares.	No, it's not possible that it cost 500,000 bolívares.

C. As you have learned, **ojalá** plus present subjunctive is used to express a genuine hope or wish.

Ojalá que sea barato el alquiler.	I hope the rent will be cheap.

The speaker shifts to the imperfect subjunctive to express a wish that is only hypothetical or unlikely to be fulfilled.

Ojalá que fuera barato el alquiler.	I wish the rent were cheap (but I know it is not).

D. The imperfect subjunctive of **querer, poder,** and **deber** is sometimes used to soften a statement or question, for politeness.

Yo quisiera mostrarle otro coche al cliente.	I would like to show another car to the client. (wish)
Quiero mostrarle otro coche al cliente.	I want to show another car to the client. (will)
Debiéramos pagar.	We should pay. (weak obligation)
Debemos pagar.	We should (must) pay. (stronger obligation)

E. An alternate set of endings for the past subjunctive is often used in Spain and is found in many literary works: **-se, -ses, -se, -´semos, -seis, -sen.** The **-se** endings are added to the same stem as the **-ra** endings and have the same uses, except that the **-se** forms are not used to indicate politeness. You should learn to recognize the **-se** forms. The **-ra** forms, however, are preferred for conversation in Spanish America.

Me alegraba de que tú regateases.	*I was happy that you bargained.*
Esperaban que aumentasen las ventas.	*They hoped that sales would go up.*
Ella tenía miedo de que el empleado pidiese un aumento de sueldo.	*She was afraid the employee would ask for a salary increase.*

EJERCICIOS

A. Consejos.   Jaime, un estudiante venezolano, vino a Estados Unidos para estudiar ingeniería. Cuando sus padres se enteraron *(found out)* de que llevaba una vida un poco desordenada *(wild, unruly)*, le escribieron una larga carta. Complete las frases que siguen para reconstruir lo que ellos le pidieron o aconsejaron a Jaime que hiciera en el futuro. Siga el modelo.

MODELO   (dormía poco)   Le pidieron que…

Le pidieron que durmiera más (se acostara más temprano, etc.).

1. (fumaba dos paquetes de cigarrillos por día)	Le dijeron que…
2. (miraba televisión todas las noches)	No les gustaba que…
3. (sólo comía sándwiches y papas fritas)	Le prohibían que…
4. (tomaba mucho café)	Querían que…
5. (se acostaba a las tres de la mañana)	Le pidieron que…
6. (salía muy poco)	No querían que…
7. (había aumentado más de veinte kilos)	Le aconsejaron que…

B. La historia se repite. Don Andrés se jubiló *(retired)* hace dos años y le dejó el almacén a su nieto Ramón. Con un(a) compañero(-a) de clase, uno(-a) hace el papel de don Andrés, que responde a los comentarios de Ramón diciéndole que lo que pasa ahora también pasaba antes.

> **MODELO**   RAMÓN   Busco una persona que me ayude los sábados.
>
> DON ANDRÉS   **Antes yo también buscaba una persona que me ayudara los sábados.**

1. No puedo pagar buenos sueldos hasta que aumenten las ventas del negocio.
2. Siempre tengo cosas en oferta para que los clientes estén contentos.
3. Tengo miedo de que los precios sean muy altos.
4. Tampoco hay nadie que sepa regatear.
5. La ley no permite que tengamos joyas para vender.
6. No creo que los clientes quieran pagar tanto por una camisa.

Entrevista

Con un(a) compañero(-a), entrevístense sobre los temas que siguen o sobre otros temas de su interés. Después resuma *(summarize)* para la clase algunas de las respuestas de su compañero(-a).

> **MODELO**   el tipo de compañero(-a) de cuarto que buscaba y el (la) compañero(-a) que tiene ahora…
>
> **Buscaba un(a) compañero(-a) que nadara o jugara al tenis y tengo un(a) compañero(-a) que no tiene ningún interés en los deportes.**

1. el tipo de casa, apartamento o residencia que quería antes y el tipo de casa, apartamento o residencia que quiere ahora…
2. el tipo de universidad que buscaba antes y la universidad a la que asiste ahora…
3. las cualidades que buscaba en su novio(-a) ideal y las cualidades que ahora busca en un(a) novio(-a)… *(or:* …tiene su novio(-a) real…)
4. algo que usted esperaba que pasara en su vida y algo que realmente pasó…
5. el tipo de auto con el que soñaba y el tipo de auto con el que sueña ahora…
6. el tipo de trabajo que le gustaba antes y el tipo de trabajo que le gusta *(or:* …que tiene) ahora…

II. EL IMPERFECTO DE SUBJUNTIVO EN CLÁUSULAS CON *SI*

Venden alfombras (*rugs*) y muchas cosas más en los mercados venezolanos.

En un mercado de artesanos, en Caracas

DOÑA CARLA	¿Cuánto cuesta este poncho, señorita?
VENDEDORA	Quinientos bolívares, señora. Es de lana pura, sabe…
DOÑA CARLA	¿Quinientos bolívares? No los tengo… y *si* los *tuviera* no lo podría comprar… ¡Es demasiado caro!°
VENDEDORA	¿Y *si* se lo *vendiera* por cuatrocientos ochenta?
DOÑA CARLA	Pues, lo *preferiría* en otro color. Éste no me gusta porque…
VENDEDORA	Es el último que me queda°. Hace unos diez minutos vendí uno rojo muy bonito. ¿Sabe que en las tiendas del centro estos ponchos cuestan el doble°? ¡Y en esos lugares tienen precios fijos°…! Pero lléveselo por cuatrocientos cincuenta, señora…
DOÑA CARLA	*Si* me lo *diera* por cuatrocientos veinte, me lo llevaría.
VENDEDORA	Está bien. Se lo doy por cuatrocientos veinte.
DOÑA CARLA	¡De acuerdo!° Muchas gracias.

¡Es… *It's too expensive!*   **me queda** *I have left*   **el doble** *double, twice as much*   **precios fijos** *fixed prices*   **¡De acuerdo!** *Agreed!, OK!*

1. ¿Cuánto cuesta el poncho?   2. ¿Cree doña Carla que el poncho es muy caro o muy barato?   3. Si ella tuviera quinientos bolívares, ¿compraría el poncho?   4. Si la vendedora le vendiera el poncho por cuatrocientos ochenta bolívares, ¿lo compraría?

5. ¿De qué color era el poncho que la vendedora había vendido unos minutos antes?
6. Según la vendedora, ¿cuánto cuestan esos ponchos en el centro? En general, ¿es posible regatear en las tiendas del centro? ¿Por qué sí o por qué no?   7. ¿Compraría doña Carla el poncho si la vendedora se lo diera por cuatrocientos veinte bolívares?

• •

A. When an *if* clause expresses a situation that the speaker or writer thinks of as true or definite, or makes a simple assumption, the indicative is used.

Si llueve, Carlos no va de compras.	*If it rains, Carlos isn't going shopping.*
Si Carlos va al mercado, yo voy también.	*If Carlos goes to the market, I will go too.*
Si llovió ayer, Carlos no fue de compras.	*If it rained yesterday, Carlos didn't go shopping.*

When the verb in an *if* clause is in the present tense, it is always in the indicative, whether the speaker is certain or not.

Si viene el cheque, me alegraré.	*If the check comes, I'll be happy.*
Si recibimos dinero hoy, iremos al supermercado.	*If we receive money today, we'll go to the supermarket.*

B. However, when the *if* clause expresses something that is hypothetical or contrary to fact and the main clause is in the conditional, the *if* clause is in the imperfect subjunctive.

Esa cámara es estupenda; si tuviera dinero, la compraría.	*That camera is wonderful; if I had money, I would buy it.*
Si las frazadas fueran de mejor calidad, las compraríamos.	*If the blankets were of better quality, we'd buy them.*
Si fueras más cuidadoso, no romperías las cosas.	*If you were more careful, you wouldn't break things.*

C. *If* clauses in the imperfect subjunctive refer to the present.

Si tuviera dinero, te lo daría.	*If I had money (now), I'd give it to you.*

To express an *if* clause about the past, a compound tense (imperfect subjunctive of **haber** + *past participle*) must be used.

Si hubiera tenido dinero, te lo habría dado.	*If I'd had any money (at that time), I'd have given it to you.*

D. The expression **como si** (*as if*) implies a hypothetical, or untrue, situation. It is followed by the imperfect subjunctive.

¡Regateas como si supieras lo que haces!	*You bargain as if you knew what you were doing!*
Andrés gasta dinero como si fuera millonario.	*Andrés spends money as if he were a millionaire.*
Elena se viste como si tuviera una fortuna.	*Elena dresses as if she had a fortune.*

EJERCICIOS

A. Esperanzas frustradas. Raquel pensaba pasar el día con sus amigos pero, cuando estaba por salir, su mamá le dijo que tenía que ayudarla a limpiar la casa. Haga el papel de Raquel y cambie las oraciones para decir cómo sería su día si no tuviera que quedarse en casa.

MODELO Si hace buen tiempo, iremos al Parque Central.
Si hiciera buen tiempo, iríamos al Parque Central.

1. Si tía Julia me manda dinero, compraré un vestido nuevo.
2. Si Carmen y su hermano tienen tiempo, me acompañarán.
3. Si tenemos hambre, comeremos en un restaurante.
4. Si veo a mis amigos, los invitaré a almorzar con nosotros.
5. Si encontramos algunas ofertas, valdrá la pena gastar dinero.

B. Puros sueños. Complete las oraciones que siguen.

MODELO Si fuera actor (actriz), ...
Si fuera actor (actriz), saldría en muchas películas románticas.

1. Si tuviera un millón de dólares,…
2. Si yo fuera dueño(-a) de una tienda,…
3. Si me quedaran sólo tres meses de vida,…
4. Si tuviera que vivir solo(-a),…
5. Si yo volviera a nacer en otra forma,…
6. Si yo fuera hombre (mujer),…
7. Si yo fuera invisible,…
8. Si yo estuviera hoy en América del Sur,…

C. Si así fuera… Para cada pregunta que le hace su compañero(-a), escoja una de las dos respuestas dadas (*a* o *b*) y agregue otra de su propia invención. Siga el modelo.

MODELO ESTUDIANTE 1: ¿Qué harías si ganaras el Premio Nóbel?
    a. no aceptarlo
    b. seguir trabajando igual que antes
    c. ?
ESTUDIANTE 2: **Si ganara el Premio Nóbel, yo seguiría trabajando igual que antes y ahorraría el dinero para gastarlo en el futuro.**

1. ¿Qué harías si fueras rico(-a)?
    a. viajar por todo el mundo
    b. ayudar a los pobres
    c. ?
2. ¿Qué harías si estuvieras de vacaciones?
    a. esquiar en las montañas
    b. levantarme tarde todos los días
    c. ?

3. ¿Qué harías si recibieras malas notas?
   a. estudiar más
   b. pedirles ayuda a mis profesores
   c. ?
4. ¿Qué harías si tu novio(-a) se enamorara de tu mejor amiga(-o)?
   a. llorar mucho
   b. buscar otro(-a) novio(-a) («Un amor se cambia por otro», ¿no?)
   c. ?
5. ¿Qué harías si pudieras viajar al pasado o al futuro?
   a. viajar a 1492 para estar con Colón durante su primer viaje a América
   b. volver a visitar esta universidad en el año 2020
   c. ?

FUNCIONES y práctica

Making a Purchase

When asking for the price of an item, you'd usually say: **¿Cuánto cuesta(n) / vale(n)** + the item(s)?

In a department store, you'd often find the following subdivisions when looking for clothing: **Sección Damas (ropa para damas), Sección Caballeros (ropa para caballeros), Sección Niños (ropa para niños).**

Most stores now accept payment with various **tarjetas de crédito.** You can also pay for your expenses **al contado** (cash), **con cheque,** or **con cheque de viajero.**

Other useful words and phrases when shopping are:

¿Qué talla (medida) usa? (**¿Cuál es su talla?**)	*What's your size?*
¿Qué número calza?	*What (shoe) size do you take?*
probarse (algo)	*to try on (something)*
el probador	*fitting room*
hacer juego con...	*to go (match) with . . . .*
quedarle chico (grande) a uno	*to be too small (big) on someone*
llevar puesto(-a, -os, -as)	*to wear, have on*
envolver	*to wrap*

> Note the following correspondences for sizes in clothing:
> 36 = 8 (*American size*), 38 = 10, 40 =12, etc.
>
> For shoe sizes, the correspondences are:
> 36 = 6 (*American size*), 38 = 8, 40 = 10, etc.

Práctica

De compras en Caracas. Con un compañero(-a), dramatice las siguientes situaciones. Uno(-a) hará el papel de vendedor(a) y el (la) otro(-a) el de cliente.

Usted necesita un par de zapatos para asistir a la boda de su mejor amigo(-a). Después de probarse varios modelos, decide comprar unos que hacen juego con la ropa que va a llevar. No tiene suficiente dinero para pagar al contado pero pregunta si aceptan tarjetas de crédito o cheques. Según la respuesta del (de la) vendedor(a), paga, se despide y se va.

III. CAMBIO DE LAS CONJUNCIONES *Y* EN *E* Y *O* EN *U*

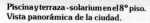

Piscina y terraza-solarium en el 8º piso.
Vista panorámica de la ciudad.

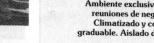

Ambiente exclusivo y cómodo para
reuniones de negocios o fiestas.
Climatizado y con iluminación
graduable. Aislado de ruidos y bullicio.

Un mensaje telefónico para Hilda

¡Sorpresa, querida prima! Te habla Marisa desde la piscina y terraza del Hotel Las Américas. Estoy aquí con Ofelia *e* Ignacio, dos compañeros de trabajo. Llegamos hace dos horas y sólo vamos a quedarnos hasta el domingo. Es que estamos aquí en viaje de negocios... ¡pero nos encantaría conocer Caracas! ¿Crees que tú *u* Óscar, o ambos, nos podrían llevar a ver algunos sitios de interés mañana o el sábado? ¡Ah!, hoy es jueves y son casi las dos de la tarde. ¡Llámame tan pronto como escuches mi mensaje, Hilda! Tenemos una suite en el séptimo piso y los teléfonos del hotel son el 951-7133 y el 951-7387. Chau, prima.

1. ¿A quién llama Marisa?   2. ¿Desde dónde llama ella? ¿Con quién está allí?   3. ¿Están de vacaciones Marisa y sus compañeros de trabajo?   4. ¿Cuánto tiempo se van a quedar allí ellos? ¿Qué les gustaría conocer?   5. ¿Adónde quiere Marisa que Hilda u Óscar los lleve? ¿Cuándo? ¿Por qué?

● ●

A. When the word following the conjunction **y** *(and)* begins with the sound /i/, spelled **i** or **hi,** the **y** is changed to **e.**

noticias e información	*news and information*
trabajador e inteligente	*hard-working and intelligent*
verano e invierno	*summer and winter*
madre e hija	*mother and daughter*

Y does not change to **e** when followed by a word beginning with the letters **hie,** since the initial sound is the glide /y/.

nieve y hielo	*snow and ice*

B. When the word following the conjunction **o** *(or)* begins with an **o** or **ho,** the **o** is changed to **u.**

diez u once	*ten or eleven*
primavera u otoño	*spring or fall*
plata u oro	*silver or gold*
ayer u hoy	*yesterday or today*

EJERCICIOS

A. **¿Están seguros...?**   En las dos oraciones que siguen, sustituya los nombres en bastardilla *(italics)* por los que están entre paréntesis.

1. Carlos e *Inés* han visto el programa. (Roberto, Isabel, Hilda, Teresa, Ignacio)
2. Sé que o Anita u *Olga* conocen bien Caracas. (Ofelia, Silvia, Oscar, Héctor, Homero)

B. Traducción.   Traduzca al español las siguientes frases.

1. French and Italian
2. mathematics and history
3. sons and daughters
4. father and son
5. meat and fruits
6. tropical and international
7. meetings or parties
8. seven or eight
9. woman or man
10. one or another
11. train or bus
12. minutes or hours

Entrevista ───────────────────────────────

Con un(a) compañero(-a) y en forma alternada, pregunte y conteste las preguntas que siguen y otras que usted quiera agregar.

1. ¿Hablas español e inglés? ¿francés e italiano?   2. ¿Has visitado Guatemala u Honduras?   3. ¿Son simpáticos e inteligentes tus profesores?   4. ¿Sabe mucho de economía e historia el presidente de este país?   5. ¿Es buena e interesante esta clase?   6. ¿Prefieres comer comida italiana u otro tipo de comida? ¿Qué comida? ¿Por qué?

• •

IV. FORMAS DIMINUTIVAS

En un pueblecito° venezolano

CARMEN   ¿Vas a la fiesta mañana? *Carlitos°* me dijo que te había invitado.

ISABEL   No, no puedo… Me gustaría ir pero tengo que cuidar° a mi *hermanita°*. Mis padres van a hacer un *viajecito°* a Canaima para ver El Salto Ángel*… y los vecinos° que siempre la cuidan ¡también van a salir mañana…!

CARMEN   Pero… ¡eso es terrible! ¿Qué dirá *Carlitos*? ¿Por qué no llevas a tu *hermanita* contigo?

ISABEL   ¡Imposible! Ella es demasiado *chiquita°* para salir de noche.

---

pueblecito *small town*   **Carlitos** *Charlie*   **cuidar** *to take care of, babysit*   **hermanita** *little sister*   **viajecito** *short trip*   **vecinos** *neighbors*   **demasiado chiquita** *too small, extremely young*

1. ¿Qué le dijo Carlitos a Carmen?   2. ¿Por qué no puede ir Isabel a la fiesta? ¿Qué van a hacer sus padres? ¿Por qué no puede dejar a la niñita con los vecinos?   3. ¿Sabe Carlitos que Isabel no puede ir a la fiesta con él? ¿Cómo lo sabe usted?   4. ¿Cuál es la idea de Carmen? ¿Piensa Isabel que es una buena idea? ¿Por qué?

---

*See **Nota cultural** 1, p. 426.

CANAIMA
LA GRAN AVENTURA

SERVIVENSA

• •

A. Certain endings in Spanish may be added to words to form diminutives. A diminutive is often used to express smallness, cuteness, or affection. The number of diminutive endings is large; particular combinations have special shades of meaning. Here are two rules of thumb, just as examples; each would have to be greatly elaborated to cover all possible formations.

1. **-(e)cito(-a)** is added to words of more than one syllable that end in **-n, -r, -e,** or certain diphthongs; to some two-syllable words ending in **-o** or **-a** if the word contains certain diphthongs; and to one-syllable words ending in a consonant.

jovencitos	*youngsters*	rubiecito	*little blond boy*
mujercita	*little woman*	trencitos	*small trains*
hombrecito	*little man*	solcito	*little sun*

2. **-ito(-a)** is added to most other words that end in **-o** or **-a,** and to more-than-one-syllable words that end in any consonant other than **n** or **r.**

casita	*cute little house*	Miguelito	*little Miguel*
autitos	*little cars*	relojito	*small watch*
ahorita	*right away*	perrito	*little dog*

B. Some words require a spelling change before the diminutive ending to show that the pronunciation of the base word does not change.

amigo	**amiguito**	*little friend*	juego	**jueguito**	*little game*
poco	**poquito**	*little bit*	chico	**chiquito**	*very small; young boy*
luz	**lucecita**	*little light*	voz	**vocecita**	*soft little voice*

EJERCICIO

¡Pobrecita!   Cambie las palabras en bastardilla *(in italics)* a la forma diminutiva.

> **MODELO**   La *hermana* de *Pedro* continúa *enferma*.
> **La hermanita de Pedrito continúa enfermita.**

1. ¿Quién es ese *chico*?
2. Es el *hermano* de *Teresa*.
3. ¿No se siente bien tu *amiga*?
4. Mi *abuela* tiene un *dolor* en el *brazo, Inés*.
5. Creo que las aspirinas están encima de la *mesa, hijo*.
6. Dale a *Luis* un *poco* de agua.
7. Hay un *vaso cerca* de las aspirinas.
8. Espera un *momento*, voy a hacer una *llamada*.

Entrevista

En forma alternada, haga y conteste las preguntas que le hace su compañero(-a) usando la forma diminutiva cuando sea posible.

1. ¿Vives cerca de la universidad?   2. ¿Te levantas temprano todos los días? ¿y hoy?
3. ¿Tienes hermanas? ¿y hermanos?   4. ¿Quieres que alguien te dé un regalo? ¿Quién?
¿Cuándo?   5. ¿Quieres mucho a tus abuelos? ¿Tienes un(a) abuelo(-a) favorito(-a)?   6. ¿Tienes un poco de dinero? ¿Cómo piensas gastarlo? Si necesitas dinero, ¿a quién se lo pedirás?

CARACAS: DIFERENCIAS ENTRE PADRES E HIJOS

Vista panorámica de Caracas, Venezuela

Una pareja de un pequeño pueblo venezolano toma café con sus vecinos.

EL VECINO   No nos han dicho nada de su viaje a Caracas.
¿Qué les pareció la capital?

LA SEÑORA   ¡Horrible!

		disappointment
EL SEÑOR	Una gran desilusión°. Todo era muy caro y de mala calidad. Además, las cosas tenían precios fijos y no se podía regatear. Nosotros hicimos el viaje principalmente para que los muchachos vieran los sitios importantes: los museos, la casa de Bolívar…[2]	
LA SEÑORA	Pero también vieron otras cosas sin que lo pudiéramos evitar°.	*avoid*
LOS VECINOS	Total que° no les gustó Caracas… ¿Pero qué cosas tan horribles vieron?	**Total... So**
EL SEÑOR	Fuimos al Parque del Este[3] y vimos novios que se besaban en público, como si estuvieran solos en el mundo. En resumen,° Caracas es un centro de perdición°…	**En...** *In conclusion* / *immorality, sin*
EL VECINO	¡Qué escándalo!	
EL SEÑOR	Pero eso no es todo… Había muchachos de once o doce años que fumaban en la calle.	
LA VECINA	¡Como si no tuvieran otra cosa que hacer!	
EL SEÑOR	Por eso regresamos pronto. Queríamos volver antes de que los muchachos empezaran a imitar las malas costumbres°.	*habits*

En otra parte de la casa, el hijo de catorce años y la hija de dieciséis toman refrescos con sus amigos.

EL AMIGO	¿Y el viaje a Caracas? ¿Qué les pareció la ciudad?	
EL HIJO	¡Fabulosa! Allí todo es muy barato y de buena calidad. En las tiendas se venden miles de cosas.	
LA HIJA	Sí, es un sueño. Los jóvenes se visten a la moda y tienen mucha libertad.	
EL HIJO	Los edificios son muy lindos y modernos.[4]	**por...** *from the outside*
LA AMIGA	¿Vieron la Rinconada?[5]	
EL HIJO	Sí, por fuera°. Yo quería que entráramos, pero mi padre dijo que no.	
LA HIJA	Es una lástima que no pudiéramos pasar más tiempo en las playas. Conocimos allá a un grupo de chicos que nos invitaron a una fiesta.	
EL HIJO	Sí, pero mamá nos prohibió que aceptáramos la invitación.	
LA AMIGA	¡Qué lástima! A mí me gustaría vivir algún día en Caracas.	
EL HIJO	A mí también. Si yo pudiera vivir en esa ciudad, sería la persona más feliz del mundo.	

Preguntas

1. ¿A qué ciudad viajó la pareja venezolana? ¿Para qué hicieron el viaje?   2. ¿Qué vieron en el Parque del Este?   3. ¿Por qué querían volver los padres?   4. ¿Qué les pareció la ciudad a los jóvenes? ¿Por qué les gustó hacer compras allí?   5. ¿A quiénes conocieron en la playa?   6. ¿Por qué no aceptaron la invitación que les hicieron? 7. ¿Cómo se sentiría el hijo si pudiera vivir en Caracas?   8. ¿Hay muchas diferencias de opinión entre usted y sus padres? ¿Le gustaría a usted viajar con ellos? ¿Por qué sí o por qué no?

Notas Culturales

1. **Canaima** is part of what is known as **la Gran Amazonia** *(the Amazon),* one of the oldest territories of the planet. It contains one of the world's most spectacular natural marvels, **El Salto Ángel** *(Angel Falls),* the highest waterfall on earth, measuring 3,212 feet, over twice the height of the Empire State Building. Angel Falls owes its name to an American pilot, Jimmie Angel, who landed his plane on this majestic «tepuy» (as these giant truncated mountains are called) in 1937 looking for gold. His plane may be seen today in a park by the Ciudad Bolívar airport.

2. Caracas is the birthplace of **Simón Bolívar,** one of South America's greatest heroes, and the site of the **Museo Bolívar,** which houses his personal effects and documents. **Bolívar** was born in 1783 and was a major figure in the movement for independence from Spain. He was a brilliant general and a greatly admired politician who dreamed of uniting the countries of South America as one nation. He died brokenhearted in 1830 without realizing his dream.

3. **El Parque del Este** in Caracas is a large park with artificial lakes, a zoo, playgrounds, and a train with fringe-topped cars. A great variety of orchids can be seen in its gardens, and in its excellent aviary there are specimens of the many tropical birds for which Venezuela is famous.

4. Caracas is a city of modern and ultramodern architecture. In the last several decades the government has sponsored many low-rent apartment complexes. The money for such projects comes from Venezuela's oil industry.

5. **La Rinconada** is one of the world's most luxurious racetracks, complete with escalators, an air-conditioned box for the president, and a swimming pool for the horses.

PARA ESCUCHAR

A. De compras.   Maricruz y Alejandro van a viajar a Boston. Necesitan hacer unas compras. Escuche las conversaciones y conteste las preguntas.

CONVERSACIÓN 1: En la sección informes del Centro Comercial Catedral, ¿qué busca Maricruz?

a.   ropa de verano   b.   ropa de invierno   c.   una maleta

CONVERSACIÓN 2: En la sección damas del Centro Comercial Catedral ¿Qué compra Maricruz?

a.   unos pantalones y una blusa   b.   unos pantalones y unos mocasines
c.   una blusa y unos mocasines

CONVERSACIÓN 3: En el Centro Artesanal Hannsi ¿Qué busca Alejandro:

a. unos regalos para unos amigos   b. cerámica para la casa
c. unas flores

B. ¿Verdadero o falso? Escuche las conversaciones otra vez. Conteste V (verdadero) o F (falso).

1. V   F
2. V   F
3. V   F
4. V   F
5. V   F
6. V   F

HANNSI
centro artesanal

FAX - 963 - 5825

Un Rincón Interesante
que Usted debe Conocer
Calle Bolívar, No. 12 - El Hatillo
Telfs.: 963.55.77 - 963.71.84 - 963.65.13 - 963.51.29

HORARIO
LUNES   9 a. m. a 1 p. m. y 2,30 a 7 p. m.
MARTES A VIERNES   8,30 a. m. a 1 p. m.
                         y 2,30 a 7 p. m.
SABADO   Corrido de 8,30 a. m. a 7 p. m.
DOMINGO   Corrido de 11 a. m. a 6 p. m.

MÁS FUNCIONES *y actividades*

In this chapter, you have seen examples of an important language function: making a purchase. Here are some additional expressions and activities related to the functions.

Expressing Satisfaction and Dissatisfaction

The following are some ways to express that you are pleased or displeased with something you have bought, seen, etc.

Esto (Eso) es buenísimo (fabuloso, justo lo que nos faltaba, etcétera).	*This (That) is very good (great, just what we needed, etc.).*
¡Esto (Eso) es terrible (feo, malo, aburrido, insoportable)!	*This (That) is terrible (ugly, bad, boring, unbearable)!*
Esto (Eso) (no) es aceptable.	*This (That) is (un)acceptable.*
Es demasiado…	*It's too . . .*
Esto (Eso) no funciona (no sirve).	*This (That) doesn't work.*
(No) me gusta… porque…	*I (don't) like . . . because . . .*
Me gustaría + *infinitive*… porque (pero, etc.)…	*I would like + infinitive . . . because (but, etc.) . . .*

Actividades _____

A. ¿Qué dicen? Observe los dibujos e imagine qué estarán diciendo estas personas. Exprese satisfacción o insatisfacción, según sea apropiado. Siga el modelo.

MODELO Esta maleta no sirve. Me gustaría devolverla.

B. Mini-dramas. Con un(a) compañero(-a), dramaticen las siguientes situaciones. En forma alternada, hagan el papel de vendedor(a) y cliente, respectivamente.

1. Usted y un(a) amigo(-a) van a pasar las vacaciones de primavera en Caracas. Su amigo(-a) tiene mucha ropa pero usted necesita comprar algunas cosas. Está en un gran centro comercial y quiere comprar algunas camisas (blusas), pantalones (faldas) y un traje elegante (un vestido de fiesta). Habla con un(a) vendedor(a); se prueba las ropas que le gustan y lleva todo lo que necesita para su viaje.

2. La semana que viene usted se va a Venezuela para visitar a sus amigos Maricruz y Alejandro. Quiere llevarles algunos recuerdos típicos de su ciudad (o de su país). ¿Qué les va a llevar? ¿Dónde cree que puede encontrar esos regalos? Usted está en una tienda que se especializa en regalos y objetos típicos. Habla con un(a) vendedor(a) y le pide consejos. Finalmente decide llevar dos regalos para la casa de sus amigos, un recuerdo para Alejandro y otro para Maricruz. ¿Cuáles son esas cuatro cosas que les va a llevar y cuánto pagó en total? ¿Pagó al contado...?

PARA ESCRIBIR

Escoja uno de los temas que siguen y escriba una breve composición con detalles y datos específicos.

1. Si le pudiera dar un millón de dólares a alguien o a alguna organización, ¿a quién o a qué organización se los daría? ¿Por qué?
2. Si el médico le dijera que sólo tiene un año de vida, ¿qué haría?
3. Si estuviera en una isla desierta, ¿con quién le gustaría estar? ¿Qué le gustaría hacer?
4. Si hiciera un viaje por un año y sólo pudiera llevar tres libros, ¿qué libros llevaría?

VOCABULARIO ACTIVO

Cognados

el artesano, la artesana	continuar	el inventario	la organización
la boutique	los cosméticos	el kilo	el petróleo
la calidad	el costo	la liquidación	el poncho
el cliente	fabuloso	local	puro
	la fortuna	millonario	el tipo

Verbos

ahorrar	*to save (time, money)*
aumentar	*to increase, to go up*
cuidar (a alguien)	*to take care (of someone)*
deber	*to owe*
gastar	*to spend; to waste*
prestar	*to lend*
rebajar	*to reduce; to mark down*
reconocer	*to recognize, to admit*
regatear	*to bargain (over prices)*

De compras / *Shopping*

la alfarería	*pottery; potter shop*
el almacén	*grocery store*
barato	*cheap, inexpensive*
el bizcocho	*cookie, biscuit*
el bolívar	*monetary unit of Venezuela*
caro	*expensive*
el, la dependiente	*salesclerk; shop assistant; clerk*
el empleado, la empleada	*employee*
la frazada	*blanket*
la galleta	*cracker*
la mueblería	*furniture store*
la oferta	*sale, (special) offer*

el precio fijo	*fixed price*
rebajado	*reduced; marked down; on sale*
el tapiz	*tapestry*
la venta	*sale, selling*
en venta	*on sale*

Otras palabras y frases

el alquiler	*rent*
el coche	*car*
rico	*rich*
el sueldo	*salary*
el vecino, la vecina	*neighbor*

Expresiones útiles

¿Cuánto cuesta (vale)…?	*How much is . . . ?*
Es demasiado…	*It's too . . .*
¡Eso es terrible (aburrido, etc.)!	*That's terrible (boring, etc.)!*
hacer juego con	*to match, to go with*
Me gustaría + infinitivo… porque (pero, etc.)…	*I would like + infinitive . . . because (but, etc.) . . .*
(No) me gusta… porque…	*I (don't) like . . . because . . . .*

En Lima, Peru, este artesano trabaja con flores.

PROFESIONES Y OFICIOS

VOCABULARIO. In this chapter you will talk about jobs, professions, and occupations.

GRAMÁTICA. You will discuss and use:

- Other uses of the progressive
- Other uses of **se:** as an impersonal pronoun equivalent to English *one, people, they;* as an alternative to the passive in such sentences as *Newspapers are sold here;* and as a way to express unplanned occurrences (e.g., **olvidarse** *to forget*)
- Adjectives used as nouns (*I'll take the red one.*)
- Future perfect and conditional perfect tenses (*for recognition only*)

CULTURA. This chapter focuses on Peru.

FUNCIONES

- Expressing doubt
- Asking, granting, and denying permission

PERÚ

Capital: Lima
Población: aproximadamente 22 millones de habitantes
Ciudades principales: Lima, Arequipa, Callao, Trujillo, Chiclayo
Moneda: nuevo sol

¿Sabía ud. que...?: En Perú, hay tres regiones distintas: la Costa, la Sierra (o Cordillera de los Andes) y la selva o Amazonia. La costa es árida, con excepción de algunos valles fértiles. En la zona central hay montañas altas. La región amazónica representa un 62 por ciento del territorio pero tiene sólo la octava parte de la población.

PROFESIONES Y OFICIOS

el abogado, la abogada

el policía, la mujer policía

el vendedor,
la vendedora

el secretario,
la secretaria

el ingeniero,
la ingeniera

el, la comerciante
el hombre (la mujer)
de negocios

el peluquero,
la peluquera

el, la músico

el doctor, la doctora
el médico, la médica

el programador
la programadora
(de computadoras)

el cura, el sacerdote

el camarero, la camarera
el mesero, la mesera

el jardinero,
la jardinera

el bombero, la bombera

el ama de casa

el, la cantante

el, la agente de viajes

el consejero
(la consejera)
de trabajo

Asociaciones. ¿Qué profesiones u oficios *(jobs)* asocia usted con las personas y cosas que siguen?

1. el dinero
2. las vacaciones
3. un restaurante
4. el divorcio
5. una oficina
6. una computadora
7. una boda
8. la construcción
9. una persona que busca trabajo
10. la música
11. las plantas
12. la gente enferma
13. los incendios
14. el trabajo de la casa
15. el pelo

Preguntas

1. ¿Cuál era la profesión de J.C. Penney? ¿de Jonas Salk? ¿Y cuál es la profesión de Michael Jackson? 2. ¿Quiénes trabajan en un hospital? ¿en el campo? ¿en una oficina? ¿en una tienda? ¿en casa? ¿muy lejos de la casa? 3. ¿Qué profesión le gustaría tener si tuviera el dinero y el talento necesarios? ¿Qué le gusta a usted de esa profesión? 4. ¿Qué carrera *(career)* piensa usted seguir? ¿Hay algo que no le guste de la carrera que piensa seguir? 5. ¿Cuáles son algunas de las profesiones consideradas de servicio público? 6. ¿Cuáles son algunas profesiones u oficios que pagan bien? ¿que pagan mal? 7. ¿Trabaja usted? ¿Dónde trabaja? ¿Le gusta su trabajo? ¿Por qué sí o por qué no? 8. ¿Le gustaría ser profesor(a)? ¿Por qué sí o por qué no?

• •

I. OTROS USOS DEL PROGRESIVO

La Plaza de Armas, Lima

En Lima, Perú, Ricardo está hablando con un consejero de trabajo.

CONSEJERO Así que usted *está buscando* trabajo en... ¿qué área?

RICARDO En programación°... Soy programador de computadoras. Por ahora *estoy trabajando* en una oficina, pero me gustaría *estar haciendo* otra cosa. Hasta hace unos meses *estaba trabajando* en una agencia de viajes.

CONSEJERO	¿Y qué hacía antes de eso?
RICARDO	Entre el 87 y el 89 trabajé de vendedor de ropa en una tienda, pero como *estaba trabajando* tanto y *ganando* tan poco, decidí *seguir estudiando* en la universidad.
CONSEJERO	¡Qué bien! ¿Y qué estudió?
RICARDO	Estudié sociología y psicología. Pero como usted puede ver, *andaba trabajando* mucho sin mucho provecho°. Ahora no sé qué hacer.
CONSEJERO	Tengo una idea. Con toda su experiencia, ¿por qué no trabaja aquí… de consejero de trabajo? En este momento, *estamos buscando* a alguien con sus calificaciones°.

programación *programming*   **provecho** *progress, gain*   **calificaciones** *qualifications*

1. ¿Dónde está trabajando Ricardo ahora? ¿Qué hace?   2. ¿Dónde estaba trabajando hasta hace unos meses?   3. ¿Qué hacía antes de eso?   4. ¿Por qué decidió seguir estudiando en la universidad? ¿Qué estudió?   5. ¿Qué tipo de empleo quiere Ricardo?   6. ¿Qué le recomienda el consejero?

• •

A. The formation of present participles and the formation and use of the present progressive was discussed in Chapter 3. Remember that present participles of verbs whose stem ends in a vowel take the ending **-yendo** rather than **-iendo.**

creer	**creyendo**	oír	**oyendo**
leer	**leyendo**	traer	**trayendo**

The present participle of **ir** is **yendo.**

B. The **-ir** verbs that change stem vowel **e** to **i** or **o** to **u** in the third person preterit show the same change in the stem of the present participle.

decir	**diciendo**	preferir	**prefiriendo**
dormir	**durmiendo**	seguir	**siguiendo**
morir	**muriendo**	servir	**sirviendo**
pedir	**pidiendo**		

Poder is the only **-er** verb with a change in the present participle.

poder	**pudiendo**

C. Remember that the present progressive is used to emphasize that an action is going on at the moment.

¿Qué tipo de oficio estás buscando?	*What type of job are you looking for?*
No puedo salir ahora; estoy comiendo.	*I can't go out now; I'm eating.*

D. A form of **estar** in the imperfect (or sometimes in the preterit) may be combined with a present participle to form the past progressive tense. This tense indicates that an action was in progress at a given moment in the past.

¿Qué estaban haciendo los comerciantes aquí ayer? Estaban hablando del nuevo negocio.	*What were the business people doing here yesterday? They were talking about the new business.*

E. Verbs of motion, including **seguir, ir, venir,** and **andar,** are sometimes used instead of **estar** in a progressive tense to imply that an action is or was unfolding little by little or in spite of an interruption.

Andaba buscando trabajo. Siguen diciendo que el jefe no es muy exigente, pero tengo mis dudas.	*He was (going along) looking for work. They keep on saying that the boss isn't very demanding, but I have my doubts.*

F. Spanish speakers use progressive tenses much less frequently than English speakers.

1. The simple present tense is used to describe most actions going on in the present; the preterit and imperfect are used for most past actions.

¿Qué haces en estos días? Trabajo en una peluquería. Soy peluquero. ¿Qué hacía Ramón por la tarde? Hablaba con los músicos.	*What are you doing these days? I'm working in a barbershop. I'm a barber. What was Ramón doing this afternoon? He was talking to the musicians.*

With the progressive there is sometimes the sense that an action is (was) going on at the same time as something else or in conflict with it.

Vámonos—el cura está esperando. ¿No quiso ayudarte? No, estaba leyendo.	*Let's go—the priest is waiting. Wouldn't he (she) help you? No, he (she) was reading.*

2. The Spanish progressive is seldom used to refer to future actions; the present tense, **ir a** + *infinitive,* or the future tense is used instead.

Voy a la peluquería el sábado. Dejaré este trabajo para la próxima semana.	*I'm going to the hairdresser's on Saturday. I'll leave this work for next week.*

3. Ir and **venir** are usually not used in the progressive. A simple tense is used instead.

Que yo sepa, Joaquín va (viene) a Lima.	*As far as I know, Joaquín's going (coming) to Lima.*

G. Remember that when object pronouns are attached to the end of the present participle, an accent mark is written on the participle to show that the stress has not changed.

Mi jefe se estaba quejando de su carrera.
Mi jefe estaba quejándose de su carrera.
} *My boss was complaining about his career.*

EJERCICIOS

A. Piense y hable. Termine las frases. Escoja el más apropiado de los dos verbos entre paréntesis y úselo en la forma progresiva.

> **MODELO (hablar/tratar)** El pobre Jacinto está **tratando** de dormir pero los chicos están **hablando** mucho.

1. **(pedir/gastar)** Los niños están _____ mucho dinero recientemente. ¿En qué lo están _____?
2. **(morir/leer)** Yo estaba _____ un libro cuando me llamó mi tía para decirme que mi abuela estaba _____.
3. **(construir/dejar)** Nosotros estamos _____ un garaje *(garage)* en casa. Mientras tanto estamos _____ el coche en la calle.
4. **(buscar/aprender/repetir)** ¿Cuánto tiempo hace que ese joven anda _____ esposa? Sigue _____ la misma cosa: «Estoy _____ mucho sobre las mujeres.»
5. **(bañarse/hablar por teléfono/esperar)** Estuve _____ a mi novia en su casa por más de media hora. Su mamá me dijo que estaba _____ pero creo que estaba _____.

B. El terremoto. ¿Qué estaban haciendo las siguientes personas cuando ocurrió el terremoto en Lima, Perú? Siga el modelo.

> **MODELO** **La mesera estaba sirviéndoles café a unos comerciantes. Los comerciantes estaban hablando de una nueva tienda que iban a abrir.**

MODELO   1.   2.

3.   4.   5.

6.   7.   8.

C. **¿Qué están haciendo?** Trabaje con un(a) compañero(-a). En forma alternada *(Taking turns),* hagan y contesten las siguientes preguntas.

> **MODELO** un empleado de Taquito King
> ESTUDIANTE 1 **¿Qué está haciendo un empleado de Taquito King ahora?**
> ESTUDIANTE 2 **Está vendiendo tacos.**

1. el presidente de Estados Unidos
2. tus padres
3. el escritor peruano Mario Vargas Llosa
4. el cantante Julio Iglesias
5. el bailarín Fernando Bujones
6. su actor (actriz) favorito(-a)
7. los reyes de España
8. ? *(Use sus propias ideas.)*

Entrevista _____

Trabaje con un(a) compañero(-a). En forma alternada, hagan y contesten las preguntas que siguen.

1. ¿Qué estás haciendo en este momento? ¿Qué está haciendo el profesor (la profesora)? 2. ¿Cuáles son cinco cosas que están pasando en el mundo en este momento? 3. ¿En qué estabas pensando hoy cuando entraste a la clase? 4. ¿Qué estabas haciendo ayer a las ocho de la noche? ¿a las diez? ¿Qué *no* estabas haciendo?

II. USOS ADICIONALES DEL PRONOMBRE *SE*

La ciudad de Cuzco, Perú es un lugar muy popular para turistas de todo el mundo.

Una mujer de negocios habla con una turista norteamericana en el Perú.

JANICE   ¿Es verdad que en este país *se cierran* las tiendas entre el mediodía y las tres?

PATRICIA   Pues, depende. En general, en los pueblos todavía *se cierran* las tiendas durante esas horas, pero en las ciudades más grandes ya prácticamente° *se ha perdido* esa costumbre.°

JANICE   Pero *se trabaja* mejor después de una buena siesta, ¿no?

PATRICIA   Cómo no, pero con el horario de nueve a cinco *se puede* conservar energía, especialmente en el invierno. *Se dice* que *se nos va a acabar*° el petróleo en treinta años si no lo conservamos. Así que ahora tenemos sólo media hora para almorzar—¡imagínese!°

prácticamente *practically*   **la costumbre** *custom*   **acabar** *to run out, end, finish*
¡imagínese! *Just imagine!*

1. En el Perú, ¿dónde se cierran las tiendas al mediodía? ¿Dónde no se cierran?   2. ¿Por qué se cambió el sistema en las grandes ciudades?   3. Según Patricia, ¿qué va a pasar si no conservamos el petróleo?   4. ¿Cree usted que el nuevo sistema será bueno para el país?

A. The pronoun **se** followed by a verb in the third person singular is a construction frequently used when it is not important to express or identify the "doer" of an action. This use of **se** is often translated in English with *one, people, we, you,* or a passive construction. It is known as the impersonal **se.**

Se sabe que no hay muchos trabajos para arqueólogos ahora.

It's known (Everybody knows, It's common knowledge) that there aren't many jobs for archeologists now.

Se cree que el poder de los antiguos sacerdotes de los incas era muy grande.	*It is believed (People believe) that the power of the ancient priests of the Incas was very great.*
Se dice que José consiguió un buen puesto en el gobierno. Podría ser.	*People say that José got a good job in the government. It could be.*

B. When there is a grammatical subject, **se** is followed by a verb in the third person singular or plural, agreeing with the subject.

Se habla español allí.	*Spanish is spoken there.*
Se hablan varias lenguas allí.	*Several languages are spoken there.*
Se vendían periódicos allí.	*Newspapers used to be sold there.*

This rule applies to things or infinitives.

C. The same structure is used to report unplanned events. Any person affected by the event may be mentioned with an indirect object pronoun, with additional clarification if necessary. Contrast the straightforward sentence **Paré el coche** (*I stopped the car*) with the following.

Se paró.	*It stopped.*
Se me paró el coche.	*My car stopped ("on me").*
A Ana y a Guillermo se les paró el coche.	*Ana and Guillermo's car stopped ("on them").*
A Ana y a Guillermo se les pararon los coches.	*Ana's and Guillermo's car stopped ("on them").*

This construction is often used to put a certain polite distance between an event and the person responsible for it, or to imply that the event was an accident. Compare the following pairs of sentences.

No olvides el número de teléfono.	*Don't forget the telephone number.*
Se me olvidó el número de teléfono.	*I forgot the phone number (it slipped my memory).*
El ama de casa perdió las tarjetas de crédito.	*The housewife lost the credit cards.*
Se le perdieron las tarjetas de crédito al ama de casa.	*The housewife (unintentionally) lost the credit cards.*

Many verbs are used in this construction. **Olvidar, perder, romper, caer** (*to fall, to drop),* and **acabar** are among the most common.

Se le rompió el vaso (a él).	*The glass (in his possession) broke.*
Se me cayó.	*It dropped. (It fell while in my possession.)*
Se nos acabó el tiempo y no pudimos terminar el examen.	*We ran out of time and couldn't finish the test.*

EJERCICIOS

A. Recomendaciones para conseguir trabajo. ¿Qué hay que hacer para conseguir trabajo? Estas recomendaciones se encontraron en la revista española *Vitalidad.* Forme frases con **se,** de acuerdo con el modelo.

> **MODELO** informarse acerca de la compañía donde/querer trabajar
> **Se informa acerca de la compañía donde se quiere trabajar.**

1. escribir un curriculum vita breve (de una página si es posible)
2. llevar un traje discreto a la entrevista (para hombres, de color azul o gris)
3. no abandonar el tratamiento de **usted** durante la entrevista (es decir, no usar la forma **tú**)
4. contestar serenamente, sin bromas *(jokes)*
5. no hacer preguntas personales al (a la) entrevistador(a) y no tomar la iniciativa
6. mostrar confianza en sí mismo(-a) *(self-confidence)*

B. Primeras impresiones. Lea la siguiente selección. ¿Cuál es el equivalente en inglés de las expresiones en negrilla *(bold)*? (Hay varias posibilidades para cada una.)

Pilar Gómez, psicóloga, trabaja en el Departamento de Selección de Personal de una importante compañía multinacional… «Al comenzar° la entrevista, **se habla** de un tema informal, sin importancia, donde tratas de hacer sonreír al aspirante y relajarle°. El fin° último de nuestras preguntas es el de buscar la chispa° en las personas. Esto **se capta°** en un 50 por ciento de su… lenguaje no verbal: forma de sentarse, mirar a los ojos, saludo, movimiento° de manos, expresiones de su cara, etcétera… El resto **se evalúa** de su locuacidad° y rapidez de respuesta; es decir, su agilidad verbal. Después **se hacen** preguntas sobre los datos personales del aspirante. **Se le pide** que hable de su historia académica. **Se pueden** intercambiar° también preguntas personales para estudiar las distintas reacciones que provocan. **Se observa** su carga° de emotividad°. Comentar acerca de un personaje de la vida pública registrará sus gestos°, seguridad en sí mismo°, organización e incluso° capacidad de memoria.»

al... at the beginning of
*hacer... make the applicant smile and relax him (her) / end, goal/ "spark" (personality)/ **captar** = to capture, depict/ movement*
evaluar = to evaluate/ loquacity, talkativeness
intersperse
"charge" (level)/ emotionality
gestures, expressions/ en... in himself (herself)/even

C. ¡Ya se hizo! Trabaje con un(a) compañero(-a) de clase. Sigan el modelo.

> **MODELOS** ¿escribir/las cartas?
>
> ESTUDIANTE 1 **¿Alguien escribió las cartas?**
> ESTUDIANTE 2 **Sí, ya se escribieron las cartas.**

1. ¿servir/la cena?
2. ¿hacer/la reservación?
3. ¿resolver/el problema?
4. ¿pintar/la casa?
5. ¿hacer/el reportaje?
6. ¿traducir/los libros?

FUNCIONES y *práctica*

Expressing doubt

A: ¿Dónde está Hugo?

B: *No sé.*   ¿Quién sabe?/No estoy seguro(-a) (+ que + *subjuntivo*)./No tengo la menor (*slightest*) idea./¿Qué sé yo?

A: ¿A qué hora va a llegar el jefe?

B: *No me acuerdo.*   Se me olvidó./No se sabe (*No one knows.*)/ Quizás (Tal vez) a mediodía. Es posible que llegue a mediodía./Creo (Pienso) que va a llegar a mediodía.*

A: ¿Van a ir a la reunión mañana?

B: *Lo dudo.*   Es dudoso (*doubtful*). Tengo mis dudas (*doubts*). / Que yo sepa (*As far as I know*), no. / Puede (Podría) ser. (*It could be.*) / Creo que sí (no).

Práctica

Dudas.   Trabaje con un(a) compañero(-a). En forma alternada, un(a) estudiante hace una afirmación y el otro (la otra) expresa duda. Use tantas expresiones de duda como le sea posible.

> **MODELO**   ESTUDIANTE 1   Es bueno llegar media hora antes a una entrevista de empleo.
>
> ESTUDIANTE 2   No estoy seguro(-a) de que sea bueno llegar tan temprano.

1. La mejor forma de encontrar trabajo es caminar por las calles y mirar los letreros *(signs)* en las ventanas.
2. Otra buena forma de encontrar trabajo es entrando en una oficina y hablando con la primera persona que se encuentre allí.
3. La primera pregunta al (a la) futuro(-a) jefe(-a) debe ser «¿Cuál es el sueldo?»
4. Cuando se habla de los empleos pasados, está bien exagerar mucho la experiencia que uno ya tiene.

---

*Remember that **creer** and **pensar** take the indicative in affirmative statements but the subjunctive in negative statements. (See page 343 for a review of uses of the subjunctive with these expressions.)

• •
III. LOS ADJETIVOS USADOS COMO SUSTANTIVOS

ESTADOS UNIDOS
Profesiones femeninas

P ese aº la crecienteº incorporación de las mujeres al mundo labo-
ral, la mayoría de los trabajos que ellas desempeñanº son
administrativos y no bien pagados. En los 90º, las profesiones más
habituales entre las mujeres norteamericanas son <u>las de</u>: secretaria,
cajeraº, bibliotecariaº, enfermera y profesora. Hace 50 años, <u>las
más comunes</u> en Estados Unidos eran: sirvienta, secretaria, profesora, empleada administrativa y vendedora.

Pese a *Despite*   **creciente** *growing*   **desempeñan** *fill*   **los 90** *the nineties*   **cajera** *cashier*
bibliotecaria *librarian*

1. En general, ¿tienen las norteamericanas trabajos bien pagados?   2. ¿Cuáles son las
profesiones más habituales entre ellas en los años 90? ¿Cuáles eran las más habituales
hace cincuenta años?

• •

A. In Spanish, a noun that is modified by an adjective may be deleted unless its
absence will cause confusion. The adjective that remains then functions as a noun;
it keeps the same ending as if the original noun were still expressed. (In English, the
noun is not just dropped, but is replaced, usually by *one* or *ones*.) Nouns are often
deleted in Spanish when:

1. the noun is preceded by a demonstrative adjective or an article.

estos zapatos pequeños → **estos pequeños**   *these small ones*
la mano derecha → **la derecha**   *the right one*

Un becomes **uno** before an adjective used as a noun.

un coche viejo → **uno viejo**   *an old one*

2. the adjective is an adjective of nationality or a descriptive adjective expressing
color, size, height, and so forth.

La francesa es ingeniera.   *The French woman is an engineer.*
Me gusta el vino tinto, pero prefiero   *I like red wine, but I prefer white.*
  el blanco.

B. Nouns can also be dropped from phrases.

Leo la edición de la mañana y la
de la tarde.
Arreglaron mi coche y el de mi
hermana.

*I read the morning edition and the
afternoon one.*
They fixed my car and my sister's.

Preguntas

1. ¿Qué tipo de música prefiere usted: la clásica, la popular, la folklórica…?   2. ¿Qué autos le gustan más: los estadounidenses, los alemanes, los japoneses *(Japanese)*…? 3. ¿Qué color prefiere usted: el rojo, el amarillo, el azul…?   4. ¿Con qué mano escribe usted: con la izquierda o con la derecha?

IV. EL FUTURO Y EL CONDICIONAL PERFECTOS

Las ruinas de Machu Picchu,
en los Andes peruanos

La novia de Manuel es arqueóloga. Va a Machu Picchu a ver las ruinas incas.

MANUEL   ¿Crees que Amelia ya *habrá llegado* a Machu Picchu?
GUSTAVO   Lo dudo, Manuel. Te *habría llamado* desde allí, ¿no?
MANUEL   Tienes razón. Me *habría llamado* desde la estación de trenes.
GUSTAVO   No te preocupes. Para el próximo sábado ya *habrá vuelto* y la tendrás contigo otra vez.

---

1. ¿Adónde va la novia de Manuel? ¿Por qué?   2. ¿Cree Gustavo que Amelia ya habrá llegado? ¿Por qué sí o por qué no?   3. ¿Para cuándo habrá vuelto Amelia?

A. The future perfect tense is formed with the future tense of the auxiliary verb **haber** plus a past participle.

habré	**habremos**	
habrás	**habréis**	+ *past participle*
habrá	**habrán**	

It expresses a future action with a past perspective—that is, an action that will have taken place (or may have taken place) by some future time. It can also express probability, an action that must have or might have taken place.

Habré terminado los estudios para el año 1996.	*I will have finished my studies by the year 1996.*
Para el mes próximo habrás conseguido un puesto como ingeniero.	*By next month you will (probably) have gotten a job as an engineer.*

B. The conditional perfect tense is formed with the conditional of **haber** plus a past participle.

habría	**habríamos**	
habrías	**habríais**	+ *past participle*
habría	**habrían**	

It often corresponds to the English *would have* plus past participle.

Habríamos llamado a los bomberos. ¿Qué habrían hecho ustedes?	*We would have called the fire department (fire fighters). What would you have done?*

It is also used to express the probability that a past action happened prior to another point in the past.

El hombre de negocios habría pensado en abrir otro restaurante.	*The businessman had probably thought about opening another restaurant.*

EJERCICIO

Traducción. Traduzca al inglés las siguientes oraciones.

1. —¿Qué habrás hecho para el año 2000?
   —Habré terminado mis estudios para médica y me habré casado con Felipe.
2. —¿Qué habremos hecho en clase para la semana que viene?
   —Habremos terminado este capítulo y habremos empezado el capítulo 19.

3. —Mis notas del año pasado fueron excelentes.
   —Tus padres se habrán puesto muy contentos.
4. —Para mañana habremos ido a Machu Picchu.
   —Y habremos visto las ruinas incas allí.
5. —¿Habrías podido entender una película en español el año pasado?
   —No, pero ahora podría hacerlo.

VIÑETA CULTURAL: ENTREVISTAS CON JÓVENES PERUANOS, POR MARIELLA BALBI

Antes de leer

Cognados. Para cada cognado de la columna izquierda, escoja una palabra de la derecha con un significado similar.

f	1.	motivar	a.	esperar
	2.	vigilar	b.	observar
	3.	reprochar	c.	poder
	4.	aspirar	d.	usar
	5.	convulsionada	e.	turbulenta
	6.	utilizar	f.	causar
	7.	autoridad	g.	aumentar
	8.	incrementar	h.	criticar

Víctor Hugo Torres M., vice-presidente de la Federación Universitaria de San Marcos, Lima

¿Tienes que trabajar para estudiar?
Sí, estoy en una imprenta°. La mayoría de los san marquinos trabajan, de mozos°, de obreros, encuestadores°, etc.

¿Por qué en San Marcos se enquistó con tanta fuerza° Sendero*?
Utiliza todas las universidades, pienso. La falta de autoridades, el que° nuestro local sea grande, difícil de vigilar…

¿Por qué Sendero tiene aceptación entre los jóvenes?
Mire, en San Marcos, Sendero tiene mayor receptividad entre los estudiantes que sufren° mayor pobreza. Y nosotros deberíamos ofrecerles algo…

En tu medio°, ¿el que estudia es mejor visto°?
Sí, es muy bien visto porque tiene deseo de superación°.

¿Y el que no estudia pero hace plata°?
Siempre tendrá la traba° de no tener educación, se le reprochará eso.

¿Te casarás cuando termines tu carrera°?
¿Cómo lo sabe?

Muchos piensan como tú…
Es que yo quiero realizarme° en mi vida profesional y luego casarme.

¿Tienes miedo al futuro?
No. Personalmente no. ¿Quién sabe? Me preocupa no conseguir trabajo.

Glosses (right margin):
- print shop
- waiters/survey takers
- **se…** did (Sendero) become so strongly embedded
- **el…** the fact that
- suffer
- environment/ **mejor…** thought better of / **de…** to get ahead
- dinero
- obstacle
- carrera de estudios
- fulfill myself

José Carlos Rodríguez, estudiante de psicología

¿Qué es ser pobre para ti?
No tener posibilidades de trabajo, nide educación, ni de recreación. Vivir en un medio injusto. Cuando sales de tu barrio, ves las diferencias. Pero la pobreza también motiva… a la organización.… Todos debemos tener las mismas posibilidades.

¿Qué es lo que° más les preocupa a los jóvenes?
Saber qué hacer cuando terminan la secundaria°. Se tiene todo inseguro°… Además, uno ve la pobreza en la casa y tiene que hacer algo, aunque eso implica° no estudiar.

Glosses (right margin):
- **lo…** that which
- high school / **Se…** Everything is uncertain / significa

Jésica Tejada, deportista

¿A ti te interesa la política?
La verdad es que no tengo un interés a fondo°.

¿Por qué?
Es que todos los cambios de gobierno son iguales. Prometen y nunca cumplen.

Glosses (right margin):
- **a…** deep

---

*Sendero luminoso *(Shining Path)* is a radical left-wing group in Peru, which uses violence and terrorist tactics.

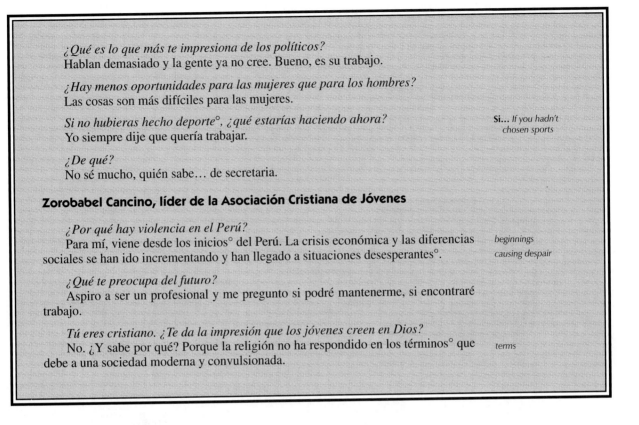

¿Qué es lo que más te impresiona de los políticos?
Hablan demasiado y la gente ya no cree. Bueno, es su trabajo.

¿Hay menos oportunidades para las mujeres que para los hombres?
Las cosas son más difíciles para las mujeres.

Si no hubieras hecho deporte°, ¿qué estarías haciendo ahora?
Yo siempre dije que quería trabajar.

Si... *If you hadn't chosen sports*

¿De qué?
No sé mucho, quién sabe… de secretaria.

Zorobabel Cancino, líder de la Asociación Cristiana de Jóvenes

¿Por qué hay violencia en el Perú?
Para mí, viene desde los inicios° del Perú. La crisis económica y las diferencias
sociales se han ido incrementando y han llegado a situaciones desesperantes°.

beginnings

causing despair

¿Qué te preocupa del futuro?
Aspiro a ser un profesional y me pregunto si podré mantenerme, si encontraré
trabajo.

Tú eres cristiano. ¿Te da la impresión que los jóvenes creen en Dios?
No. ¿Y sabe por qué? Porque la religión no ha respondido en los términos° que
debe a una sociedad moderna y convulsionada.

terms

Después de leer

Escoja por lo menos cuatro preguntas de la entrevista (por ejemplo, "¿Hay menos
oportunidades para las mujeres?" "¿Qué es lo que más les preocupa a los jóvenes?")
y hágaselas a varios(-as) compañeros(-as) de la clase. Compare y comente sus respuestas con las que dieron los jóvenes peruanos.

PARA ESCUCHAR

A. Entrevista de trabajo.   Escuche la entrevista entre la señorita Magaña, la jefa
de personal *(personnel)* de Viajes Perú, y el señor Morán. ¿Qué respuestas da el
señor Morán a sus preguntas? Tome notas. Aquí están las preguntas:

1. ¿Cómo está usted?
2. ¿Quiere un café?
3. ¿Qué experiencia tiene para esta clase de trabajos?
4. ¿Dónde trabajó anteriormente y por qué dejó el trabajo?
5. ¿Qué estudios ha realizado?
6. ¿Qué habilidades *(skills)* e intereses tiene?
7. ¿Por qué le interesa trabajar en nuestra compañía?
8. ¿Tiene alguna pregunta?

B. Otra entrevista de trabajo. Escuche la entrevista entre la señorita Magaña, la jefa de personal de Viajes Perú, y el señor Díaz. Le hace las mismas preguntas que le hizo al señor Morán. ¿Qué respuestas da el señor Díaz a sus preguntas? Tome notas.

COGNADOS: avanzar, panfletos.

C. Comparación. Compare las respuestas de los dos señores. ¿Cuáles son buenas? ¿Cuáles no lo son? ¿Quién va a conseguir el trabajo?

enlatar = to can

chofer = driver

MÁS FUNCIONES y actividades

In this chapter, you have seen examples of an important language function: expressing doubt. Below you'll find some additional expressions and activities related to the functions.

Asking, Granting, and Denying Permission

A: *¿Me permite fumar?*   ¿Se permite (Se puede) fumar?/¿Está bien que fume?/¿Le molestaría que fume?

B: Sí, *está bien (que fume).*   estoy seguro(-a) que puede fumar aquí/no
                                                     me molestaría (que fume)

             o

      No, *no se permite* (fumar aquí).   no se debe (puede)/está prohibido/eso no
                                                     se hace *(that's not done [allowed])*

To express a more personal point of view, you can use **querer, insistir,** or **pedir** (+ a clause with the verb in the subjunctive): **No quiero que vayas allí. Te pido que no vayas allí. Insisto en que no vayas allí.**

Actividades

A. Prohibiciones.   Rafael tiene un jefe muy exigente. Cuando Rafael le pide las siguientes cosas, su jefe le dice que no. Trabaje con un(a) compañero(-a). En forma alternada, hagan los papeles de Rafael y de su jefe, el señor Blanco. Sigan el modelo. Usen tantas expresiones para pedir permiso como les sea posible.

   MODELO   cambiar mi horario para llegar a las diez y salir a las cinco
                       (no quiero que…)
                  ESTUDIANTE 1   **¿Está bien que cambie mi horario para llegar
                                        a las diez y salir a las cinco?**
                  ESTUDIANTE 2   **No, no quiero que cambie su horario.**

   1. tomar tres semanas de vacaciones en julio   (no se puede)
   2. salir temprano mañana   (le pido que no…)
   3. dejar este trabajo para la semana que viene   (no está bien que…)
   4. llevar el auto de la compañía a mi casa   (se prohíbe…)

B. ¿Qué están diciendo las siguientes personas?   Trabaje con un(a) compañero(-a). Hagan breves conversaciones posibles para las situaciones en los dibujos en la página 450. Usen tantas expresiones para pedir, dar y negar *(deny)* permiso como les sea posible. Si quieren, usen algunas de estas palabras: **cerrar, prestar su bolígrafo, pescar, abrir, sentarme aquí, sacar una foto, entrar.**

MODELO

ESTUDIANTE 1   ¿Se puede sentar aquí?
ESTUDIANTE 2   **Sí, está bien. Estoy segura de que nadie tiene ya ese asiento.**

PARA ESCRIBIR

Usted decide llenar (completar) un formulario de empleo para una compañía española con oficinas internacionales. Piden un «curriculum vitae», o pequeña biografía. Escriba uno o dos párrafos describiendo sus estudios, habilidades *(skills)*, intereses y experiencia de trabajo. Incluya una descripción de sus trabajos anteriores.

VOCABULARIO ACTIVO

Cognados

la agencia	imaginar	la profesión	el sistema
la edición	el, la inca	el programador	
la experiencia	peruano	la programadora	
habitual	el petróleo	la siesta	

Verbos

acabar	*to end, finish, run out*
caer	*to fall; (with ind. obj.) to drop*
conseguir	*to obtain, get*
dejar	*to let, allow*
olvidar	*to forget*
realizar	*to realize, make possible, fulfill, complete*

Profesiones y oficios

el abogado, la abogada	*lawyer*
el ama de casa (*f*)	*housewife*
el arqueólogo, la arqueóloga	*archeologist*
el bombero, la bombera	*fire fighter*
la carrera	*career*
el, la comerciante	*business person*
el consejero, la consejera	*counselor*
el cura	*priest*
el hombre (la mujer) de negocios	*businessperson*
el jefe, la jefa	*boss*
el médico, la médica	*doctor*
el mesero, la mesera	*waiter, waitress*
el oficio	*job, trade*
el peluquero, la peluquera	*barber, beautician*

el sacerdote	*priest*
el vendedor, la vendedora	*salesperson*

Otras palabras y frases

antiguo	*old, ancient; former*
anterior	*former*
el cambio	*change*
demasiado	*too much*
exigente	*demanding*
el gobierno	*government*
la lengua	*language*
la peluquería	*barbershop, beauty parlor*

Expresiones útiles

Es dudoso.	*It's doubtful.*
Eso no se hace.	*That's not done (allowed).*
¿Le molestaría que...?	*Would it bother you if...?*
No tengo la menor idea.	*I don't have the slightest idea.*
Puede (Podría) ser.	*It could be.*
Que yo sepa... (+ *ind*)	*As far as I know...*
Tengo mis dudas.	*I have my doubts.*

Un edificio de apartamentos en Quito, Ecuador

EN CASA

OPTIONAL *For* RECOGNITION ONLY

VOCABULARIO. In this chapter you will talk about housing.

GRAMÁTICA. You will discuss and use:

- Additional uses of the definite article
- Omission of the indefinite article
- The neuter article **lo**
- The passive voice

CULTURA. This chapter focuses on Ecuador.

FUNCIONES

- Changing the subject
- Expressing empathy

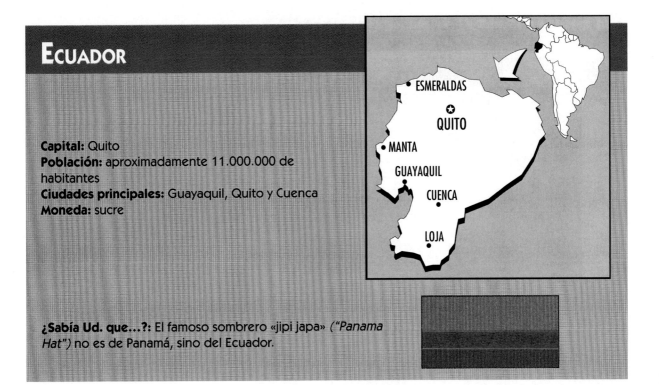

ECUADOR

Capital: Quito
Población: aproximadamente 11.000.000 de habitantes
Ciudades principales: Guayaquil, Quito y Cuenca
Moneda: sucre

¿Sabía Ud. que...?: El famoso sombrero «jipi japa» *("Panama Hat")* no es de Panamá, sino del Ecuador.

¿DÓNDE VIVE USTED?

1. el edificio de apartamentos
2. la casa
3. el jardín
4. el garaje

Los cuartos (*rooms*) de un apartamento

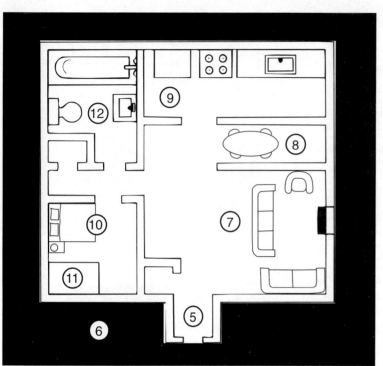

5. la entrada
6. el pasillo
7. la sala (de estar)
8. el comedor
9. la cocina
10. el dormitorio, la alcoba
11. el ropero
12. el cuarto de baño, el baño

El baño y la cocina

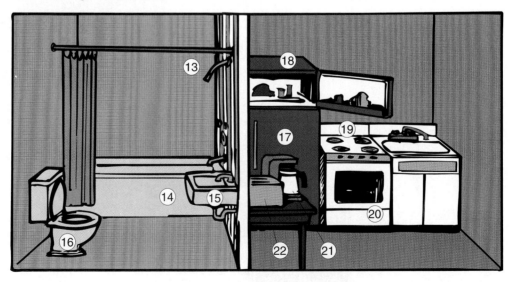

13. la ducha
14. la bañera
15. el lavamanos
16. el inodoro

17. la nevera,
    el refrigerador
18. el congelador
19. la estufa

20. el horno
21. la cafetera
22. el tostador

Los muebles

la cama

la silla

la lámpara

el televisor

la cómoda

la mesita de luz

el estante de libros

el escritorio

el sillón

el sofá

la alfombra

¿Para qué sirve?   ¿Cuál es la función de los cuartos siguientes? Dé la letra que corresponde a la función apropiada.

1. el dormitorio	a. cocinar
2. el comedor	b. dormir
3. la cocina	c. bañarse, lavarse
4. la sala	d. comer
5. el baño	e. mirar televisión, leer

En construcción.   Usted está construyendo una casa. Trabaje con un(a) compañero(-a) de clase. En forma alternada nombren (*name*) las cosas apropiadas para cada cuarto.

MODELO   En el comedor hay… (una mesa, unas sillas, una alfombra)
ESTUDIANTE 1   En el comedor hay una mesa.
ESTUDIANTE 2   En el comedor hay una mesa y unas sillas…

1. En la sala de estar hay (un tostador, una mesita de luz, una cómoda, un sillón, un sofá).
2. En el cuarto de baño hay (una ducha, un refrigerador, una bañera, un lavamanos, un tostador).
3. En la cocina hay (una lámpara, una estufa, un horno, un congelador, una cama).
4. En el dormitorio hay (un inodoro, una cama, una cómoda, una ducha, una estufa).

Preguntas

1. Usted acaba de comprar una casa y algunos muebles, ¿dónde pondría usted el sofá? ¿la cama? ¿el sillón? ¿la mesita de luz? ¿el televisor? ¿el estante de libros? ¿el escritorio?
2. ¿Qué muebles pondría usted en el comedor? ¿en la sala?   3. ¿Qué muebles no usaría usted en el dormitorio?   4. ¿Adónde iría usted para tomar sol? ¿para jugar a los naipes? ¿para preparar la comida?   5. ¿Dónde pondría usted el auto? ¿el tostador? ¿y la cafetera?

I. USOS ADICIONALES DEL ARTÍCULO DEFINIDO

El mercado de Otavalo,
Ecuador

Quito, el 14 de agosto

Querido abuelo Luis:

En la foto ves el mercado indígena de Otavalo que es *el* mas famoso de *los* mercados nativos. Otavalo está situado a unas dos horas al norte de Quito. Hace frío en las montañas y el día que yo fui allí tuve que ponerme *el* abrigo de invierno. Otavalo es famoso por sus tejidos° hechos a mano. Los otavaleños° han conservado sus diseños° tradicionales en los ponchos, suéteres, mantas° y otros artículos que hacen. Los indios hablan quechua, el idioma de los incas, pero también hablan perfectamente el español. El mercado tiene lugar una vez a *la* semana° (todos *los* sábados). En el tiempo que llevé allí compré varias cosas para la casa…, mantas para mi cama, tejidos para poner en las paredes de mi dormitorio. Además° compré dos lindísimos suéteres y tres pares de guantes a 14.000 sucres *el* par. Saqué muchas fotos y dentro de poco te voy a enviar algunas de *las* mejores. Hasta muy pronto.

Un beso grande,

Catalina

tejidos *woven articles* **otavaleños** *inhabitants of Otavalo* **diseños** *designs* **mantas** *blankets* **una vez a la semana** *once a week* **Además** *Besides, In addition*

1. ¿Cuál es el más famoso de los mercados indígenas? ¿Dónde está? 2. ¿Por qué es famoso Otavalo? 3. ¿Cuáles son algunos de los artículos que hacen los otavaleños? 4. ¿Qué idiomas hablan ellos? 5. ¿Cuándo tiene lugar el mercado de Otavalo? 6. ¿Qué cosas compró Catalina?

• •

Spanish and English differ in minor ways in their use of the definite article. Several of these differences have already been noted, such as the use of the article with titles (**la doctora Arias** Chapter 1), with certain country names (**el Ecuador** Chapter 2), and with dates and days of the week (**el lunes** Chapter 4). Here are several other ways that Spanish speakers use the definite article.

A. With parts of the body, personal effects, and articles of clothing, when it is clear who the possessor is. The possessive adjective is not used in these instances.

La médica se lava las manos en el lavamanos.	*The doctor washes her hands in the sink.*
Ricardo se quitó el abrigo en el pasillo.	*Ricardo took off his coat in the hall.*

B. Before a noun used in a general sense as representative of its class or type. The noun can be singular or plural, concrete or abstract.

Me gustan más las casas viejas que las modernas.	*I like old houses better than modern ones.*
La tensión es la causa principal del insomnio.	*Tension is the main cause of insomnia.*

But when the reference is to only part of the general class or type, the definite article is not used. Compare the following sentences.

Las sillas importadas cuestan más.	*Imported chairs cost more.*
Venden sillas importadas en esa mueblería.	*They sell imported chairs in that furniture store.*

C. With names of languages or fields of study, except directly after **en** and after **hablar, escribir, enseñar, estudiar, aprender,** and **leer,** when it is usually omitted.

Aprendo japonés. El japonés es una lengua muy difícil.	*I'm Learning Japanese. Japanese is a very difficult language.*
Me gustan las ciencias en general.	*I like sciences in general.*
¿Cómo se dice «buen provecho» en francés? «Bon appétit.»	*How do you say "Enjoy the meal" in French? "Bon appétit."*

D. For rates and prices.

Compré un vino excelente a 7.000 sucres el litro.*
I bought an excellent wine for 7,000 sucres a liter.

¿Ese queso cuesta 6.000 sucres el kilo?
Does that cheese cost 6,000 sucres a kilo?

E. Before each noun in a series.

No funcionan ni la ducha, ni el inodoro, ni el grifo del lavamanos. ¡Y éste es un baño nuevo!
Neither the shower, nor the toilet, nor the faucet of the sink is working. And this is a new bathroom!

F. With the preposition **a** + *a time expression* to mean *per.*

Pagamos el alquiler una vez al mes y los impuestos federales una vez al año.
We pay the rent once per month and federal taxes once per year.

EJERCICIOS

A. **¿Qué se puso Gloria?** Gloria estaba preparándose para salir… Le llevó tiempo terminar de vestirse porque había dejado la ropa por toda la casa. Diga qué ropa se puso y dónde.

> **MODELO** blusa blanca / el dormitorio de sus padres
> **Se puso la blusa blanca en el dormitorio de sus padres.**

1. la falda nueva / el dormitorio de su hermana
2. las medias / el baño
3. el suéter / la sala
4. el impermeable / el comedor
5. las botas de lluvia / el garaje

B. **Completar las frases.** Trabaje con un(a) compañero(-a) de clase y completen las frases que siguen, usando el artículo definido cuando sea necesario.

1. Horacio lleva pasaporte en _____ mano.
2. Ana se quitó _____ zapatos en la cocina.
3. Me dolía _____ cabeza cuando escuchaba esa música.
4. «_____ tiempo es oro.»
5. Compré un buen vino chileno a 8.000 sucres _____ litro.
6. _____ español es una lengua muy práctica.
7. ¿Habla usted _____ alemán?

Entrevista ────────────────────────────────

Trabaje con un(a) compañero(-a) de clase para hacerse y contestar las siguientes preguntas.

1. ¿Qué clase de comida te gusta más? ¿Y qué clase de comida te gusta menos? 2. Según tu opinión, ¿cuáles son las lenguas más importantes? ¿Por qué? 3. Cuando te

---

*In September, 1992, the exchange rate was approximately 1400 sucres per dollar.

despiertas por la mañana, ¿abres los ojos fácilmente o con mucha dificultad?   4. Cuando estás nervioso(-a), ¿te duele la cabeza? ¿y el estómago? ¿y la espalda? ¿Qué tomas o haces entonces?   5. Cuando caminas o corres mucho, ¿te duelen los pies? ¿y las piernas? ¿y el cuello?   6. En estos días, ¿cuánto cuesta la gasolina? ¿Y cuánto cuestan las naranjas?   7. ¿Qué ropa te pones cuando hace frío? ¿cuando hace calor? ¿cuando llueve?   8. ¿Te interesa el arte? ¿la política? ¿la literatura?   9. ¿Te gustaría agrandar tu casa (apartamento, residencia)? ¿Qué cuartos adicionales te gustaría tener? ¿Por qué o para qué?

• •

II. LA SUPRESIÓN DEL ARTÍCULO INDEFINIDO

La Plaza e Iglesia de San Francisco, Quito, Ecuador

Fran y Mitch Kurker, turistas norteamericanos, acaban de llegar a Quito y quieren hacer una excursión de la ciudad en autobús. Llaman a Coltur de Quito y oyen el siguiente mensaje telefónico.

Buenas tardes y bienvenidos° a Quito. Usted ha llamado a la oficina de Coltur de Quito. No estamos en la oficina ahora, pero alguien estará aquí a las dos para contestar sus preguntas. Si usted quiere hacer una visita de Quito en uno de nuestros autobuses modernos, escuche la siguiente información. Hoy no tenemos excursiones por la mañana, pero por la tarde hay tres. Hay una a las tres que todavía tiene media docena de asientos libres°. Otra sale a las cuatro y tiene diez asientos libres. La tercera sale a las cinco, pero está llena°. Las excursiones cuestan el equivalente de once dólares (EE.UU.) y duran aproximadamente una hora y media. Si desea conocer nuestra hermosa ciudad con «Excursiones Coltur», debe llegar a nuestra oficina media hora° antes de que salga la excursión. Puede pagar con VISA o con cheques de viajero. Nuestros guías hablan español, inglés y francés. *If you wish to hear this message in English, stay on the line. . .*

bienvenidos *welcome*   **media docena de asientos libres** *half a dozen available seats*   **llena** *full*   **media hora** *half an hour*

1. ¿Dónde están Fran y Mitch? ¿Y qué quieren hacer allí?   2. ¿A qué hora estará alguien en la oficina de Coltur?   3. ¿Cuántas excursiones hay por la tarde?   4. ¿Hay asientos libres en todas? Explique.   5. ¿Cuánto cuestan las excursiones? ¿Es posible pagar con una tarjeta de crédito?

• •

Spanish speakers omit the indefinite article in many situations where English speakers use *a* or *an.*

A. Remember that following the verb **ser,** the indefinite article is omitted before an unmodified noun that indicates profession, religion, nationality, or political affiliation.

Juan es	atleta. católico. socialista. ecuatoriano.	*Juan is*	*an athlete.* *a Catholic.* *a socialist.* *en Ecuadoran.*
Es un	buen atleta. católico devoto. socialista práctico. ecuatoriano patriótico.	*He is a*	*good athlete.* *devout Catholic.* *practical socialist.* *patriotic Ecuadoran.*

B. The indefinite article is not used before words such as **medio, otro,** and **cierto.** The latter agree in gender and number with the nouns they modify.

Hay media docena de huevos en el refrigerador.	*There are half a dozen eggs in the refrigerator.*
Claudia compró otra mesita de luz.	*Claudia bought another end table.*
Cierto poeta dijo eso.	*A certain poet said that.*

C. The indefinite article is usually omitted after **de** meaning *as,* and in negative expressions with **tener.**

Raúl trabaja de agente de viajes.	*Raúl works as a travel agent.*
Ellos no tienen auto.	*They don't have a car.*

D. The indefinite article is also omitted in exclamations using **¡Qué…!** + *noun.*

¡Qué casa más linda!	*What a pretty house!*
¡Qué lástima!	*What a shame!*

EJERCICIOS

A. **¿Qué, quiénes son?** Haga oraciones usando las siguientes palabras. Siga el modelo, haciendo los cambios que sean necesarios.

> MODELO   esa señora/argentino   **Esa señora es argentina.**

1. mis amigos/protestante	5. los Pérez/cubano
2. Juan y José/pintor	6. tú/norteamericano
3. Ana/doctor	7. Miriam/judía
4. nosotros/socialista	8. Jorge Andrade/poeta

B. **Asociaciones.** Trabaje con un(a) compañero(-a) de clase. ¿Qué profesiones, intereses políticos y nacionalidades asocian ustedes con las personas abajo *(below)* mencionadas?

> MODELO   ESTUDIANTE 1   **¿Quién fue Karl Marx?**
>
> ESTUDIANTE 2   **Karl Marx fue escritor, filósofo, sociólogo, comunista y alemán.**

1. Pablo Picasso	5. Teresa de Jesús
2. Albert Einstein	6. El Greco
3. Miguel de Cervantes	7. Sor Juana Inés de la Cruz
4. Gabriela Mistral	8. Pancho Villa

C. **Cualidades y características.** Ahora digan ustedes una característica o cualidad de las personas mencionadas en el ejercico B.

> MODELO   ESTUDIANTE 1   **¿Cómo fue Karl Marx?**
>
> ESTUDIANTE 2   **Karl Marx fue un filósofo famoso.**

Preguntas

1. ¿Qué profesión quiere tener usted?   2. ¿Es usted demócrata? ¿republicano(-a)? ¿independiente? ¿y sus padres?   3. ¿Puede usted nombrar *(name)* a un(a) socialista famoso(-a)? ¿a un futbolista latinoamericano? ¿a un(a) atleta muy rico(-a)?   4. ¿Cuánto cuesta media docena de huevos en el supermercado de su ciudad?   5. ¿Ha trabajado usted alguna vez de carpintero(-a)? ¿de pintor(a)?

III. EL ARTÍCULO NEUTRO *LO*

OTRO QUE CREYÓ QUE LO ÚNICO QUE HAY POR DELANTE ES EL PORVENIR

lo único = the only thing

por delante = ahead

el porvenir = the future

Los señores Fuentes buscan un nuevo sofá en una pequeña mueblería.

SRA. FUENTES No es exactamente *lo* que teníamos en mente° pero sí es un sofá lindo.

VENDEDOR Sí, señora, y es de muy buena calidad°.

SR. FUENTES Pero… *lo* malo de este sofá es el color.

SRA. FUENTES Por el contrario°, querido°… Para mí, *lo* bueno de este mueble es que hace juego con la alfombra y el sillón que tenemos.

SR. FUENTES ¡Pero son horribles! Creo que *lo* peor de nuestros muebles y de esa alfombra… ¡es el color!

SRA. FUENTES Pues, querido, el verde es mi color favorito y *lo* bueno del verde es…

VENDEDOR ¿Querrían ver muebles de otros colores? También renovamos° muebles. Es fácil cambiar el color de un sillón, *lo* que aparentemente le gustaría muchísimo al señor… Y además vendemos alfombras de buena calidad y de muchos colores. En esta mueblería hacemos todo *lo* posible para dar gusto° a los clientes.

SRA. FUENTES ¡Y también todo *lo* posible para que gasten todo *lo* que tienen!

teníamos en mente *we had in mind*   **calidad** *quality*   **Por el contrario** *On the contrary*
querido *dear*   **renovamos** *we renovate*   **dar gusto** *to please*

1. ¿Qué es lo malo del sofá, según el señor Fuentes?   2. ¿Qué es lo bueno del sofá, según la señora Fuentes?   3. ¿Cuál es el color favorito de ella?   4. ¿Venden alfombras en la mueblería?   5. ¿Le gusta a usted ir de compras en una mueblería? ¿Por qué?   6. ¿Hay algún color que le guste especialmente para los muebles de su cuarto? ¿y algún color que no le guste?   7. ¿Hacen juego los muebles de su cuarto en la residencia universitaria? ¿en su apartamento o casa?

A. The neuter article **lo** can be used with the masculine form of an adjective to express an abstract quality or idea.

Lo bueno de vivir aquí es la seguridad.	*The good part about living here is the security.*
Haremos lo posible.	*We'll do what's possible (whatever we can).*

If the adjective phrase refers to a specific person or thing whose gender is known, **el, la, los,** or **las** must be used instead of **lo.**

Este apartamento es el más grande del edificio.	*This apartment is the largest in the building.*
El más chiquito está en la planta baja.	*The smallest is on the ground floor.*

B. Lo can replace an adjective or refer to a whole idea previously stated.

¿Es demasiado cara la casa? Sí, lo es.	*Is the house too expensive? Yes, it is.*
¿Eres dueño de casa? No, no lo soy. Soy estudiante.	*Are you a homeowner? No, I'm not. I'm a student.*

C. Lo que can be used to express something imprecise or to sum up a preceding idea, but it must precede a conjugated verb.

Nuestra vecina pudo arreglar el grifo, lo que nos alegró mucho.	*Our neighbor was able to fix the faucet, which pleased us a lot.*

When **ser** links a **lo** phrase with a plural predicate, the verb is often plural.

Lo más caro fueron las alfombras.	*The most expensive thing was the rugs.*

EJERCICIOS

A. Lo bueno y lo malo.   Diga lo que es bueno y lo que es malo para cada una de las siguientes cosas. Siga el modelo.

> **MODELO**   el verano   **Lo bueno del verano es el calor.**
> **Lo malo del verano son los insectos.**

1. la casa, el apartamento o la residencia estudiantil de usted
2. los apartamentos de su ciudad
3. la arquitectura de su ciudad
4. el clima de su ciudad
5. la clase de español
6. los muebles de su cuarto

B.   ¿Le gusta o no le gusta?   Trabaje con un(a) compañero(-a) de clase. Expresen sus opiniones sobre las siguientes personas y cosas.

> **MODELO**   hacer / el presidente
>
> ESTUDIANTE 1   ¿Te gusta lo que hace el presidente? o ¿Qué te parece lo que hace el presidente?
>
> ESTUDIANTE 2   (No) me gusta lo que hace el presidente.

1.   pasar / en el mundo
2.   yo / ver / en la televisión
3.   comprarme / mi novio(a)
4.   servirse / en la cafetería
5.   enseñar / los profesores
6.   yo / leer / en el periódico

Entrevista _____

Trabaje con un(a) compañero(-a) de clase para hacerse y contestar las siguientes preguntas.

1. ¿Qué es lo más interesante de la vida universitaria? ¿lo más aburrido? ¿lo más divertido?   2. ¿Qué es lo mejor de tu vida? ¿lo peor?   3. ¿Qué es lo que más te gusta de tu familia? ¿y de tu casa?   4. ¿Qué es lo interesante de esta ciudad? ¿y de la cuidad donde vives?   5. ¿Qué es lo mejor de la ciudad? ¿lo peor?   6. ¿Qué es lo mejor de la vida en el campo? ¿lo peor?

FUNCIONES *y práctica*

Changing the subject

Here are some examples of an important language function: changing the subject. Study the expressions below and do the practice exercise that follows.

A propósito...	*By the way . . .*	Entre paréntesis...	*Incidentally . . . By the way . . .*
Cambiando de tema...	*To change the subject . . .*	Por el contrario...	*On the contrary . . .*
En cambio...	*On the other hand . . .*	Sin embargo...	*However . . .*

Práctica _____

Cambiando de tema.   Trabaje con un(a) compañero(-a) de clase. Hagan los papeles de Ramón y Cecilia. Ellos van a comprar una nueva casa. Cecilia quiere decorar la casa con muebles antiguos de estilo colonial, pero Ramón prefiere el estilo moderno. Cecilia describe los muebles que prefiere, y Ramón trata de hablar de sus preferencias o de otra cosa.

IV. LA VOZ PASIVA

La catedral, vista desde la Plaza de la Independencia,

Querida Inés:

Desde hace dos días estoy aquí en Quito, la capital del Ecuador. Creo que me quedaré unos diez días más antes de volver a casa. Esta capital histórica y bonita *fue fundada*° en 1534. Hay jardines y pequeñas plazas por todas partes. La ciudad tiene magníficos edificios que *fueron construidos* por los españoles en el siglo XVI. Ahora tiene más de un millón de habitantes°. Hoy visité la Catedral donde está enterrado° Antonio José de Sucre, el héroe nacional de este país. También fui al Palacio Nacional. Hace varios siglos que ese palacio es el centro del gobierno ecuatoriano. Mañana iré a la Universidad Central que tiene muchos edificios modernos. Esa Universidad Central tiene sus orígenes en un seminario° que *fue fundado* en 1594. También visitaré el monumento que marca la línea ecuatorial. ¡Allí es posible tener un pie en el hemisferio norte y otro en el sur!* Además, hay un magnífico museo etnográfico. ¿Qué te parece? ¡Todo esto es de lo más fascinante°!

Bueno, como te darás cuenta°, ¡me encanta Ecuador! Te llamaré en cuanto llegue a Seattle, ¿OK?

Cariños,°

Eugenia

fue fundada *was founded*   **habitantes** *inhabitants*   **está enterrado** *is buried*
seminario *seminary*   **de...** *most fascinating*   **te darás cuenta** *you probably can tell*
Cariños *Affectionately*

*See Cultural note 1, page 469.

¿Verdadero o falso? Si es falso, diga por qué.

1. La ciudad de Quito fue fundada en 1534.
2. Antonio José de Sucre fue un conquistador español.
3. La Universidad Central tiene muchos edificios de estilo colonial.
4. En Ecuador hay un monumento que marca la línea ecuatorial.
5. Eugenia volverá a Seattle el año que viene.

• •

A. In Spanish, as well as in English, sentences can be in either the active or the passive voice. In an active construction, the subject performs the action of the verb. In a passive construction, the subject is acted upon. Compare the following sentences. The subjects are shown in bold type.

Active voice:

Los incas construyeron la ciudad de Cuzco.	*The Incas built the city of Cuzco.*
(Ellos) hicieron esos muebles en México.	*They made those pieces of furniture in Mexico.*

Passive voice:

La ciudad de Cuzco fue construida por los incas.	*The city of Cuzco was built by the Incas.*
Esos muebles fueron hechos en México.	*Those pieces of furniture were made in Mexico.*

B. The passive voice in Spanish consists of a form of **ser** plus a past participle. The past participle behaves like an adjective, changing its ending to agree in gender and number with the subject. When the agent (the "doer" of the action) is mentioned, it is generally introduced by the preposition **por.**

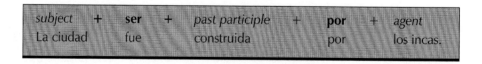

subject	+	**ser**	+	*past participle*	+	**por**	+	*agent*
La ciudad		fue		construida		por		los incas.

Las papas fueron descubiertas en América.	*Potatoes were discovered in America.*
A propósito, ¿sabías que los muros fueron pintados por los chicos?	*By the way, did you know that the walls were painted by the boys?*
La novela *Nada* fue escrita por Carmen Laforet.	*The novel* Nada *was written by Carmen Laforet.*

C. To express the state or condition resulting from an action, a form of **estar** is used; the past participle functions as an adjective, changing its ending to agree in gender and number with the subject. No agent is ever expressed. (This structure contrasts with the passive voice, which focuses on the action itself.) Study the following pairs of sentences.

La casa fue renovada por mi primo. *The house was renovated by my cousing.*
La casa está renovada. *The house is renovated.*

El garaje fue construido por un *The garage was built by a neighbor who*
vecino que es carpintero. *is a carpenter.*
El garaje ya está construido. *The garage is already built.*

D. The passive voice is used less frequently in Spanish than in English. When no agent is expressed, **se** plus a verb in the third person is generally used instead. The verb is singular or plural to agree with its grammatical subject.

Se habla español. *Spanish is spoken.*
Se necesitan muchos materiales *Many materials are needed to repair the*
para reparar la casa. *house.*

You don't need to use the passive voice now, but the following exercises will help you learn to recognize and understand it.

EJERCICIOS

A. Infórmese sobre Ecuador.   Escoja la forma apropiada del verbo para completar la frase.

1. La línea ecuatorial _____ por algunos científicos franceses en 1735.
   a. estuvo marcada   b. fue marcada
2. El Ecuador _____ al noroeste del Perú y al sur de Colombia.
   a. fue situado   b. está situado
3. Las regiones de Ecuador y Perú _____ por Francisco Pizarro.
   a. fueron conquistadas   b. estuvieron conquistadas
4. El rey inca Atahualpa y muchos otros indios _____ por los españoles.
   a. estuvieron matados   b. fueron matados
5. La ciudad de Guayaquil _____ en la costa del Ecuador.
   a. está situada   b. fue situada
6. Muchos objetos de arte indio _____ en Ecuador.
   a. están hechos   b. son hechos

B. Dicho de otra manera.   Para cambiar las frases de la forma pasiva (en bastardilla) a la construcción con **se,** marque con un círculo la letra del verbo apropiado.

MODELO   Hoy día muchas novelas en español *son traducidas* al inglés.
   a. se traduce   (b.) se traducen   c. se tradujeron

1. La vista desde el balcón siempre *ha sido muy admirada.*
   a. se ha admirado mucho b. se admiran mucho c. será muy admirada
2. Ese museo *será visitado* todos los días.
   a. se había visitado   b. se visitará   c. se visita
3. Aquellos edificios *fueron construidos* antes de 1850.
   a. se construyeron   b. se construían   c. se construyen
4. Los muebles *serían comprados* en Ecuador.
   a. se comprarán   b. se han comprado c. se comprarían
5. Esas casas *fueron vendidas* el año pasado.
   a. se vendieron   b. se venderán   c. se venderían

C. ¿Cuál es la mejor traducción? Escoja *a* o *b* para indicar la mejor traducción de las frases en bastardilla que siguen.

1. Large closets *are being built* in the new houses.
   - a. están construidos
   - b. se construyen
2. The entry to our apartment building *will be renovated* next week.
   - a. se renovará
   - b. estará renovada
3. The coffeepot *was broken* by one of the neighbor's children.
   - a. estuvo rota
   - b. fue rota
4. The freezer *is repaired* now, but it wasn't working for two days.
   - a. es reparado
   - b. está reparado
5. *Was* the oven *opened* by someone a few minutes ago?
   - a. fue abierto
   - b. estuvo abierto

QUITO: LA CIUDAD DE LA ETERNA PRIMAVERA

Una linda plaza colonial en Quito

En el restaurante del Hotel Colón, en Quito

LAURA Así que piensan mudarse a Quito.[1] ¡Deben estar muy contentos! Pero, ¿cuándo?

PEDRO Pues, nos gustaría estar aquí para Año Nuevo. Yo me jubilo° el mes próximo, ¡por fin! Por ahora, buscamos casa. Lo malo es la inseguridad de no saber dónde vamos a vivir. — *I'm retiring*

LUIS Realmente lo que me sorprende es que ya puedas jubilarte. ¿No eres muy joven para eso? Tienes un aspecto bastante juvenil° y cierto aire de juventud° y energía. — *youthful* / *youth*

ESTELA «Las apariencias engañan».° ¡Ya hace treinta años que Pedro trabaja para la misma compañía! Para nosotros, lo difícil será dejar Guayaquil[2] después de vivir tantos años allá. La compañía fue fundada por amigos del padre de Pedro, ¿lo sabían? — *Appearances are deceiving*

LUIS No lo sabíamos. Pero lo lindo, lo positivo, lo interesante de la vida en Quito es que aquí siempre hace un tiempo magnífico, ¿no?

LAURA Así es. Por algo llaman a Quito «la ciudad de la eterna primavera», ¿no? Estoy segura de que la vida aquí les gustará muchísimo. Lo bueno de vivir en la capital es que hay muchas actividades culturales, ¡y la ciudad ha sido construida con jardines y pequeñas plazas encantadoras°! Será un cambio muy beneficioso°. — *enchanting* / **un cambio...** *a very beneficial change*

PEDRO	Eso espero. El ambiente° será bastante diferente al que estamos acostumbrados. Muchos edificios de Guayaquil fueron elevados° en los últimos quince años. Parece que se construyen nuevos edificios cada semana. Lo peor de la vida allá es el tráfico, … y además hace bastante calor.
LAURA	Cambiando de tema, ¿arreglaron lo de la habitación que no les gustaba?
PEDRO	No. Pedí una habitación doble, con dos camas, pero no me la pudieron dar.
LAURA	¿Y por qué no se quedan con nosotros?
LUIS	¡Buena idea! Tenemos un dormitorio para huéspedes°, con baño, dos camas y una sala pequeña con sofá y sillones.
ESTELA	Es que no nos gustaría molestar…
LAURA	¡Por favor! Esa habitación les va a gustar y la pueden usar por el tiempo que quieran. ¿Aceptan?
PEDRO	Bueno, si no les causamos problemas. Estela, ¿qué opinas?
ESTELA	¡Por supuesto que sí! Y un millón de gracias. Sé que con ustedes estaremos cien veces° mejor que en el hotel.

environment
fueron... *were built, "put up"*

guests

one hundred times

¿Cuál es la respuesta correcta?

1. ¿Cuándo se jubila Pedro?
   a. el año próximo
   b. el mes próximo
2. ¿Cuántos años hace que Pedro trabaja para la misma compañía?
   a. 20 años
   b. 30 años
3. ¿Qué es lo bueno de vivir en la capital?
   a. Siempre hace un tiempo magnífico allá.
   b. La capital está situada cerca del océano.
4. ¿Qué es lo peor de la vida en Guayaquil?
   a. los edificios nuevos
   b. el tráfico
5. ¿Por qué no les gusta la habitación en el hotel a Pedro y a Estela?
   a. No tiene vista del mar.
   b. No es una habitación doble.
6. Describa el dormitorio para huéspedes que tienen Laura y Luis.
   a. Tiene baño y una sala pequeña.
   b. Tiene dos baños y dos camas.

Notas Culturales

1. Quito, the capital city of Ecuador (elevation 9,500 feet), has been aptly called "a great outdoor museum" because of its numerous buildings in the ornate Spanish colonial style. The city was founded in 1534 on the site of the capital city of the pre-Inca kingdom of the Scyris, which had fallen to the Incas shortly before the arrival of the Spaniards. There is little seasonal variation of temperature because the city is so close to the equator. In fact, the monument marking the equator is located about 15 miles north of Quito. There visitors enjoy crossing the equator several times and standing with one foot in the Southern Hemisphere and the other in the Northern.

2. Guayaquil and Quito strongly dominate the life of Ecuador. Quito, the government center, located high in the Andes, has a cool climate and outstanding colonial architecture. Guayaquil, with a tropical climate, is a fast-growing modern port as well as the country's largest city and banking center. Most of Ecuador's trade passes through Guayaquil.

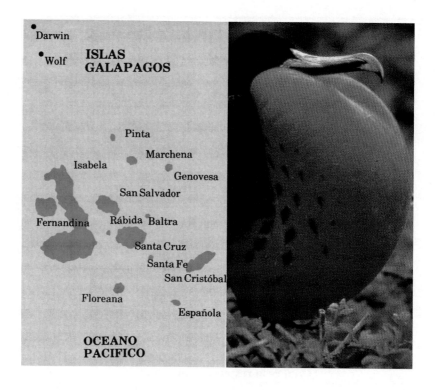

PARA ESCUCHAR

A. Las islas fascinantes del Archipiélago de Colón. Escuche el siguiente informe sobre las Islas Galápagos.

VOCABULARIO

casualmente *by chance,* **obispo** *bishop,* **tortugas** *tortoises,* **focas** *seals,* **libras** *pounds*

B. Preguntas. Escuche las siguientes preguntas y marque con un círculo la letra de la respuesta correcta.

1. a. Cristóbal Colón
   b. Charles Darwin
   c. Tomás de Berlanga
2. a. la iguana marina
   b. la foca
   c. la tortuga gigante
3. a. *Las curiosas formas biológicas*
   b. *El origen de las especies por medio de la selección natural*
   c. *Tortugas y más tortugas*
4. a. Los piratas ingleses buscaron refugio allí.
   b. Los habitantes de los galápagos hablan inglés.
   c. Los nombres de las islas fueron dados por Darwin.
5. a. el pingüino
   b. la iguana
   c. la tortuga gigante

MÁS FUNCIONES *y actividades*

In this chapter you have seen some examples of an important language function: changing the subject. Here are some additional expressions and activities related to the language functions.

Expressing empathy

One of the most common language functions is expressing empathy, indicating that you understand what someone is feeling or thinking. Here are some ways to express empathy.

¡Estará(s) muy contento(-a)!	*You must be very happy!*
Debe(s) estar muy desilusionado(-a) (muy contento[-a]).	*You must be very disappointed (happy).*
Se (Te) sentirá(s) muy orgulloso(-a).	*You must feel very proud.*

You might review the expressions of emotions from the **Vocabulario activo** of Chapter 16 for other words used in expressing empathy.

Actividades

A. Reacciones. Dé una reacción para cada una de las siguientes situaciones. Use la forma de **tú.**

MODELO La esposa de un amigo está en el hospital ahora mismo. Va a tener un bebé. Su amigo lo (la) llama del hospital para decirle las noticias.
¡Tú estarás muy nervioso!

1. Una amiga acaba de comprar una casa nueva y muy linda.
2. Juan y Gloria van a casarse pero acaban de pelearse *(to quarrel)*. Gloria le cuenta a usted todo lo malo de su novio.
3. El tío Eugenio acaba de encontrar un lindo apartamento en el centro de la ciudad. Le cuenta a usted todo lo bueno del apartamento.
4. Es posible que el esposo de una amiga pierda su trabajo. Ella llega para decírselo a usted.
5. Un amigo le dice a usted que su hija recibió una beca *(scholarship)* para asistir a una universidad excelente.
6. Su amiga está preparándose para los exámenes. Hace dos semanas que ella estudia más de doce horas por día. Lo (La) llama por teléfono y le cuenta todo.

B. Situaciones. Trabaje con un(a) compañero(-a) de clase para actuar las siguientes situaciones.

1. Su primo Jorge tiene un nuevo empleo; vende casas en una comunidad que queda cerca de Guayaquil. Lo (la) llama a usted por teléfono y describe todas las ventajas *(advantages)* de esa comunidad. Usted no tiene dinero y trata de cambiar el tema, pero Jorge continúa dándole más información…

2. Su amiga Gloria quiere que usted alquile *(rent)* su apartamento de Quito por tres meses, mientras ella está en Lima. El problema es que el apartamento es muy caro y ella no quiere decirle el precio exacto. Ella sólo le describe los aspectos buenos del apartamento. Usted le dice que ella debe estar muy contenta con ese apartamento y luego usted trata de cambiar el tema. Entonces ella le da más información. Finalmente, ella le dice el precio, y usted trata de cambiar el tema, porque no quiere decirle que no directamente.

PARA ESCRIBIR

1. Usted tiene un(a) «pen pal» en Quito. Le hace algunas preguntas sobre la vida de allí y le describe la vida en Estados Unidos, incluyendo su casa o apartamento (de usted).

VOCABULARIO ACTIVO

Cognados

adicional	demócrata	importado	socialista
católico	devoto	protestante	tranquilo
comunista	el ecuador	razonable	
la construcción	ecuatoriano	republicano	

Verbos

agrandar	*to enlarge*
funcionar	*to work (an appliance or machine)*
renovar	*to renovate*
reparar	*to repair*

En casa

la alfombra	*carpet, rug*
la bañera	*bathtub*
la cafetera	*coffeepot*
la cama	*bed*
la cocina	*kitchen*
el comedor	*dining room*
la cómoda	*bureau, dresser*
el congelador	*freezer*
el cuarto	*room*
el cuarto de baño, el baño	*bathroom*
el dormitorio, la alcoba	*bedroom*
la ducha	*shower*
el estante de libros	*bookshelf*
la estufa	*stove*
el garaje	*garage*
el horno	*oven*
el inodoro	*toilet*
el jardín	*garden*
la lámpara	*lamp*
el lavamanos	*sink*

la mesita de luz	*end, side table*
el mueble	*piece of furniture*
los muebles	*(pieces of) furniture*
el refrigerador	*refrigerator*
el ropero	*closet*
la sala (de estar)	*living room*
el sillón	*armchair*
el tostador	*toaster*

Otras expresiones y frases

Además	*Besides, In addition*
el asiento	*seat*
cambiar de tema	*to change the subject*
el carpintero	*carpenter*
la docena	*dozen*
judío	*Jewish*
cierto	*certain; a certain*
la manta	*blanket*
medio	*half*
el (la) otavaleño(-a)	*inhabitant of Otavalo*
el tejido	*woven article*

Expresiones útiles

A propósito…	*By the way . . .*
Cambiando de tema…	*To change the subject . . .*
¡Debe(n) estar muy contento(s)!	*You must be very happy!*
Por el contrario…	*On the contrary . . .*

La comunicación oral y escrita es esencial en nuetstra sociedad moderna.

COMUNICACIÓN Y RELACIONES HUMANAS

VOCABULARIO. In this chapter you will practice words and phrases that show consideration and politeness.

GRAMÁTICA. (The grammar presented in this chapter is for recognition only.) You will learn to read and recognize:

- The present perfect and the past perfect subjunctive
- Sequence of tenses with the subjunctive
- Idiomatic constructions that express *to become, to get. . . .*

CULTURA. This chapter focuses on Spanish-speaking countries in the Caribbean.

LOS PAÍSES HISPANOHABLANTES DEL CARIBE:

1. REPÚBLICA DOMINICANA:
Capital: Santo Domingo.   **Población:** aproximadamente 7 millones de habitantes. Moneda: peso ($RD).
Historia: 1492—descubrimiento de la isla por Cristobal Colón. 1538—fundación de la Universidad de Santo Tomás de Aquino, la primera de América (actual Universidad Autónoma de Santo Domingo). 1844—fundación de la república.
¿Sabía Ud. que...?: El pago de los intereses sobre los préstamos *(loans)* externos representa el 70% de los ingresos *(income)* del país.

2. ESTADO LIBRE ASOCIADO DE PUERTO RICO:
Capital: San Juan.   **Población:** aproximadamente 3.500.000 de habitantes.   **Moneda:** dólar de EE.UU.
Historia: 1492—descubrimiento de la isla durante el segundo viaje de Colón. 1898—cesión de la isla a EE.UU. después de la Guerra de Cuba *(Spanish American War)*. 1952—el país es proclamado Estado Libre Asociado de los EE.UU.
¿Sabía Ud. que...?: La Fortaleza, construida en 1540, es actualmente la residencia del gobernador, Rafael Hernández-Colón. Es la mansión ejecutiva habitada más antigua del hemisferio occidental.

3. CUBA:
Capital: La Habana.   **Población:** aproximadamente 10.500.000 habitantes.   **Moneda:** peso.
Historia: 1492—descubrimiento de la isla por Colón. 1895—comienzo de la Guerra de Independencia. 1898—cesión a EE.UU. después de la Guerra de Cuba. 1959—Revolución Cubana.
¿Sabía Ud. que...?: Fidel Castro fue nombrado el mejor atleta de todas las escuelas de Cuba del año 1943-44.

LOS SALUDOS *(GREETINGS)*

Formal	**Informal**
 Buenos días / Buenas tardes / Buenas noches, don Enrique. ¿Cómo está?	 Hola, Enrique. ¡Tanto tiempo! ¿Qué tal?/¿Cómo te va?

Las presentaciones (*Introductions*)

—Le presento a la doctora
Gutiérrez.
—Mucho gusto en conocerla.
—Igualmente/El gusto es mío.

—Éste es mi amigo José./
Quiero que conozcas a
mi amigo José.
—Hola, ¿qué tal?
—Encantada./Mucho gusto.

Las despedidas

Ha sido un gran placer
verla / conocerla.
Encantado de verla.

Hasta la próxima. (*Until next time*)
Saludos a tus padres.

Saludos y despedidas por carta

Estimado(-a) señor(a / ita):
Distinguido(-a) señor(a / ita):
Muy señor mío:
Cordialmente,
Atentamente/Respetuosamente,

Querido(-a)…:
Hola,…:
Cariñosamente (*Affectionately*),
Un brazo de Luisa,

OTRAS EXPRESSIONES

Para felicitar (*To congratulate*)

¡Felicitaciones!

Para disculparse… (*to apologize*)

Con permiso.

Perdón.

Para brindar... y desear lo mejor...

¡Salud!
¡Buen provecho!
  (*Enjoy your meal!*)

Para expresar sorpresa...

¡Caramba! (*Good grief!*)
¡Dios mío!

Para expresar compasión...

Lo siento.

Para agradecer... (*To thank*)

Gracias.
(Estoy) muy agrade-
cido(-a).
Le agradezco mucho.

¿Qué dicen?   Mire los dibujos y decida cuál sería una reacción apropiada para cada situación.

MODELO

Hasta la próxima.

1.

2.

3.

4.

5.

6.

Situaciones   ¿Qué diría la gente en las siguientes situaciones?

MODELO   Una persona quiere brindar. Levanta la copa y dice algo.
ⓐ ¡Salud!   b. ¡Qué lástima!

1. Un(a) amigo(-a) le ofrece algo de comer pero usted no tiene hambre.
   a. Igualmente.   b. Gracias.
2. Su padre le da un regalo elegante a su mamá por su cumpleaños.
   a. ¡Muchísimas gracias!   b. ¡Buen provecho!
3. Una amiga le dice que se va a casar pronto.
   a. ¡Felicitaciones!   b. Con permiso.
4. Usted va a un funeral y le dice algo a la madre o al padre de la persona muerta.
   a. Perdón.   b. Lo siento mucho.

I. EL PRESENTE PERFECTO Y EL PLUSCUAMPERFECTO DEL SUBJUNTIVO

El Alcázar, construido (entre 1510 y 1520) para residencia de la familia de Diego Colón, hijo de Cristóbal Colón

La oficina de una reportera en Santo Domingo

ALICIA   Pareces muy cansada, Marisa. Espero que no *hayas tenido* demasiado trabajo últimamente.

MARISA   ¡Ay, señora! ¡Usted no *hubiera hecho* ese viaje *a Cuba* la semana pasada!

ALICIA	¿Por qué dices eso, Marisa?
MARISA	¡Es que aquí hubo tanto trabajo! Yo tuve que trabajar todas las noches.
ALICIA	¿Todas las noches? Lo siento mucho. Ojalá no *hayas faltado* a clases por culpa mía°
MARISA	No, eso no. Pero si usted *hubiera estado* aquí, yo no *habría tenido* tantos problemas en mi clase de ciencias de computación.
ALICIA	Perdóname, Marisa.
MARISA	La semana que viene tengo exámenes. ¿Me permitiría un día libre°?
ALICIA	¡Cómo no! Lo tienes muy merecido.°

Ojalá... *I hope you didn't miss class because of me* **libre** *off* **Lo...merecido** *You deserve it very much.*

¿Verdadero o falso? Si es falso, diga por qué.

1. Marisa está muy cansada. 2. Si no hubiera sido por el viaje de Alicia, Marisa no habría tenido tantos problemas en una de sus clases. 3. Marisa faltó a clases por culpa de Alicia. 4. Marisa sigue un curso de literatura. 5. Alicia le dice a Marisa que puede tener una semana libre.

• •

A. The present perfect subjunctive is formed with the present subjunctive of **haber** (**haya, hayas, haya, hayamos, hayáis, hayan**) plus a past participle.

Espero que ya hayas pagado la cuenta.	*I hope you have already paid the bill.*

B. The present perfect subjunctive is used when:

1. The verb in the main clause is in the present or future tense. (Less frequently, the present perfect subjunctive is used when the main verb is a command.)
2. The subjunctive is required in the dependent clause; and
3. The dependent verb describes either of the following:

a. An action that is to happen before the action described by the main verb.

Iremos a Santiago sólo después de que hayamos vendido la casa.	*We'll go to Santiago only after we have sold the house.*
Devuélvemela cuando hayas terminado de leerla.	*Return it to me when you have finished reading it.*

b. A past action or condition. It may still be going on at the time of the main verb, or the speaker may be focusing on the consequences of its being complete at the time of the main verb.

Sentimos que ella haya estado enferma.	*We're sorry she has been sick.*
Espero que ya hayan visitado Puerto Plata.	*I hope you've already visited Puerto Plata.*

4. The present perfect subjunctive may also be used after **ojalá** and expressions like **tal vez** to describe earlier actions. Compare the following sentences:

Espero que te paguen el sueldo.	*I hope they pay you your salary.*
Espero que te hayan pagado el sueldo.	*I hope they've paid you your salary.*

C. The past perfect subjunctive is formed with the past subjunctive of **haber (hubiera, hubieras, hubiera, hubiéramos, hubierais, hubieran)** plus the past participle.

Esperaba que ya hubieras pagado la cuenta.	*I was hoping that you had already paid the check.*

D. The past perfect subjunctive is used when:

1. The verb in the main clause is past (imperfect, preterit, or conditional);
2. The past subjunctive form is required in the dependent clause; and
3. The action described by the verb in the dependent clause took place before the action described by the verb in the main clause.

Osvaldo negó que te hubiera pagado.	*Osvaldo denied that he had paid you.*
No creían que hubiéramos estudiado para músicos.	*They didn't believe that we had studied to be musicians.*

But if the dependent verb refers to a simultaneous or future action or condition, the past subjunctive is used. Compare the following sentences:

Ella dudaba que tuvieras tiempo.	*She doubted that you had time.*
Ella dudaba que hubieras tenido tiempo.	*She doubted that you had had time.*

E. The pluperfect subjunctive is also used with the conditional perfect in contrary to fact *if* clauses that refer to the past.

Si hubiéramos tenido más dinero, habríamos renovado la casa.	*If we had had more money, we would have renovated the house.*

EJERCICIOS

A. Noticias de San Juan, Puerto Rico. La señora Torres recibió una carta de unos amigos que están viviendo en San Juan. Le cuenta las noticias a su esposo y él hace comentarios. Haga el papel del señor Torres, escogiendo la respuesta apropiada para completar las oraciones.

MODELO Clara dice que allá llovió durante una semana.
Siento mucho que allá _____ durante una semana.
a. llovió ⓑ. haya llovido c. ha llovido

1. Carlos ganó la lotería.
Me alegro que él _____ la lotería.
a. haya ganado b. ganó c. gane

2. Clara y su esposo fueron de vacaciones a Ponce.
¡Es estupendo que ellos _____ de vacaciones allá!
a. fueron b. han ido c. hayan ido

3. Elena pasó una semana con ellos en San Juan.
¿Estás contenta que ella _____ toda una semana con ellos?
a. pasó b. haya pasado c. pase

4. Los tres vieron más de veinte iglesias coloniales.
Dudo que ellos _____ tantas iglesias en una semana.
a. hayan visto b. vean c. habían visto

5. Yo también quiero ir a Puerto Rico.
Me agrada que tú también _____ a Puerto Rico.
a. hayas querido ir b. quieras ir c. quieres ir

B. Sueños. Enrique quiere cambiar su estilo de vida. Escoja el verbo apropiado para completar sus pensamientos.

MODELO _____, yo habría sido rico.
a. Si compro menos discos
b. Si no gastara tanto en jeans
ⓒ. Si hubiera ahorrado más

1. _____, habría sido una persona más interesante.
a. Si hubiera viajado más
b. Si viajara más
c. Si viajo más

2. _____, sería más feliz.
a. Si hubiera encontrado una novia simpática
b. Si encontrara una novia simpática
c. Si encuentro una novia simpática

3. _____, habría sabido hablar portugués.
a. Si naciera en Brasil
b. Si hubiera nacido en Brasil
c. Si mi madre fuera brasileña

4. _____, les compraría una linda casa a cada uno de ellos.
a. Si tengo muchos hijos
b. Si tuviera muchos hijos
c. Si hubiera tenido muchos hijos

5. _____, podría tener una buena profesión.
a. Si estudiara más
b. Si estudio más
c. Si hubiera estudiado más

II. LA SUCESIÓN DE TIEMPOS CON EL SUBJUNTIVO

El Castillo del Moro, en San Juan, Puerto Rico

En el correo

EMPLEADO Buenas tardes, señor. Perdone que lo *haya hecho* esperar. ¿En qué puedo servirle?

SEÑOR Quiero mandar esta carta certificada a San Juan.

EMPLEADO ¿Por avión?

SEÑOR Sí, por favor. Quiero que *llegue* lo más pronto posible.

EMPLEADO Pues, si usted quiere que la *reciban* pronto, sería mejor que la *mandara* expreso. Las cartas certificadas a Puerto Rico tardan° unos diez días.

SEÑOR No creí que *tardaran* tanto. Entonces la mandaré expreso para que *llegue* más rápido.

EMPLEADO Muy bien. ¿Algo más, señor?

SEÑOR Sí, un amigo me ha pedido que le *compre* estampillas° y aerogramas.

EMPLEADO Estampillas, aerogramas y tarjetas postales° pueden comprarse en el mostrador° de enfrente.

SEÑOR Muchas gracias, señor.

tardan *take (a period of time)*   **estampillas** *stamps*   **tarjetas postales** *postcards*
el mostrador *the counter*

¿Verdadero o falso? Si es falso, diga por qué.

1. Al llegar al correo, el señor quiere mandar una carta certificada. 2. Quiere que la carta vaya por avión. 3. El señor decide mandar la carta expreso. 4. Un amigo le había pedido al señor que le comprara tarjetas postales.

● ●

When a verb in the subjunctive is required in the dependent clause, its tense usually follows logically from the tense of the verb in the main clause.

A. A dependent clause usually takes the present or present perfect subjunctive when the verb in the main clause is:

1. In the present.

Ramón quiere que vayamos con él a Puerto Plata.	*Ramón wants us to go with him to Puerto Plata.*

2. In the present perfect.

La profesora les ha pedido a los estudiantes que preparen esos ejercicios.	*The professor has asked the students to prepare those exercises.*

3. In the future.

Hablaré con alguien que haya viajado por el canal de Panamá.	*I'll talk to someone who has traveled through the Panama Canal.*

4. A command.

Lee la carta tan pronto como la recibas.	*Read the letter as soon as you receive it.*

In general, a compound tense is used in Spanish in the same way that it is used in English. For instance, if you want to say *I am happy that they are winning,* you would say in Spanish **Me alegro de que ganen.** If you want to say *I am happy that they have won,* you would say **Me alegro de que hayan ganado.**

B. A dependent clause usually takes a verb in the imperfect or past perfect subjunctive when the verb in the main clause is:

1. In the preterit.

¿No me pediste que te comprara un recuerdo de Santo Domingo?	*Didn't you ask me to buy you a souvenir from Santo Domingo?*

2. In the imperfect.

No sabíamos que hubiera existido un pueblo indio en ese lugar.	*We didn't know an Indian town had existed in that place.*

3. In the past perfect.

La madre de José había insistido en que se disculpara.	*José's mother had insisted that he apologize.*

4. In the conditional.

Me sorprendería que no tuvieran razón.	*It would surprise me if they were wrong.*

EJERCICIOS

A. La respuesta más lógica.   Complete las frases escogiendo una cláusula de la columna B para cada cláusula de la columna A.

A	**B**
1. Espero que…	a. tu amiga te ayudara, ¿no?
2. Ella quería que…	b. ella no haya recibido tu carta.
3. Deseabas que…	c. ellos me habrían ayudado, ¿no?
4. Dudan que…	d. tú no hayas hecho eso.
5. Es verdad que…	e. ustedes compraran más regalos para la familia.
6. Tenemos miedo de que…	f. los López no venden la casa.
7. Si hubieran podido…	g. Paco y Gabriela vengan a la fiesta esta noche.

B. La sociedad colonial.   Escoja de la lista de abajo *(below)* la forma verbal correcta para completar el siguiente párrafo.

a. protestaran	c. trabajaran	e. sería	g. se construirían
b. habría	d. pudiera	f. viviéramos	h. empezaran

Si nosotros (1) _____ en un lugar como la Española (antiguo nombre de República Dominicana) durante los siglos de la Colonia, la sociedad sería muy diferente. (2) _____ edificios nuevos de estilo colonial todos los días y muchas personas viajarían por barco para descubrir tierras desconocidas *(unknown lands)*. Pero la sociedad (3) _____ casi feudal; (4) _____ cuatro grupos de personas: indios, mestizos, criollos, y españoles. Sería necesario que los indios (5) _____ duro *(hard)* para los españoles y los criollos. Si (6) _____ probablemente los jefes los matarían. Los españoles tendrían todo el poder. Por eso, era inevitable que los criollos (7) _____ los movimientos de independencia.

A mí no me gustaría vivir en una sociedad de esa clase con tantas injusticias. Y usted, si (8) _____ escoger, ¿preferiría ser español(a) del siglo dieciséis o norteamericano(-a) de este siglo?

III. MODOS de decir *to get, to become*

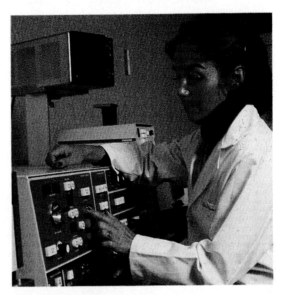

Esta futura médico piensa especializarse en medicina nuclear

Dos entradas en el diario de Ángela, estudiante de medicina en la Universidad Autónoma de Santo Domingo (UASD).

6 de junio

Hoy tengo un examen oral a las tres y me estoy poniendo cada vez más nerviosa... Se me hace tarde y todavía tengo que repasar dos capítulos sobre el sistema respiratorio... Converso contigo en este momento, mi querido diario, porque necesito descansar unos minutos para calmarme. ¡Si no, me vuelvo loca! Realmente me gustaría hacerme médica... pero los exámenes del doctor Solís se hacen cada vez más difíciles... A veces creo que tía Gloria tiene razón y que las personas tan nerviosas como yo no deberían seguir esta carrera... Pero en fin ¡ahora tengo que volver a mis libros!

7 de junio

¡Estuve fantástica! ¡Mi examen fue un éxito total! Sabía todas las respuestas y las expliqué perfectamente. Incluso el doctor Solís quedó impresionado... Me dijo que de todas las estudiantes de mi clase, ¡voy a llegar a ser la mejor médica! Esta noche voy a descansar..., pero voy a salir con Sebastián, ¡por supuesto! ¡Él va a estar muy orgulloso de mí!

me estoy poniendo… *I'm getting more and more nervous*   **Se…tarde** *It's getting late for me*
repasar *review*   **¡Si no,… loca!** *Otherwise, I'll go crazy*   **hacerme médica** *become a doctor*
se… difíciles *are getting more and more difficult*   **A veces** *sometimes*   **Incluso** *Even*
quedó… impresionado *was very impressed*   **llegar a ser** *to become*   **orgulloso** *proud*

Comprensión.   Las frases de la columna izquierda están incompletas. Complételas
con las palabras apropiadas de la columna derecha.

1. Ángela se está poniendo
   nerviosa porque…
2. Todavía tiene que…
3. Se comunica con su diario
   para…
4. Realmente quiere…
5. A veces cree que…

   a.   calmarse.

   b.   repasar dos capítulos.
   c.   hacerse médica.

   d.   no debería seguir esa carrera.
   e.   tiene un examen oral a las tres.

• •

A. Some Spanish verbs when used reflexively express meanings translated by English
to get or *to become*. Below are a few.

casarse	*to get married*	enfermarse	*to get sick*
cansarse	*to get tired*	entristecerse (zc)	*to become sad*

Raquel se casa en junio.   *Raquel is getting married in June.*
Los viejos se cansan fácilmente.   *Old people get tired easily.*
El (La) profesor(a) nunca se enferma.   *The professor never gets sick.*
Me entristezco en las bodas.   *I become sad at weddings.*

B. Several Spanish verbs may be used in special situations to express ideas translated
by English *to get* or *to become*. These verbs are: **ponerse, volverse, hacerse,** and
llegar a ser.

1. Ponerse used with an adjective describes a change in condition or state that usually does not last long. It often describes changes in emotions.

En las fiestas Miguel se pone   *Miguel becomes happy at parties,*
  contento, pero Juan se pone   *but Juan gets nervous.*
  nervioso.

2. Volverse is also used with adjectives, but to describe a long-lasting change. It is
often used in the expression **volverse loco.**

La pobre mujer se volvió loca.   *The poor woman became ("went") crazy.*
Después de ganar todo ese dinero,   *After earning all that money, he became*
  el se volvió egoísta.   *selfish.*

3. Hacerse is used with nouns or adjectives to describe a change in profession or status that comes about by the person's own effort. **Hacerse** emphasizes the process of becoming and not the result. It is also used with the progress of time, and to express *to become* in the sense of *to turn into.*

Eugenio estudió mucho y se hizo profesor.	*Eugenio studied a lot and became a professor.*
Se (me, nos) hace tarde.	*It's getting late (for me, for us).*
El agua se hace vapor.	*The water is turning into steam.*

4. Llegar a ser is also used with professions and status, but it usually indicates either that there was a long process involved, or that the change came about because of outside factors. In contrast to **hacerse, llegar a ser** emphasizes the result and not the process.

Finalmente llegó a ser gobernador.	*He finally became governor.*
Era socialista pero después de ganar «el gordo» en la lotería, llegó a ser conservador.	*He was a socialist, but after winning the grand prize in the lottery, he became a conservative.*

EJERCICIOS

A. La vida interesante de Esteban. Escoja la expresión apropiada para completar la descripción de la vida de Esteban.

1. La vida de Esteban _____ cada día más interesante.
   a. se hace   b. llega a ser
2. No _____ nervioso cuando hace sus tareas.
   a. se vuelve   b. se pone
3. Siempre _____ feliz cuando piensa en los estudios.
   a. se pone   b. se hace
4. Sus amigos creen que _____ loco.
   a. se está haciendo   b. se está volviendo
5. Quiere _____ ingeniero y tiene suficiente tiempo para estudiar.
   a. llegar a ser   b. ponerse

   …porque ¡Esteban sólo tiene doce años…!

B. Traducción. Lea las siguientes frases. ¿Qué verbo —**ponerse, hacerse, llegar a ser** o **volverse**— usaría usted para traducir al español las palabras en bastardilla? Vea las respuestas correctas abajo[*].

1. I always *get* nervous before exams.
2. Elena is studying very hard in order *to become* a lawyer.
3. *It's getting* later and later.
4. After a sudden rise in his popularity, he *became* president.
5. The poor man has so many problems. I'm afraid *he's becoming* crazy.
6. It's very hot today. The ice cream *is turning into* a liquid.[*]

---

[*]1. ponerse 2. hacerse 3. hacerse 4. llegar a ser 5. volverse 6. hacerse

VIÑETA CULTURAL: UNA ENTREVISTA EN LA HABANA

José Martí, héroe de la Revolución de Independencia de Cuba

Alicia Martínez, una reportera dominicana que visita La Habana, entrevista al señor Jorge Blanco, profesor de literatura hispanoamericana de la Universidad de La Habana. La entrevista será grabada° para «Voces del Caribe», un programa de radio que dirige° Alicia Martínez en Santo Domingo.

will be taped
directs

SRA. MARTÍNEZ   Bueno, señor Blanco, para nuestro programa «Voces del Caribe» estamos explorando lo que tienen en común los países de Cuba y de la República Dominicana; es decir que, además de° la geografía y del clima que para nosotros son muy similares, hay ciertos eventos históricos que también nos unen…

besides

SR. BLANCO   Claro, y que nos separan, como la Revolución Cubana de 1959, pero si nos concentramos en lo que tenemos en común, es evidente que compartimos° la experiencia de una larga lucha° para obtener nuestra independencia de España…

we share / a long struggle

SRA. MARTÍNEZ	Y también tuvimos problemas similares con las intervenciones políticas y militares de parte de los Estados Unidos…
SR. BLANCO	Eso también es evidente…, pero hoy prefiero poner énfasis en lo positivo, como es el caso de los héroes que tiene cada uno de nuestros dos países. Por ejemplo, soy miembro del comité que planifica el centenario de uno de nuestros héroes más respetados…
SRA. MARTÍNEZ	Usted debe estar refiriéndose° a José Martí. Si no me equivoco, Martí es para ustedes lo que Juan Pablo Duarte es para nosotros. Duarte fue el guía espiritual de nuestra independencia.
SR. BLANCO	Creo que usted tiene razón, pero si me permite decírselo, me parece que en el mundo hispano, José Martí es mucho más conocido que Juan Pablo Duarte.
SRA. MARTÍNEZ	¡Claro que sí! Además, Martí murió en el campo de batalla°, luchando por la independencia. ¿Por qué no nos dice usted algo más sobre Martí para mis oyentes de «Voces del Caribe»?
SR. BLANCO	Con mucho gusto, pues eso me encantaría, señora Martínez. José Martí es el héroe nacional de Cuba. Participó tan activamente en la acción política como en la vida intelectual. Escribió poesía, cuentos y ensayos. De joven, fue deportado del país por sus actividades políticas, y desde los varios lugares de su exilio escribió a favor de la liberación de Cuba. En 1895 regresó a su patria y, como usted ya lo indicó, murió luchando contra las tropas españolas.
SRA. MARTÍNEZ	¿No escribió también la canción «Guantanamera»?
SR. BLANCO	Pues…, sí… y no. Lo que pasa es que la letra° de esa canción es parte de «Versos sencillos», un poema de Martí…
SRA. MARTÍNEZ	Bueno…, de todas maneras, es una canción muy linda. ¿Por qué no la hacemos tocar ahora para nuestros oyentes, y luego, la discutiremos…

referring

battlefield

lyrics (of a song)

¿Verdadero o falso? Si es falso, diga por qué.

1. El señor Jorge Blanco es un reportero cubano.
2. La geografía y el clima de Cuba y de la República Dominicana son similares.
3. La Revolución Cubana tuvo lugar en 1895.
4. José Martí es el héroe nacional de Cuba.
5. También fue escritor.
6. José Martí escribió la canción «Guantanamera».
7. Fue deportado de España por sus actividades políticas.
8. En 1895 Martí regresó a Cuba.

PARA ESCUCHAR

A. «Guantanamera», una canción cubana.   Escuche la canción y lea la letra.

*Guantanamera**

Guantanamera, guajira, guantanamera
Guantanamera, guajira, guantanamera.
Yo soy un hombre sincero,
de donde crece la palma°,   palm tree
Yo soy un hombre sincero,
de donde crece la palma,
Y antes de morirme quiero
Echar mis versos del alma°.   Cast out (express) my
                                                         verses from my soul.
(Refrán)
Mi verso es de un verde claro
y de un carmín encendido°.   **carmín...** fiery scarlet
Mi verso es de un verde claro
y de un carmín encendido.
Mi verso es un ciervo herido°   **ciervo...** wounded deer
que busca en el monte amparo°.   shelter
(Refrán)
Con los pobres de la tierra
quiero yo mi suerte echar°.   **mi suerte...** cast my
                                                         luck
Con los pobres de la tierra
quiero yo mi suerte echar.
El arroyo de la sierra°   **El arroyo...** mountain
                                                         stream
me complace° más que el mar.   me gusta

(Refrán)

B. Para completar.   Va a escuchar algunas frases incompletas. Dos de los finales
(*endings*) que siguen son apropiados, pero uno de ellos no lo es. Marque con un
círculo el final que no sea apropiado.

1. a. un hombre sincero b. de donde crece la palma c. un revolucionario
2. a. azul b. verde c. rojo
3. a. un ciervo b. un caballo c. un animal que busca refugio
4. a. por el ciervo b. por los pobres c. por el mar

---

*La letra de esta canción es parte de *Versos sencillos*, de José Martí.

PARA ESCRIBIR

Escoja una de las siguientes situaciones y escriba una breve carta apropiada.

1. Un(a) amigo(-a) le envía flores por su cumpleaños.
2. Un(a) primo(-a) le manda un regalito de su viaje a San Juan.
3. Un(a) amigo(-a) le escribe para decirle que recibió un ascenso *(promotion)*.

VOCABULARIO ACTIVO

Cognados

la comunicación	el futuro	nervioso

Verbos

hacerse	*to become, turn into*
llegar a ser	*to become*
volverse	*to become*
volverse loco	*to go crazy*
repasar	*to review*

Comunicación y relaciones humanas

brindar	*to toast*
¡Buen provecho!	*Cheers!*
¡Felicitaciones!	*Congratulations!*
¡Salud!	*Cheers!*
sentir(lo)	*to feel sorry*

Lectura V

Hispanoamérica en el siglo veinte

Para comprender la situación actual° de Hispanoamérica, hay que tener en cuenta° que el vínculo° permanente que une° los países hispanos está más en su pasado común como colonias españolas que en los acontecimientos que ocurrieron después en cada una de estas naciones independientes. El imperio° español de las Américas —el imperio más grande de la historia—duró aproximadamente 350 años, desde 1492 hasta mediados° del siglo diecinueve. Simón Bolívar, el gran Libertador, después de echar° al último ejército español del continente suramericano, trató con poco éxito° de unificar los nuevos países bajo un gobierno federal.

current / **tener...** take into account / link / unites

empire

the middle

throwing out

success

Cuando los españoles se retiraron° del continente americano, dejaron como herencia° su idioma°, su cultura, su música y algunas instituciones sociopolíticas, pero no dejaron bases firmes para la democracia. Por todas partes° comenzaron luchas° internas, muchas veces originadas en los intereses de grupos particulares más que en el interés general. El caudillo, cabecilla de gente armada que imponía su voluntad°, era el seguro candidato a la presidencia de su país. Después vinieron los dictadores. Todos podemos nombrar a algunos de ellos: Rafael Trujillo de República Dominicana, «Tacho» Somoza de Nicaragua, Alfredo Stroessner de Paraguay y Augusto Pinochet de Chile.

withdrew

legacy / language

Por... Everywhere

struggles

cabecilla... the ringleader of an armed group that imposed his will

En Nicaragua, algunos «contras» descansan durante una pausa en una batalla contra los sandinistas en 1987.

Después de una revolución que duró unos diez años —entre 1910 y 1920— y muchas luchas internas, México es actualmente° una democracia, pero el término° *democracia* es relativo. Los presidentes gobiernan° por un período de seis años y no pueden ser reelegidos°. Sin embargo°, un solo partido° domina° el país. En México se habla mucho de la necesidad de tener una verdadera oposición al partido dominante. En elecciones pasadas, hubo muchas alegaciones de fraude durante el proceso electoral.

presently / term

govern

*reelected / **Sin…** However / (political) party / dominates*

En 1991, el presidente de el Salvador, Alfredo Cristiani (a la derecha) habla con Javier Pérez de Cuéllar, Secretario General de las Naciones Unidas, después de firmar el tratado de paz.

Desde hace unos años, en Centroamérica hay grandes problemas políticos y económicos. En El Salvador una larga guerra civil destruyó la economía del país y dejó unos 75.000 muertos y un millón de desplazados°. En diciembre de 1991 se firmó° un acuerdo° de paz entre el gobierno salvadoreño y los guerrilleros° (véase la foto). En Nicaragua, los «sandinistas» derrocaron° la dictadura de «Tacho» Somoza en 1979 y establecieron° una democracia socialista. Pero Estados Unidos se opuso° a ese gobierno y apoyó a los «contras», grupo que luchó° para derrocar a los sandinistas. En 1990 hubo elecciones libres y Estados Unidos suspendió el bloqueo° contra Nicaragua. Los gobiernos de Guatemala y Honduras son democracias nominales, que a veces funcionan como verdaderas democracias y otras veces no. El ejército tiene mucho poder y hay muchas alegaciones de violaciones a los derechos humanos. Panamá sufrió° una invasión en diciembre de 1989: Estados Unidos invadió ese país para derrocar al general Manuel Noriega. La invasión causó cientos de muertos y dejó a miles sin casa. El año siguiente se abolió° el ejército de Panamá. De todos los países centroamericanos, Costa Rica ha tenido el gobierno más estable y democrático, con una asamblea° legislativa que es elegida° por el pueblo cada cuatro años.

*displaced / **se…** was signed / agreement / guerrillas*

overthrew

***se…** opposed*

fought

blockade

suffered

***El…** The following year … **se…**was abolished*

assembly / elected

Los cinco países andinos° —Venezuela, Colombia, Ecuador, Perú y Bolivia— tienen, en general, gobiernos democráticos, pero no son muy estables debido a los grandes problemas económicos de la región. Como en Centroamérica, hay grupos de guerrilleros que quieren cambiar las estructuras básicas de sus países y darle más poder a la gente necesitada°. En Colombia y en Perú especialmente ha habido mucha actividad guerrillera; en Perú el grupo radical «Sendero luminoso°» tiene mucho apoyo popular, especialmente entre las mujeres jóvenes. En 1992 hubo un golpe de estado en ese país, y se suspendió la constitución. El gran poder que tienen los narcotraficantes° también crea° muchos problemas en los países andinos.

Andean

needy, poor
Sendero... *Shining Path*

drug traffickers / is creating

Unos funcionarios (*officials*) verifican el registro de votación durante las recientes elecciones en Paraguay.

En el Cono sur°, hubo graves problemas en Chile, Paraguay, Argentina y Uruguay durante la segunda mitad° de este siglo, pero esos cuatro países ahora tienen gobiernos democráticos. Chile tenía una larga tradición democrática, pero en 1973 el general Augusto Pinochet tomó el poder en un golpe de estado y se mantuvo° en el poder hasta 1989, cuando hubo elecciones libres. En ese mismo año, 1989, otro golpe de estado en Paraguay derrocó al dictador Alfredo Stroessner, cuya° dictadura había durado por más de treinta y cinco años. En 1984 los uruguayos también derrocaron una dictadura militar y eligieron como presidente a Julio María Sanguinetti. Y un año antes, en 1983, Argentina también había dado fin a° su gobierno militar. En los cuatro países mencionados hay muchos problemas económicos y se tiende hoy día a° la privatización de las industrias nacionales en un esfuerzo° por mejorar° la situación económica. Esta tendencia se ve también en otros países latinoamericanos, especialmente en México y en Venezuela.

No hay mucha esperanza° de que pronto se realice° el sueño de Bolívar: la unificación de toda Hispanoamérica. Sin embargo, existe cierto optimismo. A pesar de una pésima° situación económica (con una tasa° de inflación muy alta y serios problemas con la deuda externa°), parece que Latinoamérica sigue buscando el camino hacia la democracia total, tanto política como económica y social.

Cono... *Southern Cone*
half

se... *remained*

whose

había... *had put an end to*

se... *there's a tendency today toward / effort / improve*

*hope/***se...** *will be realized*
A... *In spite of a terrible / rate*
deuda... *foreign debt*

Comprensión.   Trabaje con un(a) compañero(-a) de clase para hacerse y contestar las siguientes preguntas.

1. ¿Qué hay que tener en cuenta para comprender la situación actual de Hispanoamérica?   2. ¿Cuál fue el sueño de Simón Bolívar? ¿Se ha realizado ese sueño?   3. ¿Qué dejaron los españoles cuando se retiraron del continente americano? 4. ¿Puede nombrar a algunos dictadores hispanoamericanos de este siglo?   5. ¿Qué ocurrió en México entre 1910 y 1920? ¿Qué problema político tiene México ahora? 6. ¿Qué pasó en El Salvador en diciembre de 1991?   7. ¿Quiénes derrocaron al dictator «Tacho» Somoza en Nicaragua? ¿Cuándo?   8. ¿Cómo son los gobiernos de Guatemala y Honduras?   9. ¿Qué pasó en Panamá en 1989?   10. ¿Cómo es el gobierno de Costa Rica?   11. ¿Por qué hay mucha actividad guerrillera en Colombia y en Perú? ¿Qué otro problema hay en los países andinos?   12. ¿Se puede ser optimista con respecto a la situación en el Cono Sur? ¿Por qué? Explique.

Apéndice I _____

PROUNUNCIACIÓN: LAS VOCALES (VOWELS)

Spanish has five simple vowels, represented in writing by the letters **a, e, i** (or **y**), **o,** and **u**. Their pronunciation is short, clear, and tense. In the following examples the stressed syllables appear in bold type.

a   Similar in sound to the *a* in the English word *father*, but more open, tense, and short.
   Ana, pa**pá,** ma**má,** Cata**li**na, ba**na**na, A**de**la

e   Similar in sound to the *e* in the English word *met*.
   E**le**na, **Pe**pe, Te**re**sa, ele**fan**te, Fede**ri**co

i(y)   Pronounced like the *i* in the English word *police*.
   y, di**fí**cil, sí, Cris**ti**na, cafete**rí**a, Mi**guel,** Isa**bel**

o   Similar in sound to the **o** in the English words *cord* and *cold*.
   no, An**to**nio, ofi**ci**na, hospi**tal, Pa**co, Teo**do**ro, doc**tor**

u   Pronounced like the *oo* in the English words *cool* and *fool* (never the sound of *oo* in *book* or of *u* in *cute* or *university*).
   Ra**úl, Úr**sula, **Cu**ba, univer**sal,** oc**tu**bre, universi**dad**

PRONUNCIACIÓN: LOS DIPTONGOS

Nearly every stressed vowel in English is pronounced as a diphthong, a gliding from one vowel position to another. Spanish vowels, pronounced in isolation, are never diphthongs, but when two of them occur side by side, partial fusions sometimes result, and a diphthong is produced. Of the five Spanish vowels, **i** and **u** are classified as weak; **a, e,** and **o** are strong. Two strong vowels next to each other remain as two separate sounds, or syllables: **real (re-al), Laos (La-os).** Two weak vowels, or a weak plus a strong vowel, form a diphthong, a single syllable with a glide from one sound to the other. Listen to the following examples, and repeat each one, placing the most stress on the boldfaced syllable.

ia	Pa**tri**cia, A**li**cia, San**tia**go, **gra**cias	**ui (uy)**	Luis, muy, **rui**na
ua	Juan, Edu**ar**do, **cua**tro, Guate**ma**la	**ai (ay)**	hay, **ai**re, **bai**lan, **Jai**me
ie	Ga**briel, Die**go, diez, **cier**to	**au**	**Pau**la, **au**to, Au**re**lio.
ue	Con**sue**lo, Ma**nuel, bue**no, pues		restau**ran**te
io	**Ma**rio, **ra**dio, a**diós,** An**to**nio	**ei (ey)**	rey, seis, **trein**ta, **vein**te
uo	an**ti**guo, **cuo**ta	**eu**	feu**dal,** Eu**ro**pa, Eu**ge**nio
iu	**triun**fo, ciu**dad,** vein**tiu**no	**oi (oy)**	hoy, soy, es**toi**co

PRONUNCIACIÓN: LAS CONSONANTES

Many consonants are pronounced similarly in Spanish and English. Others are pronounced very differently.

b, v   In Spanish, the letters **b** and **v** are pronounced in precisely the same way. At the beginning of a word, both sound much like an English *b,* whereas in the middle of a word they sound somewhere between *b* and *v* in English.
   Bo**gotá,** Va**len**cia, Ve**ró**nica, **bu**rro, ven**ta**na, **E**va, Sebas**tián**

c, z   In Spanish America, the letters **c** (before **e** and **i**) and **z** are pronounced like an English *s.**
   A**li**cia, Ga**li**cia, Ce**ci**lia, Zara**go**za, La **Paz,** pi**za**rra, **lá**piz

---

*In most parts of Spain a **c** before **e** or **i,** a **z** before **a, e, i, o,** or **u,** and a final **z** are pronounced like *th* in the English word *thin*. This is a characteristic feature of the peninsular acent.

A **c** before **a, o, u,** or any consonant other than **h** is pronounced like a *k*.

> in**c**a, **c**o**c**a, **c**os**t**a, **C**uz**c**o, se**c**reto, **c**lase

ch The combination of **c** and **h, ch** is a separate Spanish letter, with its own section in word lists and dictionaries. It is pronounced like the *ch* in the English words *change, check, chip.*

> **ch**o**c**olate, **Ch**ile, cha-cha-**chá**

d The letter **d** has two sounds. At the beginning of a word or after an **n** or **l,** it is somewhat like *d* in English, but softer, with the tongue touching the upper front teeth.

> **d**ía, **D**iego, Miran**d**a, Matil**d**e

In all other positions, it is similar to *th* in the English word *then.*

> Felici**dad,** E**d**uar**d**o, Ri**c**ar**d**o, pa**red,** estu**d**ian**t**e

g,j The **g** before **i** or **e,** and the **j,** are both pronounced approximately like an English *h.*

> **J**or**g**e, **J**osefina, **g**eología, **J**alisco, re**g**ión, **p**á**g**ina, e**j**emplo

g The **g** before **a, o,** or **u** is pronounced approximately like the English *g* in gate. In the combinations **gue** and **gui** the **u** is not pronounced, and the **g** has the same sound as the English *g.*

> ami**g**o, ami**g**a, **G**us**t**avo, Mi**guel,** **g**ui**t**arra

In the combinations **gua** and **guo,** the **u** is pronounced like a *w* in English.

> an**t**i**g**uo, **G**ua**t**ema**l**a

h Spanish **h** is silent.

> La **H**a**b**ana, **H**on**d**uras, **h**er**ná**n**d**ez, **h**o**t**el, **H**ugo, **H**il**d**a

ll The **ll** is a separate Spanish letter, with its own section in word lists and dictionaries. Although there are some regional variations in pronunciation, in most Spanish-speaking countries its sound is much like that of *y* in the English word *yes.*

> **ll**ama, Va**ll**ejo, Se**v**i**ll**a, Mu**rill**o, si**ll**a

ñ The sound of **ñ** is roughly equivalent to the sound of *ny* in the English word *canyon.*

> se**ñ**or, ca**ñón,** espa**ñol**

q A **q** is always followed in Spanish by a silent **u;** the **qu** combination represents the sound of *k* in English.

> **Qu**ito, En**r**i**qu**e

r The letter **r** is used to represent two different sounds. At the beginning of a word or after **l, n,** or **s,** it has the same sound as **rr** (see below). Elsewhere, it represents an **r** sound so soft that it is close to the British pronunciation of *very* or the *tt* in the American English words *kitty* and *Betty.*

> Pat**r**icia, Elvi**r**a, to**r**ti**ll**a, Pi**l**ar, profe**sor**

rr The letter sequence **rr,** while not a separate letter, and alphabetized in Spanish as in English, represents a special trilled sound, like a Scottish *burr* or a child imitating the sound of a motor. The same sound is represented by a single **r,** not **rr,** at the beginning of a word or after **l, n,** or **s.**

> e**rr**or, ho**rr**or, ho**rr**ible, te**rr**ible
> **R**osa, **R**ita, **R**ober**t**o, **r**a**d**io
> En**r**ique, Israel, al**r**ede**dor** (*around*)

Listen to the difference between **perro** (*dog*) and **pero** (*but*).

> pe**rr**o, pe**r**o

x The letter **x** represents several different sounds in Spanish. Before a consonant, it is often pronounced like an English *s,* although some Latin Americans pronounce it like the English *x.*

> exte**r**ior, **t**ex**t**o

Before a vowel, it is like the English *gs.*

> e**x**amen, e**x**is**t**en**c**ia

In many words **x** used to have the sound of the Spanish **j.** In most of these words the spelling has been changed, but a few words can be spelled either with an **x** or a **j:** Mé**x**ico (Mé**j**ico), Qui**x**ote (Qui**j**ote).

Don't forget that **ch** and **ll** are separate Spanish letters. When you are searching in a dictionary or vocabulary list for a word beginning with either letter, remember that they follow **c** and **l,** respectively.

| clase | coco | chocolate | libro | Lupe | llama |

The same principle of alphabetization holds when the letter occurs in the middle of a word.

lección	lectura (*reading*)	leche (milk)	silogismo	silueta	silla

EL ENLACE

Linking—the running together of words—occurs in every spoken language. In American English, *Do you want an orange?* becomes approximately "D'ya wan' a norange? Anyone who attempts to speak English only as it is written is sure to sound like a computerized toy. Linking in Spanish is influenced by the following considerations.

1. The final vowel of a word links with the initial vowel of the next word.

Mi amiga se llama Amalia.	*My friend's name is Amalia.*
Ella estudia inglés.	*She studies English.*
La señorita Rivas ama a Andrés.	*Miss Rivas loves Andrés.*

2. Two identical consonants are pronounced as one.

el loco	*the crazy one*
los señores	*the gentlemen*

3. A final consonant usually links with the initial vowel of the next word.

Es estudiante.	*He's a student.*
Son excelentes.	*They are excellent.*

DIVISIÓN EN SÍLABAS

Spanish words of more than one syllable always have a syllable that is accentuated, or spoken more forcefully than the the others. Here is how to recognize the syllables in Spanish words.

A. Every Spanish syllable contains only one vowel, diphthong, or triphthong. Diphthongs and triphthongs are not divided, but two strong vowels are.

cre-o	le-al	adiós	lim-piáis

B. A single consonant (including **ch** and **ll**) between two vowels begins a new syllable.

co-mo	mu-cho	fe-li-ci-da-des
a-pe-lli-do	gra-cias	Te-re-sa

C. When two consonants occur between vowels, they are usually divided.

ex-ce-len-te	cua-der-no	Ca-li-for-nia
es-pa-ñol	u-ni-ver-si-dad	Jor-ge

D. However, most consonants, when followed by **l** or **r,** form a cluster with the **l** or **r**. Such clusters are not divided.

ha-blar	es-cri-to-rio
in-glés	pi-za-rra

ACENTUACIÓN Y EL USO DEL ACENTO

A few short rules describe the way most Spanish words are accentuated, or stressed.

A. Most words ending in a vowel, **-n,** or **-s** are stressed on the next-to-last syllable.

cla-ses   **co**-mo   re-**pi**-tan   his-**to**-ria   **bue**-nos   e-le-**fan**-te

B. Most words ending in consonant other than **-n** or **-s** are stressed on the last syllable.

es-pa-**ñol**   fa-**vor**   a-**rroz**   se-**ñor**   us-**ted**   pre-li-mi-**nar**

C. Words that are stressed in any other way carry a written accent on the vowel of the syllable that is stressed.

ca-**fé**   **a-le**-mán   in-**glés**   **a**-diós   **lá**-piz   di-**fí**-cil

D. Written accent marks are also used to mark the difference between pairs of words with the same spelling, and also on all question words.

el   *the*   él   *he*   si   *if*   sí   *yes*   como   *as*   ¿cómo?   *how*

Apéndice II

EL USO DE LAS LETRAS MAYÚSCULAS

Capital letters are used in Spanish, as in English, to begin proper names and for the first word in a sentence. But Spanish does not use capital letters in the following cases:

Words used to address someone (except abbreviations).

Perdón, profesor(a)	*Excuse me, Professor.*
Perdón, señorita.	*Excuse me, Miss.*
Perdón, señor Robles.	
Perdón, Sr. Robles.	*Excuse me, Mr. Robles.*

Book titles—except for the first letter and proper names.

¿Habla español?	*Do You Speak Spanish?*
La muerte de Artemio Cruz	*The Death of Artemio Cruz*
Cien años de soledad	*One Hundred Years of Solitude*

The names of languages.

el español	*Spanish*
el inglés	*English*

Nouns and adjectives of nationality.

los mexicanos	*the Mexicans*
la bandera argentina	*the Argentine flag*

Days, months, and seasons of the year.

lunes	*Monday*
julio	*July*
primavera	*Spring*

VERBOS

Regular Verbs—Simple Tenses

INDICATIVE

	Present	Imperfect	Preterit	Future	Conditional
hablar	hablo	hablaba	hablé	hablaré	hablaría
hablando	hablas	hablabas	hablaste	hablarás	hablarías
hablado	habla	hablaba	habló	hablará	hablaría
	hablamos	hablábamos	hablamos	hablaremos	hablaríamos
	habláis	hablabais	hablasteis	hablaréis	hablaríais
	hablan	hablaban	hablaron	hablarán	hablarían
comer	como	comía	comí	comeré	comería
comiendo	comes	comías	comiste	comerás	comerías
comido	come	comía	comió	comerá	comería
	comemos	comíamos	comimos	comeremos	comeríamos
	coméis	comíais	comisteis	comeréis	comeríais
	comen	comían	comieron	comerán	comerían
vivir	vivo	vivía	viví	viviré	viviría
viviendo	vives	vivías	viviste	vivirás	vivirías
vivido	vive	vivía	vivió	vivirá	viviría
	vivimos	vivíamos	vivimos	viviremos	viviríamos
	vivís	vivíais	vivisteis	viviréis	viviríais
	viven	vivían	vivieron	vivirán	vivirían

Regular Verbs—Perfect Tenses

INDICATIVE

Present Perfect		Past Perfect		Future Perfect		Conditional Perfect	
he		había		habré		habría	
has		habías		habrás		habrías	
ha	hablado	había	hablado	habrás	hablado	habría	hablado
hemos	comido	habíamos	comido	habremos	comido	habríamos	comido
habéis	vivido	habíais	vivido	habréis	vivido	habríais	vivido
han		habían		habrán		habrían	

Regular Verbs—Progressive Tenses

INDICATIVE

Present		Imperfect	
estoy		estaba	
estás	hablando	estabas	hablando
está	comiendo	estaba	comiendo
estamos	viviendo	estábamos	viviendo
estáis		estabais	
están		estaban	

Regular Verbs—Simple Tenses

	SUBJUNCTIVE	
Present	Imperfect	Commands
hable	hablara (-se)	—
hables	hablaras (-ses)	habla (no hables)
hable	hablara (-se)	hable
hablemos	habláramos (´-semos)	hablemos
habléis	hablarais (-seis)	hablad (no habléis)
hablen	hablaran (-sen)	hablen
coma	comiera (-se)	—
comas	comieras (-ses)	come (no comas)
coma	comiera (-se)	coma
comamos	comiéramos (´-semos)	comamos
comáis	comierais (-seis)	comed (no comáis)
coman	comieran (-sen)	coman
viva	viviera (-se)	—
vivas	vivieras (-ses)	vive (no vivas)
viva	viviera (-se)	viva
vivamos	viviéramos (´-semos)	vivamos
viváis	vivierais (-seis)	vivid (no viváis)
vivan	vivieran (-sen)	vivan

Regular Verbs—Perfect Tenses

	SUBJUNCTIVE		
Present Perfect		Past Perfect	
haya		hubiera (-se)	
hayas		hubieras (-ses)	
haya	hablado	hubiera (-se)	hablado
hayamos	comido	hubiéramos (´-semos)	comido
hayáis	vivido	hubierais (-seis)	vivido
hayan		hubieran (-sen)	

Stem-Changing, Spelling-Changing, and Irregular Verbs

These charts contain the principal irregular verbs from the text plus model verbs showing standard patterns of stem and spelling changes. The verbs are numbered for easy reference to the Spanish-English vocabulary. Forms containing an irregularity are printed in **bold type.** In the text, verb changes are in parentheses. These verbs show the patterns signaled.

STEM-CHANGING VERBS								SPELLING-CHANGING VERBS						
i,i	**pedir**	24		**ue**	**jugar**	21		**c**	**empezar**	14		**j**	**escoger**	15
ie	**pensar**	25		**ue**	**volver**	43		**gu**	**pagar**	23		**qu**	**buscar**	3
ie	**perder**	26		**ue, u**	**dormir**	13		**i,g**	**seguir**	34		**z**	**vencer**	40
ie,i	**sentir**	35		**y**	**construir**	7		**í**	**esquiar**	16		**zc**	**conocer**	6
ú	**continuar**	9		**y**	**creer**	10		**í**	**prohibir**	29		**zc,j**	**conducir**	6
ue	**contar**	8												

INFINITIVE
PRESENT PARTICIPLE
PAST PARTICIPLE **INDICATIVE**

	Present	Imperfect	Preterit	Future	Conditional
1. andar	ando	andaba	**anduve**	andaré	andaría
andando	andas	andabas	**anduviste**	andarás	andarías
andado	anda	andaba	**anduvo**	andará	andaría
	andamos	andábamos	**anduvimos**	andaremos	andaríamos
	andáis	andabais	**anduvisteis**	andaréis	andaríais
	andan	andaban	**anduvieron**	andarán	andarían
2. avergonzar	**avergüenzo**	avergonzaba	**avergoncé**	avergonzaré	avergonzaría
avergonzando	**avergüenzas**	avergonzabas	avergonzaste	avergonzarás	avergonzarías
avergonzado	**avergüenza**	avergonzaba	avergonzó	avergonzará	avergonzaría
	avergonzamos	avergonzábamos	avergonzamos	avergonzaremos	avergonzaríamos
	avergonzáis	avergonzabais	avergonzasteis	avergonzaréis	avergonzaríais
	avergüenzan	avergonzaban	avergonzaron	avergonzarán	avergonzarían

This verb combines the changes illustrated in charts 8 and 14; **g** also changes to **gü** before **e.**

	Present	Imperfect	Preterit	Future	Conditional
3. buscar (qu)	busco	buscaba	**busqué**	buscaré	buscaría
buscando	buscas	buscabas	buscaste	buscarás	buscarías
buscado	busca	buscaba	buscó	buscará	buscaría
	buscamos	buscabamos	buscamos	buscaremos	buscaríamos
	buscáis	buscabais	buscasteis	buscaréis	buscaríais
	buscan	buscaban	buscaron	buscarán	buscarían

In verbs ending **-car** the **c** changes to **qu** before **e: ataqué, busqué, critiqué, provoqué, toqué.**

	Present	Imperfect	Preterit	Future	Conditional
4. caer	**caigo**	caía	caí	caeré	caería
cayendo	caes	caías	**caíste**	caerás	caerías
caído	cae	caía	**cayó**	caerá	caería
	caemos	caíamos	**caímos**	caeremos	caeríamos
	caéis	caíais	**caísteis**	caeréis	caeríais
	caen	caían	**cayeron**	caerán	caerían

	Present	Imperfect	Preterit	Future	Conditional
5. conducir (j,zc)	**conduzco**	conducía	**conduje**	conduciré	conduciría
conduciendo	conduces	conducías	**condujiste**	conducirás	conducirías
conducido	conduce	conducía	**condujo**	conducirá	conduciría
	conducimos	conducíamos	**condujimos**	conduciremos	conduciríamos
	conducís	conducíais	**condujisteis**	conduciréis	conduciríais
	conducen	conducían	**condujeron**	conducirán	conducirían

In verbs ending in **-ducir,** the **c** changes to **zc** before **a** or **o: conduzco, traduzca.** In the preterit they follow pattern 12.

	Present	Imperfect	Preterit	Future	Conditional
6. conocer (zc)	**conozco**	conocía	conocí	conoceré	conocería
conociendo	conoces	conocías	conociste	conocerás	conocerías
conocido	conoce	conocía	conoció	conocerá	conocería
	conocemos	conocíamos	conocimos	conoceremos	conceríamos
	conocéis	conocíais	conocisteis	conoceréis	conoceríais
	conocen	conocían	conocieron	conocerán	conocerían

In verbs ending in a *vowel* + **-cer** or **-cerm** the **c** changes to **zc** before **a** or **o: agradezca, conozca, parezca, ofrezca.**

SUBJUNCTIVE

Present	Imperfect	commands
ande	**anduviera (-se)**	—
andes	**anduvieras (-se)**	anda (no andes)
ande	**anduviera (-se)**	ande
andemos	**anduviéramos (´-semos)**	andemos
andéis	**anduviérais (-seis)**	andad (no andéis)
anden	**anduvieran (-sen)**	anden
avergüence	avergonzara (-se)	—
avergüences	avergonzaras (-ses)	**avergüenza** (no **avergüences**)
avergüence	avergonzara (-se)	**avergüenza**
avergoncéis	avergonzarais (-seis)	avergonzad (no **avergoncéis**)
avergüencen	avergonzaran (-sen)	**avergüencen**
busque	buscara (-se)	—
busques	buscaras (-ses)	busca (no **busques**)
busque	buscara (-se)	**busque**
busquemos	buscáramos (´-semos)	**busquemos**
busqueis	buscarais (-seis)	buscad (no **busquéis**)
busquen	buscaran (-sen)	**busquen**
caiga	**cayera (-se)**	—
caigas	**cayeras (-ses)**	cae (no **caigas**)
caiga	**cayera (-se)**	**caiga**
caigamos	**cayéramos (´-semos)**	**caigamos**
caigais	**cayerais (-seis)**	caed (no **caigáis**)
caigan	**cayeran (-sen)**	**caigan**
conduzca	**condujera (-se)**	—
conduzcas	**condujeras (-ses)**	conduce (no **conduzcas**)
conduzca	**condujera (-se)**	**conduzca**
conduzcamos	**condujéramos (´-semos)**	**conduzcamos**
conduzcáis	**condujerais (-seis)**	conducid (no **conduzcáis**)
conduzcan	**condujeran (-sen)**	**conduzcan**
conozca	conociera (-se)	—
conozcas	conocieras (-ses)	conoce (no **conozcas**)
conozca	conociera (-se)	**conozca**
conozcamos	conociéramos (´semos)	**conozcamos**
conozcáis	conocierais (-seis)	conoced (no **conozcáis**)
conozcan	conocieran (-sen)	**conozcan**

INFINITIVE
PRESENT PARTICIPLE
PAST PARTICIPLE   **INDICATIVE**

	Present	Imperfect	Preterit	Future	Conditional
7. **construir (y)**	**construyo**	construía	construí	construiré	construiría
construyendo	**construyes**	construías	construiste	construirás	construirías
construido	**construye**	construía	**construyó**	**construirá**	**construiría**
	construimos	**construíamos**	**construimos**	**construiremos**	**construiríamos**
	construís	**construíais**	**construisteis**	**construiréis**	**construiríais**
	construyen	construían	**construyeron**	construirán	construirían

In **construir** and **destruir**, a **y** is inserted before any ending that does not begin with **i: constuyo, destruyo,** etc. An **i** changes to **y** between two vowels: **construyó, destruyó.**

	Present	Imperfect	Preterit	Future	Conditional
8. **contar (ue)**	**cuento**	contaba	conté	contaré	contaría
contando	**cuentas**	contabas	contaste	contarás	contarías
contado	**cuenta**	contaba	contó	contará	contaría
	contamos	contábamos	contamos	contaremos	contaríamos
	contáis	contabais	contasteis	contaréis	contaríais
	cuentan	contaban	contaron	contarán	contarían

Numerous **-ar** verbs change their stem vowel form **o** to **ue** in the shoe-pattern forms of the present indicative and present subjunctive and in the affirmative **tú** command.

	Present	Imperfect	Preterit	Future	Conditional
9. **continuar (ú)**	**continúo**	continuaba	continué	continuaré	continuaría
continuando	**continúas**	continuabas	continuaste	continuarás	continuarías
continuado	**continúa**	continuaba	continuó	continuará	continuaría
	continuamos	continuábamos	continuamos	continuaremos	continuaríamos
	continuáis	continuabais	continuasteis	continuaréis	continuaríais
	continúan	continuaban	continuaron	continuarán	continuarían

In verbs ending in **-uar,** the **u** changes to **ú** in the shoe-pattern forms of the present indicative and present subjunctive and in the affirmative **tú** command.

	Present	Imperfect	Preterit	Future	Conditional
10. **creer (y)**	creo	creía	creí	creeré	creería
creyendo	crees	creías	**creíste**	creerás	creerías
creído	cree	creía	**creyó**	creerá	creería
	creemos	creíamos	**creímos**	creeremos	creeríamos
	creéis	creíais	**creísteis**	creeréis	creeríais
	creen	creían	**creyeron**	creerán	creerían

In verbs ending in **-eer,** the **i** changes to **y** between vowels. The stressed **i** of an ending takes a written accent: **creído.**

	Present	Imperfect	Preterit	Future	Conditional
11. **dar**	**doy**	daba	**di**	daré	daría
dando	das	dabas	**diste**	darás	darías
dado	da	daba	**dio**	dará	daría
	damos	dábamos	**dimos**	daremos	daríamos
	dais	dabais	**disteis**	daréis	daríais
	dan	daban	**dieron**	darán	darían

SUBJUNCTIVE

Present	Imperfect	Commands
construya	**construyera (-se)**	—
construyas	**construyeras (-ses)**	**construye** (no **construyas**)
construya	**construyera (-se)**	**construya**
construyamos	**construyéramos (´-semos)**	**construyamos**
construyáis	**construyerais (-seis)**	construid (no **construyáis**)
construyan	**construyeran (-sen)**	**construyan**

cuente	contara (-se)	—
cuentes	contaras (-ses)	**cuenta** (no **cuentes**)
cuente	contara (-se)	**cuente**
contemos	contáramos (´-semos)	contemos
contéis	contarais (-seis)	contad (no contéis)
cuenten	contaran (-sen)	**cuenten**

continúe	continuara (-se)	—
continúes	continuaras (-ses)	**continúa** (no **continúes**)
continúe	continuara (-se)	**continúe**
continuemos	continuáramos (´-semos)	continuemos
continuéis	continuarais (-seis)	continuad (no continuéis)
continúen	**continuaran (-sen)**	continúen

crea	**creyera (-se)**	—
creas	**creyeras (-ses)**	cree (no creas)
crea	**creyera (-se)**	crea
creamos	**creyéramos (´-semos)**	creamos
creáis	**creyerais (-seis)**	creed (no creáis)
crean	**creyeran (-sen)**	crean

dé	**diera (-se)**	—
des	**dieras (-ses)**	da (no des)
dé	**diera (-se)**	**dé**
demos	**diéramos (´-semos)**	demos
deis	**dierais (-seis)**	dad (no deis)
den	**dieran (-sen)**	den

INFINITIVE
PRESENT PARTICIPLE
PAST PARTICIPLE   **INDICATIVE**

	Present	Imperfect	Preterit	Future	Conditional
12. **decir**	**digo**	decía	**dije**	**diré**	**diría**
diciendo	**dices**	decías	**dijiste**	**dirás**	**dirías**
dicho	**dice**	decía	**dijo**	**dirá**	**diría**
	decimos	decíamos	**dijimos**	**diremos**	**diríamos**
	decís	decías	**dijisteis**	**diréis**	**diríais**
	dicen	decían	**dijeron**	**dirán**	**dirían**
13. **dormir (ue,u)**	**duermo**	dormía	dormí	dormiré	dormiría
durmiendo	**duermes**	dormías	dormiste	dormirás	dormirías
dormido	**duerme**	dormía	**durmió**	dormirá	dormiría
	dormimos	dormíamos	dormimos	dormiremos	dormiríamos
	dormís	dormíais	dormisteis	dormiréis	dormiríais
	duermen	dormían	**durmieron**	dormirán	dormirían

Selected **-ir** verbs change their stem vowel from **o** to **ue** in the shoe-pattern forms of the present indicative and present subjunctive and in the affirmative **tú** command. They show an additional stem-vowel change of **o** to **u** in the **nosotros** and **vosotros** forms of the present subjunctive, the **usted** and **ustedes** forms of the preterit, all forms of the imperfect subjunctive, and the present participle.

	Present	Imperfect	Preterit	Future	Conditional
14. **empezar (c)**	**empiezo**	empezaba	**empecé**	empezaré	empezaría
empezando	**empiezas**	empezabas	empezaste	empezarás	empezarías
empezado	**empieza**	empezaba	empezó	empezará	empezaría
	empezamos	empezábamos	empezamos	empezaremos	empezaríamos
	empezáis	empezabais	empezasteis	empezaréis	empezaríais
	empiezan	empezaban	empezaron	empezarán	empezarían

In verbs ending in **-zar,** the **z** changes to **c** before an **e: almorcé, comencé, empecé. (Empezar** also follows stem-change pattern 25.)

	Present	Imperfect	Preterit	Future	Conditional
15. **escoger (j)**	**escojo**	escogía	escogí	escogeré	escogería
escogiendo	escoges	escogías	escogiste	escogerás	escogerías
escogido	escoge	escogía	escogió	escogerá	escogería
	escogemos	escogíamos	escogimos	escogeremos	escogeríamos
	escogéis	escogíais	escogisteis	escogeréis	escogeríais
	escogen	escogían	escogieron	escogerán	escogerían

In verbs ending in **-ger** or **gir,** athe **g** changes to **j** before **a** or **o: escoja, proteja, corrija.**

	Present	Imperfect	Preterit	Future	Conditional
16. esquiar (í)	esquío	esquiaba	esquié	esquiaré	esquiaría
esquiando	esquías	esquiabas	esquiaste	esquiarás	esquiarías
esquiado	esquía	esquiaba	esquió	esquiará	esquiaría
	esquiamos	esquiábamos	esquiamos	esquiaremos	esquiaríamos
	esquiáis	esquiabais	esquiasteis	esquiaréis	esquiaríais
esquían	esquían	esquiaban	esquiaron	esquiarán	esquiarían

Two other verbs conjugated like **esquiar** are **enviar** and **variar;** the **i** changes to **í** in the shoe-pattern forms of the present indicative and present subjunctive and in the affirmative **tú** command.

SUBJUNCTIVE

Present	Imperfect	Commands
diga	**dijera (-se)**	—
digas	**dijeras (-ses)**	**di** (no **digas**)
diga	**dijera (-se)**	**diga**
digamos	**dijéramos (´-semos)**	**digamos**
digáis	dijerais (-seis)	decid (no **digáis**)
digan	**dijeran (-sen)**	**digan**

duerma	**durmiera (-se)**	—
duermas	**durmieras (-ses)**	**duerme** (no **duermas**)
duerma	**durmiera (-se)**	**duerma**
durmamos	**durmiéramos (´-semos)**	**durmamos**
durmáis	**durmierais (-seis)**	dormid (no **durmáis**)
duerman	**durmieran (-sen)**	**duerman**

empiece	empezara (-se)	—
empieces	empezaras (-ses)	**empieza** (no **empieces**)
empiece	empezara (-se)	**empiece**
empecemos	empezáramos (´-semos)	**empecemos**
empecéis	empezarais (-seis)	empezad (no **empecéis**)
empiecen	empezaran (-sen)	**empiecen**

ecoja	escogiera (-se)	—
escojas	escogieras (-ses)	escoge (no **escojas**)
escoja	escogiera (-se)	**escoja**
escojamos	escogiéramos (´-semos)	**escojamos**
escojáis	escogierais (-seis)	escoged (no **escojáis**)
escojan	escogieran (-sen)	**escojan**

esquíe	esquiara (-se)	—
esquíes	esquiaras (-ses)	**esquía** (no **esquíes**)
esquíe	esquiara (-se)	**esquíe**
esquiemos	esquiáramos (´-semos)	esquiemos
esquiéis	esquiarais (-seis)	esquiad (no esquiéis)
esquíen	esquiaran (-sen)	**esquíen**

INFINITIVE PRESENT PARTICIPLE PAST PARTICIPLE	**INDICATIVE**				
	Present	Imperfect	Preterit	Future	Conditional
17. **estar**	**estoy**	estaba	**estuve**	estaré	estaría
estando	**estás**	estabas	**estuviste**	estarás	estarías
estado	**está**	estaba	**estuvo**	estará	estaría
	estamos	estábamos	**estuvimos**	estaremos	estaríamos
	estáis	estabais	**estuvisteis**	estaréis	estaríais
	están	estaban	**estuvieron**	estarán	estarían
18. **haber**	**he**	había	**hube**	**habré**	**habría**
habiendo	**has**	habías	**hubiste**	**habrás**	**habrías**
habido	**ha**	había	**hubo**	**habrá**	**habría**
	hemos	habíamos	**hubimos**	**habremos**	**habríamos**
	habéis	habíais	**hubisteis**	**habréis**	**habríais**
	han	habían	**hubieron**	**habrán**	**habrían**
19. **hacer**	**hago**	hacía	~~hace~~ hice	**haré**	**haría**
haciendo	haces	hacías	**hiciste**	**harás**	**harías**
hecho	hace	hacía	**hizo**	**hará**	**haría**
	hacemos	hacíamos	**hicimos**	**haremos**	**haríamos**
	hacéis	hacíais	**hicisteis**	**haréis**	**haríais**
	hacen	hacían	**hicieron**	**harán**	**harían**
20. **ir**	**voy**	**iba**	**fui**	iré	iría
yendo	**vas**	**ibas**	**fuiste**	irás	irías
ido	**va**	**iba**	**fue**	irá	iría
	vamos	**íbamos**	**fuimos**	iremos	iríamos
	vais	**ibais**	**fuisteis**	iréis	iríais
	van	**iban**	**fueron**	irán	irían
21. **jugar (ue)**	**juego**	jugaba	**jugué**	jugaré	jugaría
jugando	**juegas**	jugabas	jugaste	jugarás	jugarías
jugado	**juega**	jugaba	jugó	jugará	jugaría
	jugamos	jugábamos	jugamos	jugaremos	jugaríamos
	jugáis	jugabais	jugasteis	jugaréis	jugaríais
	juegan	jugaban	jugaron	jugarán	jugarían

The verb **jugar** changes its stem vowel from **u** to **ue** in the shoe-pattern forms of the present indicative and present subjunctive and in the affirmative **tú** command. (**Jugar** also follows spelling change pattern 23.)

22. **oír**	**oigo**	oía	oí	oiré	oiría
oyendo	**oyes**	oías	**oíste**	oirás	oirías
oído	**oye**	oía	**oyó**	oirá	oiría
	oímos	oíamos	**oímos**	oiremos	oiríamos
	oís	oíais	**oísteis**	oiréis	oiríais
	oyen	oían	**oyeron**	oirán	oirían

SUBJUNCTIVE

Present	Imperfect	Commands
esté	**estuviera(-se)**	—
estés	**estuvieras (-ses)**	**está** (no **estés**)
esté	**estuviera (-se)**	**esté**
estemos	**estuviéramos (´-semos)**	estemos
estéis	**estuvierais (-seis)**	estad (no estéis)
estén	**estuvieran (-sen)**	**estén**
haya	**hubiera (-se)**	—
hayas	**hubieras (-ses)**	**he** (no **hayas**)
haya	**hubiera (-se)**	**haya**
hayamos	**hubiéramos (´semos)**	**hayamos**
hayáis	**hubierais (-seis)**	habed (no **hayáis**)
hayan	**hubieran (-sen)**	**hayan**
haga	**hiciera (-se)**	—
hagas	**hicieras (-ses)**	**haz** (no **hagas**)
haga	**hiciera (-se)**	**haga**
hagamos	**hiciéramos (´-semos)**	**hagamos**
hagáis	**hicierais (-seis)**	haced (no **hagáis**)
hagan	**hicieran (-sen)**	**hagan**
vaya	**fuera (-se)**	—
vayas	**fueras (- ses)**	**vé** (no **vayas**)
vaya	**fuera (-se)**	**vaya**
vayamos	**fuéramos (´-semos)**	**vayamos**
vayáis	**fuerais (-seis)**	id (no **vayáis**)
vayan	**fueran (-sen)**	**vayan**
juegue	jugara (-se)	—
juegues	jugaras (-ses)	**juega** (no **juegues**)
juegue	jugara (-se)	**juegue**
juguemos	jugáramos (´-semos)	**juguemos**
juguéis	jugarais (-seis)	júgad (no **juguéis**)
jueguen	jugaran (-sen)	**jueguen**
oiga	**oyera (-se)**	—
oigas	**oyeras (-ses)**	oye (no **oigas**)
oiga	**oyera (-se)**	**oiga**
oigamos	**oyéramos (´-semos)**	**oigamos**
oigáis	**oyerais (-seis)**	**oíd** (no **oigáis**)
oigan	**oyeran (-sen)**	**oigan**

INFINITIVE PRESENT PARTICIPLE PAST PARTICIPLE	**INDICATIVE**				
	Present	Imperfect	Preterit	Future	Conditional
23. **pagar (gu)**	pago	pagaba	**pagué**	pagaré	pagaría
pagando	pagas	pagabas	pagaste	pagarás	pagarías
pagado	paga	pagaba	pagó	pagará	pagaría
	pagamos	pagábamos	pagamos	pagaremos	pagaríamos
	pagáis	pagabais	pagasteis	pagaréis	pagaríais
	pagan	pagaban	pagaron	pagarán	pagarían

In verbs ending in **- gar,** the **g** changes to **gu** before an **e: juegue Ud., llegué.**

24. pedir (i,i)	pido	pedía	pedí	pediré	pediría
pidiendo	pides	pedías	pediste	pedirás	pedirías
pedido	pide	pedía	pidió	pedirá	pediría
	pedimos	pedíamos	pedimos	pediremos	pediríamos
	pedís	pedíais	pedisteis	pediréis	pediríais
	piden	pedían	pidieron	pedirán	pedirían

Selected **-ir** verbs change their stem vowel from **e** to **i** in the shoe-pattern forms of the present indicative and present subjunctive and in the affirmative **tú** command. They show an additional stem-vowel change of **e** to **i** in the **nosotros** and **vosotros** forms of the present subjunctive, the **usted** and **ustedes** forms of the preterit, all forms of the imperfect subjunctive, and the present participle.

25. **pensar (ie)**	**pienso**	pensaba	pensé	pensaré	pensaría
pensando	**piensas**	pensabas	pensaste	pensarás	pensarías
pensado	**piensa**	pensaba	pensó	pensará	pensaría
	pensamos	pensábamos	pensamos	pensaremos	pensaríamos
	pensáis	pensabais	pensasteis	pensaréis	pensaríais
	piensan	pensaban	pensaron	pensarán	pensarían

Numerous **-ar** verbs change their stem vowel from **e** to **ie** in the shoe-pattern forms of the present indicative and present subjunctive and in the affirmative **tú** command.

26. **perder (ie)**	**pierdo**	perdía	perdí	perderé	perdería
perdiendo	**pierdes**	perdías	perdiste	perderás	perderías
perdido	**pierde**	perdía	perdió	perderá	perdería
	perdemos	perdíamos	perdimos	perderemos	perderíamos
	perdéis	perdíais	perdisteis	perderéis	perderíais
	pierden	perdían	perdieron	perderán	perderían

Numerous **-er** and **-ir** verbs change their stem vowel from **e** to **ie** in the shoe-pattern forms of the present indicative and present subjunctive and in the affirmative **tú** command.

27. **poder**	**puedo**	podía	**pude**	**podré**	**podría**
pudiendo	**puedes**	podías	**pudiste**	**podrás**	**podrías**
podido	**puede**	podía	**pudo**	**podrá**	**podría**
	podemos	podíamos	**pudimos**	**podremos**	**podríamos**
	podéis	podíais	**pudisteis**	**podréis**	**podríais**
	pueden	podían	**pudieron**	**podrán**	**podrían**

SUBJUNCTIVE

Present	Imperfect	Commands
pague	pagara (-se)	—
pagues	pagaras (-ses)	paga (no **pagues**)
pague	pagara (-se)	**pague**
paguemos	pagáramos (´-semos)	**paguemos**
paguéis	pagarais (-seis)	pagad (no **paguéis**)
paguen	pagaran (-sen)	**paguen**
pida	**pidiera (-se)**	—
pidas	**pidieras (-ses)**	**pide** (no **pidas**)
pida	**pidiera (-se)**	**pida**
pidamos	**pidiéramos (´-semos)**	**pidamos**
pidáis	**pidierais (-seis)**	(no **pidáis**)
pidan	**pidieran (-sen)**	**pidan**
piense	pensara (-se)	—
pienses	pensaras (-ses)	**piensa** (no **pienses**)
piense	pensara (-se)	**piense**
pensemos	pensáramos (´-semos)	pensemos
penséis	pensarais (-seis)	pensad (no penséis)
piensen	pensaran (-sen)	**piensen**
pierda	perdiera (-se)	—
pierdas	perdieras (-ses)	**pierde** (no **pierdas**)
pierda	perdiera (-se)	**pierda**
perdamos	perdiéramos (´-semos)	perdamos
perdáis	perdierais (-seis)	perded (no perdáis)
pierdan	perdieran (-sen)	pierdan
pueda	**pudiera (-se)**	—
puedas	**pudieras (-ses)**	—
pueda	**pudiera (-se)**	—
podamos	**pudieramos (´semos)**	—
podáis	**pudierais (-seis)**	—
puedan	**pudieran (-sen)**	—

INFINITIVE
PRESENT PARTICIPLE
PAST PARTICIPLE   **INDICATIVE**

	Present	Imperfect	Preterit	Future	Conditional
28. **poner**	**pongo**	ponía	**puse**	**pondré**	**pondría**
poniendo	pones	ponías	**pusiste**	**pondrás**	**pondrías**
puesto	pone	ponía	**puso**	**pondrá**	**pondría**
	ponemos	poníamos	**pusimos**	**pondremos**	**pondríamos**
	ponéis	poníais	**pusisteis**	**pondréis**	**pondríais**
	ponen	ponían	**pusieron**	**pondrán**	**pondrían**
29. **prohibir (í)**	**prohíbo**	prohibía	prohibí	prohibiré	prohibiría
prohibiendo	**prohíbes**	prohibías	prohibiste	prohibirás	prohibirías
prohibido	**prohíbe**	prohibía	prohibió	prohibirá	prohibiría
	prohibimos	prohibíamos	prohibimos	prohibiremos	prohibiríamos
	prohibís	prohibías	prohibisteis	prohibiréis	prohibiríais
	prohíben	prohibían	prohibieron	prohibirán	prohibirían

In verbs with the stem root **ahi, ahu, ehi, ehu,** and **ohi,** the **i** when stressed is written **í.**

	Present	Imperfect	Preterit	Future	Conditional
30. **querer**	**quiero**	quería	**quise**	**querré**	**querría**
queriendo	**quieres**	querías	**quisiste**	**querrás**	**querrías**
querido	**quiere**	quería	**quiso**	**querrá**	**querría**
	queremos	queríamos	**quisimos**	**querremos**	**querríamos**
	queréis	queríais	**quisisteis**	**querréis**	**querríais**
	quieren	querían	**quisieron**	**querrán**	**querrían**
31. **reí**	**río**	reía	reí	reiré	reiría
riendo	**ríes**	reías	**reíste**	reirás	reirías
reído	**ríe**	reía	**rió**	reirá	reiría
	reímos	reíamos	**reímos**	reiremos	reiríamos
	reís	reíais	**reísteis**	reiréis	reiríais
	ríen	reían	**rieron**	reirán	reirían
32. **saber**	**sé**	sabía	**supe**	**sabré**	**sabría**
sabiendo	sabes	sabías	**supiste**	**sabrás**	**sabrías**
sabido	sabe	sabía	**supo**	**sabrá**	**sabría**
	sabemos	sabíamos	**supimos**	**sabremos**	**sabríamos**
	sabéis	sabíais	**supisteis**	**sabréis**	**sabríais**
	saben	sabían	**supieron**	**sabrán**	**sabrían**
33. **salir**	**salgo**	salía	salí	**saldré**	**saldría**
saliendo	sales	salías	saliste	**saldrás**	**saldrías**
salido	sale	salía	salió	**saldrá**	**saldría**
	salimos	salíamos	salimos	**saldremos**	**saldríamos**
	salís	salíais	salisteis	**saldréis**	**saldríais**
	salen	salían	salieron	saldrán	saldrían

SUBJUNCTIVE

Present	Imperfect	Commands
ponga	**pusiera (-se)**	—
pongas	**pusieras (-ses)**	**pon** (no **pongas**)
ponga	**pusiera (-se)**	**ponga**
pongamos	**pusiéramos (´-semos)**	**pongamos**
pongáis	**pusierais (-seis)**	poned (no **pongáis**)
pongan	**pusieran (-sen)**	**pongan**
prohíba	prohibiera (-se)	—
prohíbas	prohibieras (-ses)	**prohíbe** (no **prohíbas**)
prohíba	prohibiera (-se)	**prohíba**
prohibamos	prohibiéramos (´-semos)	prohibamos
prohibáis	prohibierais (-seis)	prohibid (no prohibáis)
prohíban	prohibieran (-sen)	**prohíban**
quiera	**quisiera (-se)**	—
quieras	**quisieras (-ses)**	**quiere** (no **quieras**)
quiera	**quisiera (-se)**	**quiera**
queramos	**quisiéramos (´-semos)**	queramos
queráis	**quisierais (-seis)**	quered (no queráis)
quieran	**quisieran (-sen)**	**quieran**
ría	**riera (-se)**	—
rías	**rieras (-ses)**	**ríe** (no **ríe** (no **rías**)
ría	**riera (-se)**	**ría**
riamos	**riéramos (´-semos)**	**riamos**
ríais	**rierais (-seis)**	**reíd** (no **riáis**)
rían	**rieran (-sen)**	**rían**
sepa	**supiera (-se)**	—
sepas	**supieras (-ses)**	sabe (no **sepas**)
sepa	**supiera (-se)**	**sepa**
sepamos	**supiéramos (´-semos)**	**sepamos**
sepáis	**supierais (-seis)**	sabed (no **sepáis**
sepan	**supieran (-sen)**	**sepan**
salga	saliera (-se)	—
salgas	salieras (-ses)	**sal** (no **salgas**)
salga	saliera (-se)	**salga**
salgamos	saliéramos (´-semos)	**salgamos**
salgáis	salierais (-seis)	salid (no **salgáis**)
salgan	salieran (-sen)	**salgan**

INFINITIVE
PRESENT PARTICIPLE
PAST PARTICIPLE **INDICATIVE**

	Present	Imperfect	Preterit	Future	Conditional
34. **sigo**	sigo	seguía	seguí	seguiré	seguiría
siguiendo	**sigues**	seguías	seguiste	seguirás	seguirías
seguido	**sigue**	seguía	**siguió**	seguirá	seguiría
	seguimos	seguíamos	seguimos	seguiremos	seguiríamos
	seguís	seguíais	seguisteis	segiuiréis	seguiríais
	siguen	seguían	**siguieron**	seguirán	seguirían

In verbs ending in **-guir**, the **gu** changes ot **g** before **a** and **o: siga**. (**Seguir** also follows stem-change pattern 24).

	Present	Imperfect	Preterit	Future	Conditional
35. **sentir (ie,i)**	**siento**	sentía	sentí	sentiré	sentiría
sintiendo	**sientes**	sentías	sentiste	sentirás	sentirías
sentido	**siente**	sentía	**sintió**	sentirá	sentiría
	sentimos	sentíamos	sentimos	sentiremos	sentiríamos
	sentís	sentíais	sentisteis	sentiréis	sentiríais
	sienten	sentían	**sintieron**	sentirán	sentirían

Certain **-ir** verbs change their vowel from **e** to **ie** in the shoe-pattern forms of the present indicative and present subjunctive and in the affirmative **tú** command. They show an additional stem-vowel change of **e** to **i** in the **nosotros** and **vosotros** forms of the present subjunctive, the **usted** and **ustedes** forms of the preterit, all forms of the imperfect subjunctive, and the present participle.

	Present	Imperfect	Preterit	Future	Conditional
36. **ser**	**soy**	**era**	**fui**	seré	sería
siendo	**eres**	**eras**	**fuiste**	serás	serías
sido	**es**	**era**	**fue**	será	sería
	somos	**éramos**	**fuimos**	seremos	seríamos
	sois	**erais**	**fuisteis**	seréis	serías
	son	**eran**	**fueron**	serán	serían

	Present	Imperfect	Preterit	Future	Conditional
37. **tener**	**tengo**	tenía	**tuve**	**tendré**	**tendría**
teniendo	**tienes**	tenías	**tuviste**	**tendrás**	**tendrías**
tenido	**tiene**	tenía	**tuve**	**tendrá**	**tendría**
	tenemos	teníamos	**tuvimos**	**tendremos**	**tendríamos**
	tenéis	teníais	**tuvisteis**	**tendréis**	**tendrías**
	tienen	tenían	**tuvieron**	**tendrán**	**tendrían**

	Present	Imperfect	Preterit	Future	Conditional
38. **traer**	**traigo**	traía	**traje**	traeré	traería
trayendo	traes	traías	**trajiste**	traerás	traerías
traído	trae	traía	**trajo**	traerá	traería
	traemos	traíamos	**trajimos**	traeremos	traeríamos
	traéis	traíais	**trajisteis**	traeréis	traeríais
	traen	traían	**trajeron**	traerán	traerían

	Present	Imperfect	Preterit	Future	Conditional
39. **valer**	**valgo**	valía	valí	**valdré**	**valdría**
valiendo	**vales**	**valías**	**valiste**	valdrás	valdrías
valido	vale	valía	valió	**valdrá**	**valdría**
	valemos	valíamos	valimos	**valdremos**	**valdríamos**
	valéis	valíais	valisteis	**valdréis**	**valdríais**
	valen	valían	valieron	**valdrán**	**valdrían**

SUBJUNCTIVE

Present	Imperfect	Commands
siga	siguiera (-se)	—
sigas	siguieras (-ses)	sigue (no sigas)
siga	siguiera (-se)	siga
sigamos	siguiéramos (´-semos)	sigamos
sigáis	siguierais (-seis)	seguid (no sigáis)
sigan	siguieran (-sen)	sigan
sienta	sintiera (-se)	—
sientas	sintieras (-ses)	siente (no sientas)
sienta	sintiera (-se)	sienta
sintamos	sintiéramos (´-semos)	sintamos
sintáis	sintierais (-seis)	sentid (no sintáis)
sientan	sintieran (-sen)	sientan
sea	fuera (-se)	—
seas	fueras (-ses)	sé (no seas)
sea	fuera (-se)	sea
seamos	fuéramos (´-semos)	seamos
seáis	fuerais (-seis)	sed (no seáis)
sean	fueran (-sen)	sean
tenga	tuviera (-se)	—
tengas	tuvieras (-ses)	ten (no tengas)
tenga	tuviera (-se)	tenga
tengamos	tuviéramos (´-semos)	tengamos
tengáis	tuvierais (-seis)	tened (no tengáis)
tengan	tuvieran (-sen)	tengan
traiga	trajera (-se)	—
traigas	trajeras (-ses)	trae (no traigas)
traiga	trajera (-se)	traiga
traigamos	trajéramos (´-semos)	traigamos
traigáis	trajerais (-seis)	traed (no traigáis)
traigan	trajeran (-sen)	traigan
valga	valiera (-se)	—
valgas	valieras (-ses)	val (no valgas)
valga	valiera (-se)	valga
valgamos	valiéramos (´-semos)	valgamos
valgáis	valierais (-seis)	valed (no valgáis)
valgan	valieran (-sen)	valgan

INFINITIVE PRESENT PARTICIPLE PAST PARTICIPLE	**INDICATIVE**				
	Present	Imperfect	Preterit	Future	Conditional
40. **vencer (z)** venciendo vencido	**venzo** vences vence vencemos vencéis vencen	vencía vencías vencía vencíamos vencíais vencía	vencí venciste venció vencimos vencisteis vencieron	venceré vencerás vencerá venceremos venceréis vencerán	vencería vencerías vencería venceríamos venceríais vencerían

In verbs in *consonant* **cer** or **cir,** the **c** changes to **z** before **a** or **o.**

41. **venir** **viniendo** venido	**vengo** **vienes** **viene** venimos venís **vienen**	venía venías venía veníamos veníais venían	**vine** **viniste** **vino** **vinimos** **vinisteis** **vinieron**	**vendré** **vendrás** **vendrá** **vendremos** **vendréis** **vendrán**	**vendría** **vendrías** **vendría** **vendríamos** **vendríais** **vendrían**
42. **ver** viendo **visto**	**veo** ves ve vemos veis ven	**veía** **veías** **veía** **veíamos** **veíais** **veían**	**vi** viste **vio** vimos visteis vieron	veré verás verá veremos veréis verán	vería verías vería veríamos veríais verían
43. **volver (ue)** volviendo **vuelto**	**vuelvo** **vuelves** **vuelve** volvemos volvéis **vuelven**	volvía volvías volvía volvíamos volvíais volvían	volví volviste volvió volvimos volvisteis volvieron	volveré volverás volverá volveremos volveréis volverán	volvería volverías volvería volveríamos volveríais volverían

Numerous **-er** and **-ir** verbs change their stem vowel from **o** to **ue** in the shoe-pattern forms of the present indicative and present subjunctive and in the affirmative **tú** command.

SUBJUNCTIVE

Present	Imperfect	Command
venza	venciera (-se)	—
venzas	vencieras (-ses)	vence (no **venzas**)
venza	venciera (-se)	**venza**
venzamos	venciéramos (´-semos)	**venzamos**
venzáis	vencierais (-seis)	venced (no **venzáis**)
venzan	vencieran (-sen)	**venzan**
venga	**viniera (-se)**	—
vengas	**vinieras (-ses)**	ven (no **vengas**)
venga	**viniera (-se)**	**venga**
vengamos	**viniéra,ps (´-semos)**	**vengamos**
vengáis	**vinierais (-seis)**	venid (no **vengáis**)
vengan	**vinieran (-sen)**	**vengan**
vea	viera (-se)	—
veas	vieras (-ses)	ve (no **veas**)
vea	viera (-se)	**vea**
veamos	viéramos (´-semos)	**veamos**
veáus	vierais (-seis)	ved (no **veás**)
vean	vieran (-sen)	**vean**
vuelva	volviera (-se)	—
vuelvas	volvieras (-ses)	**vuelve** (no **vuelvas**)
vuelva	volviera (-se)	**vuelva**
volvamos	volviéramos (´-semos)	volvamos
volvéis	volvierais (-seis)	volved (no volváis)
vuelvan	volvieran (-sen)	**vuelvan**

Glossary of Grammatical Terms

As you learn Spanish, you may come across grammatical terms in English with which you are not familiar. The following glossary is a reference list of grammatical terms and definitions with examples. You will find that these terms are used in the grammatical explanations of this book. If the terms are unfamiliar to you, it will be helpful to refer to this list.

adjective a word used to modify, qualify, define, or specify a noun or noun equivalent (*intricate* design, *volcanic* ash, *medical* examination)
> A **demonstrative adjective** designates or points out a specific item. (*this* area)
> A **descriptive adjective** provides description. (*narrow* street)
> An **interrogative adjective** asks or questions. (*Which* page?)
> A **possessive adjective** indicates possession. (*our* house)
> A **predicate adjective** forms part of the predicate, complements a verb phrase. (His chances are *excellent*.)
> In Spanish, the adjective form must agree with or show the same gender and number as the noun it modifies.
> See **clause, adjective.**

adverb a word used to qualify or modify a verb, adjective, another adverb, or some other modifying phrase or clause (soared *gracefully, very* sad)
> See **clause, adverbial.**

agreement the accordance of forms between subject and verb, in terms of person and number
> In Spanish, the form of the adjective must also conform in gender and number with the modified noun or noun equivalent.

antecedent the noun or noun equivalent referred to by a pronoun (The *book* is interesting, but *it* is difficult to read.)

article a determining or nondetermining word used before a noun
> A **definite article** limits, defines, or specifies. (*the* village)
> An **indefinite article** refers to a nonspecific member of a group or class. (*a* village, *an* arrangement)
> In Spanish, the article takes different forms to indicate the gender and number of a noun.

auxiliary a verb or verb form used with other verbs to construct certain tenses, voices, or moods (He *is* leaving. She *has* arrived. You *must* listen.)

clause a group of words consisting of a subject and a predicate and functioning as part of a complex or compound sentence rather than as a complete sentence.
> An **adjective clause** functions as an adjective. (The ad calls for someone *who can speak Spanish*)
> An **adverbial clause** functions as an adverb. (*Clearly aware of what he was saying,* he answered our question.)
> A **dependent clause** modifies and is dependent upon another clause. (*Since the rain has stopped,* we can have a picnic.)
> A **main clause** is capable of standing independently as a complete sentence. (If all goes well, *the plane will depart in twenty minutes*.)
> A **noun clause** functions as subject or object. (I think *the traffic will be heavy*.)

cognate a word having a common root or being of the same or similar origin and meaning as a word in another language (*university* and *universidad*)

command   See **mood (imperative).**

comparative   level of comparison used to show an increase or decrease of quantity or quality or to compare or show inequality between two items (*higher* prices, the *more* beautiful of the two mirrors, *less* diligently, *better* than)

comparison   the forms an adjective or adverb takes to express change in the quantity or quality of an item or the relation, equal or unequal, between items

conditional   a verb construction used in a contrary-to-fact statement consisting of a condition or an *if* clause and a conclusion (If you had told me you were sick, *I would have offered* to help.)
See **mood (subjunctive).**

conjugation   the set of forms a verb takes to indicate changes of person, number, tense, mood, and voice

conjunction   a word used to link or connect sentences or parts of sentences

contraction   an abbreviated or shortened form of a word or word group (*can't, we'll*)

diminutive   a form of a word, usually a suffix added to the original word, used to indicate a smaller or younger version or variety and often expressive of endearment (duck*ling*, pup*py*, novel*lette*)

diphthong   in speech, two vowel sounds changing from one to the other within one syllable (s*oi*l, b*oy*)

gender   the class of a word by sex, either biological or linguistic. In English, almost all nouns are classified as masculine, feminine, or neuter according to the biological sex of the thing named; in Spanish, however, a word is classified as feminine or masculine (there is no neuter classification) on the basis of grammatical form or spelling.

idiom   an expression that is grammatically or semantically unique to a particular language *(I caught a cold. Happy birthday.)* It must be learned as a unit because its meaning cannot be derived from knowing its parts.

imperative   See **mood.**

indicative   See **mood.**

infinitive   the basic form of the verb, and the one listed in dictionaries, with no indication of person or number; it is often used in verb constructions and as a verbal noun, usually with "to" in English or with "-ar," "-er" or "-ir" in Spanish.

inversion   See **word order (inverted).**

mood   the form and construction a verb assumes to express the manner in which the action or state takes place.
The **imperative mood** is used to express commands. (*Walk* to the park with me.)
The **indicative mood,** the form most frequently used, is usually expressive of certainty and fact. (My neighbor *walks* to the park every afternoon.)
The **subjunctive mood** is used in expressions of possibility, doubt, or hypothetical situations. (If I *were* thin, I'd be happier.)

noun   word that names something and usually functions as a subject or an object (*lady, country, family*)
See **clause, noun.**

number   the form a word or phrase assumes to indicate singular or plural (*light/lights, mouse/mice, he has/they have*)

A **cardinal number** is used in counting or expressing quantity. (*one, twenty-three, 6,825*)

An **ordinal number** refers to sequence. (*second, fifteenth, thirty-first*)

object   a noun or noun equivalent

A **direct object** receives the action of the verb. (The boy caught a *fish.*)

An **indirect object** is affected by the action of the verb. (Please do *me* a favor.)

A **prepositional object** completes the relationship expressed by the preposition. (The cup is on the *table.*)

participle   a verb form used as an adjective or adverb and in forming tenses

A **past participle** relates to the past or a perfect tense and takes the appropriate ending. (*written* proof, the door has been *locked*)

A **present participle** assumes the progressive "-ing" ending in English. (*protesting* loudly; will be *seeing*)

In Spanish, a participle used as an adjective or in an adjectival phrase must agree in gender and number with the modified noun or noun equivalent.

passive   See **voice (passive).**

person   designated by the personal pronoun and/or by the verb form

first person the speaker or writer (*I, we*)

second person the person(s) addressed (*you*)

In Spanish, there are two forms of address: the familiar and the polite.

third person the person(s) or thing(s) spoken about (*she, he, it, they*)

phrase   a word group that forms a unit of expression, often named after the part of speech it contains or forms

A **prepositional phrase** contains a preposition. (*in the room, between the window and the door*)

predicate   the verb or that portion of a statement that contains the verb and gives information about the subject (He *laughed.* My brother *commutes to the university by train.*)

prefix   a letter or letter group added at the beginning of a word to alter the meaning (*non*committal, *re*discover)

preposition   a connecting word used to indicate a spatial, temporal, causal, affective, directional, or some other relation between a noun or pronoun and the sentence or a portion of it (We waited *for* six hours. The article was written *by* a famous journalist.)

pronoun   a word used in place of a noun

A **demonstrative pronoun** refers to something previously mentioned in context. (If you need hiking boots, I recommend *these.*)

An **indefinite pronoun** denotes a nonspecific class or item. (*Nothing* has changed.)

An **interrogative pronoun** asks about a person or thing. (*Whose* is this?)

An **object pronoun** functions as a direct, an indirect, or a prepositional object. (Three persons saw *her.* Write *me* a letter. The flowers are for *you.*)

A **possessive pronoun** indicates possession. (The blue car is *ours.*)

A **reciprocal pronoun** refers to two or more persons or things equally involved. (María and Juan *saw each other* today.)

A **reflexive pronoun** refers back to the subject. (They introduced themselves.) A **subject pronoun** functions as the subject of a clause or sentence. (*He* departed a while ago.)

reciprocal construction   See **pronoun (reciprocal).**

reflexive construction   See **pronoun (reflexive).**

sentence   a word group, or even a single word, that forms a meaningful complete expression

A **declarative sentence** states something and is followed by a period. (*The museum contains many fine examples of folk art.*)

An **exclamatory sentence** exhibits force or passion and is followed by an exclamation point. (*I want to be left alone!*)

An **interrogative sentence** asks a question and is followed by a question mark. (*Who are you?*)

subject   a noun or noun equivalent acting as the agent of the action or the person, place, thing, or abstraction spoken about (*The fishermen* drew in their nets. *The nets* were filled with the day's catch.)

suffix   a letter or letter group added to the end of a word to alter the meaning or function (like*ness,* transport*ation,* joy*ous,* love*ly*)

superlative   level of comparison used to express the highest or lowest level or to indicate the highest or lowest relation in comparing more than two items (*highest* prices, the *most* beautiful, *least* diligently)

The **absolute superlative** expresses a very high level without reference to comparison. (the *very beautiful* mirror, *most diligent, extremely well*)

tense   the form a verb takes to express the time of the action, state, or condition in relation to the time of speaking or writing

The **future tense** relates something that has not yet occurred. (It *will* exist. We *will* learn.)

The **future perfect tense** relates something that has not yet occurred but will have taken place and be complete by some future time. (It *will have* existed. We *will have* learned.)

The **past tense** relates to something that occurred in the past, distinguished as **preterit** (It *existed.* We *learned.*) and **imperfect** (It *was* existing. We *were learning.*)

The **past perfect tense** relates to an occurrence that began and ended before or by a past event or time spoken or written of. (It *had existed.* We *had learned.*)

The **present tense** relates to now, the time of speaking or writing, or to a general, timeless fact. (It *exists.* We *learn.* Fish *swim.*)

The **present perfect tense** relates to an occurrence that began at some point in the past but was finished by the time of speaking or writing. (It *has existed.* We *have learned.*)

The **progressive tense** relates an action that is, was, or will be in progress or continuance. (It *is* happening. It *was happening.* It *will be happening.*)

triphthong   in speech, three vowel sounds changing from one to another within one syllable (*wire, hour*).

verb   a word that expresses action or a state or condition (*walk, be, feel*)

A **spelling-changing verb** undergoes spelling changes in conjugation (infinitive: *buy;* past indicative: *bought*)

A **stem-changing verb** undergoes a stem-vowel change in conjugation (infinitive: *draw;* past indicative: *drew*)

voice   the form a verb takes to indicate the relation between the expressed action or state and the subject

The **active voice** indicates that the subject is the agent of the action (The child *sleeps.* The professor *lectures.*)

The **passive voice** indicates that the subject does not initiate the action but that the action is directed toward the subject. (I *was contacted* by my attorney. The road *got slippery* from the rain. He *became* tired.)

word order   the sequence of words in a clause or sentence

In **inverted word order,** an element other than the subject appears first. (*If the weather permits,* we plan to vacation in the country. *Please* be on time. *Have* you met my parents?)

In **normal word order,** the subject comes first, followed by the predicate. *(The people celebrated the holiday.)*

VOCABULARIO ESPAÑOL-INGLÉS

This vocabulary includes contextual meanings of all active vocabulary and idiomatic expressions as well as most passive words not otherwise glossed where they appear in the text. It excludes most cardinal numbers; diminutives; superlatives ending in **-ísimo**; most adverbs ending in **-mente**; most proper names, most conjugated verb forms and certain exact or very close cognates (such as those ending in **-ión**, **-dad**, or **-tad**), that are not active vocabulary. The entries are arranged according to the Spanish alphabet; that is, words beginning with **ch**, **ll**, and **ñ** are found listed separately after all words beginning with **c**, **l**, and **n**, respectively. In the same way, words containing **ch**, **ll**, and **ñ**, are placed alphabetically after words containing, **c**, **l**, and **n**, respectively. Active vocabulary and functional expressions are followed by the chapter number in which they occur. **CP** refers to the **Capítulo preliminar** and **CS1** and **CS2** refer to **Capítulo suplementario 1** and **2**, respectively. A number in parentheses after a verb entery refers to one of the numbered verb paradigms in **Verbos**, the verb charts on pages 502–519. Stem and spelling changes are also given in parentheses after a verb entry.

The following abbreviations are used:

adj	adjective	*p*	plural
adv	adverb	*pp*	past participle
contr	contraction	*prep*	preposition
dir obj	direct object	*pres*	present
f	feminine	*pres p*	present participle
fam	familiar	*pret*	preterit
imp	imperfect	*pron*	pronoun
indic	indicative	*recip*	reciprocal
indir obj	indirect object	*refl*	reflexive
inf	infinitive	*rel pron*	relative pronoun
m	masculine	*subj*	subject
n	noun	*subjunc*	subjunctive
obj of prep	object of preposition		

A

a to l; **a menos que** unless 16; **a pie** on foot 12; **A propósito...** By the way . . . 8 **A ver.** Let's see. 8; **¿A qué hora?** At what time? 5; **¿a quién?** whom? 2

abajo below
abandonar to abandon
abierto open
el **abogado**, la **abogada** lawyer 18
abrazar(c/14) to hug, embrace 15
el **abrazo** hug 15
el **abrigo** overcoat 8
abril April 4
abrir to open 2

abstracto abstract 13
absurdo: ¡Qué absurdo! How absurd! 14
la **abuela** grandmother 1
el **abuelo** grandfather 1
aburrido (*with* **estar**) bored; (*with* **ser**) boring 2
aburrirse to be (get) bored 16

acabar to end, finish, run out 18; **acabar de** (+ *inf*) to have just (*done something*) 16
el **acceso** access
el **accidente** accident 9
el **aceite** oil
la **aceituna** olive
aceptar to accept
acerca de concerning,

about **6**

acompañado de
accompanied by

acompañar to
accompany

**aconsejar: Le (Te)
aconsejo que (+**
subjunc) . . . I advise
you to . . . **16**

el **acontecimiento** event,
happening **11**

acordarse (ue/8) (de)
to remember **10; No
me acuerdo.** I don't
remember.

acostarse (ue/8) to go
to bed **8**

acostumbrarse to get
used to **8**

el **acto** act *(in a play)*;
event

el **actor** actor **13**

la **actriz** actress **13**

actual current, present

el **acueducto** aqueduct

el **acuerdo: el acuerdo
pacífico** peace
agreement; **Estoy de
acuerdo.** I agree.
**14; No, no estoy de
acuerdo.** No, I don't
agree. **14; ¿de
acuerdo?** right? ok?

acusado accused

adelante straight **7**

además (de) besides, in
addition to **CS1**

adentro inside

adicional additional
CS1

Adiós. Good-bye. **CP**

adjunto enclosed

adivinar to guess

el **admirador**, la
admiradora
admirer

admirar to admire **11**

el **adobo** *spicy sauce*

¿adónde? (to) where? **2**

el **adorno** decoration,
ornament **14**

la **aduana** customs,
customs house **12**

el **aeropuerto** airport **1**

el **aficionado**, la
aficionada fan,
enthusiast **9**

la **afirmación** statement

afirmar to affirm, state

la **agencia de trabajo**
employment agency
**18; la agencia de
viajes** travel agency

el, la **agente** agent **1**;
el, la **agente de
aduana** customs
agent **12**; el, la
agente de viajes
travel agent

agosto August **4**

agradable pleasant,
nice **2**

agradecer (zc/6) to
thank

agradecido thankful,
grateful **4; Muy
agradecido.** (I'm)
very grateful. **4**

agrandar to enlarge
CS1

agregar (gu/23) to add

el **agua** *f* water **5; el agua
mineral** mineral
water **6**

ahí there

agrícola agricultural

ahora now **1; ahora
mismo** right now **3**

ahorrar to save *(time,
money)* **17**

el **aire** air **5**

aislar (i/16) to isolate

al *(contr of* **a + el***)* to
the, at the **1; al (+**
inf) on, upon (+ *pres
p*) **16; al contrario**
on the contrary **14**

el **alba** *f* dawn

la **alcoba** bedroom **CS1**

la **aldea** village

alegrarse to be (get)
happy **16**

alegre happy **16**

alegremente happily **14**

la **alegría** happiness **16**

alemán German **4**

la **alergia** allergy **10**

la **alfarería** pottery;
pottery shop **17**

la **alfombra** carpet, rug
CS1

algo something **10**

el **algodón** cotton

alguien someone,
anyone **10**

**algún, alguno(-a, -os,
-as)** some, any **10**

el **alivio** relief

el **alma** *f* soul

el **almacén** grocery store
17

el **almirante** admiral

almorzar (ue, c/8,14)
to eat lunch **6**

el **almuerzo** lunch *(main
meal in most
Hispanic countries)*
6

aló hello

alquilar to rent **10**

el **alquiler** rent **17**

**alternada: en forma
alternada** taking
turns

allí (*or* **allá**) there **1**

alto high; tall **2**

el **ama de casa** *f*
housewife **18**

amable kind, nice,
pleasant

el, la **amante** lover **16**

amarillo yellow **8**

ambos both

amenazar (c/14) to
threaten

el **americano**, la
americana

American **5**

el **amigo**, la **amiga** friend
CP

la **amistad** friendship **7**

el **amor** love **7**

amoroso loving

anaranjado orange **8**

andar (1) to walk; to
run *(as a watch,
car)*; **andar en
bicicleta** to ride a
bicycle **12**

andino Andean

anglosajón
Anglo-Saxon

el **ángulo** angle

el **anillo** ring **15**

el **aniversario** anniversary
14

anoche last night **8**

ansioso anxious **16**

anterior former **18**;
prior

antes (de) before **6**;
antes (de) que
before **16**

antiguo old, ancient **10**;
(before noun)
former **18**

la **antología** anthology **13**

la **antropología** anthropology **3**

el **antropólogo**, la
antropóloga
anthropologist

la **anulación matrimonial**
marriage annulment
15

anunciar to announce
11

el **anuncio**
announcement;
advertisement **11**

el **año** year **3; el año
pasado** last year **8**;
el **Año Nuevo** New
Year's Day **14; los
años 70** the
seventies

apagar (gu/23) to turn off, extinguish **11**

aparecer (zc/6) to appear

aparente apparent

el **apartamento** apartment **2**

el **apellido** surname **5**

apoyar to support

el **apoyo** support

aprender to learn **2**

aprobar (ue/6) to approve

apropiado appropriate

aquel, aquella *adj* that **3**

aquél, aquélla *pron* that (one) **3**

aquello *neuter pron* that **3**

aquellos, aquellas *adj* that **3**

aquéllos, aquéllas *pron* those **3**

aquí (*or* **acá**) here **CP**

árabe Arab **15**

el **árbol** tree **14**; el **árbol de la vida** tree of life **3**

el **arquitecto**, la **arquitecta** architect

argentino Argentine **1**

el **arma** *f* arm, weapon **11**

el **arpa** *f* harp

arqueológico archeological **3**

la **arqueología** archeology

el **arqueólogo**, la **arqueóloga** archeologist **18**

ardiente ardent, passionate

la **arquitectura** architecture **3**

arriba to fix

arreglarse to work out, turn out all right **14**

arriba above

el **arroz** rice **6**

el **arte** *f* art **13**

la **artesanía** craft work **12**

el **artesano**, la **artesana** artisan **17**

el **artículo** article

el, la **artista** artist **1**

la **asamblea** assembly

asar to roast

así thus, like that; **así que** so **Sí, así es.** Yes, that's so **14**; **Así pienso.** That's how I think.

el **asiento** seat **CS1**

asistir a to attend **8**

asociar to associate

la **aspirina** aspirin **3**

asustado scared, frightened, startled **16**

asustar to scare, to frighten **16**

asustarse to be (get) scared, frightened **16**

atacar (qu/3) to attack **11**

el **ataque** attack

atar to tie **14**

el, la **atleta** athlete **9**

el **atletismo** athletics **9**

atraer (38) to attract

aumentar to increase, to go up **17**

el **aumento** increase, raise **11**; el **aumento de sueldo** raise in salary **11**

aun even

aún still, yet **10**

aunque although **16**

el **auto** automobile **4**

el **autobús** bus **5**

el **autor**, la **autora** author **13**

la **autoridad** authority

el **autostop** hitchhiking **12**; **hacer autostop** to hitchhike **12**

avanzar (c/14) to advance

la **avenida** avenue **2**

avergonzado embarrassed, ashamed **16**

avergonzarse (üe, c/2) to be (get) embarrassed, ashamed **16**

el **avión** airplane **1**

ay: ¡**Ay, Dios mío!** Oh, my goodness! **5**

ayer yesterday **8**

la **ayuda** help **7**

ayudar to help **5**

azteca Aztec **3**

el **azúcar** sugar **6**

azul blue **8**

B

la **bahía** bay

bailar to dance **1**

bailable danceable

el **bailarín**, la **bailarina** dancer **7**

el **baile** dance **7**

bajar to go down, decrease **11**; **bajar (de)** to get off, descend **8**

bajo short (*person*) **3**; low; under

el **balcón** balcony

el **ballet** ballet **13**

el **banco** bank **5**

la **bandera** flag **8**

bañarse to bathe **8**

la **bañera** bathtub **CS1**

el **baño** bathroom **CS1**

barato cheap, inexpensive **17**

barbaridad: ¡**Qué barbaridad (bárbaro)!** Good grief! **5**

el **barco** boat, ship **12**

el **barrio** neighborhood **5**

barroco baroque **12**

basar (en) to base (e.g., an opinion) (on)

el **básquetbol** basketball **9**

bastante *adj* enough **1**; *adv* quite, rather, fairly

la **basura** garbage, trash **5**

la **batalla** battle

la **batería** battery

el **bebé** baby **10**

beber to drink **3**

la **bebida** drink, beverage **6**

el **béisbol** baseball **9**

la **belleza** beauty

bello beautiful; **bellas artes** fine arts

besar to kiss **15**

el **beso** kiss **5**

la **biblioteca** library **2**

la **bicicleta** bicycle **4**

bien well, OK **CP**; ¡**Qué bien!** Good! (How nice!)

el **bien** good

el **bienestar** well-being

Bienvenido. Welcome **CP**

bilingüe bilingual

el **billete** ticket

la **biología** biology **3**

el **bistec** steak **6**

el **bizcocho** cookie, biscuit **17**

blanco white **8**

la **blusa** blouse **8**

la **boca** mouth **10**

la **boda** wedding **15**

la **boina** beret

el **boleto** ticket (*for an event or transportation*) **7**

el **bolívar** *monetary unit of Venezuela* **17**

el **bolígrafo** ballpoint pen **CP**

el **bolso** handbag, purse

el **bombero**, la **bombero**

fire fighter **18**
la **bolsa** sack
bonito pretty **2**
el **bordado** embroidery
el **borde** edge, verge
el **bosque** forest **11**
la **bota** boot **8**
el **botón** button
el **boxeo** boxing **9**
el **brazo** arm **10**
breve brief
brillante brilliant **12**
brindar to toast **CS2**
broma: ¡Pero lo dices en broma! But you're kidding! **10**; **¿Habla(s) en broma?** Are you joking? **10**
brusco rough
bueno (*shortened form,* **buen**) good **2**; **¡Buena lección!** That's a (good) lesson for you! **5**; **Buena pregunta.** Good question. **8**; **Buenas noches.** Good evening. (*after sunset*) **CP**; **Buenas tardes.** Good afternoon. (*until about sunset*) **CP**; **Bueno.** Good; OK; Well . . . **1**; **Bueno, nos vemos.** We'll be seeing each other. **1**; **Buenos días.** Good morning. Hello. **CP**; **¡Buen provecho!** Enjoy your meal! **6**
busca: en busca de in search of
buscar (qu/3) to look for **1**

C

el **caballero** gentleman

el **caballo** horse
el **cabello** hair
la **cabeza** head **10**
cabo: al fin y al cabo in the end, to make a long story short
cada each, every **11**; **cada vez más** more and more
la **cadera** hip **10**
caer (4) to fall; to drop **18**
caerse (4) to fall down
el **café** cafe **1**; coffee **6**
la **cafetera** coffeepot **CS1**
la **cafetería** cafeteria **2**
la **caja** cashier's office; cash register **12**
el **cajero,** la **cajera** cashier **12**
los **calcetines** socks **8**
el **calendario** calendar **3**
la **calidad** quality **17**
caliente hot (*not used for weather or people*) **4**
calmarse to calm down **16**
el **calor** warmth, heat **4**
calzar (c/14) to wear (shoes)
los **calzoncillos** underpants
la **calle** street **2**
la **cama** bed **CS1**
la **cámara** camera **1**
la **camarera** waitress **6**
cambiar to change **5**; to exchange **10**; **cambiar de tema** to change the subject **CS1**
el **cambio** change **18**
cambio: Pero en cambio... But on the other hand . . . **14**
caminar to walk **8**
el **camino** road, way
la **camisa** shirt **8**

la **camiseta** undershirt
el **campamento** camp **4**; **ir de campamento** to go camping **4**
el **campeón,** la **campeona** champion **9**
el **campeonato** championship
el **campo** country (*as opposed to city*) **4**; **campo de batalla** battlefield
el **canal** channel **11**
la **canción** song **7**
la **cancha** court; (*sport*) field (*e.g.,* **cancha de fútbol**) **9**
el **candelabro** candelabrum, menorah **14**
cansado tired **16**
cansarse to be (get) tired **16**
el, la **cantante** singer **13**
cantar to sing **7**
la **cantidad** quantity, number
el **canto** singing, song
la **capital** capital (city) **1**
el **capítulo** chapter **CP**
la **cápsula** capsule **10**
la **cara** face **10**
caracterizado characterized
¡Caramba! Good grief! **5**
cargo: tener a su cargo to be in charge of
el **Caribe** Caribbean
cariñosamente affectionately
el **cariño** affection
la **carne** meat **6**
el **carnet** booklet
caro expensive **10**
el **carpintero,** la **carpintera** carpenter **CS1**

la **carrera** career **18**
la **carretera** highway **14**
el **carro** car
la **carta** letter **2**; las **cartas** playing cards **7**
el **cartaginés,** la **cartaginesa** Carthaginian
la **casa** house, home **CP**
casado married **15**
el **casamiento** marriage; wedding **15**
casarse (con) to get married (to) **8**
casi almost **9**
el **caso** case; **en caso de que** in case **16**
las **castañuelas** castanets
el **catalán,** la **catalana** Catalan, of Catalonia
el **catarro** cold **10**; **tener catarro** to have a cold **10**
la **catedral** cathedral **2**
católico Catholic **CS1**
la **causa** cause **CS1**
causar to cause
la **caza** hunting **14**
la **celebración** celebration **14**
celebrar to celebrate **11**
los **celos** jealousy
celoso jealous; **ponerse celoso** to become jealous
la **cena** supper **6**
cenar to have dinner **8**
la **censura** censorship
el **centenario** centennial
el **centro** downtown; center **2**
la **cerámica** ceramics, pottery **12**
cerca (de) near (to), nearby **1**
el **cerdo** pork **6**; **chuleta de cerdo** pork chop **6**

el **cereal** cereal, grain **6**
  cerrar (ie/25) to close **5**
la **cerveza** beer **6**
la **cesión** ceding
el **ceviche** marinated raw
  fish
el **cielo** sky
  cien(to) one hundred **3**
la **ciencia** science **3**; las
    ciencias de
    computación
    computer science **3**;
    las **ciencias**
    naturales natural
    science **3**; las
    ciencias
    políticas political
    science **3**; las
    ciencias sociales
    social science **3**
el **científico**, la **científica**
  scientist
  cierto certain, true **14**; a
    certain **CS1**; **Por**
    cierto (+ *indic*) ...
    Certainly . . . **15**
el **cinc** zinc
el **cine** movies; movie
  theater **5**
la **cinta** tape **7**
el **cinturón** belt
el **círculo** circle
la **cita** appointment
la **ciudad** city **1**
el **ciudadano**, la
    ciudadana citizen
  claramente clearly **14**
  claro light **8**; **¡Claro!**
    Of course! Sure! **8**
la **clase** class **CP**
  clásico classic **14**
la **cláusula** clause
el, la **cliente** client **17**
el **clima** climate
la **cocina** kitchen **CS1**
  cocinar to cook **6**
el **coche** car **17**
el **cognado** cognate
la **coincidencia**

  coincidence **4**
  coleccionar to collect
el **colectivo** minibus
  colmo: ¡Esto (Eso) es
    el colmo! This
    (That) is the last
    straw **9**
  colombiano Colombian
    7
el **colonizador**, la
    colonizadora
    colonist
el **color** color **8**; **¿De qué**
    color es? What
    color is it? **8**
la **combinación** slip
el **comedor** dining room
    CS1
  comentar to explain; to
    comment
el **comentario** comment
  comenzar (ie,c/25,14)
    to begin **5**
  comer to eat **2**
el, la **comerciante**
    businessperson **18**
la **comida** food; meal **2**
  como as, like **6**;
    ¿cómo? how? **2**;
    ¿Cómo? What?
    Pardon me. **3**;
    ¿Cómo está(s)?
    How are you? **CP**;
    Cómo no. Certainly.
    13; **¿Cómo se**
    dice...? How do you
    say . . . .? **CP**;
    ¿Cómo se llama
    usted? What is your
    name? **CP**
la **cómoda** bureau, dresser
    CS1
  cómodo comfortable **2**
el **compañero**, la
    compañera
    companion, partner
    3; **compañero de**
    cuarto roommate
la **compañía** company **16**

  comparar to compare
la **compasión** sympathy
la **competición**
    competition **9**
  complacer (zc/6) to
    please
el **complemento** object
  completar to complete
  complicar (qu/3) to
    complicate
el **comportamiento**
    behavior
la **composición**
    composition **3**
el **compositor**, la
    compositora
    composer **13**
  comprar to buy **4**
  compras: de compras
    shopping **4**
  comprender to
    understand,
    comprehend **2**
la **comprensión**
    comprehension
la **computadora** computer
    2
la **computación: ciencias**
    de computación
    computer science **3**
  común common,
    regular
la **comunicación**
    communication **CS2**
  comunicar (qu/3) to
    communicate
  comunista communist
    CS1
  con with **CP**; **Con**
    permiso Excuse me
    (for future action)
    CP; **con tal (de)**
    que provided that
    16; **conmigo** with
    me **6**; **contigo** with
    you **6**
  concentrar to
    concentrate
el **concierto** concert **2**

  concluir (y/7) to
    conclude
  conducir (zc,j/5) to
    drive **9**
el **conductor**, la
    conductora driver
la **conferencia** lecture **3**
  confesar (ie/25) to
    confess
el **congelador** freezer
    CS1
el **congreso** congress **11**
el **conjunto** ensemble
  conmemorar to
    commemorate
  conocer (zc/6) to know,
    be acquainted with;
    to meet **7**; **Quiero**
    que conozca(s) a... I
    want you to meet . . .
    13
  conocido: muy
    conocido
    well-known
el **conocimiento**
    knowledge
  conquistar to conquer
  consecuencia: como
    consecuencia as a
    consequence
  conseguir (i,g/34) to
    obtain, get **18**
el **consejero**, la **consejera**
    counselor **18**
el **consejo** (piece of)
    advice **7**; los
    consejos advice **7**
  conservar to preserve,
    save **10**
  considerar to consider
la **construcción**
    construction **CS1**
  construir (y/7) to build,
    to construct **13**
  consultar to consult **12**
el **consultorio** (doctor's)
    office **10**
  contado: al contado in
    cash

la **contaminación**
pollution **5**
contar (ue/8) to count;
to tell (a story) **6**;
contar con to count
on **6**
contemporáneo
contemporary **13**
el **contenido** content
contento contented,
happy **2**
contestar to answer **1**
continuar (ú/9) to
continue **17**
contra against **5**
contradecir (12) to
contradict
contrario: al contrario
on the contrary **14**;
por el contrario on
the contrary **CS1**
el **contrato** contract
contribuir (y/7) to
contribute
conversar to converse
convertirse (ie,i/35) to
become
convulsionado
convulsed
coordinar to match
la **copa** wine glass
el **corazón** heart **10**
la **corbata** tie **8**
la **cordillera** mountain
chain
cortés polite **2**
las **Cortes** Spanish
parliament
correctamente
correctly **14**
correcto right, correct
el **corredor**, la **corredora**
runner **9**
corregir (i,i,j/15,24) to
correct
el **correo** (la **oficina de
correos**) post office
2
correr to run **2**

el **correr** running, jogging
9
correspondiente
corresponding
la **corrida de toros**
bullfight **9**
la **cosa** thing **3**
los **cosméticos** cosmetics
17
la **costa** coast **4**
costar (ue/8) to cost **6**
la **costilla** rib
el **costo** cost **17**; el **costo
de (la) vida** cost of
living **11**
crear to create
crecer (zc/6) to grow
creer (que) (y/10) to
believe, think (that)
2; **Creo que** (+
indic) . . . I believe
that . . . **15**; **Creo
que sí (no).** I
believe so (not). **18**;
No creo que (+
subjunc)...I don't
believe that . . . **18**;
¡No lo puedo creer!
I can't believe it!
10; **¡Ya lo creo!** I
believe it!
el **crimen** crime **5**
el, la **criminal** criminal **5**
cristiano Christian
criticar (qu/3) to
criticize
los **críticos** critics
crudo unrefined; raw
la **cruz** cross **11**; la **Cruz
Roja** Red Cross **11**
cruzar (c/14) to cross,
go across **3**
el **cuaderno** notebook,
workbook **CP**
la **cuadra** block **7**
el **cuadro** painting,
picture **13**
¿cuál(es)? which?
which ones? **2**;

**¿Cuál es el número
de teléfono?** What
is the telephone
number?
cualquier any
cuando when **3**; **de vez
en cuando** from
time to time **4**
¿cuándo? when? **2**
cuanto: en cuanto as
soon as **16**; **en
cuanto a** with
regard to
¿cuánto(-a, -os, -as)?
how much? how
many? **2**; **¿Cuánto
cuesta(n)?** How
much does it (do
they) cost? **3**;
¡Cuánto me alegro!
How happy I am! **9**
cuarto fourth **2**
el **cuarto** room, quarter
CS1; el **cuarto de
baño** bathroom **CS1**
cubano-americano
Cuban-American
cubrir to cover **12**
la **cuchara** spoon **6**
el **cuchillo** knife **6**
el **cuello** neck **10**
la **cuenta** check, bill **6**; **a
fin de cuentas** after
all
el, la **cuentista** short story
writer **13**
el **cuento** short story, tale
13
la **cuerda** string
el **cuerpo** body **10**
el **cuestionario**
questionnaire
la **cueva** cave
Cuidado. Watch out.,
Be careful. **4**
cuidar (a) to take care
(of) **17**
**culpa: Tiene(s) la
culpa.**, **Es su (tu)**

culpa. It's your fault.
5
la **cultura** culture **1**
la **cumbia** *Latin
American dance* **7**
el **cumpleaños** birthday **4**
cumplir to carry out, to
fulfill **15**; **cumplir...
años** to turn . . .
years old
la **cuñada** sister-in-law
el **cuñado** brother-in-law
el **cura** priest **18**
curarse to be cured, get
well **10**
curioso curious
el **curso** course **6**

CH
el **champán** champagne
la **chaqueta** jacket **8**
el **charango** *guitar made
from an armadillo
shell*
la **charla** conversation
¡Chau! Bye!, So long!
1
el **cheque: cheque de
viajero** traveler's
check **12**
la **chica** girl **2**
el **chico** boy **2**
el **chile** chili, pepper
chileno Chilean **4**
chino Chinese
el **chiste** joke **16**
el **chocolate** chocolate **6**

D
la **dama** lady
la **danza** dance **14**
dar (11) to give **7**; **dar
un paseo** to take a
walk, go for a stroll
7; **darle hambre**

(sed, sueño) to make (someone) hungry (thristy, sleepy) 7; **darle las gracias** to thank (someone) 7; **darle rabia (a alguien)** to make (someone) angry 16; **darle risa (a alguien)** to make (someone) laugh 16; **darle vergüenza (a alguien)** to make (someone) ashamed 16

datar to date

los **datos** data, facts, information

de of; from; about; made of 1; **¿De acuerdo?** OK?, Do you agree? 1; **¿de dónde?** from where? 2; **de habla hispana** Spanish-speaking; **de la mañana** A.M 5; **de la noche** P.M. (*after sunset*) 5; **de la tarde** P.M. (*noon to sunset*) 5; **De nada.** You are welcome., It's nothing. 4; **¿De qué color es...?** What color is . . . ? 8; **¿de quién?** whose? 2; **¿De veras?** Really? 10; **de vez en cuando** from time to time 4; **el, la de** that of

debajo (de) under 6

deber to owe 17; **deber (+ inf)** ought to, should, must (do something) 2; **¡Debe(n) estar muy contento(s)!** You must be very

happy! CS1; **Eso debe ser terrible.** That must be terrible 5; **¿Se debe (+ inf.)...?** Should one (we, I) . . . ? 18

debido a due to

decidir to decide 8

décimo tenth 2

decir (12) to say, tell 6; **¿Cómo se dice...?** How do you say . . . ? 1

dedicar (qu/3) to dedicate

el **dedo** finger 10; el **dedo del pie** toe 10

deducir (j,zc/5) to deduce

dejar to leave (*something behind*) 8; to let, allow 18; **dejar de** to stop

del (*contr of* de + el) from the; of the 1

delante de in front of

delgado slim

delicioso delicious 2

demasiado too much 18; **Es demasiado...** It's too . . . 17; **¡Esto (Eso) es demasiado!** This (That) is too much! 9

la **democracia** democracy

demócrata democratic CS1

dentro (de) inside, within 2; **dentro de poco** soon

depender: Depende de... It depends on . . . 8

el, la **dependiente** salesclerk; shop assistant; clerk 17

deportar to deport CS2

el **deporte** sport 9

el, la **deportista** athlete 9

deportivo sports

deprimido depressed 16

deprimirse to be (get) depressed 16

derecho adj right 10; straight ahead (*for directions*) 12; **a la derecha** on, to the right 1

el **derecho** right 11; los **derechos humanos** human rights 11

derivado derived

derrocar (qu/3) to overthrow

la **derrota** defeat 14

derrotar to defeat 9

el **desacuerdo** disagreement

desagradable unpleasant

el **desayuno** breakfast 6

descansar to rest 10

el **descendiente** descendant

descortés impolite 2

describir to describe 2

el **descubrimiento** discovery

descubrir to discover 2

desde from (*a certain time*); since 6; **desde un principio** from the very beginning

desear to want, wish 1; **¿Qué desea(n) pedir?** What do you wish (would you like) to order? 6

el **desempleo** unemployment 5

el **deseo** desire, wish

el **desfile** parade 14

desgraciadamente unfortunately

el **desierto** desert

la **desilusión** disappointment

desilusionado disappointed 16

despacio: Más despacio, por favor. Slower, please. 3

la **despedida** farewell, leave-taking 16

despedirse (i,i/24) to say good-bye

despejado clear

despertarse (ie/25) to wake up 8

después (de) after; later, afterwards, then 5; **Después...** Then . . . 11; **Después de pasar...** After passing . . . 12; **después (de) que** after 16; **Después de todo...** After all . . . ; **¿Y después?** And then what? 11; **¿Y qué pasó después?** And then what happened? 11

el **destino** destination; destiny

destruir (y/7) to destroy 10

el **detalle** detail 9

detener (37) to arrest

deteriorar to deteriorate

detrás (de) behind 6

la **deuda** debt; **deuda externa** foreign debt

devolver (u/43) to return, to take back 12

devoto devout CS1

el **día** day CP; el **Día de Acción de Gracias** (*U.S.*) Thanksgiving 14; **Día de la Madre** Mother's Day 14; el **Día de** los **Muertos** Day of the Dead **14**; el **Día de (los) Reyes** Epiphany **14**; el **Día de los Trabajadores** Labor Day **14**; el **día feriado** holiday **14**

el **diablo** devil

el **diagnóstico** diagnosis

diariamente daily **14**

el **diario** newspaper; diary

diario daily

dibujar to draw

el **dibujo** drawing

el **diccionario** dictionary

diciembre December **1**

el **dictador** dictator

la **dictadura** dictatorship

dicho said

los **dientes** teeth **10**

la **dieta** diet **6**; **estar a dieta** to be on a diet **6**

la **diferencia** difference

diferente different **3**

difícil difficult **1**

Dígame. Hello (literally, "Speak to me"). **1**

el **dilema** dilemma **12**

el **dinero** money **5**

Dios God; **un dios** a god **4**; **¡Ay, Dios mío!** Oh, my goodness **5**; **Gracias a Dios.** Thank God. **9**

la **dirección** address; direction

directamente directly **14**

el **director**, la **directora** director **13**

dirigir (i,i,j/15,24) to direct

el **disco** record *(music)* **7**

la **discoteca** discotheque

discreto discreet;

conservative

la **discriminación** discrimination **5**

disculpar to forgive **16**; **Discúlpeme.** Excuse me. I'm sorry. **7**

disculparse to apologize, to excuse oneself

discutir to discuss

disponible available

distinto different

la **diversión** diversion, pastime **7**

divertido amusing, funny **9**

divertirse (ie,i/35) to have a good time; to enjoy oneself **8**

divorciarse to (get a) divorce **15**

el **divorcio** divorce **15**

doblar to turn **8**; **Doble a la izquierda (derecha).** Turn left (right). **7**

doble double

la **docena** dozen **CS1**

el **doctor**, la **doctora** doctor **CP**

documental documentary

el **dólar** dollar **3**

doler (ue/43) to hurt **10**; **Me duele el pie.** My foot hurts. **10**

el **dolor** pain **10**; **el dolor de cabeza** headache **3**; **el dolor de estómago** stomachache **3**

el **domingo** Sunday **4**

el **dominio** rule

don *title of respect used before a man's first name* **1**

donde where **2**

¿dónde? where? **CP**

doña *title of respect*

used before a woman's first name **1**

dormir (ue,u/13) to sleep **6**

dormirse (ue, u/13) to fall asleep **8**

el **dormitorio** bedroom **CS1**

dramatizar (c/14) to dramatize

la **ducha** shower **CS1**

la **duda** doubt; **No hay duda de que (+ indic)** ... There's no doubt that . . . **15**

dudar to doubt **14**

dudoso: Es dudoso. It's doubtful. **18**

los **dulces** sweets **6**

durante during **6**

durar to last **15**

E

e and *(replaces **y** before words beginning **i** or **hi**-)* **17**

echar to throw out

el **eco** echo

económico economic **11**

el **ecuador** equator **CS1**

ecuatoriano Ecuadorian **CS1**

la **edad** age; era

el **edificio** building **3**

efecto: en efecto as a matter of fact

ejecutivo executive

el **ejemplo** example **CP**; **por ejemplo** for example **CP**

el **ejercicio** exercise **CP**

el **ejército** army **11**

el the

él he **CP**; **él** *obj of prep* him **6**

la **elección** election **11**

el **elefante** elephant

elegante elegant **2**

elegido elected

ella she **CP**; **ella** *obj of prep* them **6**

ellos, ellas they **CP**; *obj of prep* them **6**

embargo: sin embargo nevertheless, however **CS1**

emocionante exciting **9**

la **empanada** a type of meat pastry **10**

empeorar to worsen

empezar (ie,c/25,14) to begin, start **5**

el **empleado**, la **empleada** employee **17**

el **empleo** job, employment **5**

empujar to push **16**

en in, on; at **CP**; **en cambio** on the other hand **14**; **en casa** at home **CP**; **en caso (de) que** in case **16**; **en cuanto** as soon as **16**; **en general** in general **3**; **en punto** on the dot **5**; **en resumen** in summary; **¿En serio?** Really? **11**

enamorarse (de) to fall in love (with) **15**

encabezar (c/14) to head

Encantado. I am delighted. **CP**

encantar to delight **6**; **Me encanta(n)...** I love . . . **6**

encontrar (ue/8) to find **6**

encontrarse (ue/8) con to meet (up with); to run into **12**

la **enchilada** enchilada **6**

el **enemigo**, la **enemiga** enemy

la **energía** energy

enero January **4**

enfadarse to get angry **8**

el **énfasis** emphasis

enfermarse to get sick **10**

la **enfermedad** sickness, illness **10**

el **enfermero**, la **enfermera** nurse **10**

enfermo ill, sick **5**

enfrente de in front of, opposite **2**

enojado angry **16**

enojarse to get angry **8**

la **ensalada** salad **6**

el, la **ensayista** essayist **13**

el **ensayo** essay **13**

enseñar to teach; to show **1**

la **enseñanza** education

entender (ie/26) to understand **5**

enterarse (de) to find out (about) **9**

entero whole

entonces then; well **5**

la **entrada** ticket (*for an event*) **7**; entrance, entryway

entrar (en) to enter, come *or* go in **5**

entre between **6**; **entre paréntesis** incidentally **CS1**

entregarse (gu/23) to surrender

el **entremés** appetizer

el **entrenador**, la **entrenadora** trainer

entrenar to train

la **entrevista** interview

el **entrevistador**, la **entrevistadora** interviewer

entrevistar to interview

entristecerse (zc/6) to become sad

enviar (í/16) to send **12**

epistolar pertaining to letters

la **época** time, era, epoch **11**

el **equipaje** baggage, luggage **12**

el **equipo** team **9**

la **escala** scale

escaparse to escape

la **escena** scene **13**

el **escenario** setting

la **escenografía** scenery, set **14**

el **escocés**, la **escocesa** Scot

escoger (j/15) to choose **13**

escribir to write **2**

el **escritor**, la **escritora** writer **13**

el **escritorio** desk **CP**

la **escritura** writing

escuchar to listen (to) **7**

la **escuela** school **2**

el **escultor**, la **escultora** sculptor **13**

la **escultura** sculpture **13**

ese, esa *adj* that **3**

ése, ésa *pron* that (one) **3**

el **esfuerzo** effort

eso *neuter pron* that **3**; **Eso debe ser terrible.** That must be terrible. **5**; **Eso es.** That's it. **14**; **¡Eso es demasiado!** That is too much! **9**; **¡Eso es terrible (aburrido)!** That's terrible (boring)! **17**; **Eso no se hace.** That's not done (allowed). **18**

esos, esas *adj* those **3**

ésos, ésas *pron* those **3**

el **espacio** space

la **espalda** *n* back **10**

el **español** Spanish (*language*) **CP**

especial special **CP**

la **especialidad** specialty **6**

especializarse (c/14) to specialize

especialmente specially, especially **14**

la **especie** species, kind

el **espectador**, la **espectadora** spectator **9**

el **espejo** mirror

la **esperanza** hope

esperar to hope, to wait (for) **4**; **Es de esperar.** It's to be expected. **5**; **¡Espere(n)!** Wait! **4**

el **espíritu** spirit

espontáneo spontaneous

la **esposa** wife **1**

el **esposo** husband **1**

el **esquí** ski **9**

el **esquiador**, la **esquiadora** skier **9**

esquiar (í/16) to ski **4**

la **esquina** corner **7**

establecer (zc/6) to establish

el **establecimiento** establishment

la **estación** season **4**; station **8**

el **estadio** stadium **3**

el **estado** state

los **Estados Unidos** United States **1**

estadounidense (of or from the) United States

estante: el estante de libros bookshelf

CS1

estar (17) to be **CP**; **estar bien (mal, más o menos)** to be well (unwell, so-so) **CP**; **estar de acuerdo (con)** to agree, to be in agreement (with) **2**; **estar de buen humor** to be in a good mood **13**; **estar de vacaciones** to be on vacation **2**; **estar enamorado (de)** to be in love (with) **15**; **Está al lado de...** It's next to . . . **7**; **Está al norte (sur, este, oeste) de...** It's north (south, east, west) of . . . **7**; **Está bien.** It's OK. **16**; **¿Está bien que (+ *subjunc*)...?** Is it OK to . . . ? **18**; **¿Está cerca (lejos) el...?** Is the . . . nearby (far away)? **7** **Está en el centro.** It's downtown. **7**; **Está en la esquina de...** It's on the corner of . . . **7**; **Estoy de acuerdo.** I agree. **14**; **Estoy seguro que (+ *indic*)...** I'm sure that . . . **15**

el **este** east **1**

este, esta *adj* this **3**

éste, ésta *pron* this (one) **3**

el **estilo** style **2**

estimado dear (*in a formal letter heading*)

estimular to stimulate

esto *neuter pron* this **3**;
¡Esto es increíble!
This is incredible!
el **estómago** stomach **10**
estos, estas *adj* these **3**
éstos, éstas *pron* these **3**
el **estrecho** strait
la **estrella** star
el, la **estudiante** student **CP**
estudiantil: la residencia estudiantil dorm
estudiar to study **1**
el **estudio** study **3**
la **estufa** stove **CS1**
estupendo great, wonderful **3**
eterno eternal **15**
europeo European
evaluar (ú /9) to evaluate
evitar to avoid
exacto exact; exactly **14**
exagerar to exaggerate
el **examen** test, exam **3**
examinar to examine
excelente excellent **CP**
excepto except **6**
exigente demanding **18**
el **exil(i)ado**, la **exil(i)ada** exile
existir to exist
el **éxito** success
la **experiencia** experience **18**
el **experto**, la **experta** expert **11**
la **explicación** explanation
explicar (qu/3) to explain
el **explorador**, la **exploradora** explorer **11**
explorar to explore
la **exposición** exhibit, exhibition **13**
expresar to express

extra extra **6**
extranjero foreign **10**;
al extranjero abroad, outside the country **14**
el **extranjero**, la **extranjera** foreigner **10**
extraño strange
extremadamente extremely **14**

F

fabuloso fabulous **17**
fácil easy **2**
la **falda** skirt **8**
falso false **CP**
la **falta** lack **15**
faltar to be missing or lacking **6**; **Nos falta(n)...** We need ... **6**
la **fama** fame; **tener fama** to be famous
la **familia** family **CP**
famoso famous **3**
fantástico fantastic **12**
la **farmacia** pharmacy **1**
fascinante fascinating **9**
el **favor** favor **6**; **Por favor.** Please. **CP**
favorecer (zc/6) to favor, look good on
favorito favorite **4**
febrero February **4**
la **fecha** date *(day of year)* **4**
la **felicidad** happiness
¡Felicitaciones! Congratulations! **11**
felicitar to congratulate
feliz happy **2**; **Feliz fin de semana.** Have a good weekend. **1**
el **fenicio**, la **fenicia** Phoenician
el **fenómeno** phenomenon
ferviente fervent
el **ferrocarril** railway **12**

la **fiebre** fever **10**
fiel faithful
la **fiesta** party; holiday; celebration **7**; la **fiesta de Janucá** Chanukah **14**
la **filosofía** philosophy **2**
el **fin** end; purpose **7**; **a fin de cuentas** after all, all things considered; **al fin y al cabo** in the end; el **fin de semana** weekend **7**; **¡Por fin!** Finally! **9**; **en fin** finally
final: al final at the end
la **física** physics **3**
el **flan** flan *(a type of caramel custard)* **6**
la **flauta** flute
la **flor** flower **14**
florecer (zc/6) to flourish
la **forma** form, shape; way
formar to form, make
formular to formulate
el **formulario** (application) form
la **fortaleza** fortress
la **fortuna** fortune **17**
la **foto(grafía)** photo(graph) **7**
francés French **2**
el, la **franquista** supporter of Franco
la **frase** sentence, phrase
la **frazada** blanket **17**
fresco cool; fresh **4**
el **frijol** bean, kidney bean **6**
el **frío** cold **4**
frito fried
la **frontera** border
el **frontón** jai alai court; wall
frustrado frustrated **16**

frustrarse to be (get) frustrated **16**
la **fruta** fruit **6**
el **fuego**; los **fuegos artificiales** fireworks **14**
fuerte strong **10**
la **fuerza** force, power
fumar to smoke **15**
la **función** show, performance; function **13**
funcionar to work *(an appliance or machine)* **CS1**; **Esto (Eso) no funciona.** This (That) doesn't work. **17**
furioso furious **16**
el **fútbol** soccer **9**; el **fútbol americano** football **9**
el, la **futbolista** football player **9**
el **futuro** future **CS2**

G

las **gafas** *(eye)*glasses; las **gafas de sol** sunglasses
la **galería** gallery **13**
el **gallego**, la **gallega** Galician
la **galleta** cracker **17**
ganar to earn; to win **9**
el **garaje** garage **CS1**
la **garganta** throat **10**
la **gasolina** gasoline **11**
gastar to spend; to waste **10**
generalmente generally **14**
generoso generous **7**
la **gente** people **4**
el **gesto** gesture
el **gigante** giant; *adj* giant
el **gitano** gypsy

gobernar (ie/25) to govern

el **gobierno** government **18**

el **gol** goal

el **golf** golf **9**

la **golondrina** swallow (bird)

el **golpe: el golpe de estado** coup d'état

gordo fat

gótico Gothic

gozar (c/14) to enjoy

gracias thanks, Thank you. **CP**; **Gracias a Dios.** Thank God.; Thank goodness. **9**; **Mil gracias.** Thank you very much. **4**

gracioso funny; charming

el **grado** degree

la **graduación** graduation **14**

graduarse (ú/9) to graduate **8**

gran: short form of **grande**

grande large; great **2**

grave serious

grato pleasant

el **griego,** la **griega** Greek

la **gripe** flu **10**; **tener (la) gripe** to have the flu **10**

gris gray **8**

gritar to shout

el **grupo** group

la **guajira** legend

los **guantes** gloves **8**

la **guerra** war; **en guerra** at war **11**

el **guerrillero,** la **guerrillera** guerrilla (warrior) **11**

el, la **guía** guide (person) **12**; la **guía turística** tourist guide (book) **8**

la **guitarra** guitar **7**

el **guitarrón** large Andean guitar

gustar to be pleasing; to like **6**; **¿Le (te) gustaría ir a... (conmigo)?** Would you like to go to . . . (with me)? **13**; **Me gusta(n)...** I like . . . **6**; **Me gustaría (+ inf) ...** I would like (+ inf) . . . **13**

el **gusto: El gusto es mío.** The pleasure is mine. **CP**

H

haber (18) (+ pp) to have (+ pp); **hay** (impersonal) there is, are **CP** (see **hay**)

la **habitación** room **12**

el, la **habitante** inhabitant **11**

habitar to inhabit

hablar to talk; to speak **1**; **¡Ni hablar!** Don't even mention it!; **¿Quién habla?** Who is this? **1**

hacer (19) to do; to make **4**; **Eso no se hace.** That's not done (allowed). **18**; **hace... que** (+ pres) something has been -ing for . . . **12**; **hace... que** (+ pret or imp) ago **12**; **hacer buen (mal) tiempo** to be good (bad) weather **4**; **hacer calor (frío, fresco, viento, sol)** to be hot (cold, cool, windy, sunny) **4**; **hacer la maleta** to

pack one's suitcase **4**; **hacer un viaje** to take a trip **4**; **hacía... que** (+ imp) something had been -ing for . . . **12**; **¿Me hace el favor de (+ inf)...?** Will you do me the favor of . . . ? **15**

hacerse (19) to become, turn into **CS2**

hacia toward **6**

la **hacienda** estate

hallar to find

la **hamaca** hammock **12**

el **hambre** f hunger **5**

la **hamburguesa** hamburger **6**

hasta until **6**; even; as far as; **Hasta la próxima.** Until next time. **CS2**; **Hasta luego.** See you later. **1**; **Hasta mañana.** See you tomorrow **1**; **Hasta pronto.** See you soon. **1**; **hasta que** until **16**

hay there is, there are (see **haber**) **CP**; **hay que** it is necessary, one must (+ inf) **10**; **No hay de qué.** It's nothing. You're welcome. **4**; **No hay duda de que** (+ indic) ... There's no doubt that . . . **15**; **No hay ninguna posibilidad de que** (+ subjunc) ... There's no possibility that . . . **15**; **No hay (ningún) problema.**

There's no problem. **16**; **No hay pena.** No need to be embarrassed. **16**

el **hecho** fact, act

el **helado** ice cream **6**

la **herencia** heritage, legacy

la **hermana** sister **1**

el **hermano** brother **1**

hermoso beautiful

el **héroe** hero **CS2**

la **hija** daughter **1**

el **hijo** son **1**

hipotético hypothetical

hispano Hispanic **CP**

la **historia** history **3**; story **6**

Hola. Hello, Hi. **CP**; **Hola. ¿Quién habla?** Hello. Who is this? **1**

el **hombre** man **1**

el **hombro** shoulder **10**

la **honra** honor

la **hora** hour **5**; **No veo la hora de** (+ inf) I can't wait (+ inf) **13**

el **horario** schedule, timetable **12**

el **horno** oven **CS1**

horrible horrible **6**

el **hospital** hospital **CP**

el **hotel** hotel **1**

el **hotelero,** la **hotelera** hotel manager **12**

hoy today **1**; **hoy día** today, nowadays

la **huelga** strike **5**

el **huerto** garden

el **huevo** egg **6**

I

el **ibero,** la **ibera** Iberian

ida: de ida y vuelta round-trip **12**

la **idea** idea **5**

idealista idealist **2**

identificar (qu/3) to identify
el **idioma** language
la **iglesia** church **10**
igual equal; same
igualmente likewise **CP**
la **imaginación** imagination **CP**
imaginar to imagine **18**
el **imperio** empire
el **impermeable** raincoat **8**
implementar to implement
importado imported **CS1**
la **importancia** importance
importante important **2**
importar to matter; to be important **6**; **No importa.** It doesn't matter. **16**
imposible impossible **4**
impresionante impressive
el, la **inca** Inca **18**
el **incendio** fire **11**
incluir (y/7) to include **12**
increíble incredible, unbelievable
incrementar to increase
la **independencia** independence **4**
indicar (qu/3) to indicate, show
indígena native, indigenous **3**
indio Indian
indocumentado undocumented
la **inestabilidad** instability
inexplorado unexplored
la **inflación** inflation

la **información** information **1**
el **informe** report
la **ingeniería** engineering **3**
el **ingeniero**, la **ingeniera** engineer **3**
el **inglés** English **CP**
iniciar to begin
inmediatamente immediately **14**
el, la **inmigrante** immigrant **4**
el **inodoro** toilet **CS1**
inolvidable unforgettable
insistir (en) to insist (on) **14**
insociable unsociable **2**
el **insomnio** insomnia
inspirar to inspire
el **instructor**, la **instructora** instructor **13**
inteligente intelligent **2**
intentar to attempt
interesante interesting **1**
interesar to interest **6**; **Me interesa(n)...** I'm interested in . . . **6**
internacional international **14**
interpretar to interpret
el, la **intérprete** interpreter
el **invasor**, la **invasora** invader **14**
el **inventario** inventory **17**
investigar (gu/23) to investigate
el **invierno** winter **4**
invitar to invite **6**
el **invitado**, la **invitada** guest
la **inyección** shot, injection **10**
ir (20) to go **4**; **ir de**

campamento to go camping **4**; **ir de compras** to go shopping **4**; **ir de vacaciones** to go on vacation **4**; **¡Qué va!** Oh, come on! **10**; **Vaya derecho.** Go straight ahead. **7**; **Voy a...** I'm going to . . . **15**
el **irlandés**, la **irlandesa** Irish
irse (20) to leave, go away **8**
la **isla** island **12**
la **isleta** small isle
italiano Italian **1**
el **itinerario** itinerary **14**
izquierdo *adj* left **10**; **a la izquierda** on, to the left **1**

J

el **jai alai** jai alai **9**
jamás never, not ever **10**
el **jamón** ham **6**
el **jarabe (de tos)** (cough) syrup **10**
el **jardín** *(flower)* garden **CS1**
el **jardinero**, la **jardinera** gardener
los **jeans** jeans **8**
el **jefe**, la **jefa** boss; chief **18**
joven young **2**; *n* young person
la **joya** piece of jewelry, jewel
la **joyería** jewelry store **14**
judío Jewish **CS1**
el **juego** game **7**; **hacer juego con** to match, to go with **17**
el **jueves** Thursday **4**
el **jugador**, la **jugadora**

player **9**
jugar (ue/21) to play *(game, sport)* **6**; **jugar a las cartas** to play cards **7**
el **juglar** minstrel
el **jugo** juice **6**
julio July **4**
junio June **4**
juntos together **11**

K

el **kilo** kilogram

L

la the **1**; *dir obj* you, her, it **4**
el **lado** side **1**; **al lado (de)** next (to), beside **1**
el **lago** lake
la **lámpara** lamp **CS1**
la **lana** wool **8**
el **lápiz** pencil **CP**
largo long **10**
las the *pl* **1**
la **lástima** pity **5**; **¡Qué lástima!** What a shame (pity)! **5**
el **lavamanos** sink **CS1**
lavarse to wash (oneself) **8**
el **lazo** loop, knot **14**
le *indir obj* (to, for) you, him, her, it **5**
la **lección** lesson **4**
la **lectura** reading
la **leche** milk **6**
la **lechuga** lettuce **6**
leer (y/10) to read **2**
la **legumbre** vegetable **6**
lejos (de) far (from) **1**
la **lengua** language **18**
el, la **lente** lens
les *indir obj* (to, for) you, them **5**
la **letra** letter *(of*

alphabet); lyrics; las
letras letters,
writing
levantarse to get up **8**
la **ley** law
la **leyenda** legend
la **libra** pound
libre free
la **librería** bookstore **2**
el **libro** book **CP**
el, la **líder** leader **11**
el **limón** lemon, lime
lindo pretty **2**
la **línea** line **12**
la **liquidación** sale **17**
el **líquido** liquid **10**
listo ready; **¡Listo!** I'm
ready (to go)!
la **literatura** literature **3**
lo *dir obj* you, him, it **4**;
neuter article the
CS1; **lo que** which;
that which, what
CS1; **lo** (+ *adj*)
thing, part **lo que es
hoy** what is today
local local **14**
loco crazy
los the *pl,* **1**; *dir obj*
you, them **4**
lucrativo profitable **11**
la **lucha** struggle
luchar to struggle, to
fight
luego then **1**; **Hasta
luego.** See you later.
1
el **lugar** place **5**
el **lujo** luxury
la **luna: luna de miel**
honeymoon **15**
el **lunes** Monday **4**
la **luz** light **9**

Ll

la **llamada** call
llamar to call **1**
llamarse to be named,
called **8**; **¿Cómo se
llama usted?** What
is your name? **CP;
Me llamo...** My
name is . . . **CP**
la **llave** key **15**
la **llegada** arrival
llegar (gu/23) to arrive
CS2; llegar a ser to
become **1; llegar
tarde** to be late,
arrive late **5**
lleno full
llevar to carry; to take
(along) **1**; to wear **8**;
to take *(a period of
time)* **12; llevar (a)**
to lead (to); **para
llevar** to take out **6**
llevarse (bien) to get
along (well) **15**
llorar to cry **16**
llover (ue/43) to rain **6;
Llueve.** It's raining.
4
la **lluvia** rain **4**
lluvioso rainy

M

la **madera** wood
la **madre** mother **1**
magnífico magnificent
12
el **maíz** corn **6**
mal *adv* badly **CP**
el **mal** evil
la **maleta** suitcase **4**
malo *(shortened form
mal)* bad **2**
la **mamá** mom, mamma **1**
mandar to send **5**; to
order, to command
13; ¿Mande? What?
(Mexico) **3**
el **mandato** command
manejar to drive **16**
**manera: ¡De ninguna
manera!** No way!
**14; de todas
maneras** anyway
la **manifestación**
demonstration **11**
la **mano** hand **10; en
manos de** in the
possession of; **a
mano** by hand
la **manta** blanket **CS1**
mantenerse (37) to
sustain oneself, to
remain
la **mantequilla** butter **6**
el **manto** mantle
la **manzana** apple **6**
mañana tomorrow **1**; la
mañana morning **5;
Hasta mañana.** See
your tomorrow. **1**
el **mapa** map **1**
el **mar** sea **4**
el **maratón** marathon **9**
maravilloso marvelous,
wonderful **7**
la **marca** stamp,
trademark, seal **12**
marcar (qu/3) to mark
mareado dizzy
el **mareo** dizziness,
nausea, motion
sickness **10; darle
(a uno) mareos** to
give (someone)
motion sickness,
make someone
nauseous **10**
el **marido** husband
el **marinero** sailor
los **mariscos** shellfish **10**
marrón brown **8**
el **martes** Tuesday **4**
marzo March **4**
más plus; more **3**;
más... que more . . .
than **10; más de** (+
number) more than;
**Más despacio, por
favor.** More slowly,
please. **3; más**
pequeño smaller **10;
más grande** bigger
10; el, la **más
pequeño(-a)**
smallest **10**; el, la
más grande biggest
10
la **máscara** mask
matar to kill
las **matemáticas**
mathematics **3**
el **matrimonio** matrimony
15; el **matrimonio
civil** civil marriage
15
máximo maximum,
high
maya Mayan
mayo May **4**
mayor greater; larger;
older; greatest;
largest; oldest **10**; el,
la **mayor** oldest **10**
**mayoría: la gran
mayoría** the great
majority
me *dir obj* me **4**; *indir
obj* (to, for) me **5**;
refl pron myself **8**
la **medalla** medal **9**
media: media hora
half an hour **5**; la
una y media 1:30 **5**
**mediados: hasta
mediados del siglo**
until about the
middle of the
century
la **medianoche** midnight
12
las **medias** stockings **8**
el **medicamento**
medication,
medicine **10**
la **medicina** medicine **3**
el **médico**, la **médica**
doctor **18**
el **medio** means; middle;
environment

medio half CS1
el **mediodía** noon 12
mejor better; best 10;
el, la **mejor** best 10; **Es mejor que usted (tú)** (+ *subjunc*) . . . It's better for you to . . . 16
mejorar to improve
mencionar to mention
menor smaller; lesser; younger; smallest; least; youngest 10; el, al **menor** youngest 10; **No tengo la menor idea.** I don't have the slightest idea. 18
menos less, fewer 3; **menos... que** less (fewer) . . . than 10; **por lo menos** at least
el **mensaje** message 13
mentir (ie,i/35) to lie 5
el **mercado** market 12
el **mes** month 4; **el mes que viene** next month 7
la **mesa** table CP
la **mesera** waitress 18
el **mesero** waiter 18
la **meseta** plateau
la **mesita de luz** end, side table CS1
mestizo of mixed ancestry
mexicano Mexican 1
la **mezcla** mixture
mezclarse to mix, to intermarry
la **mezquita** mosque
mí *obj of prep* me, myself 6
mi(s) my 5
el **miedo** fear 3
el **miembro** member
mientras while 11; mientras (que) while

16; **mientras tanto** meanwhile
el **miércoles** Wednesday 4
mil thousand 3; **Mil gracias.** Thank you very much. 4
militar *adj* military
los **militares** the military
la **milla** mile 9
el **millón** million 3
millonario millionnaire 17
la **mina** mine 12
mineral mineral 6
mínimo minimum, low
el **ministro**, la **ministra** minister
la **minoría** minority 5
mío, mía, míos, mías my, of mine 15
mirar to look (at); to watch 1
la **misa** mass
mismo same 11
el **misterio** mystery
misterioso mysterious 12
la **mitad** half
la **mochila** backpack 4
moda: estar de moda to be in style
el **modelo** model, example CP; el, la **modelo** model *(person)*
moderno modern 3
molestar to bother, annoy 6; **¿Le molestaría que...** (+ *subjunc*)? Would it bother you if . . . ?
el **momento** moment 3
monárquico monarchic
la **moneda** (unit of) currency
monótono monotonous 15
la **montaña** mountain 4
el **monte** brush; mouth
el **monumento** monument

morir(se) (ue,u/13) to die 9
mostrar (ue/8) to show 6
motivar to motivate
el **motivo** reason
la **motocicleta** motorcycle
mover (ue/43) to move
el **movimiento** movement
la **muchacha** girl 2
el **muchacho** boy 2
mucho *adj* a lot (very), much many, a lot of 1 *adv* very much 4; **Mucho gusto.** Glad to meet you. CP
mudarse to move *(change residence)* 8
el **mueble** piece of furniture CS1, los **muebles** furniture CS1
la **mueblería** furniture store 17
la **muerte** death
muerto dead
la **mujer** woman 1
mundial worldwide; world; World Cup
el **mundo** world CP **todo el mundo** everyone, everybody 4
la **muralla** wall 10
el **museo** museum 1
la **música** music 3
el, la **músico** musician 13P
el **musulmán** Moslem
muy very CP; **Muy agradecido.** Much obliged., I'm very grateful. 4; **Muy bien.** Very well CP

N

nacer (zc/6) to be born 8

la **nación** nation 11; las **Naciones Unidas** United Nations 11
la **nacionalidad** nationality 5
nacional national 14
nada nothing, not anything 10; **De nada.** You're welcome.; It's nothing. 4
el **nadador**, la **nadadora** swimer 9
nadar to swim 7
nadie no one, not anyone 10
los **naipes** *(playing)* cards 7
la **naranja** orange 6
la **nariz** nose 10
narrar to narrate
la **natación** swimming 9
natal native
la **naturaleza** nature
naturalmente naturally, sure, of course 14
la **Navidad** Christmas 14
necesario necessary 10; **Es necesario** It is necessary (+ *inf*) 10
necesitado needy, underprivileged
necesitar to need 1
negar (ie,gu/23,25) to deny
el **negocio** business **negocios: el hombre (la mujer) de negocios** businessperson 18
negro black
el **nervio** nerve
nervioso nervous CS2
nevar (ie/25) to snow 5; **Nieva.** It's snowing. 4
la **nevera** refrigerator
¡Ni hablar! Don't even

mention it! **14**; **ni:
ni... ni** neither . . .
nor **10**; **¡Ni por todo
el dinero del
mundo!** Not for all
the money in the
word! **14**; **ni
siquiera** not even
la **niebla** fog **4**; **Hay
niebla.** It's foggy. **4**
la **nieta** granddaughter
el **nieto** grandson
la **nieve** snow **4**
**ningún, ninguno(-a,
-os, -as)** none, not
any, no, neither (of
them) **10**
la **niña** girl, child **1**
el **niño** boy, child **1**
no no; not **CP**; **¿No?**
Right? True? **1**; **No
hay de qué.** You're
welcome. It's
nothing. **4**
la **noche** night, evening
(*after sunset*) **5**; la
Noche del Grito
Night of the Cry
(*Mexico*)
nombrar to name
el **nombre** name **5**
nordeste northeast
noreste northeast
noroeste northwest
el **norte** north **1**
norteamericano North
American **2**
nos *dir obj* us **4**; *indir
obj* (to, for) us **5**;
refl pron ourselves
8; *recip* each other,
one another **8**
nosotros, nosotras we
CP; *obj of prep* us,
ourselves **6**
la **nota** note; grade
notar to note
la **noticia** (*piece of*) news
9; las **noticias** news

10
el **noticiero** news program
11
la **novela** novel **8**
el, la **novelista** novelist
13
noveno ninth **2**
la **novia** girlfriend **15**
el **noviazgo** engagement,
courtship **15**
noviembre November
1
el **novio** boyfriend **15**
la **nube** cloud **4**; **Hay
nubes.** It's cloudy. **4**
nublado cloudy **4**;
estar nublado to be
cloudy **4**
nuestro(s), nuestra(s)
our, (of) ours **5**
nuevo new **5**
la **nuez** nut
el **número** number **CP**
numeroso numerous
nunca never, not ever
10

O

o or **1**; **o... o** either . . .
or **10**
el **objetivo** objective
el **objeto** objective
obligar (gu/23) to
compel
la **obra** work, artistic
work **7**; la **obra de
teatro** play **7**; la
obra maestra
masterpiece **13**
el **obrero, la obrera**
worker **11**
obtener (37) to obtain,
get
octavo eighth **2**
octubre October **4**
ocupado busy
ocupar to occupy
ocurrir to happen,

occur **11**
el **oeste** west **1**
ofender to offend **16**
ofenderse to be (get)
offended; to take
offense **16**
la **oferta** sale, (special)
offer **17**
la **oficina** office **5**; la
oficina de correos
post office **2**
el **oficio** job, trade **18**
ofrecer (zc/6) to offer **7**
el **ofrecimiento** offer
oír (22) to hear; to
listen **7**; **¡Oiga!**
Excuse me! **7**
ojalá (que) I (we, let's)
hope (that);
hopefully **13**
el **ojo** eye **10**
la **ola** wave
olvidar to forget
el **ómnibus** omnibus **16**
la **ópera** opera **13**
opinar to think of
oponerse (28) to
oppose
la **oportunidad**
opportunity **5**
optimista optimistic **2**
la **oración** sentence
el **orden** *n* order
ordenar *to order* **6**
la **oreja** (*outer*) ear **10**
la **organización**
organization **17**
el **orgullo** pride
orgulloso pround **16**
el **oro** gold **7**
la **orquesta** orchestra **13**
os *dir obj* you **4**; *indir
obj* (to, for) you **5**;
refl pron yourselves
8
oscuro dark **8**
el **otoño** fall, autumn **4**
otro other, another **4**;
otra vez again **6**;

Otro día tal vez...
Another day perhaps
. . . **13**
el, la **oyente** listener

P

la **paciencia** patience
el **padre** father **1**; los
padres parents;
fathers **1**
pagar (gu/23) to pay **8**
la **página** page **CP**
el **país** country, nation **L1,
4**
el **pájaro** bird
la **palabra** word **CP**
el **pan** bread **6**
la **panadería** bakery
el **panadero, la panadera**
baker
panameño Panamian
el **panfleto** pamphlet
los **pantalones** pants **8**
el **pañuelo** scarf; el
pañuelo de seda
silk scarf
el **papá** dad, papa **1**
el **Papa** Pope **11**
la **papa** potato **6**
el **papel** paper **CP**; **hacer
un papel** to play a
role **13**
el **par** pair
para for, to, in order to
3; **para llevar** to
take out **6**; **para que**
so that **16**
la **parada** stop
el **paraguas** umbrella **8**
el **paraíso** paradise,
heaven,
parar to stop **8**
parecer (zc/6) to seem,
appear **7**; **¿Qué le
(te) parece si
vamos a...?** How do
you feel about going
to . . . ? **13**

la **pared** wall **CP**

la **pareja** couple **10**

el, la **pariente** relative **1**

el **parque** park **5**; el **parque de diversiones** amusement park **8**; el **parque zoológico** zoo **8**

el **párrafo** paragraph

la **parte** part **10**; la **mayor parte** majority; **Por otra parte...** On the other hand . . . **CS1**; **¿De parte de quién?** Who's speaking?

participar to participate

el **partido** match, game **9**; *(political)* party; el **partido de fútbol** soccer game **3**

partir: a partir de from

el **pasado** past; last **8**

el **pasaje** ticket **12**

el **pasajero**, la **pasajera** passenger

el **pasaporte** passport **CP**

pasar to pass; to spend (time) **1**; to happen, occur **11**; **pasarlo bien** to have a good time

el **pasatiempo** pastime **7**

las **Pascuas** Easter

pasear to take a walk, ride **12**

el **paseo** walk, stroll; ride, short trip **7**

el **pasillo** corridor

el **pastel** pastry, cake **6**

la **pastilla** tablet **10**

el **patinador**, la **patinadora** skater

el **patinaje** skating **9**

patinar to skate **9**

la **patria** native land

el **patrón**, la **patrona** master, boss

el **pavo** turkey **14**

el **payador**, la **paytadora** Gaucho singer

la **paz** peace

el **pecho** chest **10**

pedir (i,i/24) to ask for, order **6**

pelear to fight **13**

la **película** movie, film **5**

peligroso dangerous

el **pelo** hair **10**

la **pelota** ball

la **peluquería** barbershop, beauty parlor **18**

el **peluquero**, la **peluquera** barber, hairdresser **18**

pensar (ie/25) to think **5**; **pensar (+ inf)** to intend, plan *(to do something)* **5**; **pensar de** to think of, have an opinion of **5**; **pensar en** to think of, think about **5**; **Pienso que (+ indic)** . . . I think that . . . **15**; **No pienso que (+ subjunc)...** I don't think that . . . **18**; **Pienso que sí (no).** I think so. (I don't think so.) **18**

la **pensión** boardinghouse **12**

peor worse; worst **10**; el, la **peor** worst **10**

pequeño small **2**

perder (ie/26) to lose; to miss (a train, plane, etc.) **5**; **perder el tiempo** to waste time **5**

perdido lost **2**

Perdón. Pardon me. **11**; **¿Perdón?** Pardon me? **3**

perdonar to forgive **16**; **Perdóneme. (Perdóname.)** Forgive me. *(also: Excuse me., I am sorry.)* **7**

la **peregrinación** pilgrimage **10**

el **peregrino**, la **peregrina** pilgrim **10**

perfectamente perfectly **14**

periódicamente periodically **14**

el **periódico** newspaper **10**

permanecer (zc/6) to remain

el **permiso:** permission; **Con permiso.** Excuse me. **11**

permitir to allow, to permit **13**; **¿Me permite (+ inf)...?** May I. . . ? (Will you allow me to. . .? **18**; **No se permite (+ inf)...** It's not permitted to . . . **18**; **¿Se permite (+ inf)...?** May one (we, I). . . ? **18**

pero but **1** **¡Pero lo dices en broma!** But you're joking! **10**; **¡Pero no hablas en serio!** But you're not serious! **10**

la **persona** person **2**

el **personaje** character *(in a play)*; **13**; el **personaje principal** main character, protagonist **13**

peruano Peruvian **18**

pesado heavy

pesar to weigh

pesar: a pesar de in spite of

la **pesca** fishing **9**

el **pescado** fish **6**

el **pescador**, la **pescadora** fisherman **9**

pescar (qu/3) to fish **7**

la **peseta** *monetary unit of Spain* **CP**

pésima terrible

pesimista pessimistic **2**

el **peso** *monetary unit of Mexico* **3**

el **petróleo** petroleum, oil **7**

el, la **pianista** pianist **13**

el **piano** piano **7**

picado chopped (up)

picante hot, spicy **6**

el **pie** foot **10**

la **piel** skin

la **pierna** leg **10**

el **pijama** pajama **8**

la **píldora** pill **10**

la **pimienta** pepper **6**

pintar to paint **7**

el **pintor**, la **pintora** painter **13**

pintoresco picturesque **14**

la **pintura** painting; paint **13**

la **piña** pineapple **6**

la **piñata** *suspended crock or animal-shaped balloon filled with candy (Mexico)* **14**

la **pirámide** pyramid **3**

los **Pirineos** Pyrenee Mountains

la **piscina** swimming pool **9**

el **piso** floor **2**

la **pista** track **9**

la **pizarra** chalkboard **CP**

el **placer** pleasure

el **plan** plan **3**

planear to plan **15**

planificar (qu/3) to plan

la **plata** silver **12**

el **plátano** banana; plaintain **6**

la **platería** silver shop

el **platillo** saucer

platino platinum **15**

el **plato** plate; dish **6**; el **plato principal** main dish **6**

la **playa** beach **3**

la **plaza** plaza, square **1**

la **pluma** pen

la **población** population

pobre poor **5**; **¡Pobrecito(-a)!** Poor thing! **5**

la **pobreza** poverty **5**

poco little; *pl* few, **5**; **poco a poco** little by little; **dentro de poco** soon

el **poder** power

poder (27) to be able, can **6**; **¿En que puedo servirle?** How can I help you? **15**; **¿Me podría dar (pasar,** *etc.***)... por favor?** Could you give (pass, *etc.*) me . . . , please? **7** **¿Me podría (decir, dar,** *etc.***)?** Could you *(tell, give, etc.)* me? **15** **¿Me puede (+** *inf***)...?** Can you . . . for me? **7**; **No puede ser.** It can't be. **10**; **¿Nos puede traer...?** Can you bring us . . . ? **6**; **Puede (Podría) ser.** It could be. **18**; **¿Puedo ayudarlo (-a)?** Can I help you? **7**; **¿Se puede (+** *inf***)...?** Can one (we, I) . . . ? **18**

poderoso powerful

el **poema** poem **13**

la **poesía** poetry **7**

el, la **poeta** poet

el **policía**, la **mujer policía** police officer **5**

la **policía** police force **5**

la **política** politics

el, la **político** politician **11**; *adj* political

el **pollo** chicken **6**

el **poncho** poncho **17**

poner (28) to put; to place **7**; to turn on; to light **11**; **poner atención** to pay attention

ponerse (28) to put on **8**; **ponerse (+** *adj***)** to become (+ *adj*); **ponerse de acuerdo** to agree. **16**

por for, by, through **6**; per **10**; **¿por qué?** why? **2**; **por cierto** (+ *indic*)... Certainly . . . **15**; **¡Por Dios!** Good Lord! **10**; **por ejemplo** for example **5**; **por el contrario** on the contrary **CS1**; **por eso** for that reason, that's why; **por favor** please **CP**; **por fin** finally **9**; **por la mañana** in the morning **5**; **por la noche** in the evening (night) **5**; **por la tarde** in the afternoon **5**; **por lo tanto** therefore; **por otra parte** on the other hand; **por supuesto** of course; **por todas partes** everywhere

porque because **2**

el **portón** large door; gate

la **posada** inn **14**

posible possible **4**; **Es posible que (+** *subjunc***)...** It's possible that . . . **18**

la **postal** postcard

el **postre** dessert **6**

practicar (qu/3) to practice **9**

práctico practical **2**

el **precio** price **2**; el **precio fijo** fixed price; el **precio rebajado** reduced price

precipitarse (de) to hurl oneself, fall (from) **14**

preciso necessary **10**; **es preciso (+** *inf***)** it is necessary (+ *inf*) **10**

predecir (12) to predict

preferido favorite

preferir (ie, i/35) to prefer **5**

la **pregunta** question **CP**

preguntar to ask **1**

el **premio** prize, award

prender to turn on; to light; to grasp **11**

la **prensa** press

preocupado worried

preocuparse (por) to worry (about) **8**

la **presentación** introduction

presentar: Quiero presentarle(-te) a... I want to introduce you to . . . (*or* I want to introduce . . . to you)

el **presidente**, la **presidenta** president **1**

la **presión**, blood pressure **10**

prestar to loan, lend **5**

la **primavera** spring **4**

primero (*shortened form* **primer**) first **2**

el **primo**, la **prima** cousin **1**

principal principal, main **6**

principio: al principio at first

prisa: tener prisa to be in a hurry

probable: Es probable que (+ *subjunc*)... It's probable that ...) **18**; **Es probable que sí.** Probably so.

probablemente probably **14**

probar(se) (ue/8) to try (on)

el **problema** problem **4**; **No hay (ningún) problema.** There's no problem.

proclamar to proclaim

producir (zc, j/5) to produce **9**

la **profesión** profession **18**

el **profesor**, la **profesora** professor **CP**

el **programa** program **3**; el **programa documental** documentary program **11**

el **programador**, la **programadora (de computadoras)** (computer) programmer **18**

programar to program **7**

progresar to progress **3**

progresista progressive

prohibir (í/29) to forbid, prohibit **13**; **Se prohíbe (+** *inf***)...** It's prohibited (forbidden) to . . . **18**

la **promesa** promise **15**

prometer to promise **11**

la **prometida** fiancée **15**

el **prometido** fiancé **15**

el **pronombre** pronoun

pronto soon **1**; **Hasta pronto.** See you soon. **1**

propio own

propósito: A propósito de... Regarding . . . **CS1, A propósito...** By the way . . . **8**

próspero prosperous

protegerse (de) (j/15) to protect oneself (from) **12**

la **protesta** protest **16**

protestante Protestant **CS1**

protestar to protest **11**

el **provecho: ¡Buen provecho!** Enjoy your meal! **6**

proveniente originating

la **provincia** province **15**

provocar (qu/3) to provoke

próximo next **8**

el **proyecto** project

la **prueba** quiz

la **psicología** psychology **3**

el **psicólogo**, la **psicóloga** psychologist **3**

publicar (qu/3) to publish

público *adj* public **11**

el **público** public **13**

el **pueblo** town; people **L1, 11**

el **puente** bridge

la **puerta** door **CP**

el **puerto** port; harbor **12**

puertorriqueño Puerto Rican **5**

Pues,... Well, . . . **2**

el **puesto** position, job **5**

el **pulgar** thumb **10**

el **punto** point

la **puntualidad** punctuality

puro pure **17**

Q

que than; *rel pron* that, which, who, whom **11**; **Que yo sepa...** (+ *indic*) As far as I know . . . **18**; **Es que...** The thing is that . . . **8**; **¿Para qué sirve?** What do you use it for? **8**; **¿Qué desean pedir?** What do you wish (would you like) to order? **6**; **¿Qué es esto?** What is this? **CP**; **¿Qué espera(s)?** What do you expect? **5**; **¿Qué hay de nuevo?** What's new? **11**; **¿Qué hora es?** What time is it? **5**; **¿Qué importancia tiene eso?** What's so important about that? **5**; **¿Quéle (te) parece si vamos a...?** How do you feel about going to . . . ? **13**; **¿Qué nos recomienda?** What do you recommend to us? **6**; **¿Qué sé yo?** What do I know? *(informal)* **18**; **¿Qué tal?** How are you doing? How is it going? **CP**; **¿Qué tiempo hace?** What's the weather like? **4**; **¡Qué absurdo!** How absurd! **14**; **¡Qué alegría!** How wonderful! **9**; **¡Qué alivio!** What a relief! **9**; **¡Qué amable!** How nice! **9**; **¡Qué barbaridad!** Good grief!, How terrible! **5**; **¡Qué bien!** Good!, How nice! **9**; **¡Qué buen tiempo!** What nice weather! **4**; **¡Qué buena idea!** What a good idea! **13**; **¡Qué calor (frío, *etc.*)!** How hot (cold, *etc.*) it is! **4**; **¡Qué coincidencia!** What a coincidence! **4**; **¡Qué horror!** How horrible! **5**; **¡Qué increíble!** How amazing! **9**; **¡Qué lástima!** What a shame (pity)! **5**; **¡Qué lindo (amable, *etc.*)!** How pretty (kind, *etc.*)! **9**; **Qué mala suerte!** What bad luck! **5**; **¡Qué ridículo!** How ridiculous! **10**; **¡Qué sorpresa!** What a surprise! **9**; **¡Qué suerte!** How lucky! **2**; **¡Qué tontería!** What nonsense! **14**; **¡Qué va!** Oh, come on! **10**; **¿Y qué?** So what? **5**

quedar to remain; to be; to fit

quedarse to remain, to stay **8**

la **queja** complaint **8**

quejarse (de) to complain (about) **8**

querer (30) to want; to love, like **5**; **¿Quiere(s) ir a...?** Do you want to go to . . . ? **13**; **Quiero que conozcas a...** I want you to meet . . . **13**

querido dear *(in an informal letter heading)*

el **queso** cheese **6**

quien *rel pron* who, whom **11**

¿quién(es)? who? **2**; **¿De quién es?** Whose is it?

la **química** chemistry **3**

químico chemical

quinto fifth **2**

quitarse to take off *(clothing)* **8**

quizá(s) perhaps **5**; **Quizá(s)** (+ *subjunc or indic*) Perhaps . . . **15**

R

la **rabia** anger, rage **16**; **darle rabia (a alguien)** to make (someone) angry **16**

la **radio** radio **4**

la **raíz** stem

la **rapidez** speed

rápido fast

la **raqueta** racket **9**

la **raza** race

razonable reasonable

el **realismo** realism **13**

realista realistic **2**

realizar (c/14) to realize, make possible, fulfill **18**

realizarse (c/14) to be realized, to come

about; to fulfill
one's self **18**

realmente really **4**

rebajado reduced;
marked down; on
sale **17**

rebajar to reduce; to
mark down **17**

la **recepción** reception
desk **12**

la **receta** *recipe* **6**;
prescription **10**

recibir to receive **2**

el **recién casado**, la
recién casada
newlywed **15**

reciente recent

recientemente recently
9

recoger (j/15) to pick
up

recomendar (ie/25) to
recommend **5**; **¿Qué
nos recomienda?**
What do you
recommend to us?
6; **Recomiendo que
usted (tú) (+
subjunc)... I
recommend that you
. . . 16**

reconocer (zc/6) to
recognize, to admit
17

la **reconquista** reconquest

reconstruir (y/7) to
reconstruct

recordar (ue/8) to
remember **6**; **Eso
me recuerda...** That
reminds me of . . .
11; **Siempre
recuerdo...** I('ll)
always remember . . .
11

el **recreo** recreation

el **recuerdo** souvenir;
remembrance **12**

el **recurso** resource **16**

la **red** net **9**

el **redescubrimiento**
rediscovery

reelegir (i, i, j/24, 15)
to reelect

reflejar to reflect

el **refresco** soft drink;
refreshment **3**

el **refrigerador**
refrigerator **CS1**

el **refugiado**, la **refugiada**
refugee

el **refugio** refuge

el **regalo** gift **1**

regatear to bargain
(over prices) **17**

el **régimen** regime

la **región** region **11**

registrar to register,
show

regresar to return, go
back **1**

las **regulaciones**
regulations **12**

regular regular, OK **14**

regularmente regularly
14

la **reina** queen **13**

el **reino** kingdom

reír(se) (31) to laugh
16

la **relación** relationship

relacionar to relate

religioso religious **14**

el **reloj** watch; clock **5**

relleno stuffed

renacentista
Renaissance

renovar (ue/8) to
renovate **CS1**

reparar to repair **CS1**

repasar to review **CS2**

repetir (i, i/24) to
repeat **6**

el **reportaje** report **11**

reportar to report

el **reportero**, la **reportera**
reporter **4**

la **represa** dam **16**

reprochar to reproach

reproducir (zc, j/5) to
reproduce

republicano republican

requerir (ie, i/35) to
require

las **reservaciones**
reservations **12**

reservar to reserve

**resfriado: estar
resfriado** to have a
cold **10**

respetado respected

resolver (ue/43) to
solve **12**

responder to answer,
respond **2**

responsable
responsible **2**

la **respuesta** answer,
response **11**

el **restaurante** restaurant
CP

**resultado: como
resultado** as a result

el **resumen** summary; **en
resumen** in
summary

retirarse to withdraw

el **retrato** portrait **13**

la **reunión** meeting **11**

reunirse to get together
8

revés: al revés
backwards

la **revindicación** recovery

revisar to check,
examine **12**

la **revista** magazine **11**

el **rey** the king **13**; los
(tres) Reyes Magos
(Three) Wise Men
14

rico rich **17**; delicious

**ridículo: ¡Qué
ridículo!** How
ridiculous! **14**

el **río** river

la **riqueza** wealth,

splendor

la **risa** laughter **16**; **darle
risa (a alguien)** to
make (someone)
laugh **16**

el **robo** theft **5**

Rocosas: las Rocosas
Rockies

rodeado de surrounded
by

la **rodilla** knee **10**

rogar (ue, gu/8,23) to
beg, to ask **14**

rojo red **8**

romántico romantic **13**

romper to break **12**

la **ropa** clothes, clothing
8; la **ropa interior**
underwear **8**

el **ropero** closet **CS1**

rubio blond

las **ruinas** ruins **12**

la **ruta** route

la **rutina** routine **8**

S

el **sábado** Saturday **4**

saber (32) to know
(*facts, information*);
to learn, to find out
7; **saber** (*+ inf*) to
know how (*to do
something*) **7**; **No se
sabe.** No one knows
18; **Que yo sepa...**
As far as I know . . .
18; **¿Y sabe(s) qué?**
And do you know
what? **11**

el **sabio**, la **sabia** learned
person

sacar (qu/3) to take
out; to get **13**; **sacar
fotos** to take
pictures **7**

el **sacerdote** priest **18**

el **saco** jacket, coat

la **sal** salt **6**

la **sala: sala de clase** classroom **CP**; room; **sala de estar** living room **CS1**

la **salida** departure; exit **salir (33)** to go out, leave; to come out **7**

la **salsa** sauce **6**

la **salud** health **10**; **¡Salud!** Cheers!; Gesundheit!; To your health! **11**; **Salud y plata y un(a) novio(-a) de yapa.** Health, money (silver), and a sweetheart besides. **13**; **Salud, amor y pesetas y el tiempo para gozarlos (gastarlos).** Health, love, and money, and the time to enjoy (spend) them. **13**

saludar(se) to greet (each other) **15**

el **saludo** greeting **salvadoreño** from El Salvador

las **sandalias** sandals **8**

el **sándwich** sandwich **2**

la **sangre** blood

el **santo,** la **santa** saint

el **sarape** serape, wool or cotton cloak **12**

se *indir obj* (to) him, her, it, you, them **18**; *impersonal subj pron* one, people, they **18**; *refl pron* himself, herself, itself, yourself, yourselves, themselves **8**; *recip* each other, one another **8**

seco dry **4**

el **secretario,** la **secretaria (bilingüe)** (bilingual) secretary **12**

la **sed** thirst **3**

seguir (i,g/34) to follow; to continue **6**; **seguir un curso** to take a course **6**; **Siga adelante (derecho).** Keep going straight **7**; **Siga por la calle...** Follow . . . street **7**

según according to **6**

segundo second **2**

Seguramente Surely, Probably **15**

seguro sure, certain; safe **5**; **Seguro.** Certainly; Sure; Of Course; Naturally; **Estoy seguro que** (+ *indic*)... I'm sure that...; **No estoy seguro que** (+ *subjunc*)... I'm not sure that . . . **18**

la **selva** jungle

la **semana** week **1**; **la semana que viene** next week **7**; la **semana pasada** last week **8**

el **semestre** semester **3**

el **senador,** la **senadora** senator **11**

sencillo simple

sensible sensitive **2**

sentarse (ie/25) to sit down **8**

el **sentimiento** feeling **16**

sentir (ie,i/35) to feel; to be sorry **5**; **sentir(lo)** to feel sorry **CS2**; **Lo siento (mucho).** I'm (very) sorry. **16**;

Siento mucho que (+ *subjunc*)... I'm very sorry that . . . **16**

sentirse (+ *adj or adv*) to feel (+ *adj or adv*) **16**

el **señor** man, gentleman, Mr., sir **CP**

la **señora** woman, lady, Mrs., ma'am **CP**

los **señores** Mr. and Mrs. **1**; ladies and gentlemen

la **señorita** young lady, Miss **CP**

la **separación provisional** trial separation **15**

separa to separate

septiembre September **4**

séptimo seventh **2**

ser (36) to be **1**; **Es demasiado...** It's too ...**17**; **Es dudoso.** It's doubtful **18**; **Es poco probable que** (+ *subjunc*)... It's unlikely that . . . **15**; **Es posible que** (+ *subjunc*)... It's possible that . . . **15**; **Es probable que** (+ *subjunc*)... It's probable that . . . **15**; **Es verdad (indudable,** *etc.***) que** (+ *indic*) It's true (certain, *etc.*) that . . . **15**; **Eso es.** That's it; **Será que...** It must be that . . . **15**; **Sería que...** It must have been that . . . **15**

serenamente serenely **serio: ¿En serio?** Really? **11**

el **servicio** service **16**; benefit

la **servilleta** napkin **servir (i,i/24)** to serve **6**; **¿En qué puedo servirle?** How can I help you? **15**; **Esto (Eso) no sirve.** This (That) doesn't work. **17**

sexto sixth **2**

si if **5**; whether **17**

sí yes **CP**; **Sí, es verdad.** Yes, it's true. **14**; **Sí, tiene(s) razón.** Yes, you're right. **14**; **¡Sí, qué buena idea!** Yes, what a good idea! **13**

el **SIDA** AIDS **11**

siempre always **4**

la **siesta** siesta, nap **18**

el **siglo** century **2**

el **significado** meaning **significar (qu/3)** to mean

siguiente following **11**

la **silla** chair **CP**

el **sillón** armchair **CS1**: **simbolizar (c/14)** to symbolize

el **símbolo** symbol **simpático** nice **2**

simple single; simple

sin without **6**; **sin casa** homeless **11**; **sin embargo** nevertheless, however; **sin que** without **16**

la **sinagoga** synagogue **15**

el **síntoma** symptom **10**

siquiera: ni siquiera not even

el **sistema** symptom **18**

el **sitio** place, spot, site **12**

situar (ú/9) to situate, locate **12**

sobre on, about **5**; over, on, upon **6**

sobrevivir to survive, remain **10**

la **sobrina** niece

el **sobrino** nephew

sociable sociable **2**

socialista socialist **CS1**

la **sociología** sociology **3**

el **sol** sun; **hacer sol** to be sunny **4**

solamente only

solo *adj* alone, single

sólo *adv* only **4**

soltero single **15**

el **sombrero** hat **8**

soñar (ue/8) (con) to dream (about) **6**

la **sopa** soup **6**

sorprender to surprise **14**

la **sorpresa** surprise

el **sostén** brassiere

soviético Soviet

su(s) your, his, her, their, its, one's **5**

subir to climb, go up, rise; to get on **11**; **subir (a)** to go up; to get into **8**

suceder to happen, occur **11**

el **sucre** currency of Ecuador

sudeste southeast

sudoeste southwest

la **suegra** mother-in-law

el **suegro** father-in-law

el **sueldo** salary **17**

el **sueño** dream

la **suerte** luck; **¡Qué mala suerte!** What bad luck! **5**

el **suéter** sweater **8**

sufrir to suffer

la **sugerencia** suggestion

superior higher

el **supermercado** supermarket

la **superpoblación** overpopulation **11**

supuesto: por supuesto of course **14**

el **sur** south **1**

suramericano South American

sureste southeast

suroeste southwest

el **sustantivo** noun

suyo, suya, suyos, suyas his, of his, her, of hers; your, of yours; their, of theirs; **15**

T

tal such **L8**; **tal vez** perhaps, maybe **13**; **Tal vez** (+ *subjunc or indic*) Perhaps . . . **15**; **con tal de que** provided that **16**

la **talla** size, measurement

tamaño: ¿De qué tamaño es? What size is it? **8**

también also **1**

tampoco not either, neither **10**; **Ni yo tampoco.** I don't either.

tan so; as **10**; **tan... como** as . . . as **10**; **tan pronto como** as soon as **16**

el **tango** tango **7**

tanto(-a, -os, -as) so much, so many **10**; **tanto como** as much as **10**; **por lo tanto** therefore; **Tanto mejor.** So much the better.

el **tapiz** tapestry **17**

tardar en to take (a long time) to

tarde late **5**

la **tarde** afternoon, evening (*before sunset*) **5**

la **tarea** task, assignment

la **tarjeta** (greeting) card **14**; la **tarjeta de crédito** credit card **12**; la **tarjeta postal** postcard

la **taza** cup **6**

te *dir obj* you **4**; *indir obj* (to, for) you **5**; *refl pron* yourself **8**

el **té** tea

el **teatro** theater **1**

técnico technical

el **tejido** woven article **CS1**

telefónico (by) telephone

el **teléfono** telephone **1**

la **televisión** television **CP**

el **televisor** television set **4**

el **tema** theme, subject; **Cambiando de tema...** To change the subject . . . **CS1**

temer to fear **14**

temprano early **5**

el **tenedor** fork **6**

tener (37) to have **3**; **tener... años** to be . . . years old **3**; **tener calor** to be hot **3**; **tener celos (de)** to be jealous (of) **15**: **tener cuidado** to be careful **3**; **tener dolor de cabeza** to have a headache **3**; **tener dolor de estómago** to have a stomachache **3**; **tener en cuenta** to take into account; **tener éxito** to be successful **3**; **tener fiebre** to have a fever **3**; **tener frío** to be cold **3**; **tener ganas de** (+ *inf*) to want to, feel like (*doing something*) **3**; **tener hambre** to be hungry **3**; **tener lugar** to take place; **tener miedo** to be afraid **3**; **tener prisa** to be in a hurry **3**; **tener que** (+ *inf*) to have to . . . **3**; **tener razón** to be right **3**; **tener sed** to be thirsty **3**; **tener sueño** to be sleepy **3**; **tener suerte** to be lucky **3**; **tener tos** to have a cough **10**; **tener una cita** to have a date; to have an appointment **15**; **Tengo mis dudas.** I have my doubts. **18**; **Tiene(s) la culpa.** It's your fault. **5**; **Sí, tiene(s) razón.** Yes, you're right.

el **tenis** tennis **6**

la **teoría** theory

tercero (*shortened form* **tercer**) third **2**

terminar to finish, end

el **termómetro** thermometer **10**

la **terraza** terrace

el **terremoto** earthquake **11**

terrible terrible **4**

el **territorio** territory

el **tesoro** treasure

ti *obj of prep* you, yourself **6**

la **tía** aunt **1**

el **tiempo** time **3**; weather **4**; **¿Qué tiempo**

hace? What's the weather like? **4**

la **tienda** store, shop **5**

la **tierra** land, country

tinto red *(wine)* **18**

la **tintorería** dry cleaners **8**

el **tío** uncle **1**

típico typical **2**

el **tipo** type **17**

el **título** title

la **tiza** chalk **CP**

tocar (qu/3) to touch; to play *(musical instrument)* **7**

todavía still; yet **10**

todo (a) whole, (an) entire **3**; every; all; **todo el mundo** everyone; **todos** everyone; **todos los días** every day

tolerar to tolerate **15**

tomar to take; to drink **1**; **tomar sol** to sunbathe **12**

el **tomate** tomato **6**

tontería: ¡Qué tontería! What nonsense! **14**

el **torero,** la **torera** bullfighter **9**

el **toro** bull **9**

la **torta** cake **6**

la **tos** cough **10**

el **tostador** toaster **19**

total: Total que... So . . .

totalmente totally **14**

trabajador hardworking **2**; *n* worker; el **Día de los Trabajadores** Labor Day **14**

trabajar to work **1**

el **trabajo** work, job **5**; la **agencia de trabajo** employment agency **18**

tradicional traditional

14

la **traducción** translation **1**

traducir (zc, j/5) to translate **7**

traer (38) to bring **7**

el **tráfico** traffic **5**

el **traje** suit; outfit **8**; el **traje de baño** bathing suit **8**

tranquilo tranquil, calm **CS1**

transbordar to transfer

el **transcurso** passage, course

el **transporte** transportation

el **tratamiento** treatment, use

tratar (de) to try (to) **16**

el **tren** train **4**

el **trimestre** quarter

triste sad **2**

las **tropas** troupes **14**; troops

tropical tropical **4**

tú *fam subj pron* you **CP**

tu(s) your **5**

el **turismo** tourism

el, la **turista** tourist **1**

turístico tourist

tuyo, tuya, tuyos, tuyas your, of yours **15**

U

u or *(replaces* **o** *before words beginning* **o** *or* **ho-)** **17**

últimamente recently **12**

último latest, most recent, final **7**

un, una a, an; one **CP**

el **único** the only one

unificar (qu/3) to unify

la **universidad** university **CP**

universitario *adj* university **3**

unos, unas some, a few **1**

la **uña** fingernail

urbano urban **5**

usar to use **1**

el **uso** use

usted *subj* you *formal* **CP**; *obj of prep* you **6**

ustedes *subj* you *formal pl* **CP**; *obj of prep* you **6**

útil useful

utilizar (c/14) to us

la **uva** grape

V

la **vaca** cow; **carne de vaca** beef **6**

las **vacaciones** vacation **1**

la **vainilla** vanilla

valer (39) to be worth **13**; **¿Cuánto vale...?** How much is ...? **17**; **valer la pena** to be worth it **13**

el **valor** value, price **6**

el **valle** valley

variar (í/16) to vary

varios various; several **5**

el **vasco,** la **vasca** Basque

el **vaso** *(drinking)* glass **6**

el **vecino,** la **vecina** neighbor **17**

vencer (z/40) to defeat **9**

el **vendedor,** la **vendedora** salesperson **18**

vender to sell **2**

venezolano Venezuelan

la **venganza** revenge **16**

venir (41) to come **5**

la **venta** sale, selling **17**; **en venta** on sale **17**

la **ventana** window **CP**

ver (42) to see **7**; **A ver.** Let's see. **8**; **Bueno, nos vemos.** We'll be seeing each other. **1**; **No veo la hora de** *(+ inf)* I can't wait *(+ inf)* **13**

el **verano** summer **4**

veras: de veras really **10**

la **verdad** truth **4**; **¿Verdad?** Right? True? **1**; **Sí, es verdad.** Yes, it's (that's) true. **14**

verdaderamente truly, really **14**

verdadero true **CP**

verde green

la **verdura** green vegetable **6**

la **vergüenza** shame **16**; **darle vergüenza (a alguien)** to make (someone) ashamed **16**

el **vestido** dress **8**

vestirse (i.i/24) to get dressed **8**; **vestirse de** to dress as

vez: cada vez más more and more; **de vez en cuando** from time to time **1**

viajar to travel **1**

el **viaje** trip **1**; la **agencia de viajes** travel agency

el **viajero,** la **viajera** traveler **12**

la **vida** life **2**

viejo old **2**

el **viento** wind **4**

el **viernes** Friday **4**

vigilar to watch (over)
la **vinculación** linkage, bond
el **vino** wine **2**
violeta purple **8**
el **violín** violin **7**
la **visita** visit; **estar de visita** to be visiting
visitar to visit **1**
visualizar (c/14) to visualize
la **vitamina** vitamin **10**
vivir to live **2**

volar (ue/8) to fly
el **volcán** volcano
el **vólibol** volleyball **9**
la **voluntad** will
el **voluntario**, la **voluntaria** volunteer
volver (ue/43) to return, go back **6**
volverse (ue/43) to become **CS2**; **volverse loco** to go crazy **CS2**

vosotros, vosotras *subj you (fam pl)* **CP**; *obj of prep* you, yourselves **6**
la **voz** voice
el **vuelo** flight
vuestro(s), vuestra(s) your, (of) yours **5**

Y

y and **CP**; **¿Y qué?** So what? **5**

ya already, now **6**; **ya no** no longer not ... any longer **6**; **¡Ya lo creo!** I believe it! **14**
yanqui Yankee
yo I **CP**

Z

la **zapatería** shoe store
el **zapato** shoe **8**; **los zapatos de tenis** tennis shoes 8

Index of Grammar and Functions

a 52, 56
  al 33
  al + infinitive 395
  ir a + infinitive 102–103
  personal **a** 55
  with verbs of motion 102, 103
acabar 404
adjectives
  absolute superlative 241
  agreement with noun 57
  comparisons of equality 236
  comparisons of inequality 239
  demonstrative 84
  descriptive 58
  gender of 58
  of nationality 58
  past participle used as 283
  plural of 58
  position of 58
  possessive 130, 368
  shortened forms of 59
  superlative of 240
  used as nouns 442
  with **ser** and **estar** 65
adjective clauses 385
  in descriptions 386
  indicative vs. subjunctive 386
admiration, expressing 62
adverbs
  comparative forms 236, 240
  formation with **-mente** 349–350
  superlative forms 240
adverb clauses (indicative vs. subjunctive) 390
advice, giving 402
affirmative words 246
agreement, expressing 353
al (a + el) 33
al + infinitive 395
alphabet 3
A.M. 128
anger, expressing 230
antes de + infinitive 390
apologizing 392
aquel, aquél 84
aquello 85
-ar verbs
  commands 195

conditional 364
future 359
imperfect 258
imperfect subjunctive 412
present indicative 26
present subjunctive 313
preterit 201
articles
  definite 30
    additional uses of 456
  gender of 30
  indefinite 31
    omission of 459
  neuter **lo** 462
  plural of 30
  singular of 30
  with days of the week 109
  with titles 32
as . . . as 236
as much (as many) as 236
assistance, offering 370
attention, getting 173
aunque + indicative or subjunctive 390

be (**ser** and **estar**) 21
become, ways to express 485

capitalization 501
cardinal numbers
  0–99 9
  100 and above 89
  with dates 109
-cer, -cir, verbs ending in 168
cien(to) 90
classroom expressions 8
cognates 8
colors 188
commands
  first person plural (**nosotros**) 322
  formal (**usted** and **ustedes**) 177
  informal (**tú**) 194
  informal (**vosotros**) 322
  negative formal (**usted** and **ustedes**) 178
  negative informal (**tú**) 196
  position of pronouns with 197

spelling changes in 178
  third person 322
comparatives, irregular 240
comparisons, making 243
  of equality 235
  of inequality 238
¿cómo? 50, 82
como si 417
conditional 363
  formation of 364
  irregular verbs in 364
  usage 365
  with *if* clauses 417
conditional perfect 443
  formation of 444
  usage 444
conjunctions
  adverbial conjunctions that take the subjunctive 388
  y and **e, o** and **u** 420
conmigo, contigo 157
conocer 172
  translation in preterit 225
consonants 497
contractions **al** and **del** 34
conversation, ending a 37
creer (que) 47
¿cuál? ¿cuáles? 50, 51
cuando 51
¿cuándo? 51
¿cuánto? 51

dar 169
dates 109–110
days of the week 109, 110
  definite article with 109, 110
de 34, 52
del 33
¿de acuerdo? 25
deber 46, 244
decir 150
deductions, making 402
definite article 30
  additional uses of 456
del (de + el) 33
demonstrative adjectives 84
demonstrative pronouns 85
descriptions, in adjective clauses 386
  making 193

desde 155
después de + infinitive   **390**
diminutives   **422**
direct object pronouns   **105–107**
    position   **106–107**
    with commands   199
    with indirect object pronouns
        in same sentence   **175**
directions, asking for   **173**
    understanding   **182**
disbelief, expressing   **251**
dislikes, expressing   **161**
donde   **51**
¿dónde?   **50**
dormir   **147**
doubt, expressing   **441**
-ducir, verbs ending in, preterit
    222

e for **y**   **421**
each other   **192**
either (not . . . either)   **243**
empathy, expressing   **471**
encouragement, giving a speaker
    266
-er verbs
    commands   **195**
    conditional   **364**
    future   **359**
    imperfect   **258**
    imperfect subjunctive   **412**
    present indicative   **45**
    present subjunctive   **313**
    preterit   **202**
ese, ése   **84**
eso   **85**
estar   12
    present indicative   **12**
    vs. **ser**   **63**
    with present participle
        (progressive tenses)   **88**
este, éste   **84**
esto   **85**
expressions, useful   **6**
    using polite   **15**

faltar   **162**
for (**por** and **para**)   **345**
forgiveness, expressing   **392**
future   **358**
    formation of   **359**
    ir a + infinitive   **102–103**
    irregular verbs in   **359**
    of probability   **360**
    use of present tense for   **360**

future perfect   **443**
    formation   **444**
    use   **444**

gender
    of articles   **30**
    of nouns   **30**
gratitude, expressing   **108**
greetings   **14, 475**
gustar   **161**
    verbs like   **162**

haber   **285, 286**
    as auxiliary in compound
        tenses   **285, 286**
hacer   **101**
    in weather expressions   **98,
        99, 101, 102**
    in time expressions   **292**
    present indicative   **101**
    preterit   **221**
hasta (que)   **390**
hay   **9**
    hay que + infinitive   **244**
health talk   **237**
hesitation, expressing   **207**
hotel accomodations (getting)   **298**

if clauses   **417**
imperative   See commands
imperfect
    of irregular verbs   **259**
    of regular verbs   **258**
    uses   **259**
    verbs with different meanings
        in the imperfect and preterit
        264
    vs. preterite   **261**
impersonal expressions   **342**
    with **hay que**   **245**
    with subjunctive   **343**
importar   **162**
incomprehension, expressing   **81**
indefinite article   **31**
    omission   **459**
indicative
    in *if* clauses   **416**
    vs. subjunctive   **342**
indirect object pronouns   **134**
    se   **175, 176**
    with commands   **199**
    with direct object pronouns in
        same sentence   **175**
infinitive   **393**

    as a noun   **394**
    as verb complement   **395**
    with **al**   **395**
    with a preposition   **395**
    asking for   **25, 50**
    personal information
        (asking & giving)   **86**
intentions, stating   **362**
interrogative words   **48**
invitations, accepting   **329**
    declining   **329**
    extending   **324**
ir
    imperfect   **259**
    ir a + infinitive   **102–103**
    present indicative   **102–103**
    preterit   **222**
-ir verbs
    commands   **195**
    conditional   **364**
    future   **359**
    imperfect   **258**
    imperfect subjunctive   **412**
    present indicative   **47**
    present subjunctive   **313**
    preterit   **202**
-ísimo   **241**

jugar   **147**

know (**saber** and **conocer**)   **172**

let's   **322**
like (**gustar**)   **161**
likes, expressing   **161**
lo
    neuter **lo**   **462**
    object pronoun   **106**
    lo que   **463**
locations, describing   **66**

más ... que   **239**
menos ... que   **239**
-mente, adverbs ending in   **349**
mil   **90**
millón (de)   **90**
months   **99**
must (**deber, hay que, tener que**)
    244

nacer   **203**
nationality, adjectives of   **58**

negation **9**
negative words **246**
neither, neither . . . nor **247**
neuter
    demonstrative pronouns **85**
    lo 462
ni... ni 247
ningún 247
no 9, **246**
nouns
    adjectives used as **442**
    plural **32**
    singular **30**
numbers
    cardinal **9, 89**
    ordinal **60**
    using **9, 89, 93, 109**

o (changed to **u**) **420**
object pronouns
    direct **105, 107**
    direct and indirect in same
        sentence **175**
    indirect **134**
    position with commands
        197, 198
    prepositional **156**
obligation, expressing **243**
oír 170
ojalá 310
ordering a meal in a restaurant
    152
ordinal numbers **60**
ought **46, 244**

para 243, 345
    in comparisons **243**
    vs. **por 345**
participles
    past **282**
    present **87**
passive voice **465**
    true passive **466**
    with **se 467**
past participles
    formation of **282**
    irregular **283**
    used as adjectives **283**
past perfect indicative **286**
past tenses, contrast among **289**
pedir vs. **preguntar 150**
pensar 124
permission, asking for **448**
    granting or denying **448**
personal **a 55**
plural
    of adjectives **58**
    of articles **30**

of nouns **32**
P.M. **128**
polite expressions, using **273**
poner 169
por vs. **para 345**
¿por qué 50
possessive adjectives **130**
    long forms **368**
possessive pronouns **373**
preferir 124
preguntar vs. **pedir 150**
prepositions **154**
    pronouns as objects of **156**
present participle **87**
present perfect indicative **285**
present progressive **86**
preterit
    of irregular verbs **220**
    of regular vebs **200**
    of stem-changing verbs **216**
    spelling changes in **202**
    verbs with special English
        translations in **225**
    vs. imperfect **261**
probability and possibility,
    expressing **378**
progressive **87, 433**
    other tenses **435**
    present **86**
    use of **88**
pronouns
    as objects of prepositions **156**
    demonstrative **85**
    direct object **105–107**
    indirect object **133**
    interrogative **50**
    position **106, 134, 175,**
        198–199
    possessive **369**
    reciprocal reflexive **192**
    reflexive **190–191**
    relative **267**
    subject **12**
public transportation (taking) **288**
punctuation **2, 93**
purchase (making a) **419**

que 62, **267**
¿qué? 41 **50**
questions
    information **25, 50**
    yes/no **24**
quien 267
¿quién? ¿quiénes? 50
quizá(s) 310

recordar 147
reciprocal reflexive

construction **192, 373**
reflexive
    construction **190**
    pronouns **191**
    verbs **189**
relative pronouns **267**
relief, expressing **219**
repetir 150
requests, making **367**

saber 172
    English translation in preterit
        325
salir 169
salutations **14**
satisfaction and dissatisfaction,
    expressing **427**
se
    as indirect object pronoun
        175, 176
    as reciprocal pronoun **192**
    as reflexive pronoun **190**
    impersonal **438**
    for passive **438, 467**
    for unplanned events **439**
seasons **99**
seguir 150
sequence of tenses
    in conditional sentences **417,**
        479
    in subjunctive clauses **482**
ser 22
    imperfect **259**
    present indicative **21**
    preterit **222**
    to form the passive **466**
    to indicate place **64**
    to indicate possession **64**
    vs. **estar 63**
servir 150
si in conditional sentences **417**
small talk, making **104**
spelling-changing verbs **178,**
    201–202
stem-changing verbs
    present indicative
        e → i 149
        e → ie 124
        o → ue 146
    preterit
        e → i 217
        o → u 218
subject, changing the **464**
subject pronouns **12**
subjunctive, imperfect **411**
    formation of **412**
    -ra vs. **-se** forms **414**
    uses of **413**
    with *if* clauses **416**

subjunctive, past perfect   **480**
subjunctive, present formation of
    308
        irregular verbs   **316**
        regular verbs   **313**
        spelling-changing verbs   **319**
        stem-changing verbs   **318**
    vs. indicative   **342**
    vs. infinitive   **342**
    uses of   **308, 310**
        after **aunque**   **390**
        in adjective clauses   **385**
        in adverbial clauses   **388**
        in noun clauses   **336**
        with commands or requests
            338
        with impersonal expressions
            342
        with the unknown or indefinite
            386
        with verbs or emotion,
            necessity, will and
            uncertainty   **338**
subjunctive, present perfect   **478**
subjunctive, sequence of tenses
    with   **482**
superlative
        absolute, of adjectives   **240**
        absolute, of adverbs   **241**
        of adjectives   **240**
        of adverbs   **240**
surprise, expressing   **230**
sympathy, expressing   **131**
        expressing lack of   **138**

tan... como   **236**
tanto como   **236**
telephone, using the   **29**
tener   **75**
        idiomatic expressions with
            78
        present indicative   **75**
        preterit   **221**
        tener que + infinitive   **79,**
            244
than, after comparatives   **239**
there is, there are   **119**
time, telling   **127**
toasts, making   **315**
traer 169

u (for **o**)   **421**
-ucir   **168**
        present indicative of verbs
            ending in   **170**
        preterit of verbs ending in
            222

unplanned events, **se** to express
    439

venir   **125**
        present indicative   **125**
ver 168
        present indicative   **169**
¿verdad?   **25**
voice, passive   **465**
volver   **143**

warning, giving a   **113**
weather expressions   **98, 99**
    101–102
week, days of   **109**
word order   **23**
        adjectives   **58**
        object pronouns in same
            sentence   **175**
        questions   **26**

y (changed to **e**)   **421**
yo forms, verbs with irregular
    170
you, formal vs. familar   **12–13**

Literary Credits _____

The authors would like to thank the following copyright holders for the use of the following selections in ths text:

Page 109, article "Días" by Víctor Vargas, copyright *Conozca más* magazine, Santiago de Chile;   **Page 132,** "Ay, bendito" is reprinted from AmeRican, by Tato Laviera (copyright Houston: Arte Público Press—University of Houston, 1985);   **Page 158,** "En el Taco Bell" by Jesús Solís, copyright Jesús Solís;   **Page 159,** "Lujo" and "Kitchen Talk," reprinted from *Thirty an' Seen a Lot,* by Evangelina Vigil (copyright Houston: Arte Público Press —University of Houston, 1982);   **Page 227,** "Los atletas hispanos en el deporte de USA" by Saravelio del Valle, copyright República Publishing, Inc.;   **Page 374,** "No hay que complicar la felicidad", reprinted from *Antología precoz* by Marco Denevi (Editorial Universitaria, Santiago de Chile, 1973);   **Page 398–399,** "Polca contra el General Stroessner", copyright Veltkreis-Verlage-GMB-H, Dortmund, Germany;   **Page 400,** "Pájaro chogüí", copyright Manitas Records;   **Page 442,** "Profesiones femeninas", copyright *¿Qué pasa?* magazine;   **Page 445–447,** "Entrevista con jóvenes peruanos" by Mariella Balbi, copyright Mariella Balbi.

Realia Credits _____

The authors would like to thank the following for the use of the following pieces of realia in this text:

Page 30, Iberia Airlines, Madrid;   **Page 33,** Restaurante El Río, Toledo, Spain;   **Page 39,** Metro de Madrid, S.A.;   **Page 49,** Secretaría de Turismo de la Nación, Argentina;   **Page 60 (top),** Más/Univisión Publications, New York, NY;   **Page 60 (bottom),** *¿Qué pasa?* magazine;   **Page 114,** Diario *El Mercurio,* Santiago, Chile;   **Page 128,** *T.V. Guía* magazine, San Francisco, CA;   **Page 129,** *State Journal Register,* Springfield, Illinois;   **Page 133,** T.E.B.A. (Teatro Experimental Blue Amigos), Brooklyn, NY;   **Page 137 (top left),** American Red Cross;   **Page 137 (bottom left),** Legan & Welsh, Attorneys at Law, Jackson Heights, NY;   **Page 137 (right),** U.S. Department of Housing and Urban Development;   **Page 139 (left),** *T.V. Guía* magazine, San Francisco, CA;   **Page 139 (right),** Back and Neck Clinic, Flushing, NY;   **Page 153,** La Golondrina Mexican Restaurant, Los Angeles, CA;   **Page 163,** *Vandidades* magazine, Virginia Garden, FL;   **Page 171,** Réplica Publishing, Inc., Miami, FL;   **Page 177,** Teatro Nacional, Bogotá, Colombia;   **Page 180 (top),** Noches de Colombia Restaurant, Bogotá, Colombia;   **Page 180 (middle upper left/upper right),** Diario *El Tiempo,* Bogotá;   **Page 180 ("Querubin"),** Taller de Humor Colombiano Bogotá;   **Page 180 (bottom),** Diario *El Tiempo,* Bogotá;   **Page 189,** TURESPAÑA—Secretaria General de Turismo—MICT;   **Page 200 (top),** 3M Corp., Brussels, Belgium;   **Page 200 (bottom),** Martinelli Shoe Corp.;   **Page 206 (left),** Nike Shoe Corp.;   **Page 206 (middle),** Lancôme Paris;   **Page 206 (right),** *Vanidades*/Editorial Américas, Miami, FL;   **Page 229 (top left and right),** Más/Univisión Publications, New York;   **Page 229 (bottom),** Diario *ABC,* Madrid Publications;   **Page 246,** Hotel Villa Jimena, Burgos, Spain;   **Page 269,** Marcia Scott, Seminole, FL;   **Page 272,** Costa Rica Tourist Board;   **Page 283,** Casa de las Artesanías de Nuevo León, Monterrey, Mexico;   **Page 337,** Editorial Eugenio Fischgrund, México, D. F.;   **Page 363 (top),** Don Gonzalo Hostal Residencia, Sevilla, Spain;   **Page 363 (bottom),** El Patio Sevillano, Sevilla, Spain;   **Page 365,** El Patio Sevillano, Sevilla, Spain;   **Page 371,** Cambio 16, Madrid;   **Page 377,** Viajes Meliá, Madrid;   **Page 387,** Ñë-engatú, Asunción, Paraguay;   **Page 393 (top),** La Encarnacena, Asunción, Paraguay;   **Page 393 (bottom),** Nuestra Señora de la Asunción—Compañia de Omnibuses, Asunción, Paraguay;   **Page 411,** Ateneo de Caracas, Caracas, Venezuela;   **Page 420.** Hotel Las Américas, Caracas, Venezuela;   **Page 423,** Avensa Airlines;   **Page 427 (top),** Hannsi Centro Artesenal, Caracas, Venezuela;   **Page 427 (bottom),** Banco Metropolitano, Caracas, Venezuela;   **Page 448,** Editorial Américas, Miami, FL;   **Page 462,** Alicia Liria Colombo, Buenos Aires, Argentina;   **Page 470,** FEPROTUR—Fundación Ecuatoriana de Promoción Turística, Quito, Ecuador.

Photo Credits